U0830356

蓝血十杰

[美国] 约翰·伯恩（John A. Byrne）著
陈山　真如 译

海南出版社
·海口·

The Whiz Kids
Copyright © 1993 by John A. Byrne
本书由 John A. Byrne 授权出版

版权合同登记号：图字：30-1996-03 号

图书在版编目 (CIP) 数据

蓝血十杰 / (美) 伯恩 (Byrne,J.A.) 著；陈山，真如译. -- 海口：海南出版社，2014.4 (2024.2 重印)
书名原文：The Whiz Kids
ISBN 978-7-5443-4265-0

Ⅰ. ①蓝… Ⅱ. ①伯… ②陈… ③真… Ⅲ. ①企业管理 Ⅳ. ① F270

中国版本图书馆 CIP 数据核字 (2014) 第 049384 号

蓝血十杰

LANXUE SHIJIE

作　　者：[美国] 约翰·伯恩 (John A. Byrne)
译　　者：陈　山　真　如
策划编辑：刘德军
责任编辑：张　雪
执行编辑：高婷婷
装帧设计：黎花莉
责任印制：杨　程
印刷装订：北京兰星球彩色印刷有限公司
读者服务：唐雪飞
出版发行：海南出版社
总社地址：海口市金盘开发区建设三横路 2 号 邮编：570216
北京地址：北京市朝阳区黄厂路 3 号院 7 号楼 101 室
电　　话：0898-66812392　010-87336670
电子邮箱：hnbook@263.net
经　　销：全国新华书店
出版日期：2014 年 4 月第 1 版　2024 年 2 月第 13 次印刷
开　　本：787mm × 1092mm　1/16
印　　张：36
字　　数：600 千
书　　号：ISBN 978-7-5443-4265-0
定　　价：98.00 元

【版权所有，请勿翻印、转载，违者必究】
如有缺页、破损、倒装等印装质量问题，请寄回本社更换。

十杰风采

查尔斯·桑顿——每个人都低估他，他却让大家刮目相看。他出身于德州一个尘土飞扬的农村小镇，家庭穷苦残破。第二次世界大战期间，开始在华盛顿扬名立万。他完全靠着勇气，推展一种企业式的意识形态，在后方的办公室打赢这场战争。对桑顿而言，战争是管理策略，是一种计算飞机、补给、子弹和炸弹，并且根据预算准时将这些物资送到战场的方法。他和后来统称“十杰”的战友，把他的观念带到了福特公司。多年以后，他创立了利顿工业公司，并把公司建构成年营业收入数千亿美元的集团，成为历史上成长最快的企业之一，也是有史以来第一家集团企业。10年后，他已经拥有400万美元的资产，也把专业经理人即使对公司产品一无所知，仍然可以管理和控制一切的理念，传播到全美并使之成为正统的思想。

罗伯特·麦克纳马拉——“顶尖的数字人种”是一个敌手给他的称号，一位友人说他是“人类电脑”。每一个人都认为，麦克纳马拉是几乎不带感情、极度沉迷于工作、一心向前的知识分子，甚至在朋友的葬礼上，都带着业务笔记去研究。虽然他个人对汽车毫无兴趣，却在福特公司迅速蹿升，在1960年以44岁的英年，成为福特公司总裁。几个星期后，却应美国总统肯尼迪之邀，出任国防部长。他在越战初期的角色具有争议性，以致一位参议员把这场战争叫作“麦克纳马拉的战争”；他在不理性的世界里寻找理性的答案，最后成为一个悲剧性的人物。

弗兰西斯·利斯——在利斯的至爱里，数字和金属总是互相冲突的。等他最后摆脱十杰对数字的依赖，终于有机会创造一种属于自己的汽车时，他创造了一部“车轮上的贾利古柏，一部胸口有毛的汽车”。这款“水星大道巡弋”车型在1956年推出时，在行销方面的确是花招百出。这款车是利斯的婴儿，在很多方面等于是“艾德瑟车型”的前身，不料却成为汽车工业最大的惨剧，利斯始终没有从这个惨剧中恢复元气。

乔治·摩尔——娃娃脸的摩尔在第二次世界大战险恶、绝望的岁月里，由桑顿调教成熟，他好像是每一个人的乖儿子，大家都喜欢保护他、减轻他的痛苦，把他从病弱中拯救出来。他脱离十杰这批朋友，离开他们冷酷无情的步调和标准，自行创业，但是始终没有达成可以和战友相媲美的成就。

爱德华·兰迪——大家说他一生只爱两样东西，就是福特公司和天主教。福特的经理人知道，如果办公室里找不到兰迪，那就到教区神父那里找他。兰迪沉默寡言，也是为十杰留名的人，他招募了成千上万的后辈，把他们当成一群宝贵的人才，在公司各个部门轮调。他们把十杰的信念传播出去，传到远远超出福特公司之外的地方。

班·米尔斯——他在福特公司里，经历各种工作，升到副总裁的位置，负责清理“艾德瑟车型”留下来的烂摊子，这个工作没有人会喜欢，艰巨程度好比清理艾克森公司华尔德号油轮留下来的原油污染。“艾德瑟车型”是福特公司和美国企业一次惊人的重大失败，是底特律并非团结一致的第一个迹象。

阿杰·米勒——他除了是亨利·福特二世的应声虫之外，其他事情都犹豫不决。米勒在福特公司里能升到高位，却又证明他是个无能却聪明的总裁。在福特公司所有第二号人物里，他可能是最容易被人遗忘的人，因为他不像麦克纳马拉或亚柯卡，他从来没有创造过一部可以说是属于他的车型。他被亨利·福特二世开除后不久，成为斯坦福大学商学院院长，在这个职位上，他却做得有声有色，表现极为杰出。

詹姆斯·莱特——企业官僚在他手中发挥到了极致，莱特在福特公司的晋升之路上，跟着麦克纳马拉亦步亦趋，一直到错过总裁职位，错失给十杰同事之一的米勒为止。于是他辞职离开，后来成为福特公司一家大汽车零件供应商的总裁。

查尔斯·包士华——他是十杰中唯一没有当上福特公司副总裁的人。他愤恨之余，在1966年，也就是离他51岁生日只有几个月时辞职，并且干脆退休，此后没有再工作过。

威伯·安德森——十杰中第一个离开福特公司的人。他对福特公司里的竞争感到失望，在进入公司八个月后离开，到西部的加州去，进入贝金斯货运仓储公司，在1969年升任总裁。

推荐序

狂热的理性

许知远 / 文

一

通往市中心的道路空旷、萧条，暗红色的砖墙上满是杂乱的涂鸦，几个年轻人在街头上闲逛，他们松松散散的衣服正是嘻哈歌手的打扮；还有在等待公共汽车的老年人，神情黯淡地坐在长椅上读一份报纸，他们大多是黑人。

2005 年冬日的底特律，我感觉到空气中弥漫着的衰退。美国的汽车工业正处于动荡之中，通用汽车公司正因劳资问题焦头烂额，像一头衰竭的抹香鲸一样缓缓下沉。克莱斯勒公司已经归属于德国，继承了亨利·福特血统的威廉·福特则力不从心地试图恢复昔日的荣光……

这座城市因汽车业的兴起而繁荣，现在则是另一番景象。它曾是世界的中心，就像曼彻斯特之于 19 世纪的工业世界一样，或是硅谷之于这个被计算机屏幕、互联网包裹的全球时代一样。

在市中心望着那些孤零零的玻璃大厦时，我突然想起了 1945 年 11 月初的罗伯特·麦克纳马拉和查尔斯·包士华，他们驾着那辆老旧的T型车从戴顿的空军基地出发，沿75号公路向北前往底特律的福特公司的总部。在经过工厂区时，他们看到了冒着浓烟的巨大烟囱，连成一片的造砖厂、钢铁厂、铁路调车厂，煤灰散落在成片的高楼的窗口上……

两个不到三十岁的年轻人，仍沉浸在第二次世界大战结束的喜悦中。尽管没扛着枪炮走上前线，但他们为之工作的空军统计管制处，的确是美军获胜的重要因素之一。战争是面对面的残酷与勇气的较量，也是一场调动资源的竞赛。在经常陷入慌乱的战争状态，可能前线正处于物资匮乏的困境中，而后方的物资却积压如山。但是，罗伯特·麦克纳马拉和他的同事们却比谁都清楚，用10 022架飞机，加上120 765名航空队员，可以完成44艘舰艇加上3 200名水兵目前所做的工作；比起B-17和B-24，采用B-29轰炸机可以减少70%的机员的伤亡，每年节省25亿加仑的汽油……统计管制处的一群年轻人，对于这些数字，比对那些活生生的战士面孔更敏感。他们在收集战场的信息，对它们进行最优组合，再以此制定新的物资调拨计划。

统计管制处的创建人查尔斯·桑顿，雄心勃勃，充满自信，只有32岁，他确信这套思维方式不仅能够帮助军队获胜，也能够改造世界上最庞大的企业。他在同事中寻找出九位杰出的小伙子，他们都聪明绝顶，在数字里摸爬滚打，笃信理性的力量，除去罗伯特·麦克纳马拉和查尔斯·包士华，还有弗兰西斯·利斯、乔治·摩尔、阿杰·米勒、爱德华·兰迪、詹姆斯·莱特、班·米尔斯和威伯·安德森。桑顿准备说服汽车业王子福特二世，用他们的才智来改造庞大却混乱的福特公司。在那个时刻的美国，汽车意味着权力、速度、梦想，熔化着铁水、喷着浓烟的厂区，不正是勇敢新世界的象征吗？

这次会面促成了美国商业史的一次戏剧性的合作。当美国记者约翰·伯恩在1993年将这段往事写成《蓝血十杰》时，这十位主人公正在被遗忘。他们中最著名的罗伯特·麦克纳马拉被视作悲剧性的越南战争的缔造人之一，直到1991年，当面对一位记者的追问时，他还不得不绝望地吼出："我错了！老天爷，我错了！"第二著名、也是他们的领导者的查尔斯·桑顿早在1981年就已去世，他创建的利顿工业公司辉煌一时，却未能持续，人们记住他更多是因为他曾为福特二世和霍华德·休斯工作过。其他八个人命运各异，他们中的一些成为了福特公司的最高级管理人员，另一些人在不同行业也表现卓越，但都算不上有惊人的成就。

至于他们所推崇的理念，也正遭遇广泛质疑。20世纪90年代的商业世界被一种即兴表演、弹性组织式宣言所包围，人们强调的是管理中的热情、想象力，而不是冷静和控制。而他们代表的则是那个穿法兰绒的组织人的年代，人人循规蹈矩，将个性隐藏在表格之后。

二

我是在北大南门的风入松书店第一次阅读到《蓝血十杰》的。那是1997年的冬天，中国正处于新一轮商业热潮的前夜。80年代末的"十亿人民九亿商"的潮流，到了1992年之后更为强劲。但那时，大多数人都将商业理解成倒买倒卖,他们期待从权力的缝隙中寻找到政策空间，促成货物的流通，以此赚取利润。此刻的商业思想，像是江湖术士的翻版，人们推崇的灵机一动式的解决方案，何阳式的点子大王、牟其中式的策划人是其中翘楚。

我记得《蓝血十杰》给我带来的新鲜体验。我从未读完它，从未真正理解那个复杂的公司世界，但却对他们的野心和信念深为着迷。每个年轻人都倾向于简化世界，期待寻找到一条通往荣耀的便捷之路。这十位主人公看来正是如此，他们没有见过战场的鲜血，却成为战斗英雄；他们不知道一辆汽车如何制造出来，却改造了世界上第二大的汽车公司……

《蓝血十杰》是我读到的第一本管理学书籍，在接下来的10年中，管理学变成了中国出版业最蓬勃的门类之一。观念的传播充满了意外性，西方管理学的理论，从泰勒的科学管理，到汤姆·彼得斯的激情宣言，从J. P. 摩根的银行业到杰克·韦尔奇的“通用之道”，跨越时空的人物、彼此矛盾的理念，蜂拥到中国读者面前。这也是中国商业世界强烈的饥渴感所致。从1997年至今，中国企业面临着扑面而来的机会与问题。他们有着戴卫·洛克菲勒、安德鲁·卡内基那样的机会，他们可以在一片荒原之上建立商业帝国，中国是一个如此辽阔的市场，足以支持他们的种种雄心； 但他们却不知如何建立一个有效的组织，中国人曾经依靠家族、集体化公社，而这些遗产远未能构造一个有效的商业组织；他们还面临着越来越高速的全球竞争，技术拆除了地理的藩篱，市场没有耐心等待他们的慢慢成长，他们必须提高自己的速度； 20年前，他们或许还没听说过股票市场，如今却要熟知市盈率、资产负债表和对冲基金； 有时，他们还要留出一只耳朵给大前研一的《无国界的世界》……中国的商业世界既兴奋又杂乱，他们试图在一代人的时间里，完成别人历经一个多世纪的演进。这就像市场上流行的很多管理学书籍，出版商希望在300页的一册书里，容纳至少25种理论。

当我被这些理论所包围时，开始逐渐理解《蓝血十杰》中十位主人公的意义。在管理学的谱系中，他们或许只是泰勒的科学管理的继承人，致力于将事物简化，以使效率最高化。但在他们进入福特公司的20世纪40年代，却正是美国商业世界的转折年代，强盗资本家的年代已经过去，膨胀起来的大型企业需要更多的规范与控制以免被自身的重量压垮，这十位年轻人代表了那个时代的需求。和他们一起成长起来的还有彼得·德鲁克的管理理论、麦肯锡咨询公司……

这十位主人公最终的悲剧性命运，不在于他们的理性精神和控制欲望（这种品质是维持事物运转的必不可少的条件），而是他们没有认识到理性的局限性。对于一个混乱的福特公司，删繁就简、统一规划的能力，至关重要，它将组织重新拉回到秩序之中。但是，当混乱开始消退后，如何再不让秩序变得死气沉沉则成了新的挑战。世界比我们想象的更复杂，也更容易变化，绝对的理性主义者经常犯的一个错误是，他们用一种方案来应对所有的问题，当情景早已转化，他们却仍像是那位执着的刻舟求剑者。十杰们的理念在20世纪50年代时是企业管理的一剂良方，但到了80年代则成了病症的源头，令他们脱颖而出的和摧毁他们的，是同一种素质。在他们表面的理性之下，是一种深深的狂热——对确定性的狂热。

人类比自己想象的更愚蠢，在大部分时刻，我们无法从别人的错误中汲取教训，我们今天的成功也经常变成明天的陷阱。这或许也是《蓝血十杰》这段美国商业史上兴致盎然的插曲带给中国商业世界的启示之一，对任何难题，我们都只能找到暂时的答案。

作者序

企业是最粗糙的科学，最冰冷的艺术，教导我们无数有关衡量绩效、检查品质、盈亏的学问，却从未教过为什么人会一生投入工作，这样做意义何在。

我报道经济新闻十五年来，大部分时间为《商业周刊》工作，我解读的大多数是企业如何生产千百亿美元产品和劳务的故事。但是我始终希望探索企业神秘的人性一面，想了解把社会组织当成经济体和市场的做法，怎么会破坏个人的生活。

因此我决定研究十位沉迷于近代企业史上最伟大梦想的英才，这十位朋友被人称为“十杰”。他们堪称企业界空前绝后的团体，所有成员都受到冷静和理性驱策,犹如曼哈顿计划发展原子弹的人员； 有时候，他们被人比作登陆月球的阿波罗计划太空人，同样浑身是胆、勇猛精进，是豪杰和圣哲的有力组合。十杰自可以创造完善的世界，企业就是达成这个目标的手段，他们也说服别人相信这一点。

十杰最奇妙的事情是他们都是朋友，都忠诚拥护彼此的使命。他们先是战友，后来成为福特公司的伙伴，他们尊重和支持伙伴程度之高，在我采访的其他企业人士之中，确属罕见。一段时期后，他们改变了效忠的对象，跟个人的事业形成浮士德式更密切的关系，成功变得越来越重要，他们之间的隔阂变得越来越深，执迷不悟使其中几位冲向绝望的深渊，细微的妒意使朋友变成敌人，骄傲打乱了才气。为了成功，他们抄捷径，这种做法给了我一个新指针，得以了解为什么人可以这么聪明，却创造出愚蠢之至的组织。

在统治上一个大时代的人当中，他们是人中龙凤； 他们的时代在人口数目和希望方面，丝毫不亚于现在掌握美国政经权力的婴儿潮时代。他们是精明、英勇的美国空军军官，是后勤英雄，设计出掌控竞争力量的新方法，想出克敌制胜的数学模式，协助美军打赢了第二次世界大战。沙场英雄用生命作战，十杰的革命性新方法是印出来的图表，他们可以调动飞机、部队和紧急食粮，用来击溃敌人。对他们来说，每一个问题都有一个数字作为答案，不是踏破敌人滩头堡的激烈壮怀，不是神秘的灵光闪现。他们认为，如果他们战后一起出击，就可以替企业完成他们为盟军所做到的事，为当时和现在一样有问题的汽车工业，引进控制和科学管理技术，汽车工业已然有成为美国工业动力的态势，十杰远远地就看得出这种潜力。亨利·福特二世在 1945 年把他们全数聘用，事后证明这是他做过的最佳交易之一。十杰把福特公司从低迷不振中拯救出来，协助公司振翅高飞。

十杰年轻，没有经验，十分天真，沉迷于理想。即使是精明的人才，突然间出人头地，理当在完成任务后，退隐到历史中。但是这十个人决心改变世界，这种使命感最后拆散了他们的友谊，驱使其中一位自杀； 最后迫使身为他们后辈的我们，陷入过去二十年使我们濒临经济毁灭的企业制度和仪式。美国经济的苦苦挣扎，我们对数字始终不渝的信仰，我们对公司力量等同公司规模的坚持，追根溯源，都可以追溯到他们的理念。

十杰把福特公司和美国所有工业拉进现代世界，可是这样也有着很可怕的影响。他们信仰数字，结果留给我们为了提升效率而牺牲敏感回应的制度； 战后一整个时代的理性人变成了数字的奴隶，学到从每一个零件和每一种产品里，压榨出成本来。同时建立起规模庞大的白领幕僚，把权威和决策集权到中央； 为了降低成本和获取控制的效益，我们牺牲了所有产品品质和顾客满意的观念，我们也忘记了个人的主动精神。

他们的观点也创造了一种崇拜管理和数字、本质傲慢而自大的教派。十杰对自己的能力具有最高的信心，美中不足的是，这种信心不是来自真正的市场知识或产品经验，而是来自使他们和其他专业经理人近乎神明的实证资料体系。最后，这种体系教导经理人信任数字，不相信人。

不过有一段时间里，他们的理念运作得很完美，美国企业需要纪律、秩序和控制，他们提供了管理成长和建立企业帝国的模式。传统的历史说，摩根和亨利·福特之流的企业家，创造了让美国享有世界最高生活水准的企业。这种说法是半对半错的，摩根、福特之流固然光荣，却不正常。战后新一代的专业经理人在美国兴起，他们具有驾驭野马，驱策庞大、复杂企业克服无数挑战的意念，使世界各国对美国机构又敬又怕，十杰只是第一批这种新工业精英。

我一面报道、一面撰写这本书的五年期间，利斯变成了十杰最好和最坏两者间的燃点，两种极端在他的性格里交会。

十杰当中，利斯最像彗星，他原本可以像麦克纳马拉或桑顿一样，成为美国历史中的关键人物。麦克纳马拉后来到华盛顿，在两位美国总统之下，担任国防部长； 桑顿替美国两位最著名的资本家亨利·福特二世和霍华德·休斯服务，结果自己也成了有名的资本家。利斯应该有和他们不相上下的成就，他使法国福特公司起死回生，胸前别着法国政府颁授的勋章，以真正英雄的身份凯旋。

利斯信心十足，替福特公司勾勒了一个策略性的计划，要正面对抗比较大、比较强、难以取胜的对手通用汽车公司。他说服自己，认定可以靠着制造比较大、比较美、比较好的汽车，做出真正“美国人梦想的机器”，赢得这场对抗。他梦想创造出“车轮上的贾利·库柏，胸口有毛的汽车”，这个原型变成了1957年的水星大道巡弋(Turnpike Cruiser)。他全心全意投入这种汽车的创造上，除了彻底的成功之外，他完全没有预期还会发生其他事情。等到这部汽车惨败，他为福特公司设计对抗通用汽车公司的大计划随之尽去，他无法从中复原，失败使他失去热爱的工作，也摧毁了他。辛辛那提的验尸官判定他死于自杀，致命伤是0.38口径子弹造成的。

朋友要是知道利斯绝望程度之深，或许会协助他度过这场危机，但是利斯完全孤立无助。事业当然会妨碍友谊，但是有时候，友谊会胜过事业，利斯之死有多少是十杰的共谋？在我所得知料想不到的事情中，有一个内幕故事，说明福特公司如何推出声名狼藉的艾德瑟计划——到今天仍然公认是历来最大的商业产品惨剧之一，知道十杰的友谊是造成这场惨剧的关键，一定会让很多人震惊。十杰中有好几位从一开始就反对这场庞大的投资，甚至有一位冷峻而精确地预测说，和通用汽车公司正面冲突等于自杀； 各种数字后面的假设愚不可及，几近虚构。但是十杰中的其他人都没有坚决反对，因为计划是由他们的同事利斯构思和推动的，诚如米勒的话： “我们不想在利斯的兴头上泼冷水。”友谊和野心毕竟不是经常可以共存的。

在利斯的故事里，我在自己的恐惧和野心方面，发现一些值得探讨的地方。我知道工作经常使自己变成自作自受的堡垒，我可以轻易地想象到，利斯的成功一定使他跟自己实际的力量脱节，开始把组织的力量误认成自己的力量。我需要反思利斯的故事，好摸索一个人能够前进到什么地步。我一看到一则广告，销售利斯俗艳的创作——1957年的水星奇怪汽车时，就急急忙忙地赶去看这部大烂车。我在一位古董汽车收藏者肮脏的车库里，看着这部在空心砖上的车子，怎么看怎么像博物院里的恐龙骨骼，是完全用钉子、不用其他物品凑在一起的东西。我一定买下这部车，即使它丑陋之至，这是用钢铁做成的青年才俊利斯，代表他的人格、他的狂热。坐进这部旗舰，开着它走在街上，感觉它像战车一样的力量，让我对他这个人、对他想追求的东西，有了一层新的了解。

在他们接近人生旅途的终点时，十杰中的每一个人都发现企业不是科学，甚至还算不上是艺术，麦克纳马拉、利斯、桑顿和他们的亲密战友，终于用他们的方法改造了世界，只不过不是他们所预期的样子。

十杰是我们的企业先贤，他们很可能太精明，太热心，对自己和自己的方法太有信心了。继承他们工作狂热的我们这些后辈，的确可以从他们那里学到很多东西。

编者序

十年前，我们社首次出版《蓝血十杰》，没想到在商界引起那么大的反响。华为公司的创始人任正非甚至多次强调要向“蓝血十杰”学习，华为的最高管理奖就叫“蓝血十杰”奖，对此，我们与有荣焉。

蓝血，是精英才俊的意思，古老的西班牙人认为，贵族身上流淌着蓝色的血液。本书中，“蓝血十杰”指的是来自美国陆军航空队的十位精英，二战后，他们被福特二世招致麾下，进入公司的计划、财务等部门。之后，他们掀起了一场以数据分析和管理控制为标志的管理变革，并帮助福特公司走出困境，重现辉煌。

大多数中国人对“蓝血十杰”都比较陌生，但在美国，他们早已是家喻户晓的人物。他们中有人做过福特公司总裁，有人做过国防部长，还有人曾经差点收购迪士尼。他们被称为美国现代企业管理的教父，也不算过分。

“蓝血十杰”过时了吗？

“蓝血十杰”成名于美国汽车工业狂飙突进的年代。他们的理念，是否还适用于“颠覆性创新”理论大行其道的今天？他们的理念过时了吗？对此，我们的回答是没有。他们对待数据和事实的科学态度，作决策时所表现出来的理性主义，在任何年代都不会过时。

任正非在华为的一次管理研讨会上曾说过，有一种观点认为，互联网时代到来后，之前工业时代的管理思想和管理方法就过时了，现在需要的是创新，是想象力，是颠覆，是超越。但我们认为，互联网还没有改变事物的本质，现在的汽车还必须首先是车子，豆腐还必须是豆腐。

"蓝血十杰"对现代企业管理的主要贡献，可以概括为四个方面：一是基于数据和事实的分析和管理；二是建立了以计划、预算、流程和利润中心为基础的管理控制系统；三是重新定义了财务部门的功能；四是客户导向和力求简单的产品开发策略。

"蓝血十杰"的理念虽然没有过时，但随着时间的推移，我们面临的商业环境在不断发生变化，我们使用的商业术语也在不断发生变化。为此，我们在今年重新修订出版了此书。新版本的主要变化如下：

一是对书中的部分内容进行了重新翻译，力求语言和表达的与时俱进。

二是基于之前读者反馈的诸多问题，编辑也重新进行了审稿校订。

三是出版十年之后，我们对装帧设计进行了升级，使其更符合消费升级时代的大众对"颜值"的苛刻要求。

十杰其人

我们坚持出版此书，一方面是被"蓝血十杰"的管理理念所征服，另一方面也是被这十位精英才俊的职业精神、人生经历所打动，相信他们的人生故事仍然能够给今天的读者带来激励和启发。为了帮助大家更好地阅读本书，我们在序言里先对十个主角进行一下简单介绍。

查尔斯·桑顿

桑顿是"蓝血十杰"的头号人物，二战时期，他手下曾有3 000名在哈佛商学院受训过的军官。第二次世界大战结束后，他召集了其中九人加入福特公司，“蓝血十杰”的成员由此确定。

桑顿的目标是成为福特公司的总裁，然后用自己的管理哲学和管理方法带领福特公司走向复兴。但天不遂人愿，在引入“蓝血十杰”后不久，福特二世又从通用汽车公司挖来布里奇和克罗素作为自己的左膀右臂。桑顿的总裁梦碎，被迫离职。

桑顿离开福特公司之后，先是加入了休斯飞机公司，后来又创办了自己的企业。通过一系列的兼并收购，桑顿创立的小公司成长为一个庞大的集团，还差点收购了迪士尼。

罗伯特·麦克纳马拉

麦克纳马拉起初在哈佛大学任教，后来被桑顿游说到福特公司，是十杰的二号人物。桑顿离开福特公司之后，麦克纳马拉更是成了新的带头大哥。

41 岁时，麦克纳马拉成为福特公司总裁，他也是福特公司历史上第一个当上总裁的非福特家族成员。麦克纳马拉刚就任总裁不久，又获得了一个成为国防部长的机会。于是，他果断辞去了福特公司总裁一职，去出任肯尼迪政府的国防部长了，任职长达 7 年之久。

弗兰西斯·利斯

能力出众、心高气傲的利斯，曾使福特公司起死回生，并因此成为福特公司的英雄。但后来，他却因为推出水星大道巡弋车型失败，自尊心受到伤害，选择离开公司。

后来，利斯加入了艾维可实业公司，由于他一直无法走出失败者的心理阴影，最后竟在家中开枪自杀，结束了自己年仅 45 岁的生命。

乔治·摩尔

在十杰中，摩尔属于资质平平的一类人。但他也有优点，那就是讲义气，情商高，并因此深得桑顿信任。

由于自我效能感低，摩尔较早地离开了福特公司，自己创业做起了林肯—水星区的汽车经销商。一度生意兴隆，后来却由于经济的衰退和经营不善，最后债台高筑。即使有桑顿的帮助，摩尔还是没能挽回败局。47 岁那年，酗酒的摩尔死于胰岛素休克反应。

爱德华·兰迪

兰迪一生只爱两样东西：福特公司和天主教。他曾担任福特公司的财务副总裁,几乎让财务部门的权力在福特公司内达到无所不能的地步。

兰迪深得福特二世的信任，公司里发生的事他几乎都知道。1979 年 6 月 1 日，兰迪从福特公司退休后继续担任公司的顾问。1985 年，兰迪从福特公司董事会退休，共为福特公司服务超过 37 年。

班·米尔斯

米尔斯曾跟着利斯一荣俱荣地制造水星大道巡弋车，造车失败后，他又同利斯一损俱损地被降级。与利斯不同的是，米尔斯能够忍辱负重。正是凭借着这种性格他得以东山再起,后来升到福特公司副总裁的位置。

阿杰·米勒

米勒是十杰中第二位成为福特公司总裁的人，因为理性冷静地做事风格，他在福特公司工作多年，只被福特二世批评过一次。离开福特公司后，米勒成为斯坦福大学商学院院长，也做得有声有色。

詹姆斯·莱特

莱特一度是福特公司的三号人物，却在总裁位置的竞争中败给了米勒，并因此离职。后来，他被桑顿聘请为顾问。再后来，他去了汽车零部件大厂商联邦莫古尔公司担任总裁。

查尔斯·包士华

包士华在福特公司只做到汽车事业处采购部门首脑的职位，因为没有被挑中升官而失去信心，并在离50岁生日只差3个月时选择辞职，就此退休。

威伯·安德森

安德森入职福特公司8个月后就离职了，是十杰中第一个离开的人。后来他加入了一家专门从事货运仓储的贝金斯公司并升任总裁。

“蓝血十杰”这个组合，在商业世界是绝无仅有的。即便如此，他们仍然是不完美的：他们信仰数字，把人变成了数字的奴隶；为降低成本，宁可牺牲产品品质。这种让他们取得成功的思维和行为方式，后来也导致了他们的失败。

这本书最大的价值就在这里——我们既能看到他们的成功，也能看到他们的失败。

目录

第 4 章

工作狂利斯　044

第 5 章

多情摩尔　056

第 6 章

十杰会师　069

第 7 章

青年才俊　082

第 24 章

冷血总裁 362

第 25 章

分庭抗礼 380

第 26 章

计算机战士 393

第1章

工业王子福特二世

美景在望！无忧无虑的日子快来了，时髦的新车型快出现了，开着它奔向山之巅，轻抚白云，驰往人迹罕见的湖边，在微风中徜徉，迎着温暖的冬阳，奔向阳光普照的南方。

——福特公司的一则广告

在战后的荣光余绪中，没有什么是不可能的。

麦克纳马拉和包士华开车沿着七十五号公路，往北边的底特律奔驰，车子是麦克纳马拉老旧的福特T型车。从他们在戴顿的美国空军基地到美国工业之都的底特律，足足有四五个小时的车程。他们在1945年11月初那个星期三天亮之前就出发了。空气相当干爽，预示着底特律又会有个令人难以忍受的酷冬。目的地渐渐在望时，冷风钻进车里，吹着两位吸着机油和汽油味的小人物；这两个小人物可是真英雄，因为他们和第二次世界大战结束时的很多人一样，刚刚协助美国打赢了一场大战，他们是后勤英雄，但功绩不下于为正义战死沙场的壮士。和其他英雄不同的是，他们现在有一个更崇高的梦想。这个梦能否实现，完全系于美国最重要的人物——亨利·福特二世的意向。

他们笑谈这次将跟福特二世面谈之事，此举在战前是多么不可思议的，而今正处在战后世界刚复苏的时刻，每一个人都脱下军服，迫切需要工作，想跟福特二世会面应该是更不可能的。福特二世掌管着这个时代美国最受欢迎的工业，能提供他们最想要的工作，而他们现在就要去见这位工业王子，这得感谢他们大胆、专横的上司——“德州佬”桑顿上校。

广袤的福特公司鲁治河厂区一瞥。十杰初次看到这个世界最大的工业园区时，都被它所代表的无穷机会震慑住了。

精英大批发

桑顿上校想出了这个奇怪的点子，就是以整批交易的方式，把他手下空军精英中最杰出的人送给年轻的亨利·福特。这个想法出人意料，却也十分高明，虽然复员军人的数字极为庞大，他们面对未来犹疑不定；虽然战后的经济表示就业机会减少，但为什么一家极大的公司不能一举雇用十个人、雇用一群为了对付共同敌人和共同理想而聚在一起的战友呢？美国完全是靠战争才摆脱大萧条，很多人害怕战争结束后，数百万人拥进就业市场，会再带来另一个失业、死心和绝望的时期。

但是实际情形却是很多人想象不到的，战争带给桑顿上校的是新生命和新期望。他和很多大萧条时期的人不同，有勇气又乐观，认为自己可以在美国的大世纪历史里，决定自己的前途。

对桑顿上校来说，战争不是男人生命中突兀的片段，而是男性力争上游过程的一部分。他们从军的岁月代表了弥足珍贵、可以待价而沽的经验。他们十个人不是转战沙场的勇士，但是他们在第二次世界大战中，使对敌空战的效率变得高得可怕。桑顿招徕当时最聪明的人加入他的麾下，让他们在哈佛大学接受“先进管理技术”的培训，再把这些人派驻到世界各地遥远的外站，一到战场后，他们就负责搜集现代战争的事实和相关数字。桑顿在国防部建立制度，追踪每一天美国空军有多少轰炸机和战斗机可以派赴战场。他们把飞机和机场、机员和飞机、武器和飞机匹配在一起，比较B-17轰炸机和B-24轰炸机的相对优势；这些把战争变成科学研究的专家，协助美国组织、管理和推动足以让敌人致命的空战。

要是有人能把这种奇异的点子推销给福特二世，这个人非桑顿上校莫属。1945年时，他才32岁，但是在外表和言辞上却充满权威。有一位仰慕他的人说，他和你面对面时，就像太阳照着你，浑身散发活力，他可以用浑厚的德州腔迷住每一个人。他人长得粗犷潇洒，身材中等，体格健硕，生就一副热诚迷人的面貌，圆圆的脸，淡褐色热情的眼睛，让人失去戒心的迷人笑容，牙齿间总是咬着冒烟的短香烟滤嘴，有着已故罗斯福总统那样感人的盛情，也像小罗斯福总统一样温煦直接，不顺心时会大发脾气。

战争结束以后，美国替这个世界划定了新地图，在欧洲和其他地方制定了新疆界，桑顿和他的战友也要在商业上做同样的事情。这场战争既是民主的胜利，也是美国式管理的胜利。桑顿预见战后的美国，新一代的领袖前面有着前所未有的大好机会，他了解工业界正在等待新构想和新领袖，以决定生产战争利器的工厂承平时期该生产什么东西；这些领袖会决定这个国家未来的经济前途，有九位这种现成的"未来领袖"仍然在他麾下。要想在商业领域取得成功，桑顿所必须做的首先就是说服福特，让福特相信他和这些战友可以让福特公司改头换面，就像他们摇醒死气沉沉的美国陆军航空队一样，使他们变得拥有超级的效率，而且强大到足以成为操纵战争输赢的关键。他们到处宣扬效率，而且在战争中证明了它的潜力，他们把效率变成他们的宗教，变成一种信仰，却没有一般宗教坚诚度不够的问题。这是一种理想，他们所处的时代崇拜机器，也受制于达尔文优胜劣汰、弱肉强食的观念。他们是十位迈向另一个战场和一场新型战争的专业军人，时值美国新时代开始，大胆和冒失都是野心的代名词，正所谓"厚脸皮的时代"。桑顿上校和他的战友正符合时代的脉动。麦克纳马拉开着他深蓝色的 T 型福特车，包士华坐在他旁边，接近福特的疆土时，他们知道桑顿上校做对了。

这两位倔强的军官第一次看到庞大的鲁治河工厂高耸的烟囱，这种景象让麦克纳马拉和包士华都目瞪口呆！平地耸起的是冒着烟火、由很多工厂连成一片的庞大帝国，砖造工业厂房、钢铁厂和铁路调车场，连接成一大片广袤建筑，令人叹为观止。他们在杂志上见过这个充满阳刚之气的人造世界的照片，但是黑白照片根本表现不出这种宏伟的气势。

他们相信，如果有什么地方可以见证工业奇迹，毋庸置疑，一定是这里。他们第一次看到这个工厂，事实上，这也是他们在底特律注意到的唯一景象，也是他们初次造访之后还铭记在心的景象。从 20 年代末期起，福特公司的工厂就像圣像一样耸立在这里，加起来大约有 90 栋建筑，占地 330 英亩，是世界最大的制造工厂，很多窗户盖满煤灰，阳光根本透不过去。世界上只有这个地方，铁矿砂由五大洲的港口用船运来，熔化成铁水，炼制成钢铁，然后在若干天内，变成数千种制造汽车的零部件。

他们经过这些工厂，开向雪佛路的公司总部，好与从华盛顿搭夜班火车来的桑顿上校和其他人会合。入口大门上方的花岗石上，镌刻着亨利·福特的梦想："发明天才勤奋运用地球的天然资源，是繁荣文明的基石。"没有任何诗句能让他们有如此深刻的感触。

福特二世的办公室在走廊尽头大理石大厅右边，小小的圆形车道旁有个专用门，这间办公室原本属于他祖父。从一大扇窗户看出去，有着像电影银幕一样的宽广视野，他们两个刚刚经过的鲁治河厂区尽在眼底。当年老福特二世曾从这间办公室望出去，越过几十条铁路支线，望着壮观的工厂，欣赏他所创造的一切。

少主

麦克纳马拉和包士华在 11 月 7 日，与桑顿和其他人在福特公司总部的大厅会合。四周身着暗色西装的人川流不息，而他们穿着军装，上装是暗绿色的，配着美国空军军官略带粉红色的长裤，构成了令人侧目、不协调的景象。他们对亨利·福特的了解，只限于最近在《生活》杂志封面故事所读到的一切，那是他接任世界最大私有工业帝国总裁时刊出的。他会在不够成熟时掌控大权，是因为他父亲艾索·福特在两年前，也就是在 1943 年英年早逝。艾索身为公司总裁，又是必然接任公司宝座的唯一继承人，却因为胃癌手术的并发症去世，时年 49 岁。艾索死后不久，海军就让福特二世除役，协助他年老体弱的祖父，学习汽车业务。在底特律，他被称为“福特二世”，好跟他祖父有别。

一年前，他坦承自己的稚嫩，尚在努力寻找纾困方案。福特公司从 20 年代末期以来的记录表明他们迫切需要摆脱困境的良方。第一次世界大战以后，福特公司约拥有美国 60% 的汽车市场，但是进入第二次世界大战时，市场占有率降为不到 20%。福特在一度成功至极的 T 型车之外，迟迟没有推出不同的新车型，几乎导致公司濒临崩溃。然而，同一个时期里，通用汽车公司重振旗鼓，市场占有率从大约 12% 上升到 50%；克莱斯勒汽车公司则从一无所有，一举攫取了 20% 的市场大饼。

更糟的是，亏损几乎把福特公司从 1927 年到 1941 年的利润蚕食一空。《生活》杂志在描述这一切时指出：“美国工业史上从来没有一家公司有过这么长久、这么大规模衰退的例子。”如果福特是一家上市公司，必定要承受华尔街和股东的压力，亨利·福特这个老头早就丧失控制权了。但是老福特早年赚了数量惊人的钞票，而且把伙伴的股权通通买了下来，公司完全由福特家族掌控，公司赚的钱只要够这个家族的需要就行了。

桑顿这帮人来的时机再恰当不过了，年轻的福特二世急于摆脱祖父身边的旧时代重臣。他身边聚集了一小群忠诚的经理人，不过出了这个圈子，他就不知道还有谁可以信任，桑顿上校和他的战友应该怎么配合这种情势呢？

福特二世的一位手下接待他们，并陪着他们，来到一栋形状奇怪的建筑。这栋建筑两侧有正方形的厢房，是 1934 年芝加哥世界博览会留下的怪物。老福特在大萧条达到最谷底时，花了 260 万美元，建造了一栋由钢铁和石灰石构成的展览馆，以容纳福特公司的陈列品。博览会结束后，他下令把这幢叫做“圆楼”的建筑搬到迪波恩，在其中建了一些人工花园，作为增建的办公室。

他们来到一间没有丝毫特色的会议室，坐在一张胡桃木制会议桌四周。查尔斯·桑顿（Charles Thornton）、罗伯特·麦克纳马拉（Robert Mcnamara）、弗兰西斯·利斯（Francis Reith）、乔治·摩尔（George Moore）、查尔斯·包士华（Charles Bosworth）、阿杰·米勒（Arjay Miller）、J. 爱德华·兰迪（J.Edward Lundy）和詹姆斯·莱特（James Wright）都到了，桑顿这个小组的另两位：班·米尔斯（Ben Mills）和威伯·安德森（Wilbur Andreson）则在加州焦急地等待结果。

人中之龙

这是属于他们的时刻，这个小组的成员都很杰出，但是福特敢全部雇用吗？麦克纳马拉无比聪明，他原本是哈佛大学商学院的助理教授，是个天生冷静的理性主义者，也是这个团体的智多星，具有高人一等的智力和敏锐的分析能力，使桑顿的小组得以从一个顶多是搜集事实的中心，转变成分析数字和大胆鼓舞行动的团体。但是麦克纳马拉却是这组人当中，唯一不那么想来这里的人，他本来打算回哈佛大学，继续自己的学术生涯。然而桑顿上校告诉他，这是个不可多得的机会。

麦克纳马拉犹豫不决，利斯则恰恰相反。他是精力和伟大构想紧紧结合的综合体，对利斯来说，有机会为福特公司工作是梦寐以求的。孩提的时候，他就经常在家前面的台阶上一坐好几个小时，一一分辨每辆疾驶而过的汽车厂牌和车型，除了追求成功的野心没有什么能胜过他对汽车的热情。他看到父亲在大萧条期间亏损掉大部分的财产，发誓决不步这种悲惨的后尘。他鄙视不稳定，热爱控制，战争结束时，他对系统控制的信念让美国空军节省了十亿美元以上。另外六个到场的人，他们的才能可以涵盖管理方面的所有层面，是领导、判断、精确、秩序、精明和耐力的象征。

几分钟后，工业王子福特二世进入房间，就像从《生活》杂志的书页里走出来一样。大家仔细地打量他，福特二世长得相当潇洒，身高 1.8 米，体重 90 公斤，是个大块头，留着平头，蓝色的眼珠配上高挺的鼻子和小小的嘴巴，说话的声音柔软而带粗嘎，体重有点过重，早在青少年时，他的同学就叫他“肥仔”了。但是他的气度却明显可见，或许这是他的地位、财富和权力造就的，不论是什么原因，这种气度使他的每个动作都有着王者之风。虽然这些人早都习惯于向军中的长官或最高阶的人报告，但是在福特二世的光环下，他们还是会觉得自己渺小，感受到巨富的威势，比自己想象得要更加钦敬财势。

他们之间没有客套，这一切都是正经事，桑顿上校依序为福特二世介绍他的战友，小福特二世绕着桌沿，跟每一个人握手，他欢迎他们来福特公司。大家相互说笑了一会儿，福特二世就坐进一旁的椅子里。

他跟他们是同一代的人，才 28 岁，除了差两个月才过 28 岁生日的摩尔外，他比他们都年轻。小福特二世开始谈他对于公司的目标和野心，他的话清楚地点出局势和时机都有利于他们在福特公司工作。旧时代崩溃后，新秩序正在兴起，他继承 82 岁祖父的基业才满七周。“我们需要有个新的开端，要用不同的方法做事，”福特二世说，“公司或许必须整顿，我们显然需要重整，我希望公司重新夺回第一的宝座。”

“你们认为可以帮上什么忙？”这句话让他们愣住了，连麦克纳马拉都不知道怎么回答这个问题。也许桑顿上校能够信心十足地谈论过去，可以告诉福特二世，这群高手协助有史以来规模最大、拥有最大和最迅速机队的空军建立制度。他可以畅谈这些飞机在历来最具毁灭性的空战中，怎么投下了205.7244万吨炸弹，怎么对德国、意大利和日本发射了4.5975亿发枪弹。他知道所有的数字和所有的事实，他的责任就是知道这些东西。

但是即使在这个黄金时刻，桑顿上校也不能预见未来，没有人能看到未来，即使福特二世能够信任他们，也不清楚他们该如何融入他的汽车帝国。有多少旧僚会憎恨他们，视他们为威胁，想要摧毁他们，福特二世会给他们足够的权力，让他们做出不同的表现吗？他会让他们像一个团队般工作吗？整个大战期间，他们对困难重重的资料搜集都能够手到擒来，谈话应对方面的畅达更不在话下，但此刻，他们却哑口无言，说不出答案。

第2章
“拿破仑再世”桑顿

知识就是力量。而在这片混乱中，我们将是唯一有知识的人，其他人只能瞎猜。

——桑顿上校

其实，多年来，桑顿上校一直都一帆风顺。

在华盛顿，他听不见大家背后常叫他“拿破仑再世”。这个绰号多少说出他不惧权威、迫切想掌握生命里每一件事的个性，但是也显示出作战部里的人对他的不满。

有一次，桑顿上校发现一名高级将领对于飞机产量作了不实的报告，他毫不犹豫地给他难堪——毫不考虑班奈特·伊·梅耶中将的官阶远高过他。“你那些数字有错误，”桑顿上校拖着德州西部口音向梅耶挑战，“这些数字比无中生有还要离谱！”

梅耶将军老羞成怒，立即反击说：“你要是调到我的手下，我一定把你送军事法庭审判！”

“将军，如果真有那么一天，那我也真该受军事审判了。”桑顿上校平静地反驳。

军中的官员，愈来愈多人发誓要在战争结束以前把桑顿上校搞下来，梅耶也是其中一个，却从来没有找到机会。这个冲突过后没几天，梅耶所负责的机务报告，整个转移给桑顿上校在华府日益扩大的统计管制处。这次战胜官员，是年轻的桑顿上校在战时最具戏剧性的胜利之一，他把握住这个机会，建立了有史以来最庞大的空军，更建立起他自己的权力基础。

崭露头角

“拿破仑再世”的军事帝国，最初不过是陆军航空队的一个小组，由一些知识分子和有企业头脑的人所组成，外人也弄不清楚他们是干什么的。到第二次世界大战结束时，桑顿手下有3 000名在哈佛商学院受过训的优秀军官和1.5万名后勤人员，统计管制处有66个遍布全球的驻外单位，拥有全球最大的中央控制计算机设备和独立的电传系统。这个单位如同一部巨大的分析思考机器，协助美国组织、管理和推动空战，而他们的领导者就是爆出冷门的桑顿上校。40年代初是没有电视、电脑和卫星信息的原始世界，信息的传达速度非常缓慢，桑顿上校能成功地主掌这个部门，全靠他顽强的意志力，还有他想掌握自己命运的渴望。在军中，控制的管道就是层层的阶级制度，桑顿着手定义他的秩序观，建立他自己的架构来行使权力。

一个头脑清晰的士兵，绝对不敢像桑顿上校挑战梅耶和其他将领一样单挑军中环环相扣的指挥系统。但是桑顿上校自信满溢，根本没有意识到他的强硬作风为自己树立了多少敌人，他的自信心几乎像是铜墙铁壁。多年后，他的一个同事到伦敦去，途中听到作家依恩·弗莱明谈论怎样成为一个出色的莎士比亚演员，就想到用桑顿作例子。弗莱明说："至少有百分之九十的成功来自自信；你一上了舞台就知道，你打内心里晓得自己可以做得很好，那就是桑顿。他散发着自信，他的信心更鼓舞手下的人充满自信。"桑顿上校年轻时候，就立志要在世上打出名号，闯出一片天地，让他能忘记过去的卑微。从军的岁月使他深信逻辑是无懈可击的，凭着事实和逻辑，他打败了梅耶和其他许多人；凭着事实和逻辑，他掌握了影响力。在华盛顿崭露头角的桑顿上校，早已不是德州家乡不毛之地的贝茨·桑顿。

1941 年的华盛顿，对一个有抱负却没什么钱的年轻人来说是最好的地方，战争又正是最好的时机。日本偷袭珍珠港，唤醒了这个沉睡中的南部城镇，华盛顿的潜能和力量也即将爆发，桑顿和其他许许多多涌入华府的人一样，准备发挥长才。这个城市将使美国变成伟大的民主帝国，重塑世界，再创一个崭新的欧洲。来到这个城市朝圣的人，可能在这出大戏中扮演重要的角色。

罗斯福的新政把华盛顿变成了新耶路撒冷，一个流浪人和寻梦者的交汇点。毕竟，经济大萧条在华盛顿结束得很早，参与新政的人接管了这个城市，管理罗斯福政府新创的大大小小部门。华盛顿向来就是许多异乡人的家，现在新兴部门吸引了成千上万的公务员，对于想要逃避平凡生活的人来说，华盛顿更是他们心目中的天堂。这些人来自中西部和南部，来自德州和俄克拉荷马州，来自任何地方，源源不断地走出嘈杂拥挤的华盛顿车站。

（左上图）第二次世界大战期间，桑顿和妻子弗洛拉在弗吉尼亚州的公寓外合影。
（右上图）小小的桑顿坐在妈妈的腿上，不到五岁，父亲就弃他而去。
（下图）中学时代的桑顿看起来整洁而时髦。

桑顿上校也是其中之一，希望在华盛顿的发展中找到未来。1934年，他穿着皱巴巴的黑西装、白衬衫和一双灰扑扑的鞋子，走下了巴士。新到华盛顿的人，多半都做职员的工作，坐在大办公室里。诚如某个人传神地形容："这个城市到处都是坐办公桌的人，在小小的纸片上写着小小的事情，对着机器录写信件，在电话里和从没见过面的人谈话。"对于单身、年仅21岁、话多又自信的桑顿来说，华盛顿似乎很小，要征服这个地方并不困难。

灰色童年

如果说桑顿上校喜欢控制一切，一定要把所有事情都安排得有条不紊，那是源于父亲遗弃了他和母亲，留给他一个混乱的童年。1913年7月22日，桑顿出生在德州地势平坦、尘土飞扬的哈斯凯市。他是独子，生在一个一贫如洗的破碎家庭，没指望将来会飞黄腾达。他的人格形成期是在德州西部度过的，那里只有泥巴路，路上尽是驴子和鸡群，棉花田把原本肥沃的黑土变得愈来愈贫瘠。农夫、庄稼汉和小镇商人主宰着当地的经济，医生接生娃娃的收费也只是一个西瓜和两只鸡。

桑顿的父亲是条硬汉，没念过书，出身于德州烟不离口的下层社会，那些人成天瞎编故事，整桶整桶地喝着酒。他外号也叫"德州佬"，是个彻头彻尾的文盲，他的谋生之道就是穿上石棉衣，戴上头盔，走进炽焰熊熊的油井中，用硝酸甘油把火焰扑灭。父亲狂野而遥远的影像似乎总是挥之不去。

父亲离开桑顿母子的时候，桑顿还不到五岁，又瘦又小。他很少提起父亲抛妻弃子之事，但是这件事对他的伤害很大。多年来，他一直不能原谅父亲抛弃他母亲；小时候朋友都叫他贝茨，因为他不愿用父亲的外号"德州佬"。一直到他闯荡华盛顿，作风愈来愈像他记忆中的父亲，他才又用起这个名字。

桑顿胎死腹中的弟弟生下来没多久，父亲就抛妻弃子而去，再婚之后搬到阿玛利洛镇。这些年来，父亲在他的生命中来来去去。偶尔这位难得一见的爸爸会寄衣服和现金给他，甚至他的第一辆自行车、第一双牛仔靴，也是父亲买给他的。有时候父亲路过镇上，会把桑顿叫到哈斯凯旅舍去见面。

他父亲对于爸爸的角色没多大兴趣，比较喜欢的是耸人听闻、油井灭火的事迹，这种嗜好使他成为新西部的传奇人物。一个浪漫、放荡的汉子，以勇猛、莽撞特立于人群，并且有超人的胆量——也有人说他半疯半癫——是不怕死的人，所以才会拿着硝酸甘油走进熊熊烈火里去。他在油田的名声，几乎可以媲美一百年前亚利桑那州矿区的传奇人物——在欧凯科罗一战成名的怀特·厄普。老桑顿在1949年去世，死得像他生前一般莽烈——他在阿玛利洛的汽车旅馆，被一个搭便车旅行的男子用老桑顿自己的手枪痛殴至死。这名男子宣称他撞见老桑顿和他22岁的妻子同床共枕，一丝不挂。双人床头的墙壁上，血迹溅了三四尺高，桑顿57岁的父亲被人发现时赤身裸体躺在床上的血泊中，脖子上紧紧绕着他自己的衬衫和毛巾。涉嫌的凶手被以谋杀罪起诉，经过漫长的诉讼，最后获判无罪。

双亲不在身边，虽然让桑顿更独立，更有自信，但是他也等于没有了童年。因此更加早熟，更敢向权威挑战，因为他知道他生命中的第一个权威人物——他的父亲——本身就缺点累累。为了帮忙离了婚的母亲，他四处打零工。“在经济大萧条以前，”他说，“我每个礼拜六都得工作，摘棉花、跑腿、在店里打杂。至于别的小孩在做些什么都跟我无关，我就是得工作，把钱存下来。”

母亲的梦

有时候他和母亲出门，两个人身上带的钱只有十来美分。他的母亲闺名叫莎拉·爱丽丝·贝茨，是个宗教信仰虔诚的女人，受的教育不多，身兼严父慈母的角色。她管不了桑顿的父亲，却影响了桑顿的一生。她身材短小圆润，一头黑发，一双蓝眼睛。桑顿如果犯错，她会毫不犹豫地抽出皮带打得他死去活来。

但是桑顿尊敬她。她教育他要自食其力、出人头地，用单纯的乡下价值观念对他耳提面命，这些观念后来都成为他生命的基石。“做人说话要算话，”她总是这么说，“答应别人的事就一定要做到，一个人的信用是世界上最重要的。”同样的教训他是听了又听。他 11 岁的时候母亲改嫁给路易斯，路易斯是在州政府做事的兽医，在各大农场上诊治牛群、马匹，以及检验肺结核。桑顿多了个继父，家里后来又多了同母异父的两个弟弟、一个妹妹。

桑顿的自我意识并非来自与他疏远的父亲，而是得自他专横的母亲。她不许桑顿再走上他父亲的路，做个浪荡子。她把自己无法达成的愿望，都寄托在儿子身上；桑顿一定会出人头地，一定会做出一番大事业来，她这样告诉自己，也这样要求儿子。后来桑顿开始实现她的梦想，她的长子就成了家里每一个人的楷模，她成天对桑顿的三个弟、妹洗脑，然而这三个孩子都达不到她的期望。她的小儿子艾伦被逼得受不了，逐渐与家人疏离，最后喝氰化物自杀，他的妻子为了阻止他，情急之下用手枪朝他的手开了一枪，还是挽回不了悲剧。

桑顿的家平凡无奇，是一幢老式的两层木造房子，虽然三餐无忧，但是手头总是不太宽裕。十几岁的桑顿就已经表现出勤劳、自食其力的个性，这也是后来他赖以攀越巅峰的力量。夏日里，他清晨四点钟就从床上爬起来，囫囵吞下一点早餐，然后搭便车到五里外的农场工作，一个小时赚十分钱。母亲会帮他准备饼干夹上一两片熏肉，再加一罐豆子当午餐，就打发他出门。他总是和朋友约翰·金伯洛一块儿上路，农场就是金伯洛的爸爸开的。“桑顿才不是什么乖宝宝，”金伯洛回忆道，“万圣节的时候，他会把仓库搞得天翻地覆。有时候看到男生开车载女生兜风，我们会拿臭鸡蛋丢他们，如果他们停下车来，我们就去泄他们轮胎的气。”这是乡下孩子典型的恶作剧。

念哈斯凯高中的时候，桑顿的成绩平平，但是个性坚忍不屈，谁也别想把责任推到他身上。虽然他身形瘦小，却凭着勇气和毅力打进了哈斯凯红人橄榄球队担任中锋，但也因此常常遭受无情的拳打脚踢。别人欺负他个子小，老是说些尖酸刻薄的话来讥讽他，取笑他没有爸爸。“他会气得发狂，暴跳如雷，”他孩提时代的朋友华莱士·桑德回忆说，“他会毫不犹豫地反击回去。”

事实证明他的拳脚功夫的确有两下子，有一回一个小混混想搅和他跟女孩子的约会，被他打了个屁滚尿流。好斗的桑顿绝不容许任何人占他的便宜，不论他胜算有多小，凭着他的双手，他保住了女朋友的名声，也顺利地做起小生意，在后院里养鸡卖鸡蛋，甚至还和一个朋友一起酿私酒来卖。

对任何有野心的人而言，哈斯凯市就像是个监狱。日常生活就以光秃秃的广场为中心，一旁点缀着典型的地方法院，就是那种有个高耸的尖塔和一口大钟的建筑。广场四周有几家破旧的商店，卖些五谷杂粮和五金杂货。这些年来他母亲老是做着同样的梦，她不断地重复说给其他孩子听，他们这才知道她对桑顿的期望有多高。在这个梦里，她儿子开着一辆黑色敞篷大车，缓缓走在一条宽敞的林荫大道上，路边挤满了上千，甚至上万的人，对着笑容可掬的桑顿微笑、挥手、欢呼，梦里的桑顿可不是待在一个肮脏的小镇，四处找不到工作。

前进华盛顿

1931年桑顿和46个同学从哈斯凯高中毕业，此际，美国正碰上经济大萧条。哈斯凯市有两家银行关门，农夫也纷纷卖地还债，他继父把全家搬到路伯克，桑顿就在当地的德州工技学院读工程学，后来改读商科。他母亲收了几个房客赚房租，好让他继续升学，但是他念完二年级就退学，搬回哈斯凯，跟朋友布福德·柯克斯合开了一家小小的朴利茅斯汽车经销店。桑顿想到用期票方式卖车子给农民的主意，等他们收成以后再付款。他却没料到，许多农民早就欠了银行一屁股债，虽然他是很优秀的推销员，但是他的客户信用太差，结果经销商店开张没多久就关门大吉了，最后还是父亲伸出援手，帮他解决了财务困难。这时候，桑顿决定离开哈斯凯。他向哈斯凯的一家银行借了 50 美元，再跟朋友借了点钱，就上了灰狗巴士，直奔华府和罗斯福的新政府。对一个来自穷乡僻壤的穷小子来讲，华盛顿是权力和进步的象征。哈斯凯、路伯克这些小地方听到的消息，总是说政府不断在扩大，新的机关、部门和委员会不断成立，每个单位都有几百个工作机会，等着新来的人。

然而，在那个时候，华盛顿是一个讲关系的地方，就算是想在一个机关里找个什么不起眼的工作，也得要有门路。亏他早就想到这点了，桑顿到华盛顿之前，已经拜访过同乡的新科国会议员摩尔·马宏。他走进科罗拉多市马宏的办公室，向他自我介绍，并请他写一封介绍信，好让他带着到华盛顿去。马宏帮他写了一封短信给“公共事业振兴署”，可惜他们暂时并不缺人。

吃了很多次闭门羹之后，他不禁怀疑，他是不是根本不该离开德州。他没有想到竟然会有这么多人到华盛顿来找工作，报纸上说，每年都有 5 万人涌入华盛顿。借来的 50 美元，现在只剩下几块钱而已。他约好要去“农业协调署”面谈，那也是一个无聊的官僚机关，时间是 1934 年 11 月 1 日。

屋外宁静而寒冷，路上的积雪把街上的声音都吞蚀了。桑顿要见的人背对窗户而坐，窗子正对着一个小公园。公园后头有许多白色建筑，只见树木被寒冬掠去绿衣，景致显得有点苍凉，公园的长凳上坐着几个无家游民，手里的纸袋装着三明治，一口一口地咬着。有个老人在喂鸽子，两只松鼠急蹿过一条小径，在银白的雪地上留下足迹。

天气倒不是刺骨的冷，华盛顿向来很少有刺骨的冷天气，而是那浸入骨髓的湿冷，让人直打哆嗦。如果桑顿的母亲在这一刻看到他的话，发现他不是在白宫的前厅，也不是在摩尔城的鸡尾酒会，而是在哀求人家给他一份基层职员的工作，她可能要失声痛哭。

“看见外头那张长板凳了没有？”桑顿说，一边朝着窗户点点头，“假如我拿不到这份工作的话，我今天晚上就只有睡在那里了。”

他争取到了那份年薪 1 260 美元的工作，头衔是“雇员”。但是两个月后就离开了，因为他在罗斯福政府的另一个机关找到性质类似的工作，但是薪水多了一成五。他发疯似的拼命工作，晋升为“助理统计”，又换到另一个政府机关，最后到 1941 年时他跳槽到国家住都局，职称是“统计师”。从 1935—1941 年的六七年间，他发狂地工作，心里只有一个目标：往上爬。话说回来，不管他做什么事，都是为了控制他生命里的每一点每一滴，包括他对弗洛拉·蓝妮的追求。

良妻美眷

在那个时代，世界完全受男人控制，美国女性充其量不过是第二性。在一般人的观念里，婚后愿意待在家里做个贤妻良母的女孩子，才是最有吸引力的女人。如果女人无法在丈夫的梦想中找到慰藉，至少得懂得分享丈夫的期望，她们自己的梦想则丢在一边。当然，战争会把上百万的妇女拉进经济活动里，使女人头一次了解到她们的能力并不是仅仅局限在扫地煮饭。但是等到战争结束以后，她们很快又会重拾比较传统的家庭主妇角色，男人努力工作，而女人就扮演男人的伴侣兼知己。

桑顿心目中的理想妻子和别人没有两样，他跟当时的许多单身汉一样，希望妻子扮演家庭的轴心，两个人一起建立家园。他已经找到这样一个女孩子，那就是弗洛拉。弗洛拉的姐姐伊丽莎白，是桑顿在住都局的同事，有次她在家里办了个小聚会，桑顿跟弗洛拉就是那时候认识的。弗洛拉身材窈窕，声音低沉，有着修长的双腿和蓝灰色的眼睛。她也念过德州工技学院，但是比桑顿高一届，因此他们在学校里没有正式见过面，而且她也绝不会跟低年级的学弟约会，在那个时代没有人会这么做，弗洛拉更是不会，不管桑顿再怎样沉着，再怎样自负。但是桑顿记得她，因为弗洛拉认识几位他教会里的弟兄，她还在第一卫理公会教堂的唱诗班里唱过诗。母亲的鞭策迫使桑顿加入教会的青年团，他成为周日礼拜的常客。

他们第一次见面的那个晚上，弗洛拉在他身上看到一种特殊的气质。她倒不是认为他将来一定会出人头地，而是他的忠诚和个性使她觉得跟他在一起很有安全感。“我看到端正的，”她说，“一种不拘泥于传统的个性，让人觉得很新鲜。他呀，怎么说呢，就是与众不同。”有一天晚上，桑顿不知怎么聊到科学这个话题，一直讲个不停，告诉弗洛拉克服地心引力的可能性，以及可能的影响。约会的时候谈科学实在有些奇怪，她认识的男孩子没几个会谈起这些的，不过那就是桑顿，永远出人意表。

他实在不太能认同剧场，也无法苟同她在纽约的生活方式。她的目标是成为一个歌剧演唱家，后来她对这件事愈来愈认真，30 年代初期她就来到纽约，跟一位私人教师学声乐。在奥斯卡·海默史坦和契格蒙德·伦伯格合作的轻歌剧《五月酒》中，她争取到主角，预定在西四十四街的圣詹姆斯剧院演出。桑顿认为这种生活太过轻浮，他既不了解，也不欣赏。他告诉她说，那样的生活并不适合他想要娶的女孩子——即使在那时候，他对自己没有权力干涉的事也想控制。

“谁说要结婚的？”她笑了起来。

“当然，我是要娶你的，”他说，“但是要等到我们有钱的时候才行。”

“多谢你的恭维，”她回答说，“但是我可不想为了配合你或任何人的生涯规划，在这里痴痴地等。”

然而桑顿却已经下定决心。他们后来对这个问题还是争论不休，但是他每个星期六还是会搭火车到纽约，星期天晚上再回去。星期六晚上表演结束以后，他会到四十九街和第六大道间的中央剧场，到剧场后门去接她，然后两个人就在纽约市区闲逛。那时候他年薪才 1 800 美元，没有闲钱去做奢华的娱乐，不过他知道她希望他来纽约陪她玩，有一次他还大手笔地请她在洛克菲勒的彩虹厅跳了一个晚上的舞。

双方很快就认真起来。为了去华盛顿找桑顿，弗洛拉没有参加最后的彩排。一个星期之后，她就从演出名单中被除名了，桑顿又再一次称心如愿。他们在聚会上初逢大约满一年以后，就在 1937 年 4 月 10 日缔结连理。周末他们开着桑顿的老雪佛兰，到弗吉尼亚的泻兰多河谷玩一趟，就算度了蜜月，星期一早上，他又回到住都局的办公桌前上班。

他们在爵禄街上找了间一房一厅的公寓。弗洛拉在拉什洛普公司的婚礼部门找了一份工作，同时还在国会山庄的信义会唱诗班兼差唱诗。晚上，桑顿就和华府各机关里不想一辈子当职员、打字员的人，一起到摩尔华盛顿大学上课。

青云路

桑顿因为精于数字，在住都局步步高升 。他写了一篇低成本住屋的研究报告，内容清晰，思虑周详，博得上级的关注。摩尔华盛顿大学的一位经济学教授，介绍他去找作战部的罗维特先生，这位教授很欣赏桑顿，又认识罗维特，他认为这两个德州佬可以搭上线，这正是桑顿迫切需要的突破。战争的风暴已经吹进华盛顿，希特勒入侵波兰，英国加入战争，法国已失守，巴黎沦陷，德国空军大规模空袭伦敦和英格兰乡间，投弹如雨。罗斯福上了广播节目“炉边闲话”，呼吁援助英国，虽然国会议员批评他是好战分子，然而商店已经纷纷在窗口挂起送爱心到不列颠的标志，征求衣物和其他急需品。国会无异议通过恢复征兵。

桑顿早已取得后备军人委任令。只要战争一爆发，他立刻就会加入。罗维特后来和桑顿有非常密切的关系，几乎像是他的父亲；这时候，罗维特已经是华府政坛要人，一旦战争爆发，他随时可以担当重任。他身材颀长、风度翩翩，在第一次世界大战期间担任轰炸机驾驶员，现在官拜作战部副部长，正希望以新的观念，有一番新的作为。桑顿攀上这层关系，约好去拜会老成世故的罗维特，罗维特的办公室在宪法大道的旧军火大楼。桑顿等了整整半个小时他才出现，他穿着蓝色双排扣亚麻布料西服，一件有字母组合图纹的白色衬衫和一条蓝领带。

罗维特和桑顿一样，也出身德州的小乡镇，但不是桑顿所了解的德州。罗维特平静、优雅、庄重有礼的举止，意味着他从小生长在一个享有特权和权势的世界里。他父亲做过律师、法官，以及势力强大的联合太平洋铁路公司董事长。罗维特从大学预校经耶鲁大学、大学生学联会，再进入华尔街的哈里曼公司成为合伙人，他写了一篇批评飞机制造厂商备战能力的报告，之后就被延揽到华盛顿。

罗维特的坦率令桑顿大感意外。他告诉桑顿说，光是一张陆军航空队的组织图，就能让人看得头昏眼花。“这张图简直就像一盘意大利面。”他笑道。罗维特预见航空队会大肆扩张，因此更需要掌握部队的情况，做好确实的记录。他和桑顿初见面，就发现这年轻人并不畏惧权威，他们谈论着统计和数字，他发觉眼前这个年轻人天生精于数字，具有分析的头脑。

桑顿问他：“副部长先生，我们费了许多心思侦测敌人情报，但是对于友方的情报，我是指有关我们自己的可靠消息，又做了多少呢？”

这个问题引起罗维特的共鸣，他一直在向航空参谋处调查他们有多少飞机、零件、驾驶员和维修人员，万一美国卷入了欧洲的战事，航空队需要有什么准备才能发动战争。罗维特在1941年3月初，把桑顿安插在航空队的规划部门，让这个统计规划师主持一个由民兵组成的小组，负责支援各个幕僚部门的工作。桑顿执掌的不是很重要的工作，但是却为他开启了一扇窗，让他见识到航空队内部是多么的混乱无序，也让他领教到事实和数据对于效率是多么的重要。

几乎每天都会有人走进办公室，查阅航空队的计划书和飞机的需求量，但是他们得到的答复却每天不同，因为航空队根本没有确切的计划。桑顿最后在作战部一个罕为人知的小组里找到一个人，他手上有一份计划书，上面说明每个月要训练1.2万名驾驶员。

“这个数字是怎么来的？”桑顿问他。

“凭空杜撰来的。”

桑顿闻言失笑，接着追问他：“那么，这跟我们的飞机采购计划或者是扩充计划有任何关系吗？”

“一点关系也没有，”他说，“有的话，也是纯属巧合。”

事情的真相是，每一个幕僚部门，无论愿不愿意，都只能各自杜撰计划，一再捏造数据。所有的资料都对不上，也凑不起来。这种做法用来造反还可以，想发动战争连门都没有。

总部号称有十几个机构在负责资料的统计，然而多半的时候他们都是在争论谁的数字才是正确的。航空队指挥官福特二世·阿诺德通常跟四个不同的幕僚部门要相同的资料，然后挑出最接近的两组数字，就当做正确的答案。还有一位航空队现任将领说他反正不需要任何资料，因为他都是靠私人关系来运作部队的。“这太荒谬了，”桑顿吼道，“你们身上有5亿美元的投资，任何一个小小的战斗单位都不可能这样运作，更何况是整个航空队。”

开战

问题是局势并不危急，大家都不觉得有必要整顿。一直到1941年12月7日，战情丕变，当时桑顿正在佛罗里达出公差，收音机急切地传出日本偷袭珍珠港的报道。怀着头一个孩子的弗洛拉听到消息时，正在阿灵顿村他们新公寓附近的餐厅吃午饭。有人冲进餐厅里，大声喧嚷这个消息。桑顿跟其他许多人一样，火速赶回家去，感受到国家岌岌可危，民心惊惶不安。

从那时候开始，工作快速地扩展开来。桑顿一向就喜欢长时间地工作，现在弗洛拉和他碰面的时间比以前更少了。整个华盛顿生活变化得非常快，政府机构的楼顶都架起高射炮，而在嘎吱作响的木造军火大楼，也就是作战部总部所在地的外面，站岗的卫兵还拿着第一次世界大战时代的旧步枪，枪上装着刺刀。总部里面本来只穿褐色呢夹克、灰长裤的人，现在都换上了军服，挤满了破旧不堪的军火大楼。华盛顿的官场上，现在出现了新伦理，因为在紧急备战的混乱情势中，新的英雄随日而生，随日而垮，谁都不确定谁会被看中或被炒鱿鱼。

桑顿花了大量的时间去搞清楚哪个将军得敬而远之，哪个该投怀送抱。不过多亏了罗维特的指点，他经常都能窥得面具后头的真面目，预先就知道该如何去应对。在战争初期的混乱中，罗维特逐渐成为他的恩师兼保护人。

对桑顿来说，他的工作步调已经几近歇斯底里的地步，处在长期的压力下，连青春痘都冒出来了，他的工作量之大远超过常人，还得想尽办法，追踪各个计划在不同阶段的发展。工作压力加上作战部里明枪暗箭、条件交换的那一套，逼得他更加狂热。还有很多人并不情愿交出手上的资料，免得被他抢走了权力地位，这些人他全都得提防着。

只有等到晚上，在他自己的办公室里，他才有机会坐下来好好思考。房间的天花板还有水渍的痕迹，门口对着另外两间办公室，里面挤满了桌子，统计师就在那儿为企划师核对数字。每天晚上他会找几个他的人，聚在一块儿交换意见，一谈就是好几个小时。

他总是说：“知识就是力量。而在这片混乱中，我们将是唯一有知识的人，其他人只能瞎猜。”

他们都知道他说得很对，但是要搜集和查证资料，最后根据这些资料来做决策，几乎是不可能的事情，桑顿看过也听过很多人为了应付需索而杜撰事实，结果就是一片混乱。

乱中求序

在偷袭珍珠港事件之后，军火大楼弯曲的走廊里，只见军官上上下下地忙个不停，每个人都在说：“一定要想想办法。”还有人明确表示，希望能被调到战场上，离开这片无可救药的混乱。桑顿后来才说，当年他很可能把美国赢得战争的机会廉价地舍弃掉，不过他还是把疑虑留在自己心底；无论如何，战争爆发使大家感受到迫切需要组织起来，并改正缺失。

桑顿顺势打入这个真空状态。他力促罗维特支持航空队的紧急训练计划，否则航空队终会毁灭在一堆假设和半真半假的资料里面。1942 年 3 月间，阿诺德将军宣布陆军航空队总部要进行重大改组。桑顿奉命出掌“统计管制处”，统计管制处在组织系统上是盖茨上校“管理控制局”下面的一个小单位。盖茨是老一辈的人，毕业于西点军校，因为身形瘦削，被人叫做“饿死鬼”。后来桑顿靠着他，得到必要的保护与支援，毕竟他当时只不过是个28岁的少校，服务不满一年，又没受过一天真正的军事训练。

“统计管制”听起来无关紧要，不像“管理控制”那么唬人，而且航空队的幕僚没几个清楚罗维特真正的用意，军中决不会随便讲“控制”，前面一定都得加点什么字眼来修饰一下。有谁会跟统计师去争呢？基地的布告栏一贴出征求统计管制人员的消息，就引来一阵取笑。有人说：“天知道统计管制官能干什么？到福利社数瓶盖呀？”

然而桑顿可是别有所图，罗维特的远见、信任和支持，可以让他达成目标。他们预建一个完整的资料网路，把统计管制官派驻到全球各地的航空队指挥中心，负责搜集人员和装备的资料和数据，并加以整理、分析。他们好比公司的主计人员，他们的报告将透过一个平行独立的指挥体系，源源流进空军总部，而发号施令的就是桑顿。

这个德州的退学生，很快就会挑起大梁、掌控权力，在他的生命中首次担当大任。对一个从小就无法控制自己命运的人来说，这个工作有着令人着魔的吸引力，在这非常时刻，信息情报就是力量。桑顿因为有这一点认知，使他脱颖而出，而且旁观者清，他比那些一心只想维持既有地位的当局者看得更清楚。

这是一个无比远大的野心，桑顿受母亲影响，一心要闯出名号，做出一番事业。他的机构需要什么样的人呢？他想到的答案再次证明是明智的，要经营桑顿心目中这样大规模的一个系统，他的人马必须要有相当的官阶，才能引起别人的重视，中士、下士绝对不够，他需要受过特殊训练、具有地位和权威的人。罗维特最清楚关系的重要性，以及精英主义的力量，他建议桑顿去找哈佛商学院院长，探听他是否有意主持训练计划，培训一批精英军官。桑顿带着罗维特的建议和支持，在 1942 年 4 月搭上火车，前去拜访这个他在德州时只闻其名的名校，就在火车上，他构思了他事业生涯中最好的一个计划。

第 3 章
数字帝国麦克纳马拉

计算是现代的做法，古时候的方法是猜测；猜测出来的数字，总是会夸大。

——萨姆尔·约翰逊

偷袭珍珠港事件四个月之后，桑顿带着他自认为任何一个学院院长都无法拒绝的交易，来到哈佛商学院，他要把哈佛名校变成一个军事基地，训练一批靠事实而不靠武器作战的军官。而院长经过桑顿口若悬河的鼓吹，也认为这是他所听过最上算的交易。

桑顿急需哈佛的正字标记来提高他在军中的声望，常春藤出身的军官立即就会赢得瞩目。不过桑顿万万料不到，杜南院长也迫切需要他和美国军方协助，让哈佛商学院能撑过这场战争，继续维持下去。1939 年秋天的哈佛商学院，根本前途未卜，第一次世界大战期间不仅学生走上战场，教授也涌到华盛顿担任策划工作，商学院几乎瓦解。杜南院长下定决心要熬过这个新的危机，以免第二次世界大战结束时还得重新招募师资。

哈佛精英

桑顿走进摩根堂舒适的院长办公室的时候，杜南一定觉得他找到了一个有钱的干爹，桑顿急需赢得尊重认同，杜南则急欲维持他的系所。院长对桑顿表示欢迎，通知最年轻的教师到院长室开会。没多久，就有一群助理教授来和桑顿会面，他们都收到了召集令，有些人号码排得很靠前，他们担心随时可能会被征召入伍去当步兵。十多位教师集合在院长室的椭圆形会议桌旁，他们没有太多经验，却令人印象深刻，其中包括一位年轻优秀的会计教师麦克纳马拉。这些人没有一个搭过飞机，更别说见识过空军的训练基地了。

桑顿凭着三寸不烂之舌，展开他的游说，他一边挥着烟嘴，一边描绘大家在华盛顿的大好机会。他告诉他们成立统计管制小组的渊源，是因为有一次阿诺德将军在幕僚会议上问了一个简单的问题：我们航空队总共有多少人？结果人事、作战、情报和物资部门，说出来的答案都不一样。这种情形在承平时期都令人难以接受，更何况是在一兵一卒都弥足珍贵的战争狂热中。“阿诺德将军说：‘我绝不容许再有这种情形。如果我问你们航空队有多少人员，多少飞机，我要的是一个答案。我不管它是对还是错，我就只要一个答案。’”

桑顿停了一会，让他的这些话深入他们心坎里。这些学院派的教授，对于作战部普遍缺乏组织的情况一无所知，因此对军方的战备如此糟都感到不可思议，幸好有桑顿力挽狂澜。桑顿说明统计管制处是一个新尝试，需要年轻的新人提供新的观念。未来，统计管制对整个战争会有关键性的影响。助理教授麦思·梅斯回忆说：“桑顿愈讲我们愈动心，他真是个了不起的推销员，几句话就能引你上钩。”

大家热烈地讨论如何在校训练桑顿的统计管制官。哈佛将储训一批少尉，让他们来协助少校和上校运作空军部队。这批人才必须非常优秀，否则计划不可能成功。桑顿费了一番唇舌，不过最后终于说动了12位教师一同前往华盛顿接受军事教育，准备日后为桑顿设计“统计管制小组”的课程和工作内容，其中就包括麦克纳马拉。桑顿赢得他第一场大赌注，哈佛商学院成立于景气低迷的1908年，也就是福特推出T型车的同一年，此时正在等待改变的契机。商学院创设的信念虽然简单却很先进：企业的管理应该是一个专业，也能够成为一个专业，值得负责任、有学问、有思想的人花时间和精神去探究。

在那段美国企业刚开始起步成长的时期，还没有大批的专业人才加入各公司行号，企业神话中最引人注目的人物，都是一些野心勃勃的大亨和彻头彻尾的投机分子，而工厂的管理人员，往往是些目不识丁的领班。商场上的英雄，如亨利·福特和安德鲁·卡内基，都是靠着毅力和决心而白手起家的，他们可不是什么高学历的企管专才，他们既不在图表上设点画线，也不在资产负债表上加加减减。在那个年代，人们不研究生意，他们做生意。

哈佛商学院迫切地想提高企业的合法地位，有一位作家概括得很好，说哈佛是“以思考之力量，克服习惯之惰性”。他们首开风气之先，教授专业化的经营、生产管理和会计系统。以今天的标准来看，哈佛早期的观念即使不算粗陋，也是相当粗浅的，倒像是山顶洞人发现石斧比尖棍先进多了。

然而，哈佛商学院却推动了一个观念的诞生和进化，而且影响深远——就是讲求数字和事实的度量，使美国变成一个强权国家，且凭借着度量造化的能力，建立起全球性的帝国。科学管理之父弗雷德里克·泰勒已经倡议过这样的观念，而桑顿也算是提出这个观念的先驱。

杜南院长在一份1919年的备忘录上陈述哈佛商学院的使命，与其说他是投机分子，毋宁说他像个科学家。他说商学院应该要训练学生：一、探求事实；二、评估及整理事实；三、明确地陈述企业经营问题；四、分析企业经营问题；五、达成明确的结论；六、提出口头和书面的结论报告。而这也正是桑顿的目标。桑顿敦请，加上战争迫在眉睫，促使这些教授在和桑顿会面数小时后，就连夜收拾行李，自纽黑文坐火车前往华盛顿。第二天早上大家满心期待地抵达，才发现根本没有要学统计管制的学生，甚至连统计管制处也不存在，桑顿向他们推销的只是他脑袋里的一个构想罢了。

不过总部确实需要他们。桑顿决心创立的中央控制小组还没有成形，目前负责统计的幕僚单位多达13个，每个部门都各自搜集资料，有时甚至派遣士兵到停机棚或仓库里，用人工方式清点飞机的数目。桑顿自己说过，每次开会，都得花将近四分之三的时间争论手边的数字哪个才是正确的，然而桑顿怎么会忘记告诉他们，根本没有实际的计划？他们是被他的个人魅力和推销手腕哄来的，来了以后立即了解到一切都得从零开始。

他们不单要设计一系列的课程来充实学校，还得协助桑顿建立统计管制处的基础架构。工作本身的挑战性，加上即将被征召入伍的现实，迫使他们没有重新考虑的余地，因此他们决心卷起衣袖，放手一搏。桑顿打算在三个星期内，就送人到波士顿的哈佛商学院展开第一期培训，军方很快就与哈佛签了约，教授们分工合作，与航空队详细讨论如何着手。

这项工作的前期作业，由冷特教授带头，他把最不受学生欢迎的课程

（大图）桑顿坐在前排中间，这是他一直想坐的位置。这张相片是统计管制处成员1949年在华盛顿的合影。年轻的麦克纳马拉在上排最左方，十杰之一的詹姆斯·莱特在第二排左起第一位。
（小图）麦克纳马拉在哈佛大学商学院当讲师时的留影，看起来年轻、直爽。

“商业统计”重新设计。这个科目既无聊又烦琐，主要学些平均值、回归之类的东西。冷特改变教学的重点，强调如何在决策过程中运用数学，他鼓励学生要放胆利用数字来控制部队的运作。他认为，学过统计和会计，并不保证在实务上能做好管理控制。他所做的改变虽然细微，却能够让管理发挥力量去驾驭一个组织。

这个新观念对桑顿的小组至为重要，统计管制管的工作是要“从报告和其他幕僚军官的研究当中，找出事实的真相，而且要能分析资料的意义，阐明事实的重要性”。统计管制强调的是行动，不是计算。

到 6 月间，也就是桑顿展开游说的六个星期之后，有一百多人到哈佛商学院报到，接受第一期的培训。冷特和同事们尽快拼凑出五周的训练课程，后来又扩充到八周。课程的前半段是统计学入门，包括统计术语及其运用，例如比例、百分比到离中趋势、相关系数等等；后段是以航空队实际的资料为例，让学员把基本知识运用到决策制定中。定决策本身并未带有太多的权威性，于是哈佛透过人际关系个案研究，让新进的军官对权力的取得和运作有更深刻的认识。

桑顿新帝国

到哈佛受训的学员，都是桑顿从迈阿密的陆军航空队军官预校里精挑细选出来的。这个预校的培训课程为期六周，训练学员熟悉军中的一切要求，诸如寝室内务、打靶、辨识敌机等等。课程过了一半的时候，桑顿就会南下迈阿密，为学员提供到哈佛完成预校课程的机会，以吸收最优秀、最聪明的人才加入他的美梦计划。桑顿握有全权决定的大权，因为其他指挥官根本想不到会有这么多顶尖军官对无聊的统计学感兴趣，因为他们大可以投身战场，在战斗中赢得所有的光彩。

大家都低估了桑顿。虽然他不算是个小人物，但是他的确年纪尚轻，站在职业军人旁边，更是显得稚嫩，但是他所提出来的训练机会，相当吸引预校里那些会计师、银行家、企业主管和大学教授。对他们而言，不像迈阿密，哈佛是一个很不错的地方，没有晨间操练，而且气候凉爽，训练没有那么严格。统计学员住在绿意盎然的梅龙堂，在贝克图书馆里的教室上课，结训之后授以少尉官阶，协助桑顿建立起一个即将在军中握有相当权力的组织。

重新动员后的哈佛商学院，看起来俨然像个军校，穿制服的军人排着整齐的队伍，走过白墙白柱的贝克图书馆。他们互相敬礼、挥舞旗帜、口中唱着轻快的小曲，因此有人管他们叫做“会唱歌的统计师”。操练的时候，他们在修剪齐整的草地上，把步枪排成印第安人帐篷的模样。在红砖宿舍后面，学员排列成行，接受刺刀的入门训练。一年内，哈佛停掉了所有的一般课程，杜南院长的确没有让学校因为战争而关门——但是哈佛已经不太像个商学院，倒像是个挂着常春藤招牌的军事哨站，只是这个偏远的前哨，日后在桑顿的精英小组所领导的管理革命中，却占有一席之地。

长久以来，负责美军战事的将领一直在寻求足以信任的东西，比如有意义的统计和事实，使他们能够作出即时的决策。桑顿着手建立的帝国会满足他们的需求，他的权力基础是一个简单但颇有远见的观念：他相信所有明智的决定，都肇基于三个因素：一、聪明、有经验又有扎实教育背景的决策人才；二、常识和判断力；三、事实。

大多数的人都比较善于理解文字，不善于理解数字，这个一针见血的观察，是简宁在数十年后提出的。简宁是企业界的独裁者，后来担任国际电话电报公司总裁时，和桑顿有过激烈的竞争。他说：“一般人或许能懂得福特二世·詹姆斯·乔伊斯或是普鲁斯特写的复杂小说，但是要他们读几栏数字，就像要他们面对罕见又艰涩难懂的生字一样。”

然而在桑顿的新帝国里，数字就跟文字一样地不可或缺。在他们眼中，事实的搜集与分析宛如一种新神学，数字就是事实，不能凭空捏造，也不能凭着希望或一时兴起而生。数字代表真实、具体的事物，由身在第一线的人收集而来，他们距离实际的行动最近，最能确保数字的可靠性。在无比庞大复杂的战事当中，有了正确的数字，才能够反映出确切的细节。他们明白，整体是由许许多多的独立个体组成的，而数字正能整合这些独立个体而发挥综效；多年之后，简宁更把这个观念彻底发挥：数字是制定决策的工具。

统计管制处真正的权力来源，与实际数据的搜集没有多大关系；数字和事实本身并不会告诉你该怎么做。但是桑顿的军官会挖掘由数字透露出来的趋势和变化模式，进而解析这些改变所代表的意义。透过数字，他们可以赢得别人的顺从，这和在原始人面前拿着图腾，宣告说那是新神明没什么两样。在战争的动荡恐惧中，大家相信桑顿的数据就是真相，每个人都愿意相信有人知道答案，不论是什么样的答案。

桑顿不仅建立一个幕僚群，他更透过各种形式，提高自己的分量，诸如企划研究、工作报告，提出包含目标、替代方案、反对意见和局势评估的权宜计划，凡此都让他有机会接触到与空战有关的每一个重要情报来源。他呼吁说："参谋政策和指挥的好坏，实际上决定于决策所根据的信息品质。"战争结束时，他在最后的军事报告中大言不惭地说，他的单位"是一个超级头脑，末梢神经延伸到空军指挥体系的末端，把每天源源流入总部的信息情报，加以吸收、分析和归纳"。

在陆军航空队里，这个体系形成一个精英阶级，尺规、富莱登计算机和 IBM 印表机就是他们的利器，这个庞大的人力电脑具备电脑的所有功能：高效率的处理器，动态记忆，以及输入、输出装置。这个人力电脑将为混乱的战事规划带来秩序。桑顿很清楚知识和力量的关系，然而实际上帮他把知识化为力量的，却是哈佛商学院的那群新朋友，桑顿没有念完大学，因为他是一个行动派，缺乏那种坐在教室里好好听课的自制力。参与统计管制课程的年轻教师当中，让他印象最深刻的是麦克纳马拉，他在桑顿访问哈佛之后就率先来到华盛顿，桑顿绝对找不到有谁的个性更能跟他互补。

天纵英才

25 岁的麦克纳马拉高高瘦瘦，热衷于知性方面的追求，他热爱学术生涯，为桑顿填补了一个重要的空白，他的分析能力使得桑顿的单位更加可畏。今天，也许有人会把他们两人的合作称为左脑右脑的整合，左脑发达的麦克纳马拉擅长技术和数字，右脑发达的桑顿则具有领袖魅力。

麦克纳马拉做事专一，令桑顿大为叹服。不管桑顿分派给他什么任务、派他到什么地方，他都会接受并做好，从不抱怨，也从不要求晋升或加薪，他还有一个特性让桑顿深深钦服，他总不缺点子，而且还多得不得了。他知道如何把事情做好，但不会坚持己见，他会把意见说出来，不带个人色彩或好恶。无论桑顿作出什么决定，对他而言就是命令，他会全盘接受，照着去做，义无反顾，永远是忠诚的士兵。

如果论及个人的野心，桑顿远在麦克纳马拉之上，那时麦克纳马拉的野心只有到面前的纸张那么远。搜集数据、找出它们代表的意义，成为一种自我考验、一种使他着迷的脑力游戏，旁人或许会觉得这类工作单调乏味，他却是打心里喜欢这个工作带来的挑战。

像桑顿一样，麦克纳马拉也有一个严母，严厉到当她跟老师说，她对孩子的期望太高，老师也深表同感。吃晚饭的时候，他母亲会朗读《大卫·科波菲尔》给他听，他的成绩单如果没有全部拿到甲等，她便无休无止地帮他补习。麦克纳马拉的父亲只念到八年级就没念了，是一个“刻板、庄重、实事求是的人”，他在一家皮鞋批发公司当业务经理，信奉天主教，比麦克纳马拉的母亲足足大了 25 岁。1916 年 6 月 9 日麦克纳马拉生于旧金山，当时他父亲已经 50 岁了，麦克纳马拉的全名是罗伯特·史特朗奇·麦克纳马拉，他不寻常的中间名史特朗奇（Strange）[1]是得自信仰新教的母亲的姓。父母亲都非常宠爱他们的长子，三年后他们才生下女儿玛格丽特。

麦克纳马拉在奥克兰的安能利路 1036 号长大，这里是旧金山湾区东边一个舒适的中产阶级地段。他从小就很爱看书，求知欲非常强，算术好，身体却羸弱，整天生病。一直到 15 岁，他才开始走出父母亲保护的双臂，上船当水手，航行过巴拿马运河一次，到过东方一次、夏威夷四次。

他念皮蒙特高中的时候，成绩几乎都能令母亲十分满意，三年当中他一共拿了 26 个甲，6 个乙。“其中有 4 个乙是法文，2 个是体育。”他除了学业成绩让老师瞩目以外，课外活动更是多彩多姿。他当过童子军，是 1933 年毕业纪念册的编辑，法文学会的主席，还是合唱团的成员，并且名列代联会主席团。他一个高中朋友回忆说：“他好得令人受不了，总是干干净净、整整齐齐的。他是你可以放心把钱或生病的小猫托付给他的那种男孩子。不过我这样说，好像他是个乖乖牌的书呆子，但他不是，一点也不是，乖乖牌通常会被人取笑，他能说善道，舞技又高，有他在就很好玩，有活动绝对少不了他。”

1933 年初春，也就是麦克纳马拉高三下半学期的时候，小罗斯福就任总统。同一天，也就是 3 月 4 日，全国的银行都停止营业，纽约股市也休市，国库银根不足，发不出公务员的薪水，卸任的总统胡佛宣称国家正“涉于动乱边缘”。就在经济大萧条最严重的时候，麦克纳马拉进入加州大

[1] 英文直译是“奇怪”的意思。——译注

学柏克利分校。时局很坏，每 4 个成年男子就有一个失业，5 000 多家银行倒闭，27 万多个家庭流离失所。多年后麦克纳马拉回忆说：“当时我同学的父母中有不少人自杀，因为他们没办法养家。我成长的环境是一个自由开放的大学，非常自由开放的环境，从我的同学、教授和其他人身上，我吸取了许多对我影响深远的价值观念和社会目标。”

经济大萧条和社会的动荡不安，并没有改变他对经济学的兴趣。大二下半学期结束的时候，他被选入全国学生会，这证明他是受人欢迎的好学生。暑假期间他去挖金矿、学滑雪，而且培养出终生的兴趣——登山。1937 年他大学毕业，累积了傲人的总成绩 288 学分。

他获得牛津罗德奖学金的面试机会，可惜没被录取，于是到哈佛商学院继续学业。当年的哈佛，一年级学生往往有 12% 会被淘汰掉，麦克纳马拉当然是不会上榜的。他是那种在班上老是举手的学生，发言的机会比任何人都多。“他喜欢受众人瞩目，”他哈佛的同学摩斯说道，“但是他的确聪明，口才流利，书又念得好，决不会虚张声势。”麦克纳马拉的意见总是一针见血，他综合问题的能力更让同学佩服。另一位叫哈斯的同学回忆说：“当我们还在山脚下时，他早已经起飞向更高的地方去了。”哈斯后来回旧金山经营家族事业丽美施特劳斯公司。

麦克纳马拉比以前更加独来独往，只专注于学业，变得冷淡甚至不近人情。大部分学生都还跟别人合租房子，他却一个人住在嘉拉亭宿舍 C39 室。纪念册照片里的他带着金属边眼镜，留着往后梳得油亮的西装头，这以后就成了他的标准造型。如大家所料的，1939 年春天，麦克纳马拉以优异的成绩毕业，而且在普莱斯沃特豪斯公司的旧金山分公司找到会计师的工作。

他和五个同学搭船去欧洲恣意遨游三个月以资庆祝，每个人出 20 美元，合买了一辆老旧的福特旅行车，开上一艘意大利轮船，从波士顿前往热那亚。麦克纳马拉不改本色，连旅行也要做最好的计划，他担任向导兼策划，决定要看那些教堂和古堡，拉着他的朋友去参观欧洲的文化古迹，包括中世纪的沙特尔大教堂。那是典型的走马观花式学生旅行，花费并不大，六个美国佬逍遥漫游了意大利、斯堪的纳维亚、法国、阿尔及尔、直布罗陀、英格兰、苏格兰和德国。

他们在哥本哈根分道扬镳，麦克纳马拉和朋友霍治森继续前往柏林，霍治森在旧金山有一份工作等着他。1939 年 9 月 1 日希特勒入侵波兰，两天后英法两国对德国宣战，麦克纳马拉和霍治森两个人，毫不知情地漫步走向拥挤的柏林火车站，准备买车票坐回热那亚，然后打道回府。

有人告诉他们说："你们难道不晓得外头正在打仗？"

两个人果真一点儿也没有察觉到。多年以后人们会失笑，因为未来的美国国防部长身处有史以来最浩大的战争之中，却浑然不知战争几时开始的；然而这或许正是一个征兆，显示麦克纳马拉似乎缺乏宏观的能力。他们最后总算挤上了火车，一路站到意大利，到达热那亚时，两人身上一共剩不到五美金。耳边传来更多的坏消息，他们预定搭回美国的意大利船已经停航。他们向一些上了年纪的美国观光客借钱，在港口边一家小酒吧的楼上找到一个房间栖身，直到麦克纳马拉在港口看到一艘美国总统轮船公司的货轮。两年前他曾在旧金山搭过这家公司的船，他设法说服船方让他们上船，船上已经挤满了急着逃离欧洲战火的美国观光客。为了抵付船费，在接下来的 14 天里，他和霍治森在船上的餐厅担任服务生，每天工作 14 小时。

最佳拍档

他在普莱斯沃特豪斯公司担任会计没多久，就失望地离职，于 1940 年回到哈佛担任会计学助理教授。美国参战之后，麦克纳马拉无可避免地被卷入，桑顿带来了最完美的机会。麦克纳马拉的首要工作是建立起一个系统，让航空队知道自己拥有多少架飞机。麦克纳马拉和他在哈佛的同事梅斯花了三天的时间，窝在军火大楼的一个小房间里，亲笔写出一份关于这个系统的报告。后来他们才知道，那位自愿替他们把这份复杂、冗长又详细的手稿打出来的统计管制官，因为制作这份报告而获颁荣誉勋章。这似乎就是军中的公平正义。

这份代号为110的报告，后来成为陆军航空队分派飞机及人员，配置装备，拟订训练时间表，动员部队的决策基准。报告中要求部队每天要提交清单，详列所有飞机的数目、部署情形、所在位置及使用状况，就连机种、型号、编号都要记录清楚。虽然这只是一份初步记录、一个粗陋的工具，但借此搜集到的“事实”却让桑顿得以把这些清单变得威力无穷，这是桑顿首次见识到数字能够发挥多么惊人的力量。

麦克纳马拉和梅斯都渴望能扮演更重要的角色，而不只是待在哈佛，教教军方送来的学员。因此在1943年3月，桑顿安排他们进入陆军航空队，担任统计管制上尉，他们被派驻到英格兰，安置在泰丁顿市的一户人家里。那是一幢砖房，两个人合住二楼靠前面的房间，附近地区的生活条件不是很好，没有暖气也没有热水，德军的猛烈轰炸在他们房里留下一道不小的裂痕，冷风就从裂痕里长驱直入。他们到的第一天晚上就遇上空袭警报，麦克纳马拉还天真地冲出去看攻击的情形，后来才被人劝回屋子里。

每天早上，麦克纳马拉和梅斯骑20分钟的自行车到布薛公园，最高指挥部正在那儿拼命筹划诺曼底登陆计划。如果有人看到这两个年轻人穿过残破的伦敦街头，很可能会以为麦克纳马拉是个英国银行职员，忙着赶去核对当日的进账。他似乎把周遭的危险通通抛诸脑后，一心只专注于眼前的工作，梅斯则赶去乱哄哄的食堂，吃由蛋粉、火腿片、甘蓝芽和咖啡组成的早餐，虽然每天都是同样单调不堪的菜单。而麦克纳马拉只对数字有胃口，总是不吃早餐，早上七点以前就直奔办公室。

他们是最佳拍档。有一次，他们到柏顿林的一个主要军品供应维修库，看到几百个英国工人，正在偌大的停机棚里检修 B-17 轰炸机的引擎，飞机零件散了一地，没有任何条理。麦克纳马拉和梅斯于是设立了一个盘点系统，对每一个飞机零件都做好编号和记录。

让数字说话

麦克纳马拉和其他数字专家想出来的办法，可以说是日后管理革命的开端，他的天分在于他有能力在一个接着一个的企划会中，不断从数字中萃取惊人的效率。统计管制处找到从旧金山运送十万吨军备到澳洲最有效率的方法。他们发现 10 022 架飞机，加上 120 765 名航空队人员，可以完成 44 艘舰艇加上 3 200 名水兵目前所做的工作。

多年以后，李梅将军回忆，麦克纳马拉只不过把作业研究搬上战场，就使他的 B-29 轰炸机增加了 30% 的飞航能量。麦克纳马拉先分析好机员和飞机数目，然后重排出勤时间表，效率比李梅的幕僚所安排的高出许多。可是李梅跟其他许多军事将领一样，对统计管制处的建议可没有都欣然接受。有一次，一位统计管制军官做出结论说，用战斗机护送轰炸机，在人员和设备的使用上既无效率，成本又高，结果李梅在报告上打了一个大叉，把它往垃圾桶一扔。

桑顿会为优雅美丽的破坏天使 B-17 轰炸机极力辩护，也是根据统计分析的结果。从书面资料来看，B-24 轰炸机是无与伦比的大块头，面貌凶恶，能够在低空中进行强力地破坏。理论上，称为“解放者”的 B-24 比 B-17 更具杀伤力，因为它能携带的炸弹多了 50%，而且较少在空战中遭到严重损坏。然而桑顿的小组发现，B–24 能够在战斗中保持这么好的成绩，唯一的原因是出勤的距离比较近、危险性比较低，因此而能提高人员士气、减少伤亡。这类型轰炸机一旦受损，安然飞返的机会要比 B–17 少得多，而 B–17 的整体表现却优于 B–24，有数字为证。统计管制处的分析发现 B–17 的命中率大于 B–24。而且 B–24 还有其他的缺点，有一次桑顿坐着 B–24 飞越大西洋，飞机漏油漏得厉害，只要有人点支烟，飞机非爆炸不可，桑顿赢了这场争议，使 B–17 成为重点机种，并减少 B–24 的产量。后来，到大战末期，美国政府准备对日本发动最后的攻击，桑顿的主掌单位又提出一份令人震惊的分析。陆军航空队当时已经开始把欧洲的 B–17 和 B–24 轰炸机移防到太平洋，准备击溃日本。但是统计管制处反对这项计划，提议应该使用较新型的 B–29 轰炸机，他们提出的数据证明，B–29 轰炸机每个月只需要 1.5 万小时的战斗，就能投下 2.8 万千吨的炸弹，而 B–17 和 B–24 轰炸机群要达成同样的目标，必须花上 9 万个小时。研究显示，B–29 轰炸机可以减少 70% 的机员伤亡和失踪，每年也可以节省 2.5 亿加仑的汽油。最终陆军航空队中止了原来的移防计划，不再调派欧洲的重型轰炸机群。

桑顿的人马具有重大的影响力，这多亏桑顿在创立统计管制处之初做了三个关键性的决定：第一、他一手策划统计管制处的设立，从军官预备学校中挑选出最优秀的 10% 的学员加入；其次，获选的学员都送到哈佛，接受精英教育的洗礼，这样的背景很少会有人质疑；最后，他要求每一个统计管制官，都必须具有哈佛培训课程结业的资格。也就是说，桑顿精简了统计管制处的人数，加入小组的成员只限于他少数的同好弟兄。如此一来，任何一个战场上的指挥将领，都不可能安排自已人潜入他的组织。除了控制这个核心团体之外，他的领导运作也是铁腕作风，所有成员都经过同样严密的筛选，受过同样的训练，使用的也是同样风格的语言，都有共同的使命。

这个使命并不仅在于比率和百分比，还在于统计管制处的成员凝聚出紧密的关系，表现出独特的风格，一种不经意的虚张声势，心里明白他们都同属于一个不对外开放的俱乐部。在军官俱乐部里，他们相互点烟、拿饮料、谈笑风生，而在众人之上的，就是德州佬桑顿，他主动关怀所有的部属，甚至连别人的感情问题也要过问，没有丝毫犹豫。

第 4 章

工作狂利斯

商业是美国人真正的灵魂；美国人做生意，不是为了换取自己和家人生活上的必需品，而是以商业作为全人类幸福的基础；美国人对于做生意的热衷，堪比十字军对于征服圣地的狂热……

——弗兰西斯·格兰德

玛克辛·明顿已经有好多天都不接电话，两个人吵了一架，婚约就吹了。多年以后她怎么也想不起来，当时究竟为什么吵起来，反正这并不重要。她在大战中已经失去了一个丈夫，看够了大腹便便的女人为丈夫送行，而这一去往往是天人永隔。她不愿意这么快又再嫁给一个军人，面对另一场可能的悲剧，这种想法确实也是合情合理的。

就为了她不肯接电话，别名“杰克”的利斯中校心情跌到谷底，对一切都感到莫名的沮丧，连桑顿都注意到了。论魄力和野心，利斯可以媲美桑顿，他一旦锁定了目标，投注的毅力和冲劲没有几个人比得上，不管他还有什么其他的优点，他的执着使他无与伦比、无可阻拦，宛如猎犬咬住了东西，就死命不放。他在俄亥俄州戴顿市的第十五统计管制组工作时，就是这样。最近对玛克辛的迷恋，也是同样的状况。

铁腕月老

玛克辛的拒绝使利斯陷入彻底的恐惧，看他几乎有点错乱的心理状态，飞行人员大概会把他叫做“发狂的高射炮”。桑顿非常担忧他阴晴不定的举止，就找他来探问原委，最后决定亲自打电话给玛克辛。桑顿和玛克辛素昧

1945年包士华、利斯（图右）和太太玛克辛在纽约市马丁尼克夜总会里，挤在一张小小的桌子旁。

平生，但是她知道他是谁，也猜得到他的用意，不过，她还是不愿意接电话。

桑顿毫不气馁，叫秘书一而再、再而三地打电话过去，最后玛克辛的老板命令她接电话，她不得不接，因为桑顿占住了办公室唯一的一线电话。几秒钟之内他就拿起电话自我介绍，然后展开说服的工作。

“喂，玛克辛，拜托你不要挂我的电话，”他恳求道，“事情是这样的，我的办公室都快停摆了，就因为利斯联络不上你，变得失魂落魄的，你知道吗？你已经威胁到我的任务，甚至妨碍到国家的作战了！看在老天的分上，至少让他去看看你吧。死不了的！”

“可是上校，”玛克辛答道，“我想这并不能改变任何事情。”

“他是我们空军最优秀的弟兄，你一定得接他的电话。”

“拜托……”

桑顿不等她说完，接着说：“我会让他今天晚上就搭上飞机，俄克拉荷马那边有些公事他可以帮我处理一下。”

“可是我并没有要见他的意思。”

“跟他说说话也好，能嫁给他更好，这样我才能得到一点安宁。这么优秀的人却不懂得一把抓住，这种女孩大概需要看心理医生了。”

桑顿挂了电话，心里十分得意。从此利斯欠他一大笔人情了。

利斯不管做什么事，总是一头栽进去，有时候实在陷得太深，还得有人把他拉出来，或是帮他安定下来。他往往一次只能全神贯注在一个目标上，向来很少取得平衡，在爱上玛克辛之前，他一心一意只为桑顿一个人工作。桑顿立刻拨电话到戴顿找利斯，叫他再打电话给玛克辛。玛克辛是个金发美女，29岁，以她的容貌和身材，若成为封面女郎必能让许多大兵营房里的衣柜增色不少。她清新动人，个性又活泼，在布兰尼夫航空公司当空姐。几个星期前，利斯一看见穿着米白套装、白衬衫的玛克辛，便觉得她惊为天人。当时飞机降落误点，玛克辛对21位旅客一一致歉，并且协助他们安排新的行程。

“中校，”她问利斯，“有什么我能为您服务的吗？”

“嗯，答应我晚上请你吃晚饭。”他回答说。脸上闪着孩子气，几乎是顽皮的笑容。

“不行，我不和旅客约会，其他还有什么事情我们能为您服务的？”

利斯耸耸肩，他有一张娃娃脸，面貌英俊，一对褐色眼珠子，身高185公分，体重还不到60公斤。玛克辛也注意到他一身航空队制服烫得笔挺，看起来充满自信。从他的行李标签上，她知道他在统计管制处工作。

“您认识基地里的艾德·瑟尔思少校吗？”她问道，心里试着打圆场。

“我来这里就是要找他的。”

“哦，我跟他们夫妻俩是老朋友。”

不到两个小时以后，她接到了瑟尔思少校的电话。

“玛克辛，”他故意捉弄她说，“你可得帮帮我的忙，你一定要出来和我的老板吃个饭。”

第二天晚上，利斯就带她去俄克拉荷马市的汀克营地，参加晚宴舞会。每个人都来恭喜他前一天晚上所做的演讲，当时的场面留给玛克辛很好的印象，利斯铆足了劲来展现魅力，为未来的约会打下基础。

他们情投意合，进展得很快，突然间统计管制处在俄克拉荷马市出了许多问题，需要利斯亲自出马去摆平。再见面时，他便向她求婚，可是不久之后又闹分手，一直到现在桑顿插手调停。光是促成他们复合并不能让桑顿满意，紧接着他还努力说服玛克辛，要她嫁给利斯。在他的字典里，从来没有失败这个字眼。

利斯的魔术

利斯在桑顿的整个单位里居于枢纽地位，他的办公室位于一大片两层高煤渣混凝土建筑物的二楼，坐落在戴顿市派特森基地绵延不断的机棚、仓库和营房之间。他的脚底下，装了世界上最嘈杂、最大型的 IBM 电脑，一排又一排冷冰冰的机器，像墙壁一样直立着，活像是国际级大饭店地下室里庞大的工业用冰箱。这个电脑区完全没有窗户，长度超过一个足球场，一共排列了 65 架黑色的 IBM405 机器。每天晚上，全国各地的陆军航空队基地和据点都会透过电传打字机，把统计管制处需要的报告滴滴答答地传进这个大房间里。

在电脑区的一边，操作员负责把收到的电报带在嘈杂的打孔机上转换成打孔卡，而在另外一头，卡片以每分钟四百张的速度经过机器的分类整理，然后送进计算机运算，最后把结果列印出来。接下来士兵立刻把这些初步数据送到楼上给利斯和他的手下，他们连夜把数据转换成各式图表，变成有意义的参考标准，据此来研判航空队当时的实力，找出哪里最强大，哪里最薄弱。然而无论一个回归等式在统计师的眼中有多完美，对一个指挥将领来说都没有任何意义。利斯帮桑顿把统计名词摆在一边，第二天早上，一份完整的报告就会送到将军的桌上，详细指出数千架飞机和地勤人员、成千上万的零件、数十亿加仑的汽油，确切的数目和所在地点，这就是桑顿整个业务的生命线。

每天早上，利斯都要说明美国本土一共有多少架 B-17、B-24 和 B-29 轰炸机因故障停飞，他能说出停飞的原因，需要什么零部件才能修复，所需要的零件又在哪里。他也能如数家珍地说出航空队将近 60 万种零部件每个月的库存量，从三叶螺旋桨到复杂机身的某一片——单是这些资料，每个月就得用计算机处理 1 000 万张的打孔卡，比全美最大零售业者施乐百公司的商品目录还多出四倍多。美国在全球各地的空军基地各有多少军职及非军职人员，有多少人不假外出或是生病，他们是否受过训练，能否驾驶四引擎轰炸机、拆卸 50 口径机关枪、填写天气图或穿戴降落伞，利斯都一清二楚。对于战争，他有极其敏锐独到的观察力。

利斯的部门空前成功地控制了一个迅速扩充的庞大官僚体系，他几乎是从零开始，逐步发展成桑顿的统计管制处中最大、最重要的单位。到战争结束的时候，利斯获得表扬，他整个部门的成就都归功于他的领导，他一手为空军节省下十亿美元以上的零件采购经费。在他麾下，有 5 600 人直接或间接地受他指挥，组成这个庞大的体系。

利斯的成就不仅是节省了钱，更使得整个航空队得以重新投入空战，协助击溃轴心国。有一个基地的 B-17 轰炸机因故障停飞，等着换新零件。而就在八九十公里外的另一个基地上，这个急需的零件囤积了可以用十年的库存，可是需要零件的人没有一个知道。以前飞机如果在海外出现故障，通常得等六个月才能拿到需要的零件，让飞机再度升空。有段时期，空军有 12% 的飞机因为欠缺零件而停飞，利斯把比例降低到只有 3%，使空军增加五千多架飞机，在 1943 年初的关键性时刻加入训练和执行海外任务。在大战以前，空军不仅零部件的使用没有记录，对于 250 个主要基地和 56 个专门据点，也没有库存资料。

不管在任何一个部门，放眼望去都是杂乱无序、管理失当的，在 50 万项补给品当中，利斯发现将近有 1/3 毫无用处。空军的重大军需品当中，有 4.5 万个项目由承制厂商要求优先提供原料、经费和设备以便生产，但是，根本没有人在用这些零件。桑顿可以宣称，光是在 1943 年，统计管制处就节省了 36 亿美元的炸弹和军火经费，这个金额相当于 100 万名产业界劳工一整年的薪资。

空军的人事管理也是同样的紊乱无章，大战以前，空军的人事资料都靠手写记录，这样的系统当然赶不上偷袭珍珠港后快速的总动员。空军不知道手上有多少军官、多少士兵，也不知道每个士兵受过什么专长训练，唯一的确切数字是现有的飞行员人数，而这还是为了记录“飞行加给”的账目才做的统计。

当时的飞行员和飞机数目根本达不到平衡状态，因为没有确实的数字可供任何人做规划的依据。1942 年的秋天，飞行员很多，却没有足够的飞机让他们飞，军方只好限定最低的必要飞行时间，让飞行员维持飞行加给的资格，但四个月后，飞行员竟出现严重短缺。同样的，零部件、汽油、炸弹、军火方面的供需不平衡，也大为影响联军的作战。利斯和他的手下就是要搜集这些资料，经由桑顿的帝国把资料提供给有关当局，让他们能够控制技术学校和飞行训练学校毕业生的派用情形。利斯彻底清查每个月必须训练多少轰炸员、领航员、炮手和副驾驶，才能满足空军在海外每一个战场的需求。

庄园生活

空军不断地扩编，使利斯的成就更令人刮目相看。临时大楼一夕之间冒出来，战前不过 5 000 名的人力，扩充到将近 5 万名的军职及非军职员工，一切作业都采取三班制，24 小时都有人负责设计战斗机和轰炸机的瞄准仪、检查飞机或是向军火商采购零部件。利斯像是中魔似的没命工作，有一次他精神崩溃，但是并没有请假休息，只请医生帮他开了些药，让他能继续工作。他经常熬夜埋首于数字之间，利斯的战场，却是那些壕沟里的步兵梦寐以求的乐园。大部分的新兵都是窝在“木板城”，一片迷宫似的、千篇一律的木造营房，而利斯住的却是“森林小筑”。那是纸业大王米德的青翠庄园，一座英格兰旧式的石砌大宅，粘板岩屋顶，坐落在舒缓开阔的俄亥俄州南部乡间，欧洲的杀戮战场对他们来说是远在天边。米德把一个小小的家庭企业挽救起来，发展成一个规模傲人的纸业公司，他离开庄园到华盛顿，为罗斯福总统的国防协调会工作，这片庄园能够献给空军军官使用，令他深以为傲。这座豪邸有独立的仆人房舍，马厩容得下 15 匹马，还有狗舍、网球场和游泳池，四周则是大片大片的草坪、大树、树篱和花圃。圣诞节期间，米德家人还会为马厩里的爱马装饰圣诞树，在树枝上挂满胡萝卜、糖果和苹果。

约有十名军官住在这片庄园，外加一天两餐，每个月租金只要 125 美元。利斯和统计管制处第二号人物包士华合住楼上的一个大房间，包士华是丹佛人，个性潇洒，平易近人。他们的房间宽敞舒适，里头有两张双人床，还有一间几乎和包士华丹佛老家厨房一样大的大浴室。每到星期天早上，他们就两个人一组，跟其他的军官挑战网球。

这是利斯给自己唯一的休闲时间，他永远都先起床洗澡，把包士华从梦中吵醒，两个人接着就赶下楼，到长形的豪华餐厅吃早餐。仆人会把他们的白煮蛋放在蛋杯里，他们从没有看过白煮蛋摆在蛋杯里头吃的，两个人经常开玩笑，比比看谁吃得最干净，只是他们都没有富贵人家的那种巧手，结果是五十步笑百步，对两人而言，吃蛋大概是最严格的训练了。

对于过分执着的人，战争似乎是最好的事，可以让他们的内心世界和外在生活达到同样的狂热。虽然利斯对工作、玛克辛、或米德庄园的生活形态十分倾倒，但是还不至于忘记他的爱车，他骨子里也有浪漫的一面。他几乎是崇拜这部优雅的林肯柔佛汽车，这是一部典雅的深色小轿车，有十二汽缸的惊人马力，引擎盖是鳄鱼头的造型，最前面还有一大片装饰，两个大灯紧紧嵌在保险杠上，平添了车子的浪漫气息。只要一说到车身浑圆的线条，利斯总是口沫横飞地说个没完没了，那股狂热劲就像是美国大兵对拉娜·透娜的曲线评头论足。利斯对这部车的兴致勃勃可一点也没感染给包士华，他常常抱怨，在戴顿市冰冷的清晨，这辆破车总是得花上大半天的时间来暖车。

力争上游

利斯的战争当然不是第二次世界大战，他远离前线，远离真正的战场，扮演着事不关己的角色。统计管制处的所有成员其实也都一样，从没有真正服过役，也难得亲身见证到战争的残酷现实。米德庄园、网球赛和晚饭前啜饮的马丁尼，形成一个奢华的世界，这和利斯平生所知道的世界大异其趣。1914 年 9 月 4 日，利斯在依阿华州首府第蒙市出生，双亲老来得子，家里没有其他兄弟姊妹，母亲是令人难解的女人，个性极端内向，朋友来时，她总是像一抹淡影一样，很快地自门边逃离。利斯的父亲是大萧条时期的受害者，他对钱财和房地产最有兴趣，但是时机转坏以后，他钱没了，房子也没了，失意之余只能在自家窗口前卖起面包和杂货。大半的时间，他儿子看到的是一个被击垮的老人，顶着一头乱蓬蓬的白发在家里躺着。负债累累的他，对生命再也不抱任何期望，他失去了一切，连他的意志力、生命力和决心都一起失去了。“如果我父亲把他花在省钱上面的时间用来赚钱，”利斯后来说，“我的母亲也不用那么辛苦了。”

如果他这一生有什么具体的目标的话，那就是说什么也不愿重蹈父亲的覆辙。他心里想，你不只是对不起自己，也对不起每一个依赖你的人。因此对于那些放弃努力的人，他几乎是瞧不起，他最鄙视的就是好逸恶劳。

他念的一所大学是离家不远的德雷克大学，1936 年毕业，凭着口才进入位于纽约州深耐特第的通用电气公司储备干部训练班。珍珠港事件之后不久，利斯就离开通用汽车公司去从军，被派到密西西比的一个连队，即将上战场去打仗了。他无意间在布告栏上看到统计管制处的求才启事，哈佛这个有钱、有势、有名家庭的教育乐园，听起来挺不错的样子，于是他去报名，也被录取了。他放弃回家过圣诞节的机会，直接到派特森营区报到，然后找机会补上统计管制室主任巴林杰手下的执行军官空缺。

有一天，巴林杰少校打电话给莱特，要求调到北非，莱特是桑顿在华盛顿的左右手。

莱特用他的弗吉尼亚口音问道："我相信你有这个资格，可是如果你走了，谁来管理你那个单位？那可是我们最大的单位。"

"我想利斯可以。"巴林杰答道。

"你是不是脑筋有问题？他只是上尉，才踏出校门，而且他才几岁呀？"

"他 28。但是我相信他有能力领导这个单位，他在这儿已经做了许多了不得的事情。"

桑顿点头以后，这个调动就定案了。由于职权上的关系，他和利斯直接搭上了线，此后他们两个就随心所欲地放手一搏了。

以利斯在派特森基地的那一番成就，不可能不跟别人发生冲突——尤其是利斯这样的个性，冲突是有传染性的。想想看，身为中校、上校，还得听这群哈佛出炉的中尉，告诉他们如何指挥作战！因此，桑顿或者他手下的每一次胜利，往往也都产生连带的反效果；利斯自己就树立了两三个主要的敌人。

赢得美人心

利斯有个想法：只要奉调到海外的战区，回国以后至少会变成一个小小的英雄。因此桑顿安排利斯和派驻在太平洋的麦克纳马拉互调，麦克纳马拉一直在改进 B-29"超级要塞"轰炸机相关的后勤作业，现在利斯就准备接手类似的工作。

但是，日本投降的消息突然传来，利斯调职海外的梦想也就成了泡影。当时他正在旧金山，等候班机把他带往更前线，结果被迫折返戴顿市。他直奔俄克拉荷马去找玛克辛，在他不屈不挠的攻势下，玛克辛终于软下了心肠，同意战争结束之后嫁给他。

她把订婚的事情告诉父母以后，他们都有些疑虑，利斯既无恒产也无存款，手上只有卖掉爱车“柔佛”所得的一笔钱，而且他在战前的资历看起来也平凡无奇。

她父亲是个医生，收入还算不错，他问她说：“他在战前都做些什么？”

玛克辛不知道他在通用电气待过。

“我知道他有阵子自己组了个乐团。”她说，因为利斯告诉过她大学时代他在乐团里打鼓的事情。

“嗯，我们家以前还没有出过文艺人士，但是如果你选择了这个人，我想是没问题的。”

他们在俄克拉荷马的荷登维尔举行了一场小小的战时婚礼，时间是1945年的9月20日。新郎身边连伴郎都没有，他们的蜜月旅行就是开着玛克辛的老雪佛兰，从俄克拉荷马开到华盛顿。然而有好消息在等着他们回来，桑顿报请上级颁发荣誉勋章给利斯，表彰他在派特森统计管制处的表现，桑顿带着他和玛克辛，来到五角大厦阿诺德将军办公室，参加颁奖典礼。阿诺德读着冗长的褒扬讲稿，利斯则在一旁嘲笑军方八股文的浮夸；致词里说，库存控制系统的研发和执行，都要归功于利斯，而这个系统对于美国的军事行动有决定性的贡献。

突然间，玛克辛领悟了一件事，她所嫁的利斯，跟大战初期她在军事基地上班时天天咒骂的利斯，竟然是同一个人。她在当空姐以前，曾经在德州圣安吉罗的一个空军据点做过职员，那时候她的第一任丈夫正在前线打仗，她是轮下午3点到晚上11点的班。办公室里有许多女同事，她们的先生也都下了部队，这些女人有一个共同点——都鄙视那些有办法留在国内的人，而她们的先生却都得在战场上出生入死，甚至亡命沙场，就像玛克辛的丈夫。很多人闷不吭声地一个劲儿打字，可是个性坚强的玛克辛痛失心爱的人，使她感到愤怒难平。

每天她都得打一份长长的库存报告，给派特森营区统计管制组主任利斯。这个家伙每天要这些数字到底干什么啊？她向上司抱怨道："如果多抓几个这种人到海外去打仗，也许还能早点结束这场战争！"

一直到她听到阿诺德将军的致词，她才发现其中的关联。她写过上百次他的名字，她以前一天到晚批评鄙视的利斯，现在却成了她心爱的人；我的老天哪，她想着，他就是那个每天让我做综合报告的家伙呢！

在这段艰苦岁月里，桑顿在幕后穿针引线，在舞台旁边帮演员提词，为他的统计管制处规划目标和方向。战争结束以后，桑顿召集班底，准备再演一出大戏。那算不上是个刻意的计划，倒不如说是幸运的巧合，总之，一切都配合得很完美。统计管制处的每一个成员都是整体的一部分，其中最顶尖的人才将脱颖而出，形成一支精英队伍，在战争结束后再次出击。桑顿对他手下最优秀的一伙人约略提过，等他们脱下军服以后，他们可以一起做做生意，但是他还没有具体的构想。

桑顿所聚集的一群人深具爆发性，麦克纳马拉和利斯正好互补，是一对好搭档。但是他也需要其他的人，就像是最有力的化学物质，他的队伍必须具有傲人的领导指挥能力，即使可能因此变得比较不稳定。他的交游，集合了一批有志之士，他们有能力带动也能阻挡一场革命。

第5章
多情摩尔

我是一个非常温和的人，脾气好，本性善良，从来无怨无尤； 每一条动脉里都流着人类的和善。

——爱德华

在桑顿只讲事实和精确的世界里，却闯进一个重感情、对人肝胆相照的摩尔。

从许多方面来看，摩尔都是美国人天真理想的化身——那个时期的美国还是一块富庶的乐土，拜地理环境之赐，得以免遭外敌入侵。美国神话所描述的世界，就像霍雷休·艾尔格笔下的童话世界，每一个人都能美梦成真。在这样一个世界里，桑顿冰冷的权力工具只能在社会的边缘占一席之地。

整个美国仿佛和摩尔一般年纪——前程一片光明的21岁。后来，恐惧、不安和使命感打乱了大家的生活；1941年12月7日，珍珠港遭到突袭，美国人再也不能天真下去了。天真的作用，只是让人毫无防御能力。桑顿、麦克纳马拉和利斯立刻把这些没用的装饰丢得一干二净——那种摩尔极力想要维持的、不知忧虑为何物的璞玉般的天真。

性情中人

摩尔这种个性，使他成为桑顿班底中最脆弱的一个，却也使他成为最得人缘、最有血有肉的一个。他在全球各处奔波，为桑顿调停解危，足迹遍及澳洲和新几内亚、印度和中国、北非和沙特阿拉伯。他的任务是建立新的统计管制组，通常还得说服心存疑虑的指挥官；如果现有的统计管制处单位已经疲态毕露、表现欠佳，他就得设法提振士气。即使面对疑虑最深的人，他也能不费吹灰之力就赢得对方的信任。

摩尔一开始就受到桑顿赏识。1942年7月初他从哈佛的第一届统计管制处班结业，但是等他和其他37名哈佛毕业的中尉一起抵达澳洲以后，他却成为麦克阿瑟将军和桑顿两人之间权力斗争的一颗棋子。

他的派令明确指出他和同学只能负责统计管制处的工作，然而当时还是统计管制处成立之初，战场上没人知道统计管制处是什么鬼玩意儿，而且战地指挥官对一切资源拥有绝对的控制权。麦克阿瑟将军和他的幕僚，不满华盛顿一个小上校竟然干涉他用人的权力，一气之下把他们全都派到战地单位去担任伙食官，这是军官里面最低的阶层。

桑顿想了一个办法拯救手下，但是他还没来得及行动，摩尔就已经凭着口才，把自己弄出了伙食团。他说服了在布里斯班的指挥官，说他另有

（上图）十杰中的摩尔（左起第二人）和兰迪（左起第三人），1945 年在华盛顿的军官俱乐部，和同僚谈笑风生。
（下图）摩尔和太太咪咪合照。

更重大的任务，而且不能假手他人，也就是筹组一个统计管制组，为桑顿搜集所需的资料。这是桑顿第一次见识到摩尔的能力，他是个自动自发的人，能够凭着活力与干劲去达成看似不可能的任务。

摩尔像个天生的推销员，魅力十足，乐天知命，又有幽默感，是每个人的好朋友。大家印象最深刻的就是他毫无私心，几乎是太刻意要讨每一个人欢心——仿佛是要掩饰个人的不安或疑惑，而且他喜欢这种角色。他个子不高，170 公分出头，一张天使一样的圆脸，柔细的金发，蓝眼珠，白皙的肤色。如果一伙人出去喝点小酒，他通常都第一个抢着付账。

和他在一起也十分好玩，摩尔仿佛处身华盛顿的疯狂聚会似的，他会把布里斯班的综艺之星带回房间陪他喝两杯，或跟朋友在街上狂饮作乐，随时都在找乐子。甚至带着整伙人马，到悉尼的春田大道或伊丽莎白湾路的军官假期俱乐部，在国王街上扯着喉咙高唱《跳华尔兹的玛蒂达》。

他的澳洲同事开他玩笑，赏给他“芳草心”的外号。1943 年 6 月 14 日他获颁的奖状这么写着：“虽非摩尔中尉职责所在，他仍对着路上车辆紧追不舍。他在勤务中与同志分散，尽管负载沉重，而且周围白雾茫茫，他还是对街道发动一阵猛攻。他巧妙地找到一个攻击位置，然而，当他逼近目标并达到最高速度时，他却发现机翼出现故障了。他毫不畏惧，仍然进行攻击，严重损毁了街道。而由于他大无畏的精神，他受了严重的外伤，而且昏迷了相当长的时间。他的技术、勇气及决心，充分发挥了陆军航空队最优良的传统。”

桑顿或麦克纳马拉或是利斯，都不可能获得这样的奖励，但这也凸显出摩尔的与众不同。诚如他最后被派到菲律宾时写给妻子的情书，把他对妻子的挚爱做了最彻底的表白，桑顿、麦克纳马拉或利斯对内心感情的表达绝不可能如此毫无保留，他们太理性、太自制了。然而摩尔令人动容的家书，充分反映出他个性的光辉和感人的情愫，字里行间充满了他的恐惧和希望。

1945 年 5 月 1 日

我最亲爱的咪咪，就在 5 个月又两个小时以前，我一生当中最快乐的一天开始了。那天的一切，至今还是历历在我眼前。世上最动人的进行曲，伴着你走下甬道来，你看起来是如此的美丽而真实，然后我们手携着手走向圣坛，你的声音微微颤抖着，你的手却无比坚定……那一整晚——喜宴、香槟，我们许多朋友衷心地祝福，在长长的一天之后我们共进晚餐一同喝酒。那一天从五点钟开始就是如此美好，我永难忘怀。因此我最亲爱的咪咪，我虽身在远方，仍然要对你说，结婚五周月快乐。

我们现在差不多有十个人住在一幢房子里。这幢房子一两个月前还是日本军官住的，隔壁以前是家妓院。战争肆虐的痕迹在这附近随处可见——破坏得十分彻底。我自己住一个房间，你的几张照片早已挂在墙上，我的行军床、气垫、衣服，挂得到处都是。有一个小男仆照料我们九个人，帮忙擦鞋、铺床、打扫清洁……

晚安，亲爱的！

他的任务是协助远东地区的统计管制组，准备进军日本的行动，这是吃力不讨好的工作，尤其是建议把他的指挥官哈洛德·苏托中校撤职，更使他左右两难。

苏托精疲力竭，心生倦怠，根本无法胜任桑顿所要求的分析数据的工作，他大部分的时间都在看《时代》杂志。然而摩尔把他当做朋友看待，摩尔向桑顿坦承说：“像他这样的人，会让我觉得自己真是个混蛋，竟然写出这封撤职建议书信。”他敦促桑顿以短期休假的理由，把苏托调回华盛顿，让他离开战场。

对摩尔来说，对朋友做这种事万分困难，因此他写了封信给太太，请她在苏托回华盛顿以后，邀他去家里吃便饭。摩尔和几个军官一块儿闲聊时，甚至还想了一个菜单，向太太建议，内容有水果鸡尾酒、熏鲑鱼、牛排或牛肉、总汇沙拉、脆皮马铃薯，再加上苏托最喜爱的花椰菜，摩尔记得苏托对果冻情有独钟，也请咪咪准备一大碗当饭后甜点。“苏托和我一块儿服役有相当长的时间了，”他给咪咪写信道，“建议让他调职不是一件容易的事，希望你能够了解我的苦衷，他对我一直都是如此忠诚与友善。然而，此时此刻，我的职务使我无法在回报他之余，还能同时诚实地对桑顿或者自己有交代。”

推心置腹

桑顿的确够聪明，才能了解摩尔的软心肠是他其他部属所没有的优点。他把摩尔找来讨论战后的计划，告诉摩尔说他和利斯，也许再找几个统计管制处的人，可以一起做点什么事业。桑顿的理想是要买下一个公司，取得控制权，大家共同来经营，问题是，他们都没有那么多的钱。

摩尔一听这个主意就怦然心动了，而且桑顿竟然会想到要邀他加入，也令他觉得飘飘然。他不只喜欢和桑顿在一起，也喜欢和统计管制处的人往来，这些人在一起时，谈的是政治、教育、经济、音乐、书籍和艺术，他们和他在底特律求学时，或在高尔盖特大学三年所认识的人都不一样。摩尔甚至热心地提议说，也许他们可以说服他父亲来投资，他父亲是底特律的保险经纪人，最大的客户就是福特公司。

“如果我们能用这个主意说动他，”摩尔说，“也许他愿意把他投资在密歇根州的石油股份拿去贷款，借给我们需要的六七万美元。”

桑顿根本毫不考虑。

“我很喜欢你的家人，但不愿意见到他们到了这个年纪还去承担风险，拿他们日后的保障做赌注，这事就别再提了。”桑顿说。

这使得摩尔更加崇拜桑顿，他在太平洋区那几个星期里，特别是欧洲胜利的消息传来之后，摩尔一直盘算战后他们能做些什么。大家整晚闲聊，喝着廉价的酒，聊到每个人都昏昏欲睡，一边开着收音机，听听伦敦、巴黎、纽约和华盛顿的庆祝活动。他们谈到一些男人很少谈起的话题，比如战后重建家园的计划，甚至还猜着每个人未来想要生几个孩子（摩尔希望生二四个）。

1945 年 5 月 20 日

咪，我即将完成派任此地的任务，这可不是一件容易的工作，我想我的确从中得到心灵的提升。工作对一个男人有很重要的意义，在很多大大小小的事情上，工作往往成为限制因素；男人要能为他的妻子儿女、自己心灵的平静、家庭和自己的未来做些什么，才对得起自己。男人必须全力以赴，把能力发挥到极致才能算是男子汉，才对得起依靠他的家人。咪，那也是我这一辈子要为你也为自己努力的，我相信我们会拥有相当舒适的生活。

从 1942 年 8 月起到现在，我的压力几乎都没有停过，有时候我真讨厌这样的压力，然而有时候没有了压力，我又觉得无所适从。今晚，一切的艰辛似乎都一袭而上，使我在身体上、心理上都觉得苍老不已。

尽管统计管制处的工作带来各种压力、权谋倾轧和政治手段，但是也带给我一种温暖的感觉，让我觉得这里是有人性的，而不仅仅是机器而已。你想想桑顿，他在百忙当中还找时间让你快乐一些，你就会了解为什么大家会对统计管制处、对桑顿个人这么忠心耿耿了。

很少人真正了解战争给统计管制处的人带来什么历练。战争结束以后，我如果告诉别人我 27 岁，而桑顿 33 岁，大家大概会叫我们“年轻小伙子”。事实上，我们在 4 年当中已经骤添了 10 岁……

自始至终，桑顿都没有令摩尔失望。摩尔的妻子紧急送去医院割盲肠时，桑顿做了一些十分贴心的事，使他更显得与众不同。桑顿送了一大篮花给咪咪，打电话问她病情恢复的情形，并且亲自到医院探视她，还以摩尔的名义送了一束花过去。而在情形最危急时，桑顿利用统计管制处庞大的电传打字电报网路，以“菩提”作为咪咪的代号，让摩尔知道她病情的进展。

“菩提案进展超前，所有情况看好。”

“恢复神速，已返家。”

“菩提案进展佳，但需你亲自指示。”

桑顿会在官方的公报里夹带这些信息，让摩尔的忧虑减轻不少，因为那儿没有电话，而私人信件得等上 11 天才能收到，让收信人心急如焚。信件一来一往，可能得花上三个星期。因此摩尔和咪咪将每一封信都依序编号，彼此才清楚信件的进展。然而她的病情让他大为惊恐，他从没想过要在日本投降以前褪下军装，他告诉她说，那就像在橄榄球赛打了四分之三时离场。可是老天爷啊，这时候他是多么想回到华盛顿陪在她身旁。

爱妻抵万金

他受尽了战争的折磨，他离开太久了。他曾经在瓜达亚纳染上严重的登革热，战争初期的一次空袭，震得他一只耳朵有些失聪。对这个伤害他只是耸耸肩，还开玩笑说那次空袭打断了他的扑克牌局，他还下了 35 美元的赌注呢。现在耳疾似乎越来越困扰他，体重问题更加令他沮丧。1944 年 2 月他从迈阿密转往卡拉奇，机票上记录的体重是 96 公斤，一个月后，他从卡拉奇到德里，体重增加到 105 公斤，6 月间从加尔各答飞往科隆坡，他只剩 80 公斤左右，现在又胖到 90 公斤以上，几乎连制服都穿不下了。有个朋友在公共浴室里见到他时，开他玩笑说：“告诉你老婆，我到现在才知道她嫁了个弥勒佛！”什么东西嘛，摩尔心里想着。他继续写些文情并茂的情书给咪咪，想掩饰他的沮丧，避免提到他在工作上遭遇到的麻烦和责难。

1945年7月15日

我可爱的妻子，我的思念之深没有人能够想象。只有在你身边，我所渴望的生命的热力和璀璨才能成真；只有看到你美丽的容颜，听到你音乐般的笑声和话语，感受到你的爱带给我的宁静和安详，融进你躯体的温存，我才能获得最完整的幸福。这封信可以写一页，也可以写上20页，然而我要说的话都是一样的。我思念你，我需要你，我爱慕你。

晚安，咪咪，我的卿卿。

他会盯着她的照片，将他的思绪一页又一页地写在纸上告诉她，直到他疲惫不堪地睡着，伴着外头似乎从不停歇的淅沥雨声。在那样的滂沱大雨中，连说话都得用喊的，否则根本没人听得到。

1945年7月16日

亲爱的咪，部队移防及作战行动等政治运作让我厌烦，所有的努力是否值得都由一两个重要因素而定。也厌倦漫漫长日，下个不停的雨，无尽难耐的燠热、流不完的汗水，以及日复一日地坐在办公室里那张硬邦邦的木板椅子上。我厌倦了招人、解聘、争执、推销、希望、失望、重拾希望——我只想要你，咪，只有你能给我爱和心灵上的平静。你应该看得出来，我最亲爱的，我的心情低落，压力沉重，而我的心思念着你……我所到之处，尽是满目疮痍，战争的破坏，夷平的村庄，日军蹂躏的证据和家破人亡的人民。在许多统计管制处军官眼中，战争只是统计数字——一份工作，一种控制的感觉，能够展现人最高的智力，强化钢铁般的野心。但是对我来说，战争是鲜血、创伤和破灭的希望。在麦克阿瑟将军解放马尼拉之后，我看到菲律宾女人、小孩甚至婴儿，惨死在日军的刺刀游戏下。战争里没有荣耀，数字在这里发生不了作用，战争所带来的残害使我非常反感，我不禁怀疑，人类究竟有没有资格享有生命的特权……

然而他也看到了好的一面，一些让他流露出快乐眼神的事情。他曾经随同美军部队解放了马尼拉一个破败的集中营，多年以后他仍然记得，那群战俘住在极其破烂的牢房里，大家利用零碎的布块拼凑成一面美国国旗，把它小心地藏起来，摩尔和其他人走进集中营时，他们用力挥舞着那面补丁国旗。战争的结束指日可待了。

1945年8月11日

我最亲爱的咪，吃完午饭没多久，我就搭上一架B-25飞往雷特，去执行临时任务，到今天早上才回来。

当然，我们费心尽力想达成的目标，也正是全世界所急切期待的。昨天晚上传来令人鼓舞的消息，最后的胜利已经在望了。当时我们在雷特看一场表演，突然间有人大喊“战争结束了”。紧接着一阵喧闹，我这辈子还没听过这么震耳欲聋的喧哗，高射炮、卡宾枪、手枪，什么声音都有，美国独立纪念日的盛况和这个比起来，算是小巫见大巫了。我们当下就不看表演了，跑去海边的第十三军官俱乐部，港边船只亮着点点灯火，那一幕是我终生难忘的。这四年半的战争积压下来的情感，刹那间奔泻而出——天空中只见五颜六色的火箭和火焰，探照灯不断穿透夜的黑暗。枪炮的隆隆声大得不得了——这种盛况绝对是笔墨难以形容的。

将军、校官、尉官从一个酒吧喝到另一个酒吧，饮酒、唱歌、开怀大笑，全都是发自内心毫无拘束的快乐。我跟着大伙玩到凌晨三点，而后回来等消息证实，到今天我们还在等确实的消息，很可能还要等上好几天；可是如果情况需要，驾驶员还是会驾着飞机出去送死，为的就是保持目前的战果和欢乐。胜利一会儿消失无踪，一会儿仿佛就在眼前伸手可及，大家都祈祷着——“上帝，让它成真吧。给我们所有人最后的和平吧！”

咪，你想想这代表什么意义，我昨天晚上想了好久，我向上帝祈祷，只要不威胁未来的安全，我希望战争真的结束了。如果我们能拥有和平和控制原子弹的威力，我会终生感激。对我个人来说，战争结束当然意义深远——1941—1942年间我暂时放弃的自由，总算就快恢复了；我可以期待和你共处的时光——对我来说这也许是意义最重大的，星期六我可以与你共处，五点钟左右我就可以把工作抛开，陪伴在你身旁。

这也意味着未来已经指日可待，我猜大概只要再过个八到十个月，等战争全部结束之后，我就可以解脱了。但是接下来我得为长远的未来打算，是决定加入桑顿和利斯他们呢，还是自己去闯，也许搬到别的地方——可能是底特律。无论如何，有你的信任和支持，我确信未来一定是美好的。咪，我有信心我们会做得不错，能拥有金钱和两人共享的欢乐。

我爱你爱得发狂，咪，我多么渴望在这历史上的伟大时刻能和你在一起，和你共享时代的快乐和焦虑，但是在精神上我们是在一起的。晚安，我最亲爱的美人！

摩尔

大战终结

在华盛顿的桑顿和他的手下，跟摩尔或其他人一样，对于原子弹都惊讶不已。桑顿注意到，统计管制处的作战室里墙面一般大小的地图上，标明了有一个战术空军中队正在新墨西哥州著名的原子能研究中心洛斯阿拉莫斯受训，有一天，代表这个中队的小圆标移到一个小岛上，看起来像是脱离了整个系统的一个异数。但是他丝毫不知那是一组B-29轰炸机队，受的训练是要投掷人类所发明的最具破坏力的武器。桑顿一听到美国总统宣布美国成功地在广岛引爆一枚原子弹，就急忙冲出办公室。

“那个刚刚投掷的特殊炸弹你知道多少？”他问手下的一位高级助理。

助理的回答是：一无所知。因此桑顿连忙跑去五角大楼找新闻简报，希望找出有关这枚炸弹所造成的影响。在投下原子弹以后，他跟所有的人一样，焦虑地等待着日本最后的投降。几天以来，摩尔一直抱着办公室的收音机，大伙都在祈祷，盼望着播音员会突然插播“大战结束了”，可是只有轻音乐不停地流泻出来。摩尔自愿飞了八九万公里，到最前线的战区为桑顿搜集情报，他离开华盛顿调派到海外，前后待过三个不同的地点，一共长达两年两个月，现在除了回家的念头以外，他对任何事情都无法专心。他每天只是机械般地工作，草草看完单位的修正计划，为将军准备战情简报的新闻稿等，一直到 8 月 14 日这一天，终于传来大战结束的消息。整个地方都发狂了，几乎每个人都喝得烂醉，下午五点钟摩尔就开始啜起次级的菲律宾琴酒，一直喝到凌晨一点钟。

第二天他虽然头痛不已，却还是能够清晰地看见未来。这幕景象他已经在脑海里描绘过无数次——抵达华盛顿国家机场，咪咪一袭白洋装，衬着她亮丽的古铜肤色，在机场等着，他和咪咪终于团圆了，还有其他的伙伴和他们的妻子或女友。在一个轻快的星期天，看着红人队的球赛，啜饮着威士忌；到休恩海滨喝啤酒、吃生蚝；上派若特餐厅吃晚饭，坐在他最喜爱的深红色椅子上，手里拿着一罐啤酒，放着杜尔塞的唱片，腿上坐着咪咪。他也可以想象到自己穿着灰白纹西装，和桑顿、利斯在一起忙着，处理着重要的事务，当时他还不知道会是什么事，其他人也没有概念。但是摩尔相信，他们要做的一定是非常吸引人的大事业，他的朋友们，那群准备一起创业的伙伴，决不会接受低标准的。

他很快地坐下来写最后一封家书，这是他四个多月以前离开咪咪之后，所写的第 96 封信。

1945年8月19日

亲爱的咪咪，是的，咪咪，这伟大的一天终于来到了，我要求搭机到夏威夷。退伍令已经下来了，等日本投降后空中运输的压力稍缓，我就可以离开了——至于要等多久，目前还很难说，但是我确信这个瓶颈不会持续太久。我只在夏威夷稍停，然后就直飞回国。

我在这里的工作到昨天晚上已经结束，今天过得很懒散，昨晚读了一大堆杂志——《柯里尔》《读者文摘》《时代》和《新闻周刊》，今天早上我到办公室参加最后一次会议。

哇噻！咪，我刚刚接到电话，今天晚上我就要飞回你的身旁，飞回美国！

我打赌你收到这封信之前，我就已经在你面前了！我爱你！我们很快就会在一起。谢天谢地，终于结束了！

摩尔

第6章

十杰会师

福特将出现在你的未来！当美国最艰巨的工作结束后，一辆时髦、崭新的福特车将指引你通往现在无法享有的快乐之路，而那正是你最想要的快乐。

——1945年福特广告

才过了晚上七点钟，华盛顿早已一片疯狂。人们自办公室、家中走到街上，把电话簿撕成碎片，当做是五彩碎纸往空中丢。他们拿起汤锅、平底锅当鼓敲打起来。他们尽他们所能地欢呼，他们兴奋地叫喊，他们唱歌。你几乎分辨不出什么是汽车喇叭声、什么是教堂的钟声和爆竹声。它们全是这片喧闹的一部分。华盛顿，这个无奇不有的都市，当晚只有一个共同欲望——制造噪声。

有史以来第一支跑上宾夕法尼亚大道的康加舞群，有节奏地喊着：“我们要哈利！我们要哈利！我们要哈利！”宪兵围成一条防线想把寻欢者挡在白宫的外围。群众的呼喊把杜鲁门总统叫了出来，他走到白宫前面的草坪地，将手伸出铁栏杆和前来道贺的群众握手。1945年8月14日——大战终于结束了。

在庆祝活动之中，“德州佬”桑顿，这位实用主义大将，早已开始计划未来。他开始慎重考虑数月前他和部分手下酝酿的计划：为何不在战后转型期彼此联合起来，组成一个深具影响力而且能令人刮目相看的队伍？一个人单枪匹马，不管多么优秀，仍有可能被公司吞噬，被官僚和人事运作弄得束手无策。可是如果他们组成一个团队，一起为控制一个大机构的命运而努力的话，情况就不同了。“如果你只带着一两个人进去的话，”桑顿后来说，“你就会迷失了或者被吃掉；如果你想很快地改变一个相当大的公司，你需要一个小团体。”

这个行得通吗？是战争把这个国家从它历时十载的不景气中拉了出来。战争的结束会不会又将整个国家卷入衰退的旋涡呢？有些专家学者担心，当数十万的退役士兵蜂拥回国时，最坏的事可能就会发生。

这种恐惧和四处快速的变化交相纠缠。在五角大楼，退役令像一阵飓风肆虐而来，所到之处一片混乱，满目疮痍。计划不仅隔日就变，它们每个时候都可能不同。各部门小组以骇人的速度在一夕间消失，它们或是合并，或是联合，或是改组，或是干脆解散。数千名公务员被调职或解聘，而这时却有更多年轻天真的人从海外回国。

在战争扰乱了他的生活形态之前，桑顿想过回德州，找一个老朋友一起做些生意什么的。但是战争改变了他，他来华盛顿的目的是寻找机会和不一样的生活。桑顿找到了——比他想象的还多得多。成千上万的人认为战争偷去了他们生命中最美好的时光，而桑顿却有一个相当戏剧性、异于常人的观点。对他而言，战争并非是一段全然无用的迂回路，徒然延误或中止个人的事业和野心。反之，战争使他变得成熟。它使他向上多爬了几格，而这几格对他的力争上游大有帮助。

许多人不知道他们现在该做什么；大部分的人认为战争是无可避免的挫折，恣意闯进他们的梦里，改变了一切。但是桑顿和他的人马，在雇主还未开口之前，就已预期到老板必然会问：“你在战前做过些什么？”“看着好了，”桑顿说，“我们绝不会让任何人自我们的生命中取走四年的时间而后任意丢弃。如果那段时间我们只是肩膀上扛着来复枪，那倒还说得过去，但是，天晓得，我们如同经营事业，我们在军中所做的正是企业所需要的。这些经验可以直接运用在企业中。”

出击

包括他自己在内，桑顿集合了一个四人小组。利斯和摩尔都包括在内，还有桑顿手下另一个聪明的新兵班·米尔斯，他是桑顿在住都局认识的。米尔斯当时27岁，训练有素，体格健硕，腹肌像块洗衣板，凹凸有致。他是从俄克拉荷马被吸引到华盛顿来的。

对桑顿的战后小组而言，他是最佳的补充员。米尔斯在智力上比不上麦克纳马拉，也没有桑顿的领导能力。他既不像摩尔是个圆熟的推销员，也不像利斯那样沉迷于工作。相反的，米尔斯拥有他们每个人的一点特色：坚强但不造作，有条理但不偏执，聪明但不过分理性。他懂得应付形形色色的人，是每一个组合中不可或缺的人。

桑顿交给他这个小组的第一份工作是：编辑一份小手册将小组推销给产业界，说明他们在军中的工作及它为什么适用于企业界。在左手边，他明列他们战时的纪录；在右手边，则说明将他们的方法运用于企业的各种可能。他写下了八到十个范例，外带几个图表。桑顿将这份资料复印，并分寄到上百家公司，目的是增加他们集体找到好工作的机会。这份册子宣扬的重点是：他们曾共同致力于桑顿所谓的“有史以来人类所经营过的最庞大的全球性运作”，有着数年的规划、经营、管理经验。为了要支付印刷费用，桑顿甚至建议将这本手册卖给其他曾在统计控制处服役的军官们，以作为进军企业界之用。

这个举动得到至少十个公司的正面回应。亚瑟·D. 利多、美国钢铁、伊士曼·柯达，和纳什汽车等大公司均表示感兴趣。最积极的回应来自一个在克利夫兰的铁路公司，叫阿列根尼股份有限公司。这个公司由一位精干积极的罗伯特·R. 杨经营。

在收到这份手册后，杨直接打电话给桑顿并要求亲自和他会谈。杨是一个年近 50 岁、短小精悍的德州人，偏好浮夸的手势。雇用一伙人似乎是一个相当独特的主意，立即引起他的兴趣。自从他在 1937 年取得切萨皮克暨俄亥俄铁路公司的控制权后，他就以有志建立帝国的铁路人著称。虽然阿列根尼是一个股票上市公司，但由杨完全主宰，如自己的个人公司。他对战后世界抱持着宏伟的梦想，整批雇用一组空军人员这个主意十分投其所好。杨一直提倡建立一个跨越大陆的铁路系统，（在 1945 年的一场主要吞并争夺战中取得纽约中央铁路后，公司股价却一落千丈，杨因而变得意气消沉。他在棕榈滩豪邸的弹子房里用一支 10 厘米口径的霰弹枪自杀。）桑顿同意约个时间和他相见，并商谈带着一队人马加入阿列根尼的可能。

这些人四处尝试着不同的事项，仍然不十分肯定是该在某个已经有基础的公司下赌注，还是自己去白手起家。桑顿想到一个可行的办法，即把他们在军中所做的统计控制，依样搬到民间企业界做市场研究和分析。他们可以为有意在市场里竞销产品的公司，收集各个不同市场的资料。一个全国性的市场调查公司，将会是他们军中经验的自然延伸。利斯甚至还飞到芝加哥去拜访大型的调查公司，同时也是这一行业的先驱，A. C. 尼尔森公司。

但是如果要成立这样的公司得投下三百万美元左右的资金，没有人有那么多的资产。他们之中幸运一点的人顶多有几百美元的闲钱。桑顿和一位相识的费城银行家洽谈，这位银行家愿意掏出一百万美元当创业基金。罗维特也告诉桑顿，这个起步的主意似乎不错，但是必须面对尼尔森公司的竞争以及他们自身的犹豫所可能坐失的良机。

逐梦

他们为汽车生意所吸引，那是他们该发展的方向。汽车市场不仅是美国最大的产业，也是这个国家里最令人渴望的浪漫行业。一个英雄若不搞房地产、不卖衣服那还该往哪里去呢？他该去贩卖梦想、权力和速度。每一位返家的大兵都曾幻想着自己坐在一辆崭新的汽车上，沿着街道驰骋。没有其他产品比它更富魅力。

对新车的狂热就要迎面展开。街上的2 400万辆汽车中，有1/3的车价是100美元或者不到100美元，而这些车若不是因为市场上没有新的车型，早就报废了。汽车制造商改造他们的工厂以增加国家的军事力量，自1942年以来就未曾为民间市场制造汽车。底特律估计，市场里大约有1 000万美国人等待汽车从战后重整过的装配线送出。

这组人员考虑买下纳什汽车的经销权。纳什汽车是一个享有盛名的汽车制造商，后来和赫得森合并成美国汽车股份有限公司。它还没有像通用汽车、克莱斯勒或福特那样拥有广大的市场，但是和其他主要的独立汽车制造商比起来，包括赫德森、凯瑟福瑞瑟、威利斯、派克及斯图尔特贝克，它算是最大者之一。

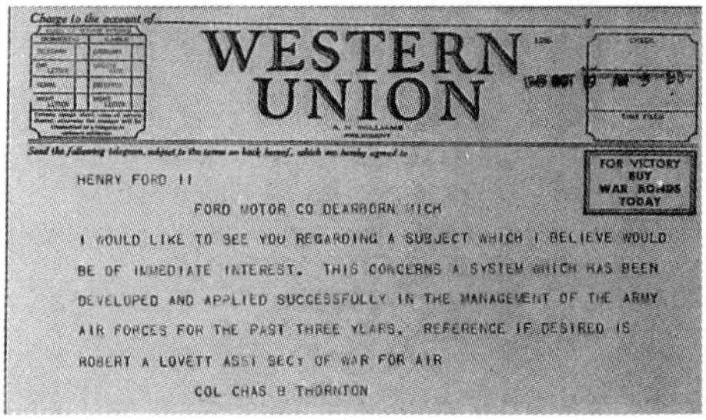

Charge to the account of

WESTERN UNION

Send the following telegram, subject to the terms on back hereof, which are hereby agreed to

FOR VICTORY BUY WAR BONDS TODAY

HENRY FORD II

FORD MOTOR CO DEARBORN MICH

I WOULD LIKE TO SEE YOU REGARDING A SUBJECT WHICH I BELIEVE WOULD BE OF IMMEDIATE INTEREST. THIS CONCERNS A SYSTEM WHICH HAS BEEN DEVELOPED AND APPLIED SUCCESSFULLY IN THE MANAGEMENT OF THE ARMY AIR FORCES FOR THE PAST THREE YEARS. REFERENCE IF DESIRED IS ROBERT A LOVETT ASST SECY OF WAR FOR AIR

COL CHAS B THORNTON

（上图）第二次世界大战结束后，艾诺德将军颁发立功勋章给桑顿上校。
（下图）1945 年 10 月 19 日，桑顿上校用常见的西部联合公司电报纸，拍发这封电报给亨利 · 福特二世，不但立刻吸引了福特二世的注意，也开启了十位年轻人的事业之旅，他们后来以“十杰”之名著称于世。

米尔斯和利斯奉命到华盛顿研究汽车市场，仿佛他们仍在为罗维特准备统计控制报告一样。利斯在福特、别克和纳什汽车的经销商附近窥探，拍下店面和展示屋的照片，以供小组研究之用。他和米尔斯访问各个经销商，找出他们所积压订单的多寡，以及他们和纳什的合约安排等细节。他们甚至计算纳什汽车在华盛顿的销售潜力。但当他们在这个城市里发现了第三个新的纳什经销商——一个在 H 街的莎佛尚德乐汽车公司后，米尔斯和利斯建议绝对不要成为一般经销商。

“我们看了一下他们的场地，结果发现它基本上是一个以前纳什汽车的专门修护厂，”两人写了封信给桑顿和摩尔，“他们的地点很差，但是展示屋规划相当好，这是他们第一次尝试销售汽车，刚刚才拿到纳什的经销。这个令人惊讶的发现为整个计划带来新的重点，纳什签下的经销契约估计约有 1 150 辆车。我们可不愿意去凑热闹变成第四个经销商。”

多年来他们都不曾犹豫过该如何做，这一次他们却踌躇了起来。他们掌握了事实，一大堆的事实，但是却独缺明确的方向。老好人乔治·摩尔这时有了灵感，在一次回底特律家度假时，他听到父亲说福特公司发生了许多变化。他的父亲在公司里有一位朋友，会计毕特·J. 克雷格，告诉他说福特现正在寻找新鲜血液。克雷格是三个最亲近老福特的人之一，老福特二世的辞呈也由他在董事会上宣读并做成会议记录，福特二世也就因此在 1945 年 9 月 21 日接掌总裁之职。回到华盛顿后，摩尔告诉桑顿这个尝试也许有点大胆，但仍值得一试。一无所有的他们有什么好怕的?

桑顿和摩尔两人争辩该如何向福特毛遂自荐，只要再送他一份小手册就成了吗？但他们已经送了一份过去，可是福特那儿却没送来只字片语。再送一份过去会有什么用处呢？摩尔先是建议由他去底特律亲自拜访克雷格，或者由摩尔的父亲先和克雷格接触。但是桑顿想直捣黄龙。

“听着，”他说，“我们只需直接打电报给亨利·福特二世就行了，为什么还要兜圈子呢？”

成功出击

他们该在电报里说些什么才能抓住福特二世的注意力？当然，它必须简明扼要，正中要点却又不失礼。为了使这份电报受到重视，他们必须提罗维特的名字，因为他在大战期间已成为家喻户晓的人物。桑顿先征得了他的同意，然后和摩尔两人就字斟句酌地起草电报直到夜深时分。第二天早晨，也就是1945年10月19日，摩尔带着这份电报稿到华盛顿当地的西部联合办公室。上午9点50分整，打字电报机就开始滴滴答答地把这份电报传送出去。电报相当正式而直接，或者如米尔斯所说的，它“几近于鲁莽无礼”：

亨利·福特二世：

我希望和你会面洽谈，本人相信关乎阁下目前利益之事。事关过去三年来成功研发并运用于管理空军部队之系统。如有所需，介绍人为罗伯特·A. 罗维特，空军作战助理参谋。

查尔斯·桑顿上校

这封电报送到了福特二世的桌上，可是他几乎不为所动。战争结束后，他便常常收到一大堆急欲谋职者的信件。“天啊，”他说，“上校在那时候可多得像沙滩上的小石头。”尽管如此，罗维特的名字还是引起了他的注意。就在第二天，桑顿就接到福特在华盛顿办公室的一个职员打过来的电话。

“请问您是否能前来迪尔班？”对方问道，“福特先生十分感兴趣。”

桑顿和摩尔安排先开车到克利夫兰的阿列根尼公司和该公司的负责人见面。然后他们再去底特律。杨当场就要聘用他们，并给他们十天的时间做最后的决定。挟着至少一家公司的允诺，两人前往福特。但是公司方面并未安排他们和福特见面，只由摩尔·库同这位头衔不甚吸引人的事务经理接待，桑顿的失望是可想而知的。但是他坚持会见福特二世本人。

“这位桑顿上校的紧迫盯人我应付不来，”库同告诉福特说，“你得见见他。”

意外地，福特二世真的接见了他们。他已经先和罗维特在电话中谈过这些人，罗维特向他保证他们都才华洋溢，值得信赖。那次会面相当短暂。桑顿简介他的人马如何能够让福特的管理现代化，并解释他部分手下在企划、财务和组织方面拥有的才能。在面谈结束前，福特二世似乎不只准备聘用这四个人，他还请桑顿再去多找几个人。

“我们何不先搁一下明天再谈？”桑顿从容地建议，“这事可以慢慢地研究。”

桑顿请福特第二天打电话到史黛乐饭店找他。他兴奋地回到饭店告诉摩尔这个消息。第二天早上，桑顿在饭店的柜台留下他的名字，并告诉主任说：“我会在对街的咖啡屋吃早餐。我正等着亨利·福特打电话给我，如果他打来，请你派服务生过来叫我。”

柜台主任的微笑掩不住他脸上难以置信的表情，他答应会派人过去通知他们。桑顿和摩尔便到对街，吃些较为便宜的早餐，而不在饭店内用餐。他们才吃到一半就有一名侍者兴奋地跑过来告诉他们福特打电话来了。他们连忙跑回饭店的大厅，听到这个大好消息——福特二世仍然认为他们的构想是一个极佳的主意。

增添生力军

现在他们必须做的就是帮福特二世找来一个真正的小组。福特要求他们把计划引进的所有军官名字用电报拍来给他。至于薪水问题，“你何不顺手在空白处填一填之后一起送给我？”福特问。

桑顿兴奋得难以自已。这笔交易尚未定案，但是发展神速。在回华盛顿的途中，桑顿和摩尔已经开始幻想在福特上班会是什么滋味。回到了华盛顿后，他们整整一天挤在摩尔和咪咪于费尔菲斯公园的公寓里，想着他们还要找谁加入小组。

“我们一定得找罗伯特·麦克纳马拉加入，”摩尔极力主张，“而且我们还得要有爱德华·兰迪。”爱德华·兰迪以前是普林斯顿大学的经济学讲师，在华盛顿的统计控制组时以学习快速给摩尔留下深刻印象。

利斯推荐他在戴顿的老伙伴，查理·包士华。虽然后来查理在 1944 年 2 月为了一项特别任务离开派特森营区前往英国，但两人仍保持坚固的友谊。他们通信频仍，并互相交换小道消息和最新的人事调动。从他们开始在一起之后，查理就把利斯当成是他在军中最亲密的朋友。这是一次重燃友谊的机会。

应桑顿的要求，米尔斯已经悄悄地细读人事记录档案，好多找几个人。筛检过这些记录后，米尔斯遂能对一个人的智慧有所了解，因为每一个档案都记载了那个人的智商。每个新兵都得经过这项测验。测验的结果显示有几乎半数的美国新兵可以归类为低能儿，但是在桑顿的旗下几乎没有人的智力商数不是远远超过一百的。而米尔斯确保他所精挑细选的少数几人，他们的智商更是出奇得高。

他搜查数百件档案，列了一份长长的名单，表的顶端则列出理想人选应有的特质。他读遍各长官所给的赞词、等级和评价。“我们不只是要找有能力的人，”米尔斯回忆说，“我们还要找有不同特质的人：两个管财务的，一两个懂法律的。我们所想找的是一组有广泛诉求的人，而非一组出自同一个模子的人。我们认真考虑什么样的组合卖点最好，考虑什么对我们的就业机会最有利。”

桑顿要他考虑人所能想象得出的每一个特质：个人外貌、教育、干劲、忠诚、智力和野心。这些人不仅要看来符合角色要求，也同时要会扮演这个角色。米尔斯从这些秘密档案中搜查出约 25 名最后人选。他把他们的名字写在名单上，一个一个有系统地评列等级。

他们审核所有的人选，将他们筛选到十二名左右。这些人桑顿全都认识，因此他将亲自出马说服他们加入。利斯在戴顿时的好友查尔斯·包士华兴致勃勃地签了名。摩尔的统计控制伙伴爱德华·兰迪也同意加入。他引进从内布拉斯加来的纯朴知识分子阿杰·米勒。桑顿最早期的统计控制人员詹姆斯·莱特也经说服后决定不回诺福克从事法律工作。威伯·安德森，这个小组里除了桑顿外唯一的上校，经众人说服也放弃了他在加州的工作。慢慢地，这支组织松散的队伍逐渐变成一支强大的联军。

几乎所有桑顿找的人都是马上就同意，只有少数的统计控制军官拒绝他的邀请。迈思·梅斯检察官是麦克纳马拉在哈佛的伙伴，回到哈佛继续他的学术生涯；桑顿最敏锐的分析师约翰·F. 姆重拾在阿部盖尔克的法律事务所，后来成为新墨西哥州的州长；而桑顿以前的执行军官德思堤·波特菲尔德当听到桑顿还想找麦克纳马拉加入这支队伍后就自动退出了，他们两人处不来。

成军

桑顿唯一且主要的阻力来自罗伯特·麦克纳马拉。形式上，他仍然处于向哈佛请假的状态中，而商学院的院长急于要他回来，已经以正式教授之名，聘他返校任校，并允诺他爱教什么就教什么。他对做生意没什么兴趣，特别讨厌人事运作，他热爱教学且热爱学术生涯。

如果麦克纳马拉去的话，那么他们就有十个人，一个美好的整数，桑顿盘算着。没有人确知桑顿最后是如何决定要十名军官的。“十”这个数字似乎有神奇的力量，在这数字背后有一个强有力的进化史上的证据。因为研究人员已提出理论说，在有人类生存以来的最早几百万年中，一个狩猎队伍的最理想规模是十人。一支十人的队伍可以吸取某种原始的力量，足以在狩猎中获取最大效益。

在安排这个队伍首次狩猎出征——亲晤福特二世——之前，还有一个最后的细节有待解决：他们每一个人该拿多少薪水。

桑顿开始的薪资不完全是依个人工作能力而定，而是依赚钱潜力或某些人在福特这笔交易谈成前由其他公司出的价钱。他虽不想因漫天开高价把福特给吓跑了，但也不想把他们其中任何一个人给贱卖了。

桑顿把麦克纳马拉归在他薪资表中所得最高的人之列，一方面是因为他已经答应了至少要为麦克纳马拉争取到哈佛商学院的两倍薪水，一方面是因为他确实相当有潜力。同样的，利斯也是如此，他战前在通用电气的经验是极其宝贵的，而且在统计控制处中又负责最大的部门。爱德华·兰迪以他精纯的智慧也拥有 1.2 万美元的价值。

“米勒，”桑顿问道，“你来个 8 000 怎样？”

“哇噻，”他笑说，“这以后我就不用再去工作啦。我在银行才赚 2 600 美元一年。”

在大战前，他的第一个工作是在旧金山的联邦储备银行当社会经济计划助理员，每月赚 135 美元。米勒和他的妻子一个月生活费用 65 美元，剩下的钱全数存进银行。摩尔和咪咪每月的生活用度是 58 美元——足够他们付房租、食物、交通、洗衣及香烟钱。

在他膝上的一本笔记簿里，桑顿写下每个人的起薪，以及各人的年龄：

罗伯特·麦克纳马拉中校，29 岁，1.2 万美元

弗兰西斯·利斯中校，31 岁，1.2 万美元

爱德华·兰迪少校，31 岁，1.2 万美元

班·米尔斯少校，30 岁，1.1 万美元

詹姆斯·莱特中校，33 岁，1.1 万美元

乔治·摩尔中校，25 岁，1 万美元

威伯·安德森上校，30 岁，9 000 美元

阿杰·米勒上尉，29 岁，8 000 美元

查尔斯·包士华中校，30 岁，8 000 美元

桑顿得到自订薪资的特权，开出的价码是每年 1.6 万美元整——是薪资表里所列最低薪资的两倍高。在 1945 年 11 月 5 日，带着期盼幸运之神眷宠的心情，他寄出电报；所有的人都焦急地等待和工业王子的会面。

当这个队伍在数天后第一次和他会面时，福特二世回答说一切没有问题，而这群人在得到这个回复时，就知道自己已和心里想的命运照面了。

第7章

青年才俊

他们相当狂傲可憎。

——一名福特老员工论桑顿的小组

虽然他们加起来还凑不出一皮箱的便服，但这十个忐忑不安的人在1946年1月29日携家带口抵达底特律，开始新生活。他们有的人开车来，有的搭火车来，住进底特律市中心的一两家旅馆，离位在财经区的联合卫士大楼不过几步路之遥。查尔斯·桑顿已先安排好时程，要大家在下午两点前来摩尔的父亲在这幢大楼里的办公室，参加第一次会议。

说也奇怪，那也是这些人第一次全员到齐在一间房间里共同会面。桑顿抛开闲话家常，开启众人的讨论。这是严肃得足以令人头晕目眩的议题，包含宏大的主意和谨慎的警告，桑顿说得像是在为某种侵略行动奠基铺路似的。利斯已为这次会议写了一份长达14页的议程。这份大胆的文件反映出这批人都有着训练有素到令人折服的做事方法以及对追求权力的热爱。在将议程交给桑顿之前，利斯已经先私下同米尔斯、摩尔和莱特把它过目一遍了。

心理建设

“先生们，”桑顿说道，“我们现在有机会为福特先生工作，太难得了。你们知道他努力引进年轻有为之士加入公司。我们必须乐于勤奋工作，并且竭尽所能，以便在短时间之内就有好的表现。”

这些人纷纷点头表示同意。

“我们无疑会遭到怀疑和攻击，有些人甚至可能憎恨我们。因此，我们必须善用机智和交际手腕。在团队里面决不容许有大人物情结。我们必须表现出坚定和自信，但也要显现出谦和有礼、和善以及开明的风度。我们绝不可盛气凌人或者是目空一切。”

“这个团队，”桑顿接着说，“必须以团队的方式运作。到头来，我们都会被安置在公司各个不同职位，但是目前呢，我们必须以团队的形态一起工作。最初的六个月我们可能会失望，幻想可能会破灭。我们必须克服它，脑中切记着未来美好前景，继续工作下去。”

桑顿告诉他们不可以要求享有任何公司主管的特权。那些东西只要时机到了自然会自动找上门来。如果有人自动提供，那么不妨接受，但是桑顿不愿意要求任何特殊恩惠。至于薪水，他提醒大家小组的平均年薪是一万美元——而当时美国雇员平均一年赚不到2 500美元。

“你们之中有四个人薪水超过一万美元，有少数几人则低于那个数字，”桑顿说，“薪水是按各人赚钱潜力或者在你们若不加入福特可能有的待遇而定。它们并非依各人的工作能力而定的。因此让我们不要对薪水这件事斤斤计较，我们所有的人的待遇都够高了。”

薪水早已变成了一个伤感情的话题。小组的律师詹姆斯·莱特私底下向桑顿抱怨说有些人的经验比他少，待遇却比他高，他对此事深表不满，差点就离开福特了。桑顿气得满脸通红，向他解释说，他是按如果莱特回去弗吉尼亚州诺福克的故乡从事法律工作的话，可能赚多少钱为依据，来设定他在福特的起薪，而那数字要比他现在的待遇少上三分之一。即使在金钱事项上有所龃龉，这个团队仍不愿意因这事使他们分裂或使他们分心于眼前的任务。

步步为营

以一伙对汽车经营买卖一无所知的家伙来说，他们为自己勾勒了一个大胆无比到令人难以置信的议程，这个议程也暴露出他们对企业买卖所知实在寥寥无几。他们不可能以他们主掌空军部队的方式控制福特。企业又不是政府，纪律和不民主不是那么重要——特别是大企业，而福特更是于之为甚。在40年代，许多公司的经营就像封建诸侯一样，是由意志坚强的经理人来带领，如有异议一律镇压。这些人多半是粗鲁无礼、未受正统高等教育的人，在他们的眼中以武力来达成目标也算不了什么，企业买卖可以是无法无天的。而且许多大公司的经营时常因陋就简，所使用的是最原始的会计系统，他们不是依统计控制官在战时所宣扬的简便原则来经营的。

如果桑顿以为凭着十名退役军官就能在福特发起一次革命，那他若不

十杰进入福特公司后不久，在1946年拍摄的他们初期常见的合照。前排从左到右，分别是米勒、利斯、摩尔、莱特、桑顿、安德森、包士华、米尔斯、兰迪、麦克纳马拉。

是天真幼稚就是判断错误。没错，空军部队过去是难以管理、庞杂而且几乎是依赖欺骗维系的。如果他们那时对战争一无所知，但却在第二次世界大战十分成功，那么有什么因素阻挠他们在福特也一样成功呢，即使他们对汽车的所知等于零？然而在企业买卖中的胜利并不像战争的胜利那样明确。打仗是为了结束战争；在企业买卖里，却永远没有止境，它所讲的是如何从今天过到明天、永续经营的艺术。尤其是，福特大多数的员工毫无兴致欢迎一群自认最懂行的外来者。即令来了十名统计控制最优秀的人才也是不够的，他们大概需要上千名或者更多的空军部队军官。他们为这个新竞技场的准备只是暴露了他们实际上是如何地准备不周，然而，他们在这里集结起来，共同盘算着如何接管一个庞大的组织。

利斯甚至写了一张表，明列出典型的无礼或危险的字眼或词句，大家同意不去使用它们：效率、开支削减、业务挂帅、企划制作、计划拟定、控制和调查。这些字句是死亡的代号，是所谓的效率专家在整顿某个公司、切除腐朽部分时常用的字眼。即使那是这个小组最后会建议公司去做的，他们也不会让任何人知道，因为时机未到。

还不仅于此，这批人开始替自己团队所将扮演的角色下定义，企图为自己制造出一个不具威胁性，但又能适度地传达权威的形象。“显然，”利斯写道，“福特公司内外的人，都急切地想知道我们为什么来这里，我们又打算做些什么。”如果他们含含糊糊地回答说他们还不知道，或说他们还有待多加了解公司，就会引起众人的憎恶和疑心。他们认为大家必须谨慎、前后一致地作答。说什么呢？桑顿相信他们应该将自己定位为“一个向总裁负责专职特别企划案的小组”，是总裁办公室的一部分。这个头衔让他们觉得仿佛拥有了他们热切渴望的权力和声望，但听起来又不至于类似某种秘密警察。

他们要主动改造一个可能乏味又刻板的新进人员导引课程，使之变成获取福特二世信赖的跳板。他们要把整个课程重新整顿。

他们那一整个下午都在自我调整，最后才在傍晚 6 点钟解散，约定好明天早上 10 点钟再见。桑顿无法出席下次会面，因为他得在史黛乐旅馆的房间等候福特二世打电话过来。第二天早上他们谈了将近 3 个小时，讨论他们能为福特公司尽些什么责任，最后在下午 1 点钟的时候过去看桑顿。福特二世还没打来电话，因此这些人就待在桑顿的房间，计划着、想象着他们在福特公司的未来。他们同意桑顿认定的一件十分重要的事：团队里的个别成员，除非经过大多数人的同意，无论如何不许擅自拂袖而去——至少得等个一年半载以后，或者等到团队运作效益可观之后。他们一起来的原因是：为了要发挥比任何个人更巨大的影响力，并且他们不想失去一个团队所能带来的神奇力量。

他们想要有所影响，他们来福特的目的不只是丰厚的薪水和奖金而已。他们有更宏大的计划，而这样的计划只有资源丰富的大公司才能满足他们的需求。就如罗伯特·麦克纳马拉，他相信许多底特律的劳工问题就在于管理。他认为一些汽车公司多以招之即来、挥之即去的态度对待他们的员工，时机好时招募他们进来，时机一坏就随即将他们裁员。数年来，对付工会的最常见管理手腕就是先打压工会的领导人。

桑顿房里的电话终于响起，是福特二世打来的。他和桑顿互相问候，福特告诉他明天早上8点30分到鲁治河厂区的飞机引擎大楼报到，开始第一天上班——日期是1月31日。他们可以完成一些最后的纸上作业，领取员工识别证，并参加公司所筹划的导引课程。

称斤论两

在他们踏入红河厂区的红砖大楼的那一刻，有一个意外中的意外正等着他们。考试——成套成组的考试。

“我们已经来了这里，真是有眼无珠！”桑顿抗议，“我们的智商是破纪录的。我们不需要证明我们的智力是否高或者情绪是否稳定。”

莱特极力反对。身为团队的律师，他怀疑公司是否有法定的权力把他们当成实验品拿去做测验。他们考虑是否当场离去，但是终究留了下来，一部分原因是他们所受的军事训练已使他们对无孔不入的侮辱习以为常，另一部分是因为他们来了这里之后，已经和迪尔班以外的世界切断关系。

“莱特，”桑顿终于开口说，“我想我们别无选择。我们这就进去，尽最大努力做好这次测验。”

福特雇用前美国联邦调查局探员罗伯特·邓南，替福特成立一个专门负责鉴定白领阶层的人事部门。邓南的办公室，连同其他公司所雇用的十二名左右的心理学家，就在这里。才来福特不到两个月的邓南前来欢迎这群闷闷不乐的新人。他们觉得自己好像又再度加入军队一样：每个人都拿到一张员工识别证，号码从966到975，桑顿拿的是最开头的号码，其余人的号码则依次按个人名字的字母顺序而来。他们一领到识别证之后就排列成行被领进一间一尘不染的测验室。

进入这粉刷得白皙的房间后，他们各自找了张木制桌椅坐下，邓南接着发下测验纸。这一整天直到下午5点30分，他们就在一对监考人员的盯视下考试作答。一节考完后，还有另一节、再一节、又一节——总共有11节，测验他们的能力和实务判断，考他们对现时社会问题的认识及科学和数学的知识，还有心理剖析以及情绪稳定测验。他们甚至就男性气概和沮丧等方面被拿来和一般大众相比。然后再到隔壁的房间里和福特的心理学家进行单独面谈。若非是福特想要检查一下他刚买下的商品品质如何，便是约翰·布格斯，这位福特的左右手，憎恨这十个人挟着高得难望其项背的薪水汹汹而来，想要确定他们是否值得这些价码。也许他想要给他们下马威，要不然便是想看看这批人里，是否有人神经搭错线。

在他们花了两天的时间讨论如何掌握他们在福特的命运之后，这次测验就如同有人迎面甩了他们一个耳光，的确是一个彻彻底底的屈辱。他们对测验题目的幼稚感到难以置信，有些测验是高中程度。麦克纳马拉、米勒和艾德这三个曾经分别在哈佛、伯克莱和普林斯顿念过研究所的人还出过题目考学生呢！这实在是太过分了。数百个狗屁烂题用来让心理学家玩他们的心理游戏："你是否有犹豫不定的倾向？""你的情感是否相当容易受伤害？""在一个快乐的聚会中，你是否能放得开自己好好狂欢？"

在这些看来十分滑稽可笑的题目当中，有一道题是数年后麦克纳马拉仍然记忆鲜明的，每次想到就为它的可笑而不禁捧腹。“如果你可以选择的话，你会宁愿当一个专门狩猎野兽的猎人，还是花店老板？”麦克纳马拉看不出这个问题的所以然，除非某些心理学家认为它提供线索让人一窥某人的性偏好。他知道自己想成为什么，他来这儿就是要为福特工作，他们全都是如此。这个测验和他们的计划有何关系？会不会因为考试没通过被扫地出门呢？

在普林斯顿当过讲师，有过设计及批改试题经验的艾德·兰迪对这些测验是一挥而就，速度比任何人都快，几乎像是乐在其中。从头到尾都是他第一个交卷，而后就离开教室或四处走动，直到其他人准备开始下一个测验。摩尔自始至终都担心不已，也许是因为他年纪的关系，以 26 岁之龄，他要比莱特小 7 岁，比麦克纳马拉和米勒小 3 岁，也或许是因为他缺乏经验。

然而这些测验如果有所作用的话，它只是使他们的声誉更加水涨船高，使福特得以证实罗维特对他所言非虚：这些人聪明异常，是集智慧、平衡和情感成熟于一身的稀有动物。和一般大众比起来，他们就像高人一等的精英。就一般心智能力、实质判断、企业运作、合作、独立、客观和男性气概来讲，这个团体的成员都得到 90 以上的分数。负责面试并研究测验结果的心理学家对这些人刮目相看，大肆赞赏这些人的翩翩风度。“不论是从他们身边经过或是和他们个别谈话，你都无法从他们的气度或举止上觉察到一丝傲慢或自豪的迹象，”他写道，“他们表现出色，不恃宠而骄。另一个不同凡响的是这个团体的容忍与克制，这在一群知识分子中通常是极罕见的。”

不过，这些测验显示福特并未找到文武全才之士。在对艺术、音乐及社会活动的兴趣上，他们的分数在中下，福特显然不是雇用他们来在画布上作画，或是演奏乐器的。

这些测验也同时显示——也是这些人暗自引以为忧的——这些人在脑力、推理和野心方面相比起来，各有高下。就一个十人的团体而言，总会有一半的人将会被列于较差的那一边。如果福特二世能够将这些测验用在耶稣和他的门徒身上的话，也有一半的人会被列于较差的那一边。这也正是为什么这个测验显得如此不公平而且屈辱人的地方。

每个人都按30个测验因素，从能力的一般心智水平到沮丧的倾向，以图表列等。就智力而言，麦克纳马拉、米尔斯、艾德和安德森在思考和推理能力方面都得了满分。麦克纳马拉是最接近有机电脑的人，在这个团体里，他的语汇和非语汇能力都拿了最高分。10个人在一个度量实质判断的测验中都排在顶尖，但是包士华和米尔斯却都破了纪录。包士华的分数比测验手册中所记载的最高纪录高出36点，而米尔斯则高出21点。

看着桑顿的测验结果，福特应该心里有数。测验显示他的心智能力方面在团队里殿后，而他的知识方面也是列在团队里较差的那一部分。然而，桑顿优异的领导能力特质却居团队之冠，阅卷人如此注明：结果显示他“对人性有超凡的了解，并且有极高的阅人能力”，此外他有“极强的动机和魄力”。测验显示，只有麦克纳马拉在动机和魄力上和桑顿不相上下。

这次测验并非是加诸这批人身上的唯一羞辱。公司告诉他们说，他们不仅要带上员工识别证，还得像其他人一样打卡上班。桑顿怒不可遏，他们以前的做法是各人遵守各人的工作时间，平均每天工作12~14个小时。他们是自动自发的专业人才。福特竟然会要他们打上班卡，如工厂里的劳工般被等闲视之，实在荒谬可笑。测验就已经过分了，这一回桑顿加以反抗，而且赢得胜利。在一个不甚容许胜利的世界里，这可算是一场小胜。在战场上，英雄事略是众所期待的。而在商场上，你若想出头，可得万分小心该如何去进行。

佞臣

在福特公司，主管的生涯常被人比拟为印第安人绳索戏法：表演者爬到顶端后就消失不见。在亨利·福特二世接管前，似乎只有一人能在这个戏法中安全过关而留下来。他就是负责福特私人警卫逾 20 年之久的哈利·H. 班奈特。身形短小结实，红润的脸颊上有着疤痕的班奈特，在公司里是人见人怕。福特在建造潜水艇的工厂里和他见面后，于 1919 年将他延揽进来。当过职业拳击手的班奈特也曾是海军情报组的成员，负责打击美国工厂里的工潮破坏行动。

他一进福特就立即解雇了 1 500 名隶属“服务部门”的员工。这个部门其实是公司内部安全单位的美称，他代之以粗鲁的退休运动员和出狱罪犯。福特很快地就十分仰仗这位数度为他出生入死的人。1932 年，一次福特工人群起抗争并以绝食游行带起工运高潮。班奈特在企图遏止这次暴动时，脖子被打断了并且被水泥块砸得昏迷不醒。在骚乱中有 4 人遭枪射杀致死，其中一人正好倒在他身上。

就某些难以言状的方面来说，班奈特就像佛列兹·朗 1926 年的经典电影《大都会》里的那名专横的豪主，坐拥着一个剥夺工人人性尊严的机械帝国。就像电影中的约翰·佛列德森老爷，班奈特的办公室拥有一个六尺见方的大控制板，上头布满讯号灯、交换键和按钮。这个控制板将他和他的各个工厂安全警力站连线，并且能接收和传递无线电讯到福特几个高阶主管的车里。他的办公室位于公司行政大楼的地下室，除非班奈特按下他橡木桌下的按钮，否则办公室的门是打不开的。

随着老亨利·福特变得愈来愈犹豫不决且健忘，班奈特对他的影响力更是与日俱增。有些家族成员担心老福特会把公司移交给他。但是福特二世争取皇太子之权已获得其他主管及他的祖父和母亲的支持。而他的祖父和母亲又是这个家庭企业的主要股东。公司的官方传记作者报道说，福特二世的母亲曾告诉病弱的福特，如果不让她的儿子当总裁，她就要出售她为数颇为可观的股份。

在 1945 年 9 月 20 日那日，老亨利·福特向这份最后通牒低头，在他菲尔兰地产举行的会议中告诉他的孙子，他已准备下台，好让青年福特二世接班。第二天，福特公司的新总裁便走进行政大楼的地下室，通知班奈特说公司不再需要他的服务。班奈特怒气冲冲地告诉福特二世："你接管了这个价值十亿美元的组织，但是你却从未对它有任何贡献。"

空降部队

对正逢这个节骨眼进入福特公司的桑顿和他的人马来说，这是他们第一次担任步兵。他们将被派往敌人的第一线：而这是一个充满笑面虎的组织。公司以前没雇用过专业经理人员，只是一些没有确定职责或权威的"强人"，各依各人的野心及流氓作风发号施令。一个在鲁治河厂的人告诉米勒怎样才是一个好经理，他吹嘘说："我只需站在一个人的旁边就可以使他尿湿裤子。"他们是老福特二世和班奈特当权时的遗老；而老福特二世和班奈特的手腕就是让他们相互为敌，以确保没有人会变得权力过大。

桑顿和他的小组如同是在一个陌生领域里的陌生人，没有实际的头衔也没有固定的工作。许多人都视之如麻风病患者。很少有人胆敢接近他们，因为他们并不确切了解这个团体是做什么的。如果有人问他们是什么人，他们就会异口同声地用事先套好的词回答："一个向总裁负责，专门处理特别企划的团体。"人们通常都当它是谎言。这个团体不仅仅是落在公司权力圈之外，事实上也没有任何命令、工具让他们可以推动福特的前进。没有组织图，什么都没有。

老一辈的公司主管以怀疑和畏惧的态度看待他们。桑顿的小组在这么一个重视机械工人的城市里，就如同是秀才遇到兵。这也就是为什么罗伯特·麦克纳马拉和阿杰·米勒后来会选择到密歇根大学所在的安阿柏和蛋头学者比邻而居的原因之一。在底特律和其他产业界，人们对受过正式教育的商人都有所偏见。他们认为教育使人“不切实际”，使他们不能“脚踏实地工作”。布加斯没有学位，就连以警棍和铁腕管理福特数年的人事主任老哈利·班奈特也没有学位。而青年福特二世则是交了一篇他人代写的报告才得以自耶鲁毕业。在福特数百名高级主管中，也许只有两人有学院文凭——这个事实让麦克纳马拉 40 年后仍啧啧称奇。

福特并非唯一对教育不屑一顾的人。那时通用汽车有一名学历背景相当高的财务主管，公司却企图掩盖他的学历背景。通用汽车副总裁告诉当时拿不到这名主管背景资料的管理顾问彼得·F. 德鲁克说：“你难道不知道他不但上过大学，而且糟的是他还从密歇根大学拿了一个经济学博士，更糟的是他还在那所大学教了几年的书……”

他们和周遭的人颇为不同，他们和工业传统或操作没什么关系。身为外人又兼非汽车专业人士，桑顿的小组更能轻易地挑战和发掘问题。而他们的某些观察对那些老派人士甚至福特二世而言有如异端邪说。就拿麦克纳马拉来说，他便认为福特的劳工问题层出不穷，其实公司本身也有部分的责任。过去四年半来，福特的运营因为多达 750 次的罢工而屡屡受阻。轻微的不满经常演变成减缓生产或自行罢工。心生不满的员工不是刻意忘了锁螺钉就是忘了上螺帽，或是忘了焊接某个部位，要不然便是把活生生的老鼠或汽水瓶放进林肯车的门板里。福特二世小心翼翼地和工会打交道，但是他基本上还是认为劳资关系僵持不下，工会要负起责任。

“劳工也许要担负相当的责任，”罗伯特·麦克纳马拉稍早在给他哈佛的朋友艾德·仁特的信中写道：“然而，目前我觉得相当肯定的是底特律的问题在于管理。因为赚钱容易再加上这里的气氛活络已经有许多年了，底特律的管理者就认知自己的社会责任方面来说，远远落后于国内其他地区。1927—1937 年这 11 年期间，通用汽车的利润可以达到 25% 的年度投资回报率，然而通用将之用于培植另一个生产及行销计划，让工人承担相当不成比例的买卖风险责任……”通用待它的员工就如随时可以替换的用品。当汽车的需求量降低，工人就被解雇；当需求量增加了，他们又被找了回来。麦克纳马拉相信公司有社会责任将企业管理得更好，以使工人能享有较高的安全感。

让桑顿最难忍受的是，在办公室里抽烟不仅仅被视为违反规矩，违者还得受惩戒。传言道，禁止员工在福特抽烟的老福特二世，当听到班奈特用他的 0.45 口径手枪只用一发子弹就打落了一个工会领导口中的雪茄时，还万分高兴。每次桑顿想点根烟，就得跑下楼到盥洗室去，里头总是青雾迷漫、烟臭熏天。因为是个老烟枪，桑顿比一般瘾君子在那里的时间都要多。后来福特二世解除他祖父禁止在公司吸烟的规定，但是妇女仍不能拥有那份自由。

然而周遭有许多值得注意、观看、学习、批评的事。白天的时候，这批人会完全投入了解某一部门的职责、运作，学习关于它的每一件事。为他们提供相关工作资料的督导每每因紧张而汗流浃背，拿着报告的手颤抖不已。每到一处，就有传言说：他们是搜集情报用来开除人的刽子手，在访问了公司的某个主要部门后，该部门的主管就丢了差事。其实这些开除案早已悬在那儿有一段时间了，只是多半在他们的初访后定案的。谣言像野火般迅速传开了，说是桑顿这帮人把这可怜的人给扫地出门了。这批人听在耳里只觉好笑，他们既没有权力也没被授权，他们当然和这件事一点关系也没有，甚至在当时对此事也毫不知情。但这个事件只使福特里的笨蛋和白痴心生更多畏惧和憎恶，并使其他人对他们更加嫉妒和不满。

他们全都身穿深色西服来往于各个办公室和工厂。只有爱德华·兰迪是个例外，在头几个礼拜里他都穿着军服在各处走动。即使他们实际上并不构成威胁，看起来也令人退避三舍。在见习到了尾声后，每个人都被分派到不同的工作领域一个礼拜，学习各项事务，问更多的问题，不停地写下更多的笔记。詹姆斯·莱特被桑顿分派到最艰苦的部门。他被派到鲁治河厂区赤焰炎炎的熔炉部门。那地方犹如但丁《神曲》里的炼狱，活像一座人间地狱，四处烈焰熊熊，燠热难当。数百名工人打着赤膊，将钢水自巨大的容器里倒出。莱特把西装外套脱下，和其他人一起流汗，看着所有人工作，工人觉得受到监视，而他更是觉得和他们毫不搭调。

混沌

这些无拘无束的讨论都是关于一些他们不便公开发表的敏感事务及判断和意见。没人能指责他们是在搞小圈子。詹姆斯·莱特的妻子，爱丽丝，充当小组的秘书，把她丈夫手写的笔记用打字机打出来，因为在福特里面没有一个人能让他们信得过。关于福特公司里种种疯狂的故事十分令他们讶异。他们经常彼此摇着头，对所见的一切感到难以置信。

米勒告诉小组的成员说他看到一名男子，他似乎只是一个劲地看着包工在飞航大楼旁边加盖建筑，日复一日。他觉得好奇就走去问那名男子。

“喂，老兄，你是替谁工作的？”他问道。

“这个嘛，我是替福特公司工作的。”

“喔，”米勒继续追问，“但是你的老板是谁？”

“福特公司就是我的老板。”他回道。

“那么，如果我现在告诉你你被开除了，那你怎么办？”米勒继续道。

“我猜我只有去领遣散费了。”他说道。

那就是当时公司的情况，员工们对公司的组织根本搞不清楚。当桑顿成功地说服一名相邻部门的秘书帮他打几封信时，他见识到公司的一团紊乱。她为他打了两三次信。然后有一天，她部门的负责人前来见桑顿。

“桑顿先生，”他问道，“你介意不介意让我下午请个假。我的心脏有点不舒服，我想去看看医生。”

“不介意，”桑顿一头雾水地答道，“我当然不介意，但是你需要经过我的许可吗？”

“喔，我是看到你下命令给我的秘书，因此我推想你一定也是我的上司啰。”

桑顿一边告诉他们这个故事一边忍不住笑了起来，好戏还在后头。他说这个不知道他顶头上司是谁的人，还是一名掌管公司里七千名员工的堂堂部门主管呢。

他们对于所看到的百思不解。所有的公司都是依数字而运作的，在每一个公司中又有上万个数字。他们告诉你制造一个零件的成本是多少，如果向外头买又要花多少。他们告诉你要制造多少零件，有多少件可以库存，有多少件可以拿去销售。他们告诉你每一个零件应该赚取多少利润，每一个细微的零件，从一个锁住汽车保险杠的螺丝钉到坐垫下的弹簧，可能有上打的数字要追踪。而对他们而言，管理是经由控制和计划而来的。

但是在福特公司，如果可以找得到数字的话，那些数字多半是不可信的。桑顿以前经常告诉军中人员说，空军必须以企业的方式经营，然而福特企业呢，却是一团紊乱。这使他们想起一开始在空军部队，数字不带任何实质意义，只有紊乱主宰一切的时代。麦克纳马拉为他所见大吃一惊。在他写给身在士兵营区的仁特的信中，他写道：“我们在这里的工作十分忙碌，但也十分有激励性。从许多方面来讲，它都让我想起在空军部队的早期，没有可以作为决策依据的信息，没有组织形态，每个人做起事来都仿佛是无头苍蝇似的。福特必须从根底开始重建。遍存公司各部门的腐化程度是笔墨难以形容的。沟通渠道不良，缺乏控制，组织根本不存在，计划则前所未闻，而人事问题的严重性更令人难以置信。”

许多福特公司里的数字纯属虚构。有时是因为督察人员和管理人员撒谎；有时是因为对数字缺乏控制；有时是因为员工不知道他们在做什么。那些躺在青年福特二世桌上的每月及每年盈亏报告——这些原该是衡量公司整体运营健全与否的有效记录——却不能显示公司从钢铁厂到本业福特汽车等各个不同领域的运营结果。在它44年的历史中，福特从未有过账目稽核。当外面的审计员前来公司为1945年做账目稽核而查阅公司的记录时，他们耗了一整年的时间埋首账目中，最后还是知难而退，那真是无药可救。他们在统计控制组时有一段时期也是如此。

大处着手

靠近他们在圆形塔里办公的是相当于出纳部的部门。每一张公司所收到的发票都被按字母顺序堆在木架上，在架子的另一边是收据。当公司收到账单，他们就会去寻找收据，把两张纸钉在一起，然后把支票寄出——总是拖上几个月。如果要查出公司欠人多少钱，他们就把账单叠起来一张张查对。

被分派做利润预估的米勒不得不惊讶于完成这项工作的无望。为了要找资料，他找了一个主计人员，打算从他那儿挤出些数字。

“你认为本月的利润会是多少？”米勒问道。

“你想让它是多少？”他回道。

“你说这话是什么意思？”米勒问，脸上一副不解的表情。

“你要多少利润我就可以做多少给你。”

这人于是开始解释他可以如何挪移基金以达到当时所需要的结果。公司的财政向来保密，没有一个人知道公司价值多少。这个政策是老福特二世时代的遗规，老福特二世对一个在信封背后涂涂写写而成的财务报表就已经很满意了。

至于组织方面的政策也是如此。在公司的头40年历史中，福特的政策是任何人如果手中有一份组织图，且不管这份图是如何的粗陋，他都会被开除。老福特二世厌恶组织图，因为他相信组织图只会大肆制造官僚气氛并且误事。桑顿相信一个好的组织能形成一种模式、一张蓝图，指引事务的进行，它使得运营更加确切且有秩序。他认为没有了组织，目标就失去了焦点而混淆不清。组织可避免工作的重复、行动的浪费及无目标。而且它可提供一个分配及控制成本、编制预算和衡量盈亏结果的可行办法。“它帮助每一个员工了解他的职责是什么、他有多少权威、谁是他的上司，以及他和整个企业的关系是什么。”

如果公司里有哪个部门的运作状况良好的话，那就是销售部门。那也许是因为在那个时代，销售不需要太精细高深的学问，只要有几个肯冲敢拼的业务拍对了人的肩膀就行了。那张在圆形塔外，桑顿小组硕果仅存的团体照，就是在他们参观见习业务部时所拍的。全部的人都穿着他们战后的西装站在业务代表的前面排成一列，除了麦克纳马拉——流露着知识分子冷静的气质——穿着褐色的外套站在一月的冷冽中。米勒忙碌不堪，只找得出时间买现成的西装却来不及修改，他的西裤松垮垮地垂到他的脚踝，盖住他的鞋面。利斯和包士华穿的衣服是在他们来福特不久前的一趟纽约之旅中所买的。

初生之犊

全部的人穿着西装和白色衬衣，只扣西装外套中间的那颗扣子，脸上带着一丝笑意，看起来十分严肃且正经。桑顿被簇拥在中间，头发往后梳，穿着灰色双排扣宽领西装外套。爱德华·兰迪站在后排，一如他后来惯常站的位置，挺拔得像尊雕像，胸前口袋冒出一支钢笔。摩尔身形略矮、圆圆胖胖地被夹在莱特和利斯中间，似乎有点不自在不搭调，他的头微微地往左倾，额头挂着一绺头发。利斯是唯一身体往前倾的人，仿佛准备随时往前冲。

他们的脸上带着自信、决心和那么一点沾沾自喜的表情。尽管公司的毫无组织令人讶异万分，福特仍显得是他们的最佳选择——充满了机会、充满了挑战。可做的事情十分多，他们每一个人都能为自己找到一片发挥长才的天地。然而他们必须明白他们现在身处丛林，无从得知敌人是谁？这些敌人会是班奈特遗留下的爪牙吗？或者他的鬼魅伺机破坏他们所做的一切？会不会是那个既想接受他们又想让他们跌个狗吃屎的约翰·布加斯？会不会是把人买进来之后又用一串测验来羞辱他们的福特二世本人呢？

尽管他们发现福特一片混乱无序，然而机会还是有的，因为他们的职务安排赋予他们相当的自由并且可以直接和老板沟通。在当时，公司里的气氛并不拘谨。桑顿和其他人一样称他为福特先生，可以随兴所至走进年轻老板的办公室和他畅谈，一谈就是相当长的时间。福特二世对他们的见解非常欣赏，他甚至乐于走出来和这个小组共享众人的关注。福特告诉桑顿说他有意在不久的将来，让这个团体获得全国的瞩目；也许是来个《时代》杂志封面故事。

连续三个月来，他们每天和一个部门的主管会谈——每天一名。他们中每一个人都发问，有成千上万的问题，和他们第一天在测验室里所扮演的角色完全相反。这给他们赢来“小神童”的绰号，这个名字是取自战前刚开播的一个热门广播节目的名称。那个节目是每个星期日晚上大部分的人在听完了利斯·班尼的节目后所收听的。这个节目的特色是由一群小孩子组成一个答题小组，有的才六岁大，比赛中回答艰难的问题，从天文到历史，争取奖金。那是一个极为讽刺的比拟。这批人是年轻没错，但是根本不是小孩，而且他们所扮演的角色是发问的人，而非心智早熟的参赛者，他们对许多敏感得难以应付的事情提出问题，却极少尝试回答。

没人告诉他们该扮演这个角色，根本没人告诉他们该做什么。他们是自动自发的，一早走进办公室，便坐在那些老手的对面，不停地炮轰发问还一边做笔记。他们问没人敢问的问题——而且他们都能得到答案。福特二世全力支持他们。在最后他们比谁都了解公司的状况——他们所懂的，也许比任何人一辈子对公司所能了解的都要多。

第 8 章
眩目者未必是金

等着让琼斯那家人看到你！你——和那辆崭新的水星。那将是一辆让你狂热的车，气派、坚固、标致！是你四处遨游的时髦伙伴……你一定会喜欢驾着它和朋友共乘出游。这辆车设备豪华，空间宽敞，让你身心自在……敬请期待，它马上就要来临！制造新车——迅速启动——马上它就要上路了。

——1945 年福特汽车广告

1946 年 1 月底的新闻焦点是通用汽车的一次严重罢工事件，一次市中心巴士杀人事件和一件甜酒贪污阴谋案。而横跨头版的新闻，则是一张 7 岁小孩被先奸后杀的惨照。

钢铁都市

底特律是继华盛顿这个战时世界中心之城后，所出现的第二个既无情又难以驾驭的城市。如果华盛顿是一个罕见的殖民地，能够包容各式各样有不同想法的人在那儿工作的话，那么底特律就恰恰相反——它有褊狭的地域性。你若不是替一家生产汽车的公司工作的话，就是替一家汽车零件供应商工作。工业用大烟囱取代国会大厦优雅的圆拱形屋顶，成为这个城市的标志。当地的犯罪消息占据了报纸版面。在大战期间，底特律也发动了它自己的战争——种族暴动。

"这个地区形同孤岛，"桑顿在1947年3月20日给朋友的一封信中如此写道，"即便是全国性报纸也多半刊登本地消息，只有第四页的体育版，为城里少数可能感兴趣的读者稍加剪辑了一些外国和全国性的消息。谢天谢地，我们还好是一伙人一起来到这里的，要不然这地方可还真穷极无聊。"

如果说桑顿和他的人马在这儿不完全自在的话，那也许是因为他们大部分的人除了利斯以外对底特律所生产的机械都没什么情感可言。如果今天这组人员是为一个制造冰箱或飞机、火车或钢铁的公司工作，也不会有任何差异的。他们的技能和才华是一般属性、不带情感色彩的。他们的野心和欲望说不上是为产品，而是为了过舒适的生活和闯出名号的需要所驱动的。

然而在底特律，只有一件事情是重要的——汽车。在战后时期，底特律和好莱坞竞相角逐谁是大众文化首都，汽车就和当时的任何电影明星或电影一样有名。1946年当这个城市庆祝汽车业50周年纪念时，伍德沃德大道旁的人行步道都喷满了金漆。商店关门，人们在街道上跳起舞来。将近300万名观众，为一场历时三小时沿着宽阔大道而下的新旧型车、花车及乐队游行而欢呼。它甚至还被用来当《商业周刊》的封面。

几乎人们所到之处，不管是百货公司也好，咖啡屋也好，你都听得到汽车经。汽车逐渐变成这个国家社会阶层的一个复杂又微妙的部分，是这些时日里好与坏的象征。这堆铁片提供人自由、逃避、孤立。汽车的重要性加重了桑顿的压力，他知道全世界的眼睛将集中在底特律。如果这个小组能帮福特重振雄风，他们的勋业将几乎肯定能让他们声名鹊起，他们有机会利用世人对即将改造世界的汽车机械工业，煽起那股炽热的兴致。

“小神童”的绰号，对于对底特律和新兴的汽车文化来说都算门外汉的他们而言有利有弊。事实上，他们痛恨“小神童”的称号，宁愿别人称呼他们是“某小组”。但是他们也看得出让自己成名的好处，至少可以把他们隔绝于该城各个狭隘的小团体之外。在工作之余，他们也和在福特公司一样分不开。他们处境的特别使得他们的友谊在很多方面显得十分特殊，不管是在工作场合还是在外头，他们都相互支持。并且像战后的所有家庭一样，他们尝试着建立新生活、新形态，有一个新开始。

成家

他们大多数人都没钱一下子就买房子——他们无法完全确定他们是否会在这儿永远待下来。他们窝在迪尔班客栈或者其他底特律的旅馆有一阵子。在战争刚刚结束的那些时日，尚存在许多生活限制，其中之一便是禁止任何人老是寄宿旅馆。利斯和玛克辛，还有摩尔和咪咪，搬进史黛乐旅馆住了最长期限五天。然后，多亏了摩尔的父亲，他们打点行李搬到底特律乡村俱乐部的豪华公寓去了。一个星期之后，他们收到了第一张账单，才明白他们根本住不起那个地方。因此他们又搬到答应给这两对夫妻一个永久住所的图乐旅馆。那是一个老旧残破的地方，就只是一间房间，里头有一张可以竖起来藏进墙壁里的双人床。你在装有垫衬的椅子上，或塞得鼓鼓的躺椅上，轻轻地坐下，否则灰尘就像云雾般升起来呛死你。利斯每晚都在他们房间里的小书桌前工作，描画组织图并读出他的笔记，好让玛克辛为小组打出一两份报告。

利斯和摩尔两人都滞留在那个地方，一部分原因是两人的妻子，玛克辛和咪咪，都怀孕了。当男人们外出工作，女人们便在楼下阴暗的自助餐厅见面并一起吃早餐——两人都利用不同的丝巾和别针试图装点身上穿的黑色帐篷似的孕妇装。白天，她们会一起散步到赫德森去购物。每星期她们会跳上巴士去看一场电影或舞台剧。

两个女人的预产期都差不多在六月。这使得玛克辛饱受嘲弄，因为她是在去年九月底才嫁给了利斯的。她最后生了一个女儿，名叫多娜，时间正好是她和利斯结婚后的第九个月零一天。数星期前当她们的腹部逐渐隆起，这两个新朋友花上数个小时，一起想着到底什么样的迹象告诉她们是该赶去医院的时候。两个人对她们该期待些什么一点主意也没有。在多娜出生后，玛克辛叫利斯把经验之谈传给咪咪，说阵痛是从后下侧开始的。五天后，当咪咪开始分娩时，摩尔为了带她上医院可吃尽苦头，因为咪咪等着阵痛从后下侧开始，但是她始终就没有这种阵痛，她等到几乎快生了才进医院。她也一样生了个女儿，取名叫做玛莉卡。摩尔找到了爱德华·兰迪当他长女的教父。

早先，爱德华·兰迪和阿杰·米勒合租迪尔班客栈的爱伦坡舍。米勒是个来自内布拉斯加的庄稼男孩，后来成为以最高荣誉自加州大学洛杉矶分校毕业的知识分子。他没多久就和兰迪这位在爱荷华出生，后来担任普林斯顿讲师的学者，成为莫逆之交。米勒的妻子和她的家人一起待在加州直到米勒找到一个较能久居之地安定下来。但是过了几个星期后，兰迪把他的衣服和鞋子通通搬了来，就没有剩余的空间给米勒了。因此米勒就搬到米尔斯在客栈里的套房，因为米尔斯的妻子海伦，也还没前来。米尔斯是小组里的运动员，每天晚上都要呼吸新鲜空气。米勒管这习惯叫“治疗”。米尔斯会打开所有的窗子，冰冷的空气狂涌而入，让躺在盖被下的米勒感到一阵寒冷。米勒最后逃到喜来登的一间房间去，直到福特二世为他和其他人安置了较舒适的宿舍。

查理后来搬到底特律北方的一间公寓。桑顿、莱特和安德森买了房子。桑顿未和弗洛拉一起看过房子，就买下一幢位在横丁顿林的英国都铎式房舍。虽说这是他们俩第一次购置新房，但她实在没时间拉着小孩在底特律东奔西走找寻新家。桑顿将这个坐落在横丁顿 26640 号的房子形容得颇富贵族气派，弗洛拉带着孩子从德州赶来时不免会发现一些美中不足的地方，比如少了放衣柜的空间和其他设备等，那是男人匆忙中容易忽略的事项。他们的抵达令人难忘，因为孩子们搬进新家时都染上了水痘，十分严重，连桑顿也因之病倒了，在家里休养了两个半星期。这是他十五年来除了感冒外第一次生病，而且还是一次“小儿病”。

家居生活

他们几乎每个礼拜有家庭聚会。第一次聚会在麦克纳马拉和玛姬的公寓举行，他们席地而坐，拿一只装橘子的木箱当桌子，就用起便饭来了。除了他那张哈佛椅、一张夫妻俩睡的床和一张小孩们的床外，麦克纳马拉还没添置家具。玛姬的急性骨髓灰白质炎虽然仍未痊愈，但她还是保持着优雅迷人的女主人风度。

他们这个小群体的成员组合均衡恰到好处，彼此间十分敬重。他们相互关怀、友爱、接纳彼此。他们融为一体，分享着彼此的情谊，极少各自成对躲到角落边上去。有时，他们玩起比手画脚或其他文字游戏，多半是脑力激荡或智力挑战类的比赛，却从来不玩牌。桑顿也是他们社交活动的

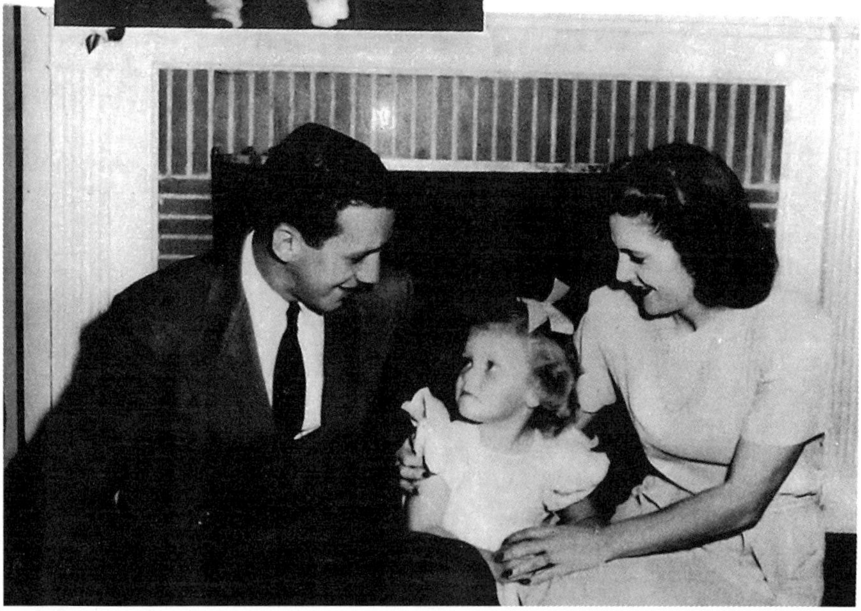

（上图）十杰之一的安德森战时留影，他是这个团体成员中最早离开福特公司的人。
（下图）安德森和妻子珍妮、女儿莎莉 1946 年合影。

领袖，在他们聚会时，有时带头讨论，有时提议游戏点子让大家玩。就像是各处的家庭一样，他们变得愈来愈内聚、孤立。

他们用高脚杯喝苏格兰或波本威士忌、马丁尼、曼哈顿鸡尾酒来为一夜的倾谈滋润。“各位，我知道大家都喜欢些什么，可是今晚我们还是来喝马丁尼。”桑顿宣布，他只问是要杜松子酒还是要伏特加，加冰块还是纯饮。他调的酒就是这几样，而他们所能喝的也就是这几样。

谈公事是禁止的。他们谈公事已经谈了一整天了，公事占据了他们白天的时间，也经常侵扰他们晚上的时间。他们的妻子难得知道先生们何时会回家吃晚饭——如果他们能回来吃晚饭的话；而天才破晓，他们又要上班去了。他们肩负的压力，或者说他们加诸自己身上的压力，巨大无比。桑顿想证明福特雇用他们是绝对正确的，而且他想尽快地拿事实证明。

因此当他们在家里聚会时，他们要的是放松和暂时的逃避。他们喜欢闲聊些国家和世界大事及最新电影和书籍，以及音乐。有时，米尔斯、包士华和利斯在聚会中组成一个三重奏——米尔斯弹钢琴，包士华吹竖笛，利斯奏打击乐器。如果没有鼓具，利斯就拿一双汤匙敲将起来。他们唱的曲目可以从摩里斯·薛法立耶的《路易丝》到阿尔·裘森的《我们来到加利福尼亚》。

尽管福特公司的测验显示这个团体对音乐没什么兴趣，他们之中却有许多人是爵士乐迷。音乐，就如车子一样，是逃避的工具。它带你远离生活里令人麻木的例行公事，让人能自紧迫逼人的战争中平静顺利地过渡到正常生活的步调。一张新的爵士唱片和一片黄金一样令人渴望。

利斯喜爱路易斯·阿姆斯特朗和南特·金·科尔，并在华盛顿的吧台看过他们的表演。最让他痴迷的一首歌是邦尼·白利根令人如醉如痴的《我不能和你开始》。利斯记得当他看着邦尼演奏这首情感丰富的小号独奏时，眼泪不禁滑落双颊。

音乐之外，他们更爱说话。他们大多数的人都有本事从辩论国务卿摩尔·马歇尔对欧经援建议一下子跳到杰基·罗宾森在布鲁克林道奇队的处女赛，打破了大联盟棒球赛的种族障碍。爱德华·兰迪几乎对任何议题都有相当的见解，自爱尔兰的亚麻布到瓷器。但没有人比麦克纳马拉读过更多的书，他随时都可以埋首阅读书籍当做是夜间消遣，就如利斯随时都可以在唱盘上放张南特·金·科尔的唱片一样。麦克纳马拉把他现代图书馆版本的《战争与和平》给查理。这本书是查尔斯·包士华所经手唯一看不完的一本书，并非是他不喜读好书，他的书架可排满了普鲁斯特和劳伦斯、柏拉图和托马斯·伍尔夫的书。

贤内助

还有那些被她们的先生时而崇拜，时而忽略的女士们，有时她们很难分得清楚这些男士们到底娶的是谁。是福特公司呢？还是他们的妻子？利斯的玛克辛在人群中是能让人惊为天人的金发美女。当她穿上黑色礼服，她活脱脱就是个美人胚子，可以说是她们中最漂亮的人，而且性情也开朗活泼。像模特儿般的咪咪是她们中间最性感的，不过也许是因为年纪轻的关系，略显木讷，但是她举止娴雅，若从房间里的另一端看过来很难不对她加以注目，因为在社交场合里，她总散发出一股强烈引人的光彩。

米尔斯的妻子海伦似乎是每个人的宠儿。那个特质是米尔斯初次在华盛顿和她相识时便注意到的。她站在他所接管的 27 名打字员中，就显得与众不同，他后来就养成晚上陪她走路回家的习惯。他在 1937 年 7 月 17 日将她迎娶过门。

莱特和米尔斯一样，也是在华盛顿初识他的妻子。和海伦一样，她也受雇于政府机关。有一天，莱特找人在大厅安置几张桌子给新进的职员使用。从阿拉巴马州来的美丽动人年轻女子爱丽丝就是这三名新进人员之一。她南方人的多礼举止及友善引起莱特的关注。他在法学院毕业并通过律师考试后没多久就和她在1938年10月22日缔结连理。

法兰的教育程度和文化水准最高，并且和她的先生一样很有学术头脑。米勒和她是在加大洛杉矶分校初识的。她当时担任他所选修的劳工经济那门课的助教。法兰曾批改他的作业，给了他一个乙。米勒一路冲进办公室去找她，她和其他的助教共用一张办公桌。

"我可不是乙等的学生，"他告诉她说，"你难道不知道我从来不拿乙的，我都是拿甲的。"

法兰不为所动。

"你或许是个甲等学生，"她反驳道，"但你这篇作业只能拿乙等。"米勒最后在这个科目拿了甲等，并且自己也成为助教，和她共用办公桌并发展出情谊来。他在1937年以最高荣誉自加大洛杉矶分校毕业。3年后，在8月18日这天，他和法兰西丝·玛莉安·菲林结婚。

玛姬可爱而优雅——是团体中最会跳呼啦舞的，她一度在加州中学教生物和体育。她是在加州大学伯克莱分校和麦克纳马拉认识的，不过直到他拿了哈佛企管硕士学位，并回到加州在普华担任会计师后，两人才开始约会。约会了四个月后，他们才在1940年8月13日结婚。

修长而带有贵族气息的弗洛拉又再度练唱，并志愿参加横丁顿林园的长老教会唱诗班。大多数的其他女人们都觉得和她有距离，因为她是一个强悍而意志力又十分坚定的女人，极少害羞或退缩。而且像某些上校妻子一样，她有时也能扮演起照料好桑顿的角色来。

尽管妻子们负责组织所有的社交活动，她们仍然觉得被摒除在男人生活的中心之外。而妻子们并非是唯一的受害者。

挂冠求去

安德森早就比任何其他人都清楚桑顿和他们这群人无法如所预期地控制福特。打骨子里，他似乎明了，不管这个团体要运用何种方法生存下去，都不值得他花时间或去烦恼，也不值得赔上朋友间的情谊。这些疑虑不时在安德森的脑海中浮现，但他却没告诉其他人。

安德森是这个圈圈的外围人物，他是米尔斯自人事档案中筛选出来的。和其他历经哈佛和华盛顿的多数军官不同的是，安德森这两个地方都没去。然而他也是战果辉煌——他是空军部队中不事飞行勤务的上校中最年轻的，是统计控制小组在中印缅前线的第二指挥官。摩尔和他共事的时间虽然很短，但他立即对他留下深刻印象。他告诉桑顿说安德森工作十分努力，几乎把自己给磨垮了。

在搬到底特律6个月后，安德森开始怀疑自己这一步路是否走对了。在亚洲战场中贵为上校的安德森发现自己在这个团体中屈居人后。他不像其他一些人全权负责某个部门，却不过是身为摩尔及包士华这个三人小组之一，同向行政企划部门主管詹姆斯·莱特报告。吉姆尽可能把这个安排做得漂亮一些，把安德森当成是暂时分派到他这个部门来协助他进行组织企划的。但是詹姆斯·莱特仍然觉察出安德森心里会觉得在这个轻重次序的排列上有点遭人排挤，同时对他所见，诸如需下些什么功夫才能在福特高升之类的事，他也不喜欢提。

简一点也不喜欢底特律，数年后，她只记得那里的坏天气。夏日时分，她去苗圃买了几株花，六月时种了下去，却因一次夜霜，全军覆没。“我的天哪，”她告诉安德森，“六月时分种花应该是不会出问题的呀！”而到了七月，天气就变得十分燠热、潮湿，她和安德森整夜辗转，就是无法入睡，最后两人搬着床褥到较凉快的地下室，这才得以安然入眠。

“如果我们搬回加州的话，你会有什么意见？”他问她道。

“你说这话的用意是什么？”简回问，这个问题完全在她意料之外。她知道他在福特并不痛快。有一次，他夜以继日连周末假日都赔了上去，铆足了劲做一份报告，待交了上去，功劳却被别人平白拾去。他觉得在商场上不比在战场，没什么荣誉心可言，个人可以将感情置于一边去做一件残酷竞争的工作，因为在商场里不能谈感情。

“我刚刚在想，把我们全部的生命都投掷在这里，为的就是让我们存够了钱好回加州安养天年的这个念头，实在是荒谬透顶。如果我们真想的话，现在就可以走了。此外，我想我的为人是宁为鸡首不为牛后。”

“不管你做什么决定，我都会依你的意思去做，”她说，“既然花这么多的时间在工作上，你就该找一份你喜欢做的差事。”

他们讨论着他能做些什么工作。有一家以洛杉矶为根据地，专事货运的贝金斯公司找上了他，一位朋友告诉他，这个公司需要人接掌他们的主计室。

夫妻俩讨论不久后，安德森就有了决定。他决定辞职前往西部发展，接受贝金斯的礼聘，担任一份后来成为他晋升会计主任垫脚石的工作。当团体中的成员听到安德森的决定时，没有人表示讶异。

他遂于1946年8月15日打了一封简短而正式的辞呈——时距他加入福特还不到两百天——而后递给了桑顿。

桑顿先生大鉴：

此告福特公司本人辞职之意，自1946年8月31日起生效。辞职一事系因洛杉矶某一公司从优礼聘，加之家人意欲重返久居多年之城而起。于福特公司服务期间所受诸多照料，本人俱表感激。

顺祈公绥！

安德森谨上

安德森一度因能为福特二世工作而感到的兴奋，像是给太阳晒黑的皮肤一般，很快地就褪了色。他离开的原因是他想要拥有一个更充实的生命，而不是一份更好的工作。尽管桑顿努力为这个团体在底特律营造出一种大家庭的感觉，但那还是不够的。他们为安德森和简在底特律的一家华丽的大旅馆举办一次狂欢晚宴，替他们饯行。那天晚上，简走向演奏台要求乐团演奏她最喜爱的歌，不下五六次之多。其中有一首歌似乎最能贴切地勾勒出当时他们对底特律城和福特公司的感觉。那天晚上当他们坐着莱特的小汽车回家时，他们再度使尽力气地唱着那首歌。“当有人要你相信，没有你他生命乏味，根本了无生趣。别如此痴傻与天真，眩目者未必是金，眩目者未必是金。请听我言，眩目者未必是金。”

第9章

野心的冲突

专业的世界是呈金字塔状的，大多数的人多少都得调整他们的梦想。

——盖尔·西依

在他们加入不到数月的时间，就有人传说福特二世即将引进一名左右手，对一心要统御福特的桑顿而言犹如当头棒喝。就如一名深受福特信赖的助手，杰克·戴维斯所说："桑顿几乎是从第一天来就想当总裁。"然而甚至在这个团体来到迪尔班之前，福特二世已先和欧奈斯特·布里奇接触过，要他来加入福特，但桑顿毫不知情。福特二世想要找的接班人是一个能以制造汽车为己任的人，而桑顿和他的弟兄们却永远办不到。

程咬金式的人物

欧奈斯特·R.布里奇是那种底特律人所说的血管里流着汽油的主管人物。他体型短小粗壮，上唇留着稀疏的胡髭。会计师出身的他，几乎将他整个事业生命都投注在汽车业，直到他被派去负责通用汽车公司投资数百万元的班迪斯航空股份有限公司。布里奇才刚刚和通用汽车总裁宝座擦身而过，输给了查尔斯·E.威尔森，人称“引擎查理”。

布里奇起先以为福特二世打电话来的用意是要和班迪斯做生意，因为几个礼拜前他才打电话到公司的采购部谈买卖之事。电话谈了没多久，他就听出福特二世显然别有用心。他说他有心想在福特设立一套通用汽车的管理模式，也就是一个以组织、纪律和周密为依归的模式。福特问布里奇是否愿意接下这份筹划工作。他在公司将担任执行副总裁，任职条件任由他开。布里奇婉拒了，他说福特的器重他深感荣幸，但是他对在班迪斯的工作十分满意，因此无意离开。

福特反过来要求他至少前来看一看他公司的状况。布里奇同意了，心想以大客户的身份前去福特看看，并无伤大雅。然而当他看了桑顿和他的团体投注心力的对象——一个组织紊乱又毫无效率的帝国——布里奇不禁为之着迷。他看到了摆在他眼前的大好机会和挑战，就如这个团体在第一天和福特见面时参观红河厂区后所体认的。福特二世再度提出礼聘之议，布里奇欣然接受了。

布里奇插手福特的财务和战后所生产的车，让桑顿不禁起了戒心。布里奇对他来说是一个威胁。首先，桑顿从此不再能直接向福特二世报告，而是得向这个从通用过来的新人报告。因为前景堪忧，他跑去见福特二世，要求他签名同意全权赋予他的团体，以负责公司的整体规划工作。这项指令将可以让桑顿对每件事都有实质上的否决权。

福特二世对这个提议不甚热衷。它无异于一个赤裸裸的权力斗争，企图在布里奇上台之前就先抓住权威和影响力。不过福特二世还是露出他的外交手腕，请桑顿去见布里奇，拿他的建议给他看。布里奇再过几个月就要加入福特了，何必要把这个角色交给桑顿呢？

5 月时分，离布里奇 7 月 1 日到职还有 5 个星期的时间，两人与布里奇在伯明翰梅纳路的家会面。从开头场面就显尴尬。他们闲谈有关福特、通用、原料的严重缺货使汽车业无法冲刺成长等。然后话锋一转谈起桑顿的建议。福特二世已经事先去电话知会布里奇，告诉他有关桑顿和他那批小神童，并把桑顿的建议转交给他。布里奇手里拿着这份建议书，仿佛是在法庭上握着一份证据。

亨利 · 福特二世（左）和布里奇在福特公司总部餐厅用餐，布里奇得到了桑顿渴望的职位，桑顿以为自己应该直接向福特二世报告，最初的确如此， 直到福特从通用汽车公司挖来布里奇和克罗素为止。此后，桑顿的人马由通用双雄管辖，和亨利 · 福特遥遥隔绝，桑顿负责的企划处要向克罗素报告，从福特公司的部分组织图可以看出，小格子里的人都是和桑顿一起去福特公司的老友。

“你为何不等到我去那里之后再谈呢？”布里奇质问桑顿道。

“每拖延一个月都意味着金钱的损失，一个原可不必的损失。”桑顿心有不平地回答。他觉得他的小组已经开始贡献出智慧，而且知道还有什么事该做。公司每个月亏损上百万美元，而福特缺乏一个有效的执行小组来处理这个问题。桑顿和他的手下现在就可以着手，展开这个漫长的补救过程。布里奇却不为所动。

“好吧，如果事情的发展非得如此不可，我们就来等吧，”桑顿说，“但如此一来我们势必要损失数百万美元。”

如果说这次谈话令桑顿有些不是味道又有些失望的话，它倒还没让他愤愤不平。这两人讨论各自的想法，谈组织及高阶主管在策略制定上的角色与权力的分配，评估结果以及去除浪费。布里奇建议桑顿去找一本彼得·德鲁克的《公司的理念》来读。这是一本谈论通用汽车的书，一年前出版的。桑顿不甘示弱，第二天也建议布里奇去读一份由斯坦福大学的企管研究所编撰的研究报告。桑顿的无奈显然于他不利，因为很明显他居于劣势。

身心受创又加梦想幻灭，桑顿写信给他已回到位在华尔街上的布朗兄弟哈理曼公司任职的老恩师，罗维特。自从离开华盛顿后，桑顿一直都和他保持联络。甚至在加入福特之前，桑顿还写信向罗维特保证他“会全力以赴，以期不负您为我向福特所做的大力推荐”。5个月后，他在1946年6月20日的信中，坦率直陈道：“您可以想见，他的加入已将我们的工作内容做了相当的改变。我们原以为将会为福特先生担任某些管理工作，当初我们也是在这样的了解下接受聘用的。但是既然布里奇先生将担任公司的执行总裁，那些工作无疑地将在他的指挥下执行。尤有甚者，据我了解，他将带着一些助理过来。虽然我们的工作明显地稳定下来，而在公司里也有许多机会从事有建设性的工作，但是如果我当初能事先预见目前的发展，我会不会跟随福特倒还颇成疑问。换言之，在这里的机会和工作将不会如当初我们所预期的，而我得承认我相当失望，特别是我们连一展长才的机会都还没有呢！”

罗维特担起代理父亲的角色，回信给他，要桑顿前来纽约和他见面，好谈谈这个状况，并极力试图鼓励他。“对这最近才突现的不确定因素，我颇能理解，”罗维特写道，“但是事情的发展会不会对你真有不利，我倒是觉得很难断言。”

也许罗维特说得对。在过去的五个月来，桑顿和他的人马已经巧妙地填补了公司的权力真空。他的团体为公司控制着整体规划，包括汽车生产、财务及设备的计划，再加上督导公司预算、成本评估、经济分析以及行政和组织计划的权力。那是一份极艰巨的责任，且是一个极高的挑战。因此桑顿再度埋首工作，心里暗忖布里奇的加入到底会带来什么变化。

整顿

同时，桑顿的人马在探索公司内部作业后，拔得建功的头筹。米尔斯制作出第一份经协调过的生产进度表；米勒提出第一份现金预算表；利斯提出第一份资本预算，而莱特则提出第一份组织表。

米勒的首要任务之一，便是为福特二世和公司的策略委员会做出一份12个月份的现金及利润的预估。他手下带领两名公司的老兵，一个是酒鬼，一个是垂死的骨癌患者。在福特唯一确实的数字是现金，而那也是因为银行给了公司这个数字。因此米勒就得和他的助手埋首于购买橡胶、铜和其他原料的细目单中，找出他们生产多少汽车、货车、拖车及它们的卖价。然后如雪片般纷飞的数字就被输入富莱登计算机，而后做出预算表。公司的紊乱无序及资料的不确实，让这份工作几乎比登天还难。因此兰迪和麦克纳马拉最后都加入支援。

在 1946 年 9 月 27 日，也就是米勒将结果报告给策略委员会的前一天晚上，他们还在努力把报告拼凑出来。米勒和麦克纳马拉询问小组新雇用的秘书，诺拉 · B. 艾略特，是否愿意在吃完晚饭后再回来替他们把这份庞大的财务报告用打字机打出来。在麦克纳马拉告诉她说他们愿意开车送她回家，然后在他们回公司时顺道去接她来之后，她同意了。她和这个小组配合得很好，部分原因是因为她曾在英国的飞机生产部工作了近六年的时间。

汽车快速滑下圆形塔街，米勒和麦克纳马拉则全神贯注于他们所搜集的那堆资料。当他们到达基金会公寓时——他们之中许多人都住在那里——麦克纳马拉回过头问艾略特小姐，桑顿都是这么称呼她的，问她会不会开车。她才回答说会，他们就跳下车来走向他们的公寓，把她丢在车子里，让她自己去想办法在一个完全陌生的路径上开车回家。她既没有美国的驾驶执照，也从没有在右线开车的经验。她心惊胆战地在黑暗中行驶。在她找到了路回到办公室之前，早已经魂飞九天了。

她以前从没打过统计报表，而这次的东西又是个庞然大物。此外，米勒和麦克纳马拉——他们是坐米勒的车回来的——还挨着她，监督她在一张规格 12 乘 17 的大纸上打入正确的数字。兰迪本身就是足以吓坏秘书的速记高手，也加入支援行列，终于把这份工作完成了。第二天早上，米勒一边参考着他记在 3 乘 5 卡片上的摘要，一边发表他的现金预估报告，预测公司将有 1 700 万美元净损。他说，在 1946 年的前 8 个月，公司已亏损了 6 000 万美元，而且若要在往后的几个月当中将手边的工作完成的话，就可能需要向银行借钱。

对于公司无法获利一事，小组成员一点也不感惊奇，就如米尔斯所发现的，福特甚至连一份经各部门协调过的生产进度表都没有。机械部门有一份，采购部门有一份，而制造部门也有一份——但是他们都不一样。公司在毫无章法地疯狂制造汽车，从一个计划迈向下一个计划。米尔斯企图挤出一个经过协调的生产进度表，好让整个公司可以朝着同一个目标而努力。机械部门必须及时完成零件蓝图，好让公司和它的供应商有足够的时间制造。采购部门必须订购并买下足够的零件以便让制造部门得以生产足够的车。任何一个组织完善的生产计划，都应能让公司的各个部门一同合作，对准同一个目标。然而在福特，机械部门若不是太晚便是太早，不然就是交出的蓝图还没完成，不得不一路修改。如果生产延误错不在机械部门，就可能是采购或是制造部门的错。

班·米尔斯告诉策略委员会说，他们寄予厚望的一项产品将不能如期完成。这个延误将在公司内部制造出连锁效果，连带迫使制造新车的计划遭受更多的阻挠。

“那部分无法如期完成。”他告诉委员会说。

“你是如何知道的？”一个委员问道。

“负责制造的人认为那个部分无法如期出炉。每个人都说他们无法做到，有太多的人告诉我，我有足够的理由相信它无法如期完成。”

“好吧，那么你认为什么时候会好呢？”

“我已经做出了一份进度表，但是整个生产进度将会延迟 6 个月的时间。”

“我们无法等上 6 个月，我们所有的其他计划全仰仗它。”

“好吧，”米尔斯回道，“但是我认为你得不到那部分成品。”

除了少数例外，福特可以说是第二次世界大战后许多工业王国内部管理混乱的写照。数十年后成为美国大公司绊脚石的管理系统在当时根本不存在，而且所有的人都迫切需要它。

大扫除

在福特公司里，缺失处处可见。最引人非议的便是雷·达林杰。他一度是公司的测试员，娶了一名传闻中和老福特有相当时日绯闻的秘书小姐。后来，达林杰的儿子还宣称老亨利·福特是他的亲生父亲。在福特手下，达林杰在红河厂区的机械大楼经营出一片势力范围。甚至拥有私人理发师和侍从，在福特路对面占地1 200亩的农场上，有112名福特员工在他的旗下工作。他的小王国每年从公司拿走50万美元的预算。

数年来，不断有人想钳制他，但都无功而退。他和福特的关系牢不可破，总能得到他的庇护，而老福特的妻子克莱尔，也对他宠信有加，因为无论她要求什么，他总能为她卖命达成。有一天，米勒无意中发现自己不得不对他下手。

“我们终于找到了解决达林杰的方法，”福特二世告诉他说，“他从现在起就和你一道工作。我要你好生照管他。”

米勒听到了这个坏消息，面色惨白，好一阵子无言以对。

“那么，他知不知道这事呢？”

“还不知道，但是你现在就写封信给他，然后我来签名。”

米勒转身离开办公室，心里边想着达林杰加入他的部门是做什么来着。他写了封信给达林杰，说从现在起要和他一块共事，要他下个礼拜一早上10点钟来他的办公室。

当他最后终于和达林杰见面时，米勒鼓起所有的勇气和他对阵。

“你得把事情好好整顿一番。”米勒告诉他说。

达林杰对他死命地狠狠瞪了一眼，而后长笑一声。

“我在这里看够了会计师来没多久就卷铺盖，而你呢，我也等着瞧你走路。如果你对这里的经营方式看不顺眼，你看着办吧。”

“喂，不只是我这么想，国税局也要你这么做，”米勒回道，一边试图转移他的怒气，“你不可以一边发薪水给人却又不申报，这样子我们会有数不清的麻烦。”

“如果是国税局看不惯，叫他们来找我。”

“好吧，”米勒回道，语气更加强硬，“不管你怎么说，达林杰先生，但是早上就会有人坐在你的办公室外，你所花的每一分钱都要经过他签名同意。”

米勒找来一名彪形硬汉，把他安置在达林杰的办公室外。然后紧张地等待着随后会发生什么事。不到一年之后，福特夫人，也就是福特二世的祖母去世了，在她去世后不到几个小时，福特二世就从纽约打电话来，命令立即解雇达林杰。

在接到米勒的通知后，达林杰来到他的办公室。米勒告诉他说他有48个小时的时间卷铺盖。

“把你所有的东西搬离福特，此后我们再也不想看到你在福特的任何地方流连。”米勒告诉他说。

达林杰大剌剌地走了，搬离了福特，甚至连那些原本在福特广阔的地上吃草的牛只也都带走了。米勒以为他终于把他铲除了。但是一两年后，他的一名手下问他福特是否应该继续供应达林杰家中的灭火器时，他才发现达林杰仍然把他私人的账单送到福特来。

夺权大战

布里奇一搬进毗连福特的办公室之后，麻烦就随之而来。桑顿料想得没错——他们的工作相当有保障，福特二世和布里奇都向他如此保证。对于布里奇将会带来数名自己的班底一事，他也猜对了。事实上，当初布里奇同意受雇于福特二世的条件之一，就是可以从外头带来三四名主要人手。在接受了这个工作的第二天，布里奇就用电话聘请了他的机要工程师兼老友，哈洛德·杨仁。他也找了戴尔·哈德，这位在通用制造部工作，同时也是首创“机械自动化”一词的人，以及路易斯·克罗素，他是班迪斯的主要助理。

在薛佛路上的老行政大楼，桑顿的办公室离福特二世的办公室有六道门之远。但即使布里奇在场，福特二世也会按铃召令桑顿到他的办公室。桑顿心想：“天哪，又来了。”布里奇和福特二世甚至还共用两人办公室间的私人浴厕，因此布里奇可以清清楚楚地看到桑顿去见福特二世。这事令布里奇不悦，觉得有那么一丝嫉妒。毕竟，布里奇和福特二世有约在先，说任何事情都会先经过他同意。福特二世有时根本不去管它，若非是他天真，便是他想让布里奇不得安然坐大。

因此，桑顿就有那么一点不好意思地进去了，和福特二世一起坐下来谈。通常都是一些芝麻小事，如果布里奇知道这些事不具什么意义的话，他就不会那么在乎。譬如说，有一次福特二世要桑顿把班森·福特安置在他的计划组，桑顿照办了。另一次，他要求他把詹姆斯·麦克道南，也就是福特二世的岳父，也放到这个小组。

“你愿不愿意收他呢？”福特二世问道。

“他会做些什么事？”

“嗯，他一直是个投资银行家。”福特二世说。

桑顿说他考虑看看，两个星期后福特二世再度找他进办公室。

“是不是能请你帮老丈人找个位置，”他告诉桑顿说，“他不肯就此干休。”

因此桑顿就把福特二世的岳父给安置在计划组里了。总是一些无关紧要的事。然而，每次布里奇看到桑顿出现在福特二世的办公室，他总会怒目而视。桑顿只有耸耸肩，试着解释说是福特二世叫他进来的。但是这还是改变不了什么。布里奇和桑顿都知道，福特二世有个令人不安的习惯，就是同意他在办公室里最后见的那个人的意见。因此，这让他们产生的那种心理威胁显得不是空穴来风。

福特二世和布里奇认为桑顿和他手下根本不懂得汽车业，因此不可能经营此业，桑顿则彻头彻尾不同意他们的看法。

“我不需要懂得如何把这些该死的零件凑在一块儿。”桑顿告诉莱特说。

“妈的，比利·杜兰（通用汽车的创始人）对汽车也是一无所知。”然而当布里奇招募了一个和自己一样对汽车业十分内行的路易斯·D. 克罗素当他的军师时，桑顿的失望就几乎变成沮丧与惊慌。这个另一位通用汽车悍将的克罗素，是在 1913 年他 18 岁时从明尼苏达来到底特律的，一开始在费雪车身制造公司担任一份时薪 30 分钱的办事员。克罗素后来爬升到隶属通用旗下的费雪公司的会计部门主管，而后在 1945 年退休，开始从事他真正热爱的工作——回到他在密歇根靠近薛伯以根占地 920 亩的金河农场，饲养纯种牛群。

布里奇为了借用克罗素在财务和会计方面的长才，把他从农场的退休生活中劝诱出来。和桑顿那班人不同的是，克罗素在这个行业里已待了 32 年，他对汽车工业的了解是冷静而理性的。他同时也是一个喜欢表现的人。他可以拆解一个企业运作，就如拆解他自己的车一样。而且他喜欢为听众而做，给他的手下来几课汽车业解析。他好为人师，甚至还经常上课以保持他头脑的犀利。他有一部游艇，出航时，他用的不是罗盘，而是他在一堂天文课中所学到的天文知识。

克罗素对桑顿来讲，就如布里奇一样，是另一个阻挡他去路的障碍，另一个来窃取他雄心壮志的人。桑顿把他当成簿记员，而他的外貌也确实像名簿记员——瘦小，其貌不扬，高额头，疏落的灰发，蓝色猫头鹰般的眼睛，带着金边圆形眼镜，镜片厚得像酒瓶底。他不抽烟不喝酒，又经常用他那高八度的声音痛谴烟酒的坏处。

但是也许是因为他对这些通用来的空降部队感到失望吧，桑顿无法看透克罗素容貌平庸后的才学。比桑顿更甚的是，他的心全绑缚在汽车上。

他喜欢制造汽车的事业也喜欢汽车本身，而他对这个行业了解的层面是桑顿永远无法测度的。

把克罗素带入阵营中，布里奇等于是极度羞辱了桑顿。他把桑顿和他的手下分派给他，克罗素以副总裁兼财务主任之位加入，属下有三个部门要向他报告，包括会计、财务和桑顿掌管的计划部门。但是这一来桑顿就失去了他最想要的——直接影响福特二世的机会。

桑顿仍然主使着显然是福特公司里的明星工作，带领着这群掌有改变并重新塑造公司之权的小组。从计划中所做出的决定能影响到公司组织，改变它运作的方式。桑顿当计划部的主管，麦克纳马拉担任他的助理，其他五名青年才俊也都在桑顿之下经营他们各自的领域，各自都有听来颇有那么回事的名号。米勒主管一个负责筛选、摘要及分析所有送至高阶主管之提议的“致管理部门报告”。米尔斯负责一个专司研发生产主导企划案的“企划暨设施计划部”。兰迪带领一个负责现金及利润预估和价位研议的“财务计划部”。利斯管理一个规划公司整体预算的“行政预算部”。最后，莱特统筹一个重行整顿公司组织的“行政计划部”。摩尔和包士华则派来协助莱特从事重建公司组织，使之井然有序的工程。

好为人师

在刚开始的那段时日里，克罗素似乎有些紧张，对自己不太有信心——和他后来变成的威信慑人的管理大将，一个和许多桑顿手下成为好友的主管的模样大不相同。他会把桑顿和他的人马，像是对待学校学生似的，通通叫来他的办公室排成一列，然后对他们进行这样那样的说教，而他们则在一旁焦躁不耐，眼珠子滴溜溜转。所有的人对这件事都十分不耐烦，特别是桑顿。听这人讲话简直让他觉得无聊透了。如果你听他讲话听上三个小时，你就连他以后会说什么都知道了，桑顿心里这么想。桑顿承认克罗素对他自己所做过的事相当专精，但是他缺乏宏观。他是一个冷漠、自大的会计师，一个习惯反复高唱长篇大论的小老太婆。没错，他是在通用汽车待了32年，桑顿说，但那就像是同一年来过32次，他从未进步。对桑顿而言，克罗素是一个令人发狂的讨厌鬼，而有时他甚至还会去桑顿的家，坐在客厅里织毛衣的弗洛拉也得忍受他。

克罗素习惯用一种奇特几乎是怪异的方法来表达事情，让在他手下工作的人感到十分有趣好笑。他是故意这么做的，好确定他所要求的事别人都记得住。这些格言就如从一个俚语百宝箱中一涌而出似的。当他在会议中无法让大家对某事达成协议时，他就会说："这比要用一发子弹一举射中六只鸭子的脑袋还糟糕。""给我们五分钱我们就杀了你。"他会这么告诉他的手下说，企图劝诱他们对某外来供应商的零件报价多刮下几分钱。而当他的下属拿来一份不太有希望说服布里奇或福特二世接受建议的财务预估时，他劈头就说："你这个数字是从电话簿上抄来的。现在立刻回去给我把正确的数字搞出来！"

他许多名言都有着十诫般的力量，让人们像受惊的老鼠一样吓得赶快跑。他最有名的格言，也是他最常说的是："犯不着替根铁棍镀镍！"意思是要求他的手下别把钱花在客户永远不会去注意到的某些汽车零件上。后来，福特真的象征性地送了他一根镀了镍的铁棍，以作为他在公司服务纪念。

许多他手下的管理人员后来都变得十分尊敬且崇拜他，即使尊敬的只是他对汽车的专业知识；但很少有人能喜欢他的为人，他太过冷漠、太过保持距离。一名负责在早上送信件给他的助理，有一次试图解释一个重要事项给他听时，他却尖着声音大叫起来："我现在没有时间和你说话。不要跟我说话！不要跟我说话！"立刻把这位助理赶出了办公室。

和利斯一样，他也散发出极强的紧张能量。他的头颅转动得快速且急剧，而他的眼睛打量着房间，每一寸就都看在眼里。他是一个疑心病很重的人，记录着他周遭人的一言一行，包括和布里奇及其他人的私下会谈。福特二世的弟弟，班森·福特，后来提到克罗素有一次安静地来他的办公室，把他和布里奇之间的对话再重述一遍给班森听。但是班森从来都不想插手管他们俩之间的事。

针锋相对

桑顿后来讨厌克罗素更甚于讨厌布里奇。他俩每件事都要争论，其中包括公司应该如何组织、谁有能力谁没有，各个不同的运作该找些什么人来负责。桑顿对福特内部的极度不满让他把什么谨慎小心都抛诸脑后——这对任何真正有野心之人来说可谓是致命的缺点。桑顿被引上行动之路，甚至走上自我毁灭的行径，而不能静待时过境迁。他为了重获福特二世青睐所下的每一着棋都似乎使他陷得更深——从他开始要求福特二世同意让他全权负责计划的企图，他和布里奇的初次会谈，到他和克罗素持续的冲突。

桑顿相信克罗素打算把福特组织成另一个通用汽车。他认为这个做法至多也只能把福特弄成一个二流的公司，模仿是无法走向成功的，只有创新的做法才能为成功铺路，模仿通用是自找死路，桑顿心想。克罗素强烈地反对他的看法，通用十分成功，而福特则不。对他而言，这事情再简单不过了，只要学习通用的模式就可以一切OK。

“这样的做法只是东施效颦，”桑顿抗议道，“当一个公司的目标是在业界当老二时，这对员工根本起不了激励作用。福特的目标应该是要建立起一个其他汽车业者争相仿效的公司。”

二人彼此僵持不下，就连鸡毛蒜皮之事也争论不休。桑顿每一个动作都针对要扳倒克罗素而发，这使得他的处境难以御守。而且他警告他的伙伴们要留心这个不值得信任的克罗素。桑顿无法信任一个他极端讨厌，而且又以诋毁性的言语批评他小组里成员的人。起初，桑顿、莱特有时会和克罗素开车去工作，而克罗素老是说坐在后座的莱特是“那个讲话慢吞吞的家伙”。这事让莱特耿耿于怀了好多年。

就如布里奇劝诱克罗素和他一同来福特一样，克罗素也引诱其他通用的人来到迪尔班，每聘用一名通用人就又带来二十来名受过通用式训练的其他人。有些老底特律人就开玩笑地称公司为“通用汽车福特分部”。当然，福特在当时是急需要有才干的人，但由谁来招募这些人也似乎变成竞争的焦点。桑顿和他的人马借着招募不少前统计控制小组的成员加入福特，来扩大他们的圈子。克罗素则找来他在通用的老友，包括让来自费雪车身厂的马文·E. 薛伯，来掌管会计部门。这两个团体发展出敌对状态是可以想见的。克罗素开始批评桑顿的人，指责他们扣着从各个部门取得的财务结果和数字不放！事实上，当时所能取得的寥寥几个数字不甚可靠，桑顿认为根本不值得报上去。

当克罗素最后决心要把四分五裂的各部门重新调停整合时，他找了米勒直接为他工作。这是一份棘手的任务，因为克罗素要求他去做的差事会引起桑顿强烈的反应。米勒敬重克罗素这个人，但他实在不是他旗下的那类型球员，他记得克罗素是如何连他自己的妻子也加以欺压侮辱的。一日，克罗素打电话回家告诉他的妻子他何时会回家吃饭，突然间，克罗素粗鲁地对电话筒大吼，“我打电话回家不是为了让你指责我的！”而后摔下电话。米勒坐在椅子上不知如何是好，对克罗素的行为感到浑身不自在。此外，米勒对桑顿的忠贞是毫无疑问的，最后，他说服了克罗素这份工作的确相当尴尬，并要求克罗素把他换去担任助理财务长之职，克罗素也同意了。

使命

桑顿不容许自己被压力击垮，故亟思改变。因此当他一有机会就立即跳出日渐加深的裂痕，逃到华盛顿去替罗维特工作。罗维特刚刚当上马歇尔将军的政务次长。这次返回华盛顿让桑顿深信自己在底特律永远不会快乐，在那儿只让他时刻想到自己和福特或布里奇间有多大的不同。

罗维特要桑顿帮他把国务院的组织好好整顿一番。桑顿对这个机会简直是求之不得。爱国对他而言十分重要，而且他相信原子弹并没有终止抗争，它只是改变了抗争的方式。桑顿是一个相当关切世局而且深信美国企业界有责任让军队随时保持应变能力的人。他对福特二世谈过此事很多次，但是桑顿觉得福特二世并无心听他的论调。他亲身经历过当美国遇到战争时那种手忙脚乱的窘态，桑顿相信政府和企业界决不能再让此种情况发生。因为在下一次战争中，他们也许不再有时间从事他们在第二次世界大战中所致力的军事加强工作。可是福特二世根本没心听，他告诉桑顿说福特公司已经在战中尽了应尽的责任，因此“我们永远不会再去承包政府的生意”。福特二世的态度大出他的意料。“在今日的企业界中显然缺乏公众责任感，”他在一封给统计控制弟兄的信中如此写到，“老实说，他们似乎把政府当成一个对手看待。当你看到这类型的态度时，你就更加敬佩像罗维特和其他像这样的人。”

在休假离开的这段期间，桑顿在一间位于罗维特和马歇尔之间的办公室工作。麦克纳马拉和兰迪则和他保持联络，让他知道迪尔班的情况，克罗素的分裂状态持续发展下去。“此刻我觉得仿佛被人用大炮朝我的嘴里轰了一炮，”麦克纳马拉写道，“眼前直冒金星！昨天克罗素的周期性神经紧绷毛病又犯了……在他心情恶劣时把我叫了进去。”克罗素因为没办法跟上他自己的公文作业，把一叠八寸厚的公文推给麦克纳马拉，强迫他处理。

在把这叠公文看得只剩半寸厚时，他发现所看的尽是像某个经理要求送某个人去上一个为期两天的课程，学习如何阅读汽油里程表，或换印刷公司的要求等杂事。至少桑顿知道迪尔班的情况仍一往如昔。

一日，福特二世来到了华盛顿城里，打了个电话给他。

“你今晚有没有事，桑顿？有没有时间一同吃个晚饭？”福特问道。

在福特二世到达之前，桑顿先邀请了罗维特，告诉他说，福特二世对华盛顿和外交事务都兴趣缺乏。早先，桑顿问过福特二世是否愿意应杜鲁门总统之邀，担任空中策略委员会的委员。福特排除他人建议他应该全心专注于公司的经营上的看法，接受了这个职位，不过后来他又告诉桑顿说他想辞掉这个头衔。桑顿有些失望，花了相当的时间企图让他改变心意，但是第二天福特二世还是辞职了。他对超过他业务范围的事没什么兴趣，而对自己的国家也不觉得有什么特别的义务。

如果有人能改变福特二世既定的心意，那么就只有罗维特有这个能耐了，桑顿心想。在华盛顿没几个人能像罗维特一样，谈起为国服务时那么具有说服力。当福特二世依约前来吃午饭时，罗维特请他坐下来，向他解释有关马歇尔计划，欧洲的状况，苏联的威胁，以及万一美国厂商没有了国外市场的话，将对企业造成什么影响。让桑顿欣喜异常的是，福特似乎了解了，而终于对他的职位有了某种认同。

“是的，”福特二世说道，“人们必须明了此点。在我回去之后，我打算和桑顿筹组些计划，至少在底特律为您宣传一下。”

当桑顿回到了底特律之后，他一等再等。三个星期都过去了，福特二世还是什么指示都没有。最后，他把他拦了下来，提醒他对罗维特所做的承诺。

“我们什么时候要开始进行呢？”桑顿问道。

福特二世报之以一阵大笑。

“哦，那个啊！”他说，“我和布里奇谈过了此事，而他说，算了吧！那不过是政治把戏。”

桑顿觉得受骗失望，闷闷不乐地离去。这事在他内心翻腾了好几天。当然，桑顿是拿罗维特这位异常楷模来评断年轻的福特二世的。

嫌隙日深

罗维特同时也有过人的智慧。了解到桑顿和克罗素间的嫌隙，他就毫不犹豫地为他的朋友写了封信给克罗素。“现在桑顿在为国务院完成了一份非常优秀的调查后，他应该是要回去和你共事了，”他写道，“他对于我们在改进管理控制方面的努力助益很大，我在此要向你致万分感谢，同意我们借调桑顿，谢谢你的鼎力相助。”

对桑顿而言，福特拒绝为国服务，使他更相信底特律是一个眼光短浅、心胸狭隘的地方，即使在那时，它也是一个封闭的社会，坐视日本汽车的茁壮。它所关心的只是车子，以及需要什么东西来制造它。底特律对任何非底特律事务的疑惧促使日本后来得以侵入汽车市场。

后来桑顿和布里奇两人有机会相互倾吐，彼此承认两人个性太相像了，因而无法在福特共事，然而在其他方面，两人又大异其趣。对欧奈斯特·布里奇来说，利润似乎是一个较大的驱策力。桑顿则带着为国的使命感而工作。

他和克罗素的争执更是日趋沸腾。桑顿几乎做什么事都是为了伤害克罗素，他也毫不掩饰他的用意。他会跑去见董事会负责人，威廉·T. 高赛特，这位威严十足的法律部筹组人，和他一坐就是数小时之久，不停地抱怨克罗素的所作所为。虽然作用不大，高赛特总会试图使他冷静下来，并找寻妥协的办法，以保持某种和平状态。

桑顿曾自己走进克罗素的办公室，解释他是如何不同意克罗素对某事的做法，然后继续告诉克罗素说他的做法是如何对他在福特的事业有害，仿佛企图保护克罗素免于受桑顿他自己的伤害。在这种场合中，他们俩的眼睛就如刀剑般你来我往。米尔斯有一次就听见克罗素大吼道："我认为桑顿该多多留心自己，别想着替我操心，才是明智之举。"

桑顿逐渐了解到，福特并不是他所期待的另一位青年才俊，乔治·摩尔也有相同的感触。摩尔小时候住在底特律，因为肥胖，常遭别的小孩戏弄。再次回到底特律的他，虽然已经变得成熟也有所成就，但孩提时期的种种不快，却仍常常如影随形。在因为统计控制工作的关系，足迹遍及世界各地之后，底特律就显得非常狭隘。他回到自己的家乡，所住的地方离他的父母亲和老友并不远，他却不像以前在太平洋时期主管着某个任务，他是在莱特手下的组织计划部工作。莱特确实照顾摩尔，但是摩尔显然已经失去一部分冲劲了。

梦醒时分

当然，阻力处处可见。福特旧有的管理人员仍然对他们持怀疑态度。所有的人都尝试着把这个团体好好组织起来，却又因布里奇通用手下的加入而充满变数。安德森已经走了，桑顿和克罗素对上了。现在连摩尔也有所疑虑了。

莱特有时会设法提高他的情绪。

"摩尔，我们得把这个销售部门整顿一下。"

"哦，妈的，莱特，他们根本不会重视我的，"摩尔说，"反正他们爱怎么干就怎么干。"

他的年轻和外在不如人，使得身为这优秀团体一员的事实对他也没有太大的助益。事实上，在刚进福特的测验中，如果这批人中有哪位略显跟不上的，那人就是摩尔了。就能力和知识来讲，他在他们中间是属于较差的那一个，而心理学家所称的“整体适应”项目则垫后。在和摩尔面试了之后，主考官写道：“摩尔先生有些沉默寡言。他似乎和他自己的自卑感在挣扎着。他显然有幽默感，但是他的风趣主要来自自嘲。”

除了他自己发现他能为一个庞大的组织贡献出更多外，这个自卑感，如果那个主考官所言不差的话，已逐渐在他的心中占据第二位。福特二世也已经要求他的员工要为共和党候选人作政治贡献，而这实在不合摩尔的立场。他是一个忠诚的民主党员，并且在战时极力支持罗斯福总统。他看不出为何一个公司有任何理由要他支持某个政党，那是个人的自由决定，和公司无关。

这件事使他对公司更不存幻想。他要的是建立起属于自己的，他能够有主宰权的事业，这也是他为何如此热衷于和桑顿、利斯和米尔斯买下纳什公司的经销权的原因之一。他喜欢华盛顿，在那里，他也已建立起人际关系，他回到那个城市的意念强烈。

“我想要独立自主，”他告诉咪咪说，“我想当自己的老板。我要按自己的方式过日子，不要有人在背后监督。”

咪咪同意他的想法。她对底特律没什么眷恋，如果摩尔能把家搬到华盛顿的话，倒是蛮合她心意的。她的母亲仍住在华盛顿，而她和摩尔两人都喜欢那个都会。他着手选定一个解决的办法，如果他能争得福特在华盛顿的经销权，那么他不仅能独当一面，又能回到他所喜爱的城市。摩尔和他的老友马克·戴在底特律运动俱乐部不期而遇。戴和他是孩提时期的朋友，大战结束后，回去替他的父亲工作，代理制造商专卖活塞环。如果摩尔拿得到经销权，戴同意出大部分的资金来做福特经销。

当摩尔告诉桑顿他的主意时，桑顿完全能理解他的想法。桑顿甚至说他的母亲也攒下了一些钱，她也许愿意拿出来投资摩尔的生意。摩尔的父亲也同意出部分资金。桑顿告诉摩尔说他会和福特二世提这档子事来为他说项。

摩尔和华盛顿的林肯—水星区经理约定了会面时间，探寻担任经销商的可能性。然后他面带忧虑地去见莱特，把计划告诉他。

“摩尔，如果这是你所想做的，我认为这个主意很棒。”莱特说。

“可是，我并不认识这个人，而且他也可能不同意。你能不能和我一同去见他呢？”

当莱特听到摩尔的请求，他觉得很有面子。几天后，这两个人就搭着飞机前去华盛顿去见那个人。那是一次惊险之航。飞机在雷电交加中颠簸而行。但是他们终得如愿，和那个区域经理吃了顿午饭，也为摩尔拿到了林肯—水星区的经销权。

1947 年的 2 月，摩尔、咪咪和他们 8 个月大的女儿玛莉卡，离开了当初的团员回到华盛顿去。他们在菲尔费思租了一间有两个房间的公寓，空间较前为大。摩尔遂卷起衣袖当起林肯—水星区的经销商。

仍和克罗素僵持不下，又遭福特二世冷落的查尔斯·桑顿顷刻间顿失两名亲手挑选的同志。而在摩尔的急流勇退中，他似乎也看到了自己的身影。他不得不正视自己的机会被人截断、在福特公司的角色不如他所想象重要的这个事实。对一个两眼总是看向未来的人，桑顿不得不意识到再继续待在福特，他也只有被迫走路的份，他离福特二世愈来愈远，管辖范围也愈来愈狭窄。

而在华盛顿这个除了谣言外什么都无法制造的城市，传起了桑顿的小组在底特律岌岌可危的消息。早在 1947 年的 3 月，桑顿在五角大楼的朋友就听到传闻，传说小组的人员在底特律的情况不佳。摩尔回到华盛顿，再加上安德森回加利福尼亚的决定，也促使这个传闻甚嚣尘上。一个朋友把谣言传回来，问桑顿是否真有其事。“我绝对会守口如瓶的，”他向桑顿保证，“但我想知道这个实验的进行如何。我向来定期阅读《商业周刊》，但是却还没读到有关福特管理方面新技术的报道。”查尔斯·桑顿显然十分不悦。他立即回了一封信，要求知道传闻的来源。他的回答充满自我防御且又坦率——

“福特公司是一个资产数十亿元的公司，并且有12.3万名员工。你无法在一夜间就改变那样大的公司的思考或操作方式。当然，我们在福特这里是有许多想要去做，但是目前还是无力去做的事情。个性和传统是主要的障碍，而我不能说对这两个因素的存在感到多么意外。然而，我们并不气馁，而且自从加入福特后，我们绝大多数人都加薪了。当你再听到任何谣言时，如果你能大力驳斥，那就是帮了我很大的忙。我并不是说现在很完美，该做的事情多得不得了，虽然心知情况火急，但是我们却不得不以较缓慢的脚步来推动事情的进展。也许我们是缺乏耐性；大概是如此吧，但是我认为早晚我们终究会成功地克服我们的障碍……”

然而事与愿违。在一个公司里，谣言总是和附和谣言倾向的事实一同滋生的。而上述这个谣言绝对会继续滋生。

第10章
桑顿出局

众人皆知野心可时俯而匍匐，时跃而盘旋。

——布尔克

那是在一个糟糕透顶的星期五。桑顿与克罗素的冲突日益加剧，甚至到了连芝麻绿豆的小事都足以引爆纷争的地步。这一日决裂终于到来。在每个人都回家后，桑顿才察觉到时间已经很晚了。他早已决定决不错过麦克纳马拉和玛姬在春井公园家的聚餐。他必须和他的朋友见面。

一山不容二虎

晚上六点钟左右，这批人就都已人手一杯地在屋里聚会。麦克纳马拉为自己倒了一点加拿大威士忌加水。最后，桑顿拖着疲乏的身躯终于在7点差一刻时直接从公司赶来，他看起来仿佛好不容易跑到终点。

“嗨，桑顿，”麦克纳马拉说，“要不要来点喝的？”

麦克纳马拉为他倒了些马丁尼，而桑顿则和他的老友及他们的妻子们寒暄。

“我有件事情要告诉大家，”麦克纳马拉还没来得及把饮料放到他的手中，桑顿就向大家宣布，“我刚刚被炒了鱿鱼。”

“天哪！”一人叫道。屋里传来几许讶异之声，交织着难以置信的眼神。

“布里奇今天把我叫进他的办公室，对我说，桑顿，我有一件事非得处理不可。我并不乐意这么做，但是事情最好是如此。你也知道，你在这里忙进忙出，仿佛你是公司的执行副总裁，但事实上你并不是，我才是公司的副总裁。而这个职位又只能由一人担任，因此你必须离开。”

桑顿说他抗议了一下，但是他心里明白事已无可挽回。布里奇显然已向福特二世表明过他的决定，而桑顿本身早已变得不再执迷，他开始怀疑是否真的在乎留在福特。尽管如此，这事仍然深深伤害了他的自尊。

“在我要离开他办公室的当儿，”桑顿继续说道，“他叫住了我，对我说：‘你现在还无法明了，可是将来你会为此而感激我。’那个狗娘养的！”

虽然诸事不顺，但没几个人料到会有像这样的晴天霹雳发生。几个星期前桑顿才加了薪的。而在圣诞节前，克罗素还送了一纸便笺给桑顿，在行政大楼的停车场指定一个15号的车位给他。年初时，他还通知桑顿说他可以在四楼的主管餐厅吃饭。布里奇帮桑顿加入底特律的几家俱乐部，并且还为他在一个主管读书会注册。他们给了他所有在业界里象征权力和成功的缀饰和奖金，但这些却只不过是形式罢了，用来掩饰他和克罗素之间的问题。

现在竟然发生这种事！大家都期待桑顿有一天会当上公司的总裁，而后是麦克纳马拉，从没有人料想得到桑顿会出事。他们之间没有竞争，他们逐渐把自己当成王公贵族，一心盼望依序登上宝座。福特二世选用布里奇，以及他在通用汽车的同志加入接管福特，所造成的混乱似乎只是短暂的。桑顿的优点，也就是他不近人情地追求魄力，似乎也成为他最大的缺点。米尔斯曾开玩笑说，如果哪天桑顿死了，即使他都已躺进棺材里，他都会设法挣扎起来告诉殡仪馆老板该如何经营他的生意。任何事都阻止不了他和克罗素铆上。克罗素抱怨桑顿的野心胜于他的能力，并批评他心性肤浅，指责他是在营造自己的帝国，这事却也属实。他们之间的紧张情势不断升高，情势一触即发。

在过了一年之后，克罗素已经受够了。和桑顿每事必争的情况迫使他不得不向福特二世和布里奇宣布“不是我卷铺盖就是他滚蛋”。克罗素不仅不喜欢桑顿，也不信任他。克罗素相信“欲速则不达”。桑顿就是这样子，他后来说，“桑顿太急于想分一杯羹。那就是为何他不能留在这里的原因”。

桑顿也送了一份最后通牒给布里奇，企图把克罗素排挤掉。这对布里奇来说并不算一个困难的选择，他得让桑顿走路。在和盖瑞·林奇，这位自通用招募来的人员，共进午餐时，克罗素的态度摆明让大家知道桑顿快出局了。“我就是看桑顿不顺眼，”林奇记得克罗素这么说道，“我打算把他从这里除掉。”

“克罗素，可是你如何能办得到呢？”林奇问道。

“我已经和福特二世表态过了。我就是再也忍受不了那个家伙。”

林奇记得看见桑顿在那一天走出去的模样。“他看起来像是被击垮了。”

对那些敬重桑顿的人而言，这是他们所共同遭遇到最大的危机。这对他们会有影响吗？当他们星期一去上班时，是否有人会告诉他们，接下来轮到他们走路呢？布里奇或者克罗素会把他们通通开除吗？

“我无法相信，桑顿，”利斯说道，“我们全部一起辞职，一起离开，如果这就是他们想要的。”

“事情有可能发展到那个地步，”麦克纳马拉插嘴道，“但是我们决不如此做。我们要以纹风不动，就事论事的方式来处理这件事。”

对他们任何人来说现在都不是离职的好时机。当他们知道桑顿并不要求他们同进退时，心里为之一安。然而，在周末时，麦克纳马拉出于对朋友的忠诚开始认真地考虑离开公司。他和一名来访的朋友讨论他的想法。这名友人记得麦克纳马拉为了该如何做而苦恼不已。然而麦克纳马拉最后还是决定辞职。

尽管如此，这事还是对他们的未来造成极大的打击。桑顿从此将孤军奋斗，离开他一手建立的小组。讽刺的是，他这位最重视友谊的人却是最早被剔除于小组之外的人之一。对野心勃勃而又十分自我的桑顿而言，这事是一次羞辱的挫败。更糟的是，他得在众多友人面前承受这个打击。

桑顿把他的生命和未来全押在亨利·福特二世身上，而福特却让他失望透顶。当外在压力逐渐变得难以抵挡时，福特毫不犹豫地抛弃了他，此举和桑顿的父亲在他孩提时代所做的没两样。后来，麦克纳马拉担心起桑顿的心理状况，他遂去电话给艾德·恩特，要他打电话给桑顿，鼓励他一番。恩特是早期帮忙设立统计控制课程的哈佛商学院教授，他欣然接受了。

化敌为友

那个星期一，桑顿再度和布里奇见面。这位通用汽车来的主管似乎较前友善，自动提议他愿意帮他找到另一份工作。布里奇开玩笑地说，当他

（上图）克罗素出现在《商业周刊》的封面上，他和桑顿有过很多争执，最后导致桑顿被福特解雇。
（下图）桑顿若有所思的表情。

第一次和桑顿见面时，他回家后就告诉他的妻子说：“我刚刚碰到一位和我一个脾气的家伙。”

“你应该开创你自己的公司，”布里奇告诉他说，“但是你还不到经营福特的时候。”

他们谈起彼此间的种种误解，两人是如何又为何无法共事。布里奇知道底特律有些机会，他问桑顿是否有兴趣。那日下午，桑顿写了一封谢函给布里奇，铺下两人未来关系友善之路：

我愿意在此再度向你表示感谢之意，谢谢你今晨花时间和我倾谈，也谢谢你对我的未来表示关心。我会尽全力不负所望。遗憾的是，没能早些时候和你有这样的倾谈。然而，我诚挚地认为如果必须经由我目前的困境才能带来和你剖心倾谈的机会的话，我所付出的代价是值得的。

请接受我由衷的感谢。

桑顿敬上

第二天，布里奇就开始为桑顿四处和他的朋友联络。他写信给底特律的全国制造商银行的总裁，告诉他说，由于某些困难，桑顿目前在寻找福特公司以外的工作机会，以他 34 岁之龄，他是他多年以来有幸认识的最年轻有为的青年人。另外，他也安排桑顿和底特律的大湖区钢铁厂的总裁会面。

桑顿接下来的几个月都花在找新工作上，布里奇也不断地为他找面谈机会。他细察发展的可能性，他和弗洛拉了解到，两人都不喜欢底特律城也不喜欢城里的社会，遂拒绝了当地的几个工作机会。在克罗素加入公司没多久，新老板就邀请大家去参加他在乡村俱乐部举行的新婚周年庆，克罗素在底特律的老伙伴也在受邀之列。因为没有晚宴礼服，桑顿得去租一条黑领带来应景。对桑顿来说，这是既乏味又冗长的一夜，让他见识到底特律这个封闭自限的世界，话题不外绕着车子团团转。那天晚上在开车回横丁顿的途中，桑顿觉得这次经验弄得他心里发麻。在沉默了好一阵子后，他转身向弗洛拉说："如果那样的生活是当我走到生命的某个阶段时所要过的，我宁可不要。"底特律缺乏内涵和气度，对他们而言，那是一个太孤立、太偏僻的地方。他大老远跑离德州，为的就是寻求更丰富、更巨大的经验来满足他的渴求。不管从哪个角度来看，从银行到钢铁，汽车城都永远无法符合他的期望。

福祸难测

在桑顿遭解聘中度过了漫长的周末后，小组的成员就在星期一早上到他的办公室集合。

他们鱼贯而入，有的坐在仅有的椅子上，有的倚着米白色墙而立。桑顿则坐在书桌前。有些人诅咒克罗素让桑顿落到如此田地。但桑顿本人并不准备说服他们一同离职，他也没告诉他们该留下来。他连自己会做什么都不知道，更无法招募他们，如果他们也要跟着离去的话，这个决定明显地取决于他们自己。他试图安抚他们说，他的离去不会影响到他们，这只是他和克罗素间的私人问题。

"我会把这个耻辱和我一同带走，"桑顿说，"因此我让大家无牵无挂。你们不需要为此事负任何责任，一切由我承担。这事情对大家不会有任何影响，我一个人一肩挑。"

他这一席话的安抚作用，毕竟有限。这次会谈不单只是为了桑顿的骤然去职，还代表着小组的解散。对每一个人来说，未来将是一场全新的球赛。桑顿告诉他们说麦克纳马拉将取代他来带领小组。从一开始麦克纳马拉便是桑顿的助手，而所有的人都敬畏他。詹姆斯·莱特私下认为，除了桑顿外，就只有麦克纳马拉是他乐意为之卖命的人。

然而，麦克纳马拉如何能继承他的衣钵呢？他的确聪明，但是他缺乏魅力。他没有桑顿那种满溢的迷人热力。桑顿的独到之处在于能将自己和手下连为一线，滔滔叙述着宏大的梦想——而这总能提振他们的士气。他们推崇麦克纳马拉的精确分析，同时也明白他们永远屈居麦克纳马拉之下。桑顿的离去带走了永远无人可以取代的东西。随着他的离去，他们也失去了某种信心，某种信赖，甚至一部分的梦想。不管麦克纳马拉有多么优秀，他永远无法让这一切保持不变。

有件事情倒是似乎十分肯定，桑顿开玩笑说，他的注册商标笑容终于浮现出来。“我再也不要当人幕僚了。我得找一份第一线工作。我相信幕僚工作无法兼顾强有力又平和的特质。”

他们清楚他的言外之意。在克罗素手下工作，意味着你就只有这么多的责任，而权力则更少。尽管如此，小组的成员心里都觉得他们是在这里开始的，以后就得依赖他们自己和福特二世来完成。桑顿现在无法为他们提供些什么，但是他可以预见将来有一天这个小组还可以在他的领导之下一同工作。如果事情无法依他的计划在福特公司达成，也许在别的地方可以实现。

桑顿环顾四下，表情比以往还不肯定。

“如果将来我有需要的话，你们是否还愿意和我一同合作？”他突如其来地问。

他的询问招来一阵长长的缄默，那一刻的尴尬似乎久久不去。也许因为他们太崇拜桑顿，而无法向他许下自己办不到的承诺。也许他们无法信赖一个竟会让他们所崇拜之人丢差事的未来。又也许是他们想脱离小组来试验一下自己的魅力。在老大垮台之后，他们现在可以各自去闯荡。

在众人未能即时做出正面的答复之中，桑顿觉得受了伤害，甚至是遭了背叛。毕竟，难道不是他把他们带来福特的吗？他以前难道不是他们的领袖？他并不期待他们起而辞职，但是他对有一天小组会再度合作的这个预想难道也错了吗？他们的友谊难道如此不堪一击？

桑顿一直希望工作是友谊的体现。你总会希望能够信任你的工作伙伴，就像是你能信任壕沟中的战友一样。你待他们就如同你的生命掌握在他们的手中，而事实也如此。没错，他是曾叫弗洛拉不要太过接近其他伙伴的妻子。桑顿希望他们夫妻俩能高人一等，就如他的军阶比他人高一般。尽管如此，桑顿还是很努力地企图在小组中建立起一种超乎职责关系，结合工作和成就为一体的手足之情。

那个缄默将在接下来数个月的期间困扰着他们。在他们一一和桑顿握手互道珍重后离开他的办公室时，他们和桑顿一样觉得不自在且尴尬。忠诚对桑顿言，也许比技术和才能还要重要。对他而言，忠诚是任何人际关系的基础，他对他的手下如此要求，而他们也以此换取他对他们的尊重和奉献。

肺腑之言

班·米尔斯接下来五个月的时间都在和那一日的缄默挣扎着，盘算着如果他对桑顿说出他和其他人心里真正的想法的话会有什么影响，又该如何对他开口。在挣扎了好一番之后，米尔斯终于鼓起勇气来写了一封信给桑顿。信的开头，他回顾桑顿在他于华盛顿深感挫折时是如何支持他，如何鼓励他的。那是他在桑顿之下的第一个任务——设计空军部队的扩充计划。

米尔斯在珍珠港空袭事件才过了没几天就火速地投入那个任务。在那接下来的3个月时间，确切地说是接下来的90天，他每天工作14个小时，一星期工作7天，有时连续3天不睡觉。许多晚上他都是在军火大楼里办公室的桌上趴下就睡的。他必须计算他手边所有的每一个空军基地资料——人员、飞机、零件、火药、炸弹，几乎什么事都包括在内——而后他必须预估在战事中他们还需要些什么，以及工业界需花多少时间才能制造出他们所需的东西。

最后，他预定将这个计划向军中高级军官报告的这一天终于来了。那是一个相当详备的报告，有数千个数据，数十个图表，一个建构庞大且具有破坏力的周详计划。米尔斯已事先和桑顿演练过了，现在他的老板看着他在空军参谋总长摩尔·史达特梅耶将军面前铺陈他的构想。

当米尔斯做完了报告，身心俱疲后，史达特梅耶，嘴里叼根烟，指着几张图表。

“嗯，不错，”他说，“这些听来都相当好。但是我并不喜欢这个，我不同意那个。现在你把这个计划拿回去，从头再来一次。”

米尔斯的精神早已用尽，他已经三天没合过眼了。他脑袋里能想的就是：“你这个王八蛋！你自己是吃饱睡足了。”

“史达特梅耶将军，”他声音微颤地说，“也许这个计划得重新再做，但是我无此打算！我现在要回家，上床睡觉！”

米尔斯大步离去，听到将军在他身后大吼：“喂，你给我回来！”桑顿追上他，但并不打算把他带回房间里去让史达特梅耶训斥他。他把他的手环在他肩上，米尔斯一下自压力中崩溃了。桑顿把他快速带离走廊，保护着他，把他送回家休息一个星期。米尔斯的情急莽言并没受到处分，是桑顿居中斡旋，因为他全力支持米尔斯，自己一肩承下所有的责难。那就是桑顿，他总是支持他的部属，决不让任何人落单。

米尔斯在思及那天桑顿和众人告别时，不禁回想起在华盛顿的那个事件。他在1948年6月8日写信给桑顿，时间差不多是在桑顿终于找到了一份新工作后一个月左右。

“过去这两三天来我一直试图分析为什么那天居然没有任何一个人开口讲话。我不知道其他家伙们脑袋里想些什么，但就我而言，你的问题无异于要求大家在同一时间内考虑无数个因素，以及对这些因素加以评估和判断。也许是因为大家典型的思考方式，我们开始思索这个新状况的优缺点。像是‘就你那方和我们这方的情况而言是如何’，以及‘我们离开公司会制造出什么样的新状况’之类的问题。在我们考虑这类问题时的那一刹那间，就已经来不及立即回答你的问题了。

不管在什么境况下，桑顿，大家都十分迷惑。然而有件事情却是十分肯定的，那就是由你所表现出的情操，你在我们心目中的形象更加高尚了。如果我是你的话，我想自己是怎么也做不到像你那样好。我们之中没有任何人认为你失败了。身为一个小组成员来说，我们是犯了一些错误，这是毋庸置疑的。而你一向最强有力的性格，再度为我们挺身而出。如果我们不能了解到若非由于你努力的缘故，我们是打开始就无法在福特工作的，如果我们真的想过抛弃对你的忠心的话，那么我们真的是忘恩负义了。然而，有件事情似乎十分重要，那就是盲目的忠心和理性的判断是无法共存的。

桑顿，我们所有的人都认为能和你相识是一种荣幸，这是肺腑之言。我相信在我们的心中对你个人的忠诚决不曾有过丝毫的存疑。但是当你离开公司时，我们的忠诚受到了考验——也就是我们该坚持对你个人的忠诚呢，还是该坚持我们对工作忠诚?

桑顿，我想如果你思及你我所曾经共同经历过的事情，当我倚着你的肩头而泣，当你为我奋力挺身而出，我相信你会明了我是不可能在如此短的时间之内，就把这些事全都忘得一干二净……事情会发展到今天的地步实属不幸，虽然你被迫扮演起如此的角色，我们仍然景仰你、敬重你，但我认为，如果今天我们多年患难下培养出的友谊和了解竟然因此而有所减损的话，那就是更大的不幸了。如果这样的事竟然发生了，那么我相信若非我没能够了解你的反应，便是我没能够体会到你所受到的压力有多大。”

如果桑顿觉得被他一手组合起来的小组背叛的话，这事只是帮他彻底脱离福特。而在底特律那些把过客当成评头论足对象的人口中，桑顿很快地就成了过去式。

第11章
择木而栖

幸运之神并不常常俯身眷顾任何人。有利的时机并不是完全依照你所想象的方式出现，没有一件事是如此的。

——亚瑟·海普思爵士

当电话响时，简刚刚才沐浴完毕穿上浴袍。那是一个星期五的早晨，她的女儿莎莉已经上学去了。安德森这星期因商务关系离开小镇去了趟旧金山。

“简，”电话里传来熟悉的声音，“我是桑顿！我目前在洛杉矶。我和霍华德·休斯约了时间，而他方才把约会延期。我想搭辆计程车去看看你。”

“桑顿，你在哪里呢？”简问道，她的头发还湿漉漉的。桑顿目前所在的地方离他们在日落大道上的比弗利山庄旅馆的家不过是15分钟的车程。

休斯，像当时许多好莱坞明星一样，匿身在旅馆里游泳池畔的一间小屋。“桑顿，你得给我一小时的时间。我的头发还湿漉漉地滴水。”

“我没那么多的时间。就用丝巾把你的头一包就可以了。”

“桑顿，我才不要呢，”她抗议道，“你得给我一个小时的时间作准备。”

神秘富豪

桑顿使出浑身解数，连哄带骗，在她还没意会过来时，他已经来到门前并在她的脸颊轻轻一吻。她的头发还没全干，但是她给他倒了杯咖啡，而后自己去穿戴整齐。他们聊起在底特律的朋友，他离开福特，以及和休斯的意外约会。桑顿计划和这位神秘的亿万富翁见面，洽谈替他工作的可能性。他从来没来过洛杉矶，因此简建议在他和休斯早上 11 点的约会未到之前，他们先在比弗利山附近兜风。

简才把桑顿放一边，回到家里再把头发卷好，桑顿又打电话来了。休斯这回说他要到下午 3 点半才见他。她又再度把头发放下来，开车去接桑顿，载他到从战后就成为许多人爱光顾的麦克亨吃午餐。当安德森晚上回家后，他们一起到比弗利山庄旅馆用膳。然而当他们再度和桑顿见面时，他仍然还未见到休斯。他 3 点半的约会时间已过；过了 4 点，4 点半，5 点，5 点半，6 点，休斯既不见踪影也无音讯。桑顿最后打消念头，和安德森及简在旅馆豪华的餐厅见面用膳。

安德森虽然在贝金斯公司工作不过数月之久，但他对他的工作和在加州的新生活十分满意。他的上司是贝金斯的会计主任，是个酒鬼，如果安德森在工作上有任何疑问，他必须在中午以前提出。过午之后，想和他有头绪地交谈是不可能的。安德森显然有朝一日会取代他的上司。他和简都已见过老米罗·W. 贝金斯，即公司的总裁兼老板，也是创办人的儿子，在比弗利山的寓邸和他共进晚餐。安德森显然不曾因离开小组而吃苦。如果桑顿注意到了这点的话，他表面上倒毫不动声色。但桑顿显然十分高兴。

简开玩笑说他们从底特律开车的四天跨州之旅中，有件事值得一提——他们买的福特水星笨拙无比，只要驾驶双手稍稍一离驾驶盘，车子马上滑到路边。他们一到洛杉矶就把车子给扔了，断绝和福特的一切关联。

三个人闲谈着福特的事，以及桑顿是如何与令人难以捉摸的休斯敲下时间会面的事。1948 年 1 月初，也就是桑顿和克罗素起冲突后不久，他去了休斯敦为青商会演讲。在会中他和一名战时老友——依拉·依克将军不期而遇，依克当时正为休斯工作。1946 年 1 月桑顿在华盛顿的最后几天，他在依克的麾下为战务暨海军部长做了一份特别计划。桑顿告诉依克说他要离开福特，依克建议他来加州和休斯谈谈。

因此他就在美国有名的富翁兼花花公子的召令下来了。但休斯到底是想见他，还是在进行一项奇特的意志力测验，桑顿心中并无个准儿。桑顿继续等了，他打算再给休斯一天的时间，等他打电话过来。然后，在等得不耐烦了之后，他打了个电话给休斯的一名助理，坚持要和休斯见面。

“喂，我一定得和他见面，”桑顿抗议道，“我在这里已经坐了两天了！”

“我们会和你电话联络的，不要担心，”这名助理说，“休斯先生这阵子非常忙。别紧张，我们会打电话给你的。”

“不成，你听我说，我现在就得见他。你要么现在就去安排这件事，不然明天我就要走了。”

就在约定的时间，一辆饱经风霜的雪佛兰慢慢地驶上旅馆的车道，停在桑顿的身旁。驾驶员探身把车门打开，示意要桑顿跳上车来。

“嗨，”他说，“我是霍华德·休斯。”

甚至不等他那奇怪的招呼，桑顿也能认出他来，因为他早就看过许多他搂着好莱坞时髦美女的照片了。他形貌瘦削，上唇部分留着稀疏的髭，头发严整地梳向脑后。穿着熨烫笔挺的西服来赴这样的一个秘密约会，显得修饰过度。休斯既未穿外套也未打领带，只是穿着一 件敞领的衬衫和一条米白色长裤。两人未再多言即在黑夜中驶去。

当两人坐在休斯朴实无华的办公室时，最令桑顿感到印象深刻的是休斯似乎真的爱国，这一点和福特二世全然不同。二人谈起共同的关注，认为美国应该在军事上保持壮大，以维护他世界领袖的新地位。桑顿说他之所以离开福特是因为公司对国家丝毫没有责任感，显然他是用自己的方式

桑顿很快就在亿万富翁怪人霍华德 · 休斯手下找到工作，这张照片显示休斯正在操控他制造的巨型木造飞船，这艘飞船被人戏称为“大笨鹅”，是 40 年代耗费 2500 万美元的重大失败。

解释他离职的原因。休斯表示他也有同感，说他认为共产主义对国家是一项危险的威胁，美国应该对之有所警备。

他们谈了三个小时，而后休斯才在凌晨三点钟左右开车送桑顿回旅馆。虽然休斯并未明确表示要聘用他，但桑顿觉得自己和他颇为投机。休斯安排桑顿和他的主要助理诺亚·迪斯奇做短暂会面，之后桑顿就回到底特律，心里盘算着这次异地之遇是否会有结果。

重新出发

他不断和迪斯奇及依克在电话中或通过信件联络，最后才在五月一日加入休斯工作机公司担任副总裁之职——时间距他被福特公司解聘后达四个月之久。桑顿拿的薪资不如他在福特的优渥，而且也没有自定价码的奢华机会。然而他和弗洛拉仍然为事情的发展感到高兴。打从战时，桑顿就想要回德州去，他直觉地认为战后的德州将有很好的发展机会。同时他和弗洛拉也会和家乡及家人更近一些。休斯工作机公司是他们返乡的机会，并且他也有可能继年事渐长的迪斯奇成为休斯的左右手。

迪斯奇从1925年起就加入休斯飞机公司，帮助休斯把继承时价值130万美元的家族事业转变成惊人的财富。休斯告诉这位身形瘦小的会计师："我要你把我变成世界上最富有的人。"迪斯奇几乎办到了。而现在桑顿预见到，如果事情的发展如愿的话，自己将取而代之。这两人来自不同时代；桑顿才30来岁，迪斯奇却已经60岁。而休斯工作机公司，经由它在生产钻油工作机业界执牛耳的地位，本身即是一个相当不错的企业王国，每年净收约1 500万美元。如果桑顿他无法为福特二世制作演出的话，他大有可能替休斯执导。

但是在他第一天到休斯飞机公司上班和迪斯奇共进午餐时，桑顿突然接获指示，要他到休斯工作机公司在加州喀尔佛城的附属公司接一份临时任务。休斯要他研究一下休斯飞机公司的运作，然后提出改革建议。这个附属公司是在1934年创设的，主要是为休斯制造私人比赛用的飞机，但是公司内部毫无组织，以致自公司成立以来，还未真正自模型设计进入生产阶段。相反的，它很快就被人戏称为休斯的玩具店。

过去这六年来休斯已为这个分公司换了六名总经理。自怪人休斯一次驾驶仍在测试阶段的海军侦测机坠机后，子公司至今仍在这个失败事件的阴影中挣扎。目前公司正在研发制造一架休斯在战时就已展开的大型三夹板飞船。桑顿读过有关这架重达200吨，翼长319英尺，有着8个引擎飞机的报道。它只飞过一次，在空中仅停留了40秒的时间。公司里的1 000名员工约有400人仍在研发这架人称木头鹅的飞机。公司唯一的收入是来自生产世俗常见的东西，如弹药带，送弹匣，甚至连电视机外壳也包括在内。

迪斯奇对这个部门感到厌烦，因而告诉桑顿要削减损失，建议他也许应该把整个部门给停掉，一次解决。1947年，这家公司营业额只有190万美元，亏损达75万美元。

“我已经试了许多年，企图说服休斯将这个喀尔佛城分公司脱手，”迪斯奇告诉他，“这个部门一直都是个赔钱货，所出的纰漏总得工作机公司掏钱垫补。”

桑顿也许对奉派加州而非德州感到过失望，然而他的新任务很快出现让他一展长才的机会，但同时也存在着陷阱。喀尔佛城位于洛杉矶郊外，离海只有二英里远，有加油站和钻油井。

桑顿所看到的是一个苍凉却大有可为的公司。在电子实验室里，他发现有两名杰出的科学家正和约150名员工从事自空军部队接下的工作契约。赛门·罗莫和迪恩·伍瑞吉是加州工技学院的同学，毕业后各自分开发展，罗莫到通用电气，而伍瑞吉则到贝尔实验室。现在两人在休斯飞机公司重逢后，一同从事两件空军部队的研究工作：一个是将空中侦测雷达和经电脑控制的电眼装置组合起来，另一个则是研发空对空导弹的导航系统。

这是两个并非迫在眉睫的计划。事实上，空军部队不过以数十万美金之数和公司签约发展这两个计划。但在和罗莫及伍瑞吉坐下来交谈之后，桑顿深信这两个计划有雄厚的潜力。“我的天，”他对自己说，“这两个家伙是天才。”休斯用高薪把他俩请来他的玩具店，听任他们梦想着未来的科技。在战时他们发展出喷气机，为自己找来一个重要的问题。这喷气机速度如此之快，飞行人员再无法仰赖他们的眼睛、耳朵和手来射下另一架飞机了。他们需要精密的感应系统，以及一个能够让飞行人员锁定目标飞机、推算出它的航道，在高命中率的距离下开火的电脑。如果这两个科学家真能成功地完成这个把戏，这些发射控制系统就有可能让公司起死回生，带动公司起飞运作。

东山再起

刚开始时，桑顿决定抛弃无盈利价值的计划，而把公司转变成专事生产军事电子装置的机构。在大战结束后，大多数的公司都放弃军事市场，没人预料到会有另一场战争，因此大幅降低市场的竞争。通用电气和西屋，和大多数的公司一样，都涌向生产消费性商品，企图在消费性商品价格飞涨的市场分一杯羹。但如果朝着相反方向发展的话，休斯飞机可以一举成名，这样的构想深深动摇着桑顿之心：何不追求电子新领域以保持美国的强盛?

但是迪斯奇接到桑顿的建议并不高兴。迪斯奇希望桑顿把喀佛尔城关掉，或至少将这个厂大幅缩水。现在他的新经理却和他唱反调，建议休斯投下数百万美元扩充，以协助科学家继续推展他们的研究。迪斯奇立即明白，有一个野心勃勃的人在觊觎他的宝座。

迪斯奇告诉他们说这个公司自始就不曾有盈利，继续经营下去只是白浪费钱，因此他反对任何会花更多钱的计划。桑顿一定暗忖过，他之所以离开福特，是否为的只是在休斯飞机公司碰上另一个克罗素?

“我雇用你的目的不是要你那么搞，”他对桑顿说，“我以为你是我的人！”

“我以为我的工作是以建设性而非破坏性的态度，去研究那个地方。”桑顿反驳道。

“如果是由我决定的话，我就会把它给关掉。那个地方毫无前途，只会碍手碍脚。”

在这次谈话结束后，尽管迪斯奇反对，依克将军还是打电话给休斯，征得他的同意。迪斯奇告诉休斯说，如果他同意这个计划，他不负任何后果，并且预言这个计划将造成他财务上巨大的亏损。休斯却把这个建议视成一个机会，因此他批准了这个计划，命迪斯奇把钱拨给桑顿和依克，以做扩充计划所需的资金。

休斯坚持由依克来担任母公司和子公司间的联络人，并在桑顿的同意之下，依克招揽了哈洛德·L. 摩尔中将担任航空器分部的总经理，而桑顿担任他的副总经理。桑顿以前就认识这位叼雪茄烟的家伙，因为他就是大战期间闻名遐迩的空军运输队指挥官。休斯答应用他利润丰厚的工作机公司的资源提供给这支新的管理队伍，并发誓决不会干预航空器分部的运作。

桑顿获胜了。但是这份工作和他在福特公司的工作迥然相异，这些差异只会让一个为欲望驱使的人更加谦恭。桑顿从世上最大的公司搬到一个花花公子的玩具店。现在他几乎是独自一人，没有他所熟识且信赖的小组。

他的领域比起在福特王朝不过是超级小国：在销售方面不到美金200万元，而非将近10亿美元；只有1 000名员工而非13万名员工；只有零星几个停机棚，而非壮丽的鲁治河厂。

然而，正如他在福特的纷乱中看到大好美景，桑顿在这里也预见一斑。至少桑顿有休斯为数可观的钱供他使用。尽管他副总经理的头衔显得寒碜，桑顿发现他有权力可以统筹公司的日常运作。虽然表面上看不出来，但这个工作对一个有心建立王国的人似乎再理想不过。

原以为会在德州工作，因此桑顿和弗洛拉把他们的家当从底特律用水运搬来休斯敦，现在他们却得搬到加州去。桑顿在洛杉矶的菲特山庄租了一间附带家具装潢的房子，而弗洛拉则留在底特律，等把他们那儿的房子卖了之后，再来西部定居。

很快，桑顿开始构筑他的新班底。他从福特挖了两个人，其一是摩尔·芬尼摩尔。他是哈佛科班出身的律师，也曾是统计控制小组的成员。在他表明要离开福特时，麦克纳马拉还告诉他如此做他一定会后悔。桑顿并不试图说服他在福特的班底追随他，也许他仍为他们当时的沉默所伤，或他不愿有任何人事能挑起他在福特的失败记忆。相反的，桑顿再度筛检他的联络资料，诱使其他统计控制小组的成员加入休斯。罗莫和伍瑞吉则在他们的专业领域中，向其他科学人才招兵买马，加入他们在喀佛尔城蒸蒸日上的实验室。

1948年秋天，这个小组首度有了突破：他们拿下一个小小契约，价值800万美元，为洛克希德的F-94战斗机制造200个发射控制装置。公司在实验室里试验过几个装置的性能，但是还没设立生产线。但有了休斯的钱做后盾，桑顿拿这个契约当王牌，一口答应11个月内交货——这是一个十分大胆的进度表，因为其他的制造商预计从发展到生产这样一个装置，至少得花三到五年的时间。

朋友?

在福特公司，剩下的七个青年才俊，在没有桑顿和他引起冲突的情况下，过得反而比以前还好些。改组和换人是家常便饭。麦克纳马拉、米勒和兰迪以他们在财政方面的长才日获布里奇的重视。利斯致力于贯彻一个布里奇认为和公司存亡攸关的预算削减方案。莱特和包士华才刚刚调薪。米尔斯则调去销售推广部。米勒在一份给桑顿的进展报告中，向他道歉他的信语无伦次，并把责任推在麦克纳马拉身上，说他在最后的15分钟，用电话打断了他三次。米勒利用这个机会把桑顿最近的一封信的最后一句话读给麦克纳马拉听，信上要麦克纳马拉和兰迪有时间的话写信给他。“告诉桑顿写信来，”麦克纳马拉开玩笑说，“他知道我向来以写信差劲闻名，而我不希望他收到这样的一封信。”

当他们听到桑顿升任休斯飞机公司行政委员会的主席时，贺信从全国各地而来。而桑顿在觉得稍微多了些安全感，稍微离福特远了些后，才说出积压在他心中许久的话。在一次受巴黎圣母大学之邀就“企业管理的组织”一题做专题演讲中，他利用这个机会把他在福特所学到的教训做了一次综合性发表。

座谈会的听众当时并不知内情，他们首度听到桑顿说起自己对福特的失望。桑顿用几个关于老福特二世，及他在战后初到福特时所见的悲惨状况的妙语，博得听众的欢心，他说福特在它草创的最初20年之所以有盈利，是因为它唯一的竞争者是马。但是他演讲的主要内容却十分严肃。“除非一个企业家经营的是一人公司，否则他必须把他部分的责任分给他的助理，”他告诉他的听众，“但我们太常见到在企业中责任的划分不明，不能使人信服。在各个管理阶层中必须明确每个人的责任，以便让他和他的同事能明了彼此的分际。必须费心确保在工作中没有重复，分派责任上没有空当，这些都是企业处理事务上所必需的。”

“关于好的组织所必须有的，也是在现时企业中最不为人所认知的第二个原则是：权力必须和所赋予的责任相符。”

“你不能要求个人负起责任，却又不赋予他完成任务所需的权力。尽管这个原则对好的组织管理十分重要，但是在我所熟知的公司中，有超过半数违反这个原则。你将一次又一次地听到某某人要为某某工作的执行情况负责。大多时候只要你费点工夫调查，就会发现事实上完成这项工作所需的权力却给了别人。这样的做法无疑是在组织中制造挫折感，并且扼杀有效运作。”

“当一个领导人有实权，而他的下属有责任，当这名领导者批准了他下属所采取的行动时，他就自然担起了责任。这个下属事实上只是一个名过其实的职员……”

如果桑顿在福特失意时觉得自己只是一个“名过其实的职员”，他现在可是一飞冲天了。他为自己能在休斯飞机公司立足深以为傲，并且他要他以前的同事知道他的成就是多么非凡。他天真地把他的讲稿分送给他在福特的朋友，包括福特二世。福特显然读了这份文件，并且深觉桑顿污损了他祖父的名誉。福特二世十分愤怒，于是在1948年11月9日寄了一封信给桑顿，几乎毫不掩饰他的不悦：

“我由衷觉得你所引用的几则轶事显得草率。虽然我并无意在这些轶事上和你斤斤计较，可是我确实认为你所引用的一个例子，你得给我一个适当的解释，就是你说我祖父唯一的竞争对手是马这件事。显然，以你在汽车业的资历，你没有资格做这样的论调，因为我可以肯定地说，只要是任何汽车业的学子都会说那样的说法是不确实的。”

当桑顿收到了福特那封用总裁的文句写来的信时，他几乎无法相信这会是福特二世的反应。桑顿不曾想过他的言论会惹恼福特二世，而且他也不认为他对福特祖父的批评有污蔑之意。桑顿立即在11月18日那天回信，企图保住一些表面的友谊。那仍是桑顿在生命中所最重视的。

“福特二世，和你信中意有所指相反的是，我对福特公司并无恨意。虽然你和我之间曾有过协定，且那也是我决定去福特公司的主要因素，而这个协定却在我加入了公司之后被束之高阁……我仍然对公司或者对你都毫无恶意。在我离开之时，我并未告诉你当时环境状况的任何情形，我也无意如此做。我想假以时日你会对整个事件有更清楚的了解……

请记得我永远是你的朋友……”

第 12 章

十杰各自纵横

大部分的人都能轻松愉快地执行一份工作，但是却为头衔所困。头衔的作用是相当奇特的，它几乎相当于一块臂章，上头写着：此人除了自我膨胀，会贬抑其他人之外，无事可做。

——亨利·福特

在舞厅开门的数小时前，就有两千多人顶着滂沱大雨，淋得全身湿透，在纽约的华尔道夫·阿斯托利亚饭店的门前排队。时间是 1948 年 6 月 10 日，时值美国为间谍恐惧症所笼罩，而政客们正激辩着马歇尔计划的优缺点。当福特开着他那辆崭新的福特汽车从几个街外的卡尔敦豪邸开到华尔道夫时，这些事情在这一刻似乎都为他而静止。在那里，纽约市长保罗·奥代尔啪哒一声开了电源开关，把整个饭店的舞厅照亮得像是嘉年华会，为展览正式揭开序幕。

群众虽然全身湿漉漉却十分兴奋，把展示新车型的舞厅挤得水泄不通，连东、西厢的巴瑟顿厅、翡翠厅和亚斯德廊都为人潮所占据了。亨利·福特夫人从舞厅包厢的坐椅上往下看，看着众人翘首引领，等着看她的孙子，其热切不下于他们想见新车型。四十多年前她就参加过第一次汽车展，她的丈夫把这个展览形容成“世界上最伟大的展览”。

在6天中有约25万人前来参观布里奇为打败通用汽车，而推出广受报界佳评的新车款。在如火如荼的工作及无时无日的开会检讨了六个月之后，他终于达成了目标。现在他为自己开一个足堪媲美恺撒大帝的庆功晚会。

新车上路

这是布里奇的大事。这个1949年车型和取代T车型而起的A车型造型上全然不同。这是布里奇的宝贝。以往挡泥板总是自方方正正地在车身上悬挂而下，现在福特丢弃这个众所熟悉的模样，以更精巧的车身造型取代，挡泥板、车头和车尾的线条更平顺，没有多余的装饰。这款式立即造成轰动。这款车型在汽车商的展示屋正式揭幕的第一天，就有十万多人抢先订购。

然而对桑顿小组留下来的七个人而言，这个新车型似乎不存在。他们并非对这个车型有了健忘证，而是他们被排除在计划之外。福特宣称这款车花了公司1 000万小时，7 200万美金才生产成功。青年才俊们在福特所花的大笔时间、金钱中只占了极小部分。他们并未全心投入汽车的制造，而是投入公司的改造。财务控制、预算编列、生产进度、组织图表、成本和定价研究、经济分析和竞争力调查，占据他们全部的精力。

他们认为这个新车的款式或工程并没有突破，它的成就在于生产规划上。除了利斯外，他们没有任何人能像布里奇或克罗素一样，一跳进车里，立即就能对它的性能做一番分析。布里奇只要坐进车里十五分钟就能凭本能告诉你这车子是太重了还是太轻，它开起来的感觉是美妙还是糟糕透顶。触摸和感觉对青年才俊而言并非有用的观念，它们不是可以计算的观念，它们根本不是观念。触摸和感觉并不是改革的基石，也不能引导企业走向完美的道路。

就制造出一部他想要的车子而言，布里奇是成功了，但他并未真正在这场战争中获胜。在他和青年才俊的差异后面，潜伏着一场美国企业未来的争斗。一边是为车子的美、声音、感觉和自由而活的汽车族，谈起引擎就眉飞色舞；另一边是像桑顿班底及日渐增加的支援部属这些人，快感对他们而言是从控制组织中得到的，而非来自一个从生产线上出炉的崭新车款。

在 40 年代末期和 50 年代初期，随着成千上万的专业人才涌入战后如雨后春笋般蓬勃发展的公司后，美国企业界的企业管理及行销理念逐渐出现分裂。这些受过教育的新人进入一家家公司，投入控制美国企业的战场：偏好数字的人铆上偏好产品的人。少数异类偏爱像桑顿这类人，因为美国战后的繁荣加快了企业的成长，企业变得更庞大更复杂更难管理。

在福特公司，这样的分裂并不需要太多的争战，而是一个既定的结论。公司的困难和福特解决困难的企图，使得公司里的汽车族风光日子所剩不多。

企业组织

在福特公司，青年才俊变成专业人才。就像是外科医生对躺在手术台上的病人不带感情一样，每个青年才俊都是冷静、理智而客观的。然而令人感到讽刺的，却是 1949 年的车让他们扮演起重要的角色。尽管布里奇设计生产的车型获得大众热烈支持喜爱，这款车的品质却是一场噩梦。这款车会漏水。车门常无缘无故地就自己开了。钣金部分有凹痕。引擎常在开车中就熄了火。汽车的防震装置在车子一驶上崎岖的平交道就七零八落。工程师怪罪制造部门，制造部门怪罪工程师。总要有人为这整个产品担起责任。

先前，查尔斯·桑顿指派莱特、包士华、摩尔和安德森负责一项改革公司组织的计划，使它的权责划分更清晰。莱特以前一手创始了统计控制小组的组织图。福特采用了他们部分的建议，但并未彻底遵循，因为这个制造战后新车型的工作比组织事宜更重要性。尽管如此，布里奇了解这事的重要性，在他初次和桑顿见面时，他就建议桑顿和他的从属要读德鲁克的企业组织概念。

此书后来被视为一个里程碑，成为全球建构现代企业的蓝图。当时探讨经营这个议题的书相当少，即使有这样的书，也似乎不是为管理大众而写的。大多数的管理人员不知自己是在做管理的工作。

1943 年，正当桑顿在华盛顿渐成气候时，通用汽车请德鲁克来公司研究它的政策和结构。公司里第一代的开拓者不是已经离职，就是马上要退休。皮耶·杜邦，已经去职有 20 年之久了。杜邦在 20 年代接管通用时，公司处于形同破产的状态，是他将分权制度引进通用才改变了一切。阿尔弗雷德·斯隆，这位杜邦重用为总裁的专业管理人才，已经在通用汽车公司担任企划暨总裁 20 年之久。在战争末期时，斯隆已届退休年龄，并打算辞职。多纳森·布朗，这位为通用设计财务控制，使得公司得以延续下去的人，计划和斯隆一起离职。公司希望它下一代的管理人员能有一套文字记录，作为他们的导引地图。

这个私人研究后来成为一本将管理转变成科学的书。诚如德鲁克自己所说，此书对所有主要的管理议题都加以剖析，许多还是创见：组织和社会责任；个人和组织间的关系；高阶管理的功能和决策过程；管理人才的发展；劳工关系、社区关系和顾客关系。

这是深奥难懂的东西，一个企业界的新“量子物理”，对老福特二世而言毫无用处。在斯隆开始架构通用的组织时，福特汽车占有55%的市场，而通用才占有1%，老福特二世对通用的这些改变大声嘲笑。在他的自传中，他如此写道：

“对我而言，没有什么东西比时人所谓的‘组织天分’这种心智偏向更危险的了。这种偏好之下所产生的通常是一幅巨大家谱模式的图表，上头画着权力如何分化成系统。家族树上结满了又大又圆的果实，里头写着某某人或某某氏的名字。每个人有一个头衔，受他所占的果实大小严格限制权责范围。对一个位于图表左下角的人而言，如果他想转达一个建言给总裁或董事长的话，就得花去六个礼拜的时间，而且如果他真有幸层层上报到这些威风凛凛的长官，建言之上早就一路添加了无数的批评、建议和解释。”

如果老福特不需要组织的话，那是因为他要求公司的每一件事物都得一件一件地上达到他那里。但公司已经快速成长得像是一个无人照管的花园，到处都长满了果实。福特所指的组织图正是通用起死回生，使公司的表现超越卓伦的重要因素。在1940年之前，通用已经占有了汽车市场的45%，而福特的占有率下滑到仅仅16%。依桑顿的分析，从1927年到1939年，福特的产销只能勉强打平，通用却赚进了上十亿美元。克莱斯勒，依通用的模式组织，也赚进了七亿多美元。

德鲁克所分析并公之于世的观念将主宰接下来数十年的组织思考。大型公司由各个小公司般的部门组成，各个部门有一个实际负责人职司部门的独立运作。他们直接负责公司的盈利问题。生产部门专事公司现有的企业经营，而职司公司法人阶层的人则负责公司长远规划。在推广这些观念上，斯隆并非是唯一的人。通用电气的拉尔·科迪诺也是这个运动的先锋，而在1945年之前，许多大公司，包括标准石油和AT & T已经将他们公司的组织改头换面，恪遵分权模式。但是权责规范问题，就如福特所言，一直都存在。

分权自治

留在福特的青年才俊奉德鲁克的书如圭臬，因为他们在工作上所遇到的问题，书中都提过也讨论过。他们一致同意他们的第一个目标是树立起一个权责分明的组织体系。当他们在福特这个缺乏效率的庞然大物中摸索会诊时，他们惊讶地发现各个部门之上根本没有负责人。大部分大型公司都分为两个阵营，一个是负责人事，一个是负责生产。负责人事的人研拟规划公司的策略，检测它的成长进展以及作决策并下达。负责生产的人则专司决策的执行。在福特却没有如此划分。1949年这款车的品质问题就反映出权责划分不清的毛病。

一度，桑顿把詹姆斯·莱特派到包士华在迪尔班旅馆的房间，专心一意地为福特彻底改组一事重新规划。这个任务是由福特二世自己明确交代给他们的。“给我好好待在那里直到你把问题解决了。”桑顿告诉莱特。莱特离开圆形塔，在包士华的房间待上一个多礼拜，而后带回一份厚厚的报告，叫“福特公司的组织问题”。因为报告的封面是蓝色的，他们遂管它叫“蓝皮书”。这份报告是一份有分量且令人赞赏的成果，有着57页的内文和图表，明确地叙述福特公司需要在操作上分权，在管理上集中。报告写得简明扼要，仿佛莱特知道福特二世需要完整又彻底的企业教育，即令他有布里奇在身旁辅导。的确，阿杰·米勒后来说，他宁愿向布里奇和福特个别做简报。“布里奇是一个真正的专业人才，”他回忆道，“你可以用三言两语就让他知道一大堆事。但是对福特二世的话，你得先给他背景资料，然后再作报告。”莱特在报告里说组织的作用是建构一个引导企业事务的模式及一个蓝图。它为企业运作添了明确性、秩序性以及目的性，没有了组织，企业运作就茫然混乱无所适从。

组织系统帮助每一个员工了解工作是什么，他有多少权力，他的上司是谁，以及他和整个企业的关系是什么。

它避免工作的重复，行动的浪费和漫无目的的努力。

它为成本的分配和控制，预算的编列，获利或亏损的衡量，提供了一个可行的办法。同样的，莱特也为公司的每一个部门的分权作规划，包括设立一个福特公司分部。

每一个分立的部门各自负责产品的设计、生产和销售，因为各自都有不同的作业；结果是各个部门都必须对获利与否负责。

成本随时可以独立计算出来，没有利润可言的活动可以随时找出，而管理上的决定，譬如说资金的运用以及产品的转换，可以按确实可靠的数字来订定。

高层管理人员可以免去例行公事的负荷，而有专心致力于他们的基本工作的自由——即计划、决策和控制。

如此就可以培养出全方位的行政人员；在操作层面上言，他们可以有更广阔的经验，而独立、主动及领导能力就因此培养出来了。

在福特公司，他们的主意立即就受到采纳，而这批人也急着推动。詹姆斯·莱特、查尔斯·包士华、弗兰西斯·利斯写下详细的工作内容，将生产和幕僚作业分开，分解报告关系，确立公司里信息和财务的流程。未经莱特和包士华的组织部正式登录记载，任何部门都不准设立。他们甚至还设计福特二世和布里奇要用什么样的纸张为公司定下规矩，一份“政策函”——即任何建立公司政策的备忘笺——要写在绿色的纸上；而一份

亨利·福特是一个单纯的人，信念简单，他一定会鄙视十杰所拥护的一切。这位福特公司的创办人在公司里，禁用组织图和头衔——在福特公司还是小公司时，这种策略很适合，但是，等到福特公司成为汽车工业巨擘时，这种策略就导致公司从上到下混乱失序。

“行政函”——即任何公司副总裁的备忘笺——则用蓝色纸，好让它们在公司所制造上吨的文件中更加醒目。对他们而言，没有一样细节是不值得注意的。

新带头大哥

然而，在桑顿去职之后，这个小组立即有一个人和其他人保持距离。

青年才俊很快就发现不管是什么团体，只要有罗伯特·麦克纳马拉在的地方，不消片刻他就居上成为主导。查尔斯·包士华一点也不感讶异，因为当初他和在医院疗养时的麦克纳马拉初次会面时，他就见识到了。当时战事急转直下，麦克纳马拉受小儿麻痹病毒感染，桑顿来电命令从英国回到加州圣安娜中心的包士华去接替麦克纳马拉在派特森营区的指挥工作。

包士华马上为自己订了下一班飞机，飞到戴顿后立即到麦克纳马拉的病房报到。而麦克纳马拉呢，精神奕奕一如往常，坐在病床上，上头满布着空军文件。大部分的人在这种情况下都会给探病的人叙述哪里出了问题，身体觉得如何如何。麦克纳马拉却没有，他意兴盎然，只有一个速度——快速前进。

“哦，我很好很好。”当包士华问起他的病情时他这样回答。他根本丝毫未谈他的病况。包士华来的目的是要听麦克纳马拉扼要告诉他相关事宜，他好接替指挥工作，但麦克纳马拉无意把工作交出来。即使是在医院病床上，他仍要掌管一切。十天后，麦克纳马拉出院，而又再度回到工作。

那就是不屈不挠，凡事主控的罗伯特·麦克纳马拉，他很快地克服轻微的小儿麻痹病毒感染，拒绝让出任何掌控权——就如这些人在福特公司里所见识到的他一样，面无倦容，决不让步，一路带领着众人往更理性化的管理模式冲锋陷阵。精于计算的他，三两下就看完福特公司竞争对手的财务报告，一一分析给福特二世、布里奇和克罗素听。他埋进公司里早被人遗忘的数字堆中，把成本分析出来，揭露某笔生意的确实利润。他决心要让福特公司的经营管理在40年代后期引领风骚。

他、兰迪和米勒所做的和统计控制小组的情形一样。他们先设定好系统，让那些可供做财务控制之用的“事实”进入系统，然后借由他们诠释数字的能力，掌控愈来愈多的实权。以往主计长基本上只是将所发生的事记录下来——他所做的是会计的职责，以及做财务记录。但是就如桑顿在空军所做的一样，麦克纳马拉为主计长规划了一个关键的新角色。在他们重新定义之下，这样的地位容许主计长从事计划，预测未来以及做数量分析。

这个新取向是受了哈佛教授汤姆·桑德斯、路斯·沃克以及艾德·恩特极大的影响。沃克用“成本中心”和“预算中心”这样的词语，从这儿“利润中心”就自然而然诞生了。而罗伯特·麦克纳马拉在幕后推动公司利润中心的设立，以为每个运作把脉。这些人超越传统的生产成本控制，把控制的观念运用到所有的事物，包括市场行销和采购。他们计算产品对福特公司而言“应该付多少”，而不是仅仅接受最可能的好价钱。

慢慢地，麦克纳马拉为美国企业界衍生出一套新术语和新规则。他在数字方面的鬼才令布里奇和克罗素赞叹有加，遂在1949年提名他担任主计长一职。他的快速爬升是由另外两位和麦克纳马拉一同形成“十杰”核心的青年才俊所组成的，米勒和兰迪也拥有和麦克纳马拉同样的训练和理念。他们的晋升显示了一个主要的改变：头脑对企业的经营比狡诈更重要了。

MBA当家

在他们所承继下来的混乱中，最令他们难以置信的是品管人员的缺乏。大体而言，福特公司的老将们不能胜任他们的工作。因为缺乏正规教育的关系，他们的才智无力使公司向前发展，而且他们对现状的改变有极深的怀疑。“我们无法重新训练那些管理财务方面的人，”米勒回忆道，“这些元老们已经习于他们以前做事的方式，他们再没能力去做任何改变。他们就是没这份能耐去修正适应。”

米勒认为这些财务幕僚是他所谓的“负面淘汰”的牺牲者。错误的人选以错误的理由受人延揽。他们移转到财务部门的原因是他们认识班奈特或其他福特的亲信，而不是他们有什么足以傲人的专长。公司从来不曾费心招揽米勒所称的“聪明小子”，就是那些在院校中名列前茅的人来加入公司。事实也如此，公司从不曾到校园去招揽人才。

麦克纳马拉、米勒和兰迪——他们在哈佛、加州大学洛杉矶分校和普林斯顿攻读商学和经济——把这些老将革职，以年轻、心智相投、有大学文凭的人取而代之。财务部门逐渐成为福特公司内的知识圣殿，兰迪比任何人都更投入，把招揽新鲜血液当成是他的主要计划和关注点。

这位前任普林斯顿经济学讲师会亲自到几个主要企管硕士培训工厂哈佛、斯坦福、芝加哥、华顿、柏克莱和卡内基延揽最优秀的毕业生。当他到较不具知名度的大学去时，他从不会去考虑毕业班前两名以外的学生，兰迪的想法是：这样的人和从名校出来的人没什么两样。他们之所以屈居那儿是因为他们不知道还有更好的学校。在美国企业界还未盛行招募企管硕士之前，他早就开始如此做——当时他们多半被吸引到企管顾问公司工作。兰迪一心一意要招募最优秀的人才，遂要求每一个财务人员每年固定负责招募一定名额的企管硕士到福特工作。

兰迪和他的人员吸引人才到公司的方式是非比寻常的。他们向这些精英演讲，汤姆·李利这位跟着兰迪移民潮来到福特公司的哈佛商学院毕业生回忆当时的演讲词“每天你按照事务表上的十个工作项目开始工作”，演讲人告诉他们说，“你会忙得团团转，会议、任务一个接着一个来，忙得你可能会开始抱怨起某项工作，然后随着这一天的前进，你再加另外十个工作项目到你的事务表。你每天工作15个小时，你整天打电话，像是和听筒结婚似的，忙得天翻地覆。当一天工作结束后，你大概会一屁股坐进你的椅子，而后对自已说‘干！’但如果在这之后你笑了，即使只是微笑，那么你就是我们所要找的人”。李利同意这番话其实了无新意，是廉价的表演，像是小贩的沿街叫卖。然而这番讲词却从最好的企管学校，甚至从最好的公司，像柯达，带进来最好的人才，年复一年。这个演讲词起了作用，因为其他公司所提供的不过是重复循序的工作。但在福特公司，你永远不知道接下来你会爬到哪里，因为公司的发展太神速了。

随着时间的推演，更多的企管硕士加入财务分析师的工作，而他们的工作也更多。在福特二世把他的总部搬到美国路的玻璃宫之后，兰迪的企管硕士——在海一般的灰色办公桌前辛苦工作——占去数层楼的办公室，也掌控了更大的权力。他手下的一名助理，口袋里带着一张小小的卡片记录着有多少哈佛企管毕业生在福特工作。每年都有数十名新进的企管硕士加入，直到财务幕僚增加到四百人之数，更多人在这方面担负起重要的任务。

这些因麦克纳马拉、米勒、兰迪的关系而引进的庞大财务幕僚，不久就引发了一场从事制造生产和非从事制造生产者间的内战。这是一场介于相信底特律是汽车业重镇者和那些新进科技人员间的战争。随时间的推进，战争愈演愈烈，一场你争我夺下来，受到最大伤害的可以说是底特律自己。两方都有自己的支持者：汽车族关切的是美国大众年年想有一款新车的欲望；数字族关切的是银行家和股东。两方除了各持己见外都无处可去，每隔一阵子就彼此大干一场。

新贵利斯

在1949年的早期冲突中，克罗素赢得了桑顿极力想要的职位。令人感到嘲讽的是他的晋升却是在詹姆斯·莱特的分权自治实行的同时。这个福特公司内第二重要的工作，理应由克罗素职掌，点子却是由他解雇的人所构想，而由桑顿的手下设计出来的。当福特二世在走道上看到他时说："喂，克罗素，将来你就是福特公司的实际掌门人。"

克罗素在获派此职之后，搬出了行政大楼，将自己的办公室设在公司密得贝路上存放汽车零件的老旧库房。通用汽车的雪佛兰也做过同样的事，从通用大楼搬进公司的体育馆以节省成本。而那也正是克罗素的用意。利斯就是他招募来的第一批人马之一。他也找来了莱特担任他的个人助理，而后包士华职掌组织部。

当克罗素刚加入福特公司时，桑顿在上班的途中都会顺便去载莱特和克罗素。开车途中的谈话，总是桑顿和克罗素两人主导，偶尔克罗素会称坐在后座的莱特为“那个讲话慢吞吞的家伙”——揶揄莱特的美国南方出身。莱特讨厌这意味着他不知道自己在做些什么的弦外之音。当莱特念完了他的会计夜校课程之后，他拿着成绩单去见克罗素。“现在你不用考虑送我去念会计了。”

克罗素是一个万事讲求仔细的人，对于那些直接向他报告的人，他都要求莱特准备他们的详细个人资料背景。这些履历资料得包括此人眷属的年龄，连他是否和他的妻子合法分居或者离过婚也要记录下来，或许克罗素认为这样的记录显示此人的性格不定。克罗素是理想的公司警察，他甚至指导他的下属该如何写报告书才能为自己留下一道后路。“你不能说某件事情是如此如此，”克罗素说，“你得说，这事就表面上看来可能会有如此的状况发生。”

莱特发现克罗素好为人师，包士华也为克罗素对汽车业的知识所吸引。作为在福特公司新设立部门的助理，莱特常陪同克罗素巡视装配生产线，而克罗素就在一边指示他该注意哪些事，比如焊接不良，车顶内部衬里有皱折或松垮。他知道隔音涂剂的正确使用方式，这是一种像沥青的隔音材料，生产线工人拿来涂在汽车接缝处，以阻隔金属间的碰撞，防止车子发出叽叽嘎嘎的声音。那些负责涂抹隔音涂剂的工人的模样，令人难以置信，身上沾着这骇人的东西，裹了一层硬壳似的，活像史前时代的动物。如果隔音涂剂的涂抹不够精确的话，一部车开起来就会吵得要死，灰尘也会跑了进来，水也会经车体漏了进来。

后来，当桑顿打电话给莱特问他近况如何时，莱特都会提起克罗素，以及他的工作做得多么好。“哦，我的天哪，莱特。”桑顿就会如此回答他，他没法忍受这样的念头。他们一直都和桑顿保持联络，有时打电话，有时写信。

克罗素一定是感觉到了利斯是多么热衷于他的工作，他变得十分喜欢利斯。当莱特让桑顿无尽懊恼地逐渐尊敬起克罗素时，没人比利斯和克罗素走得更近。的确，当利斯的第二个男孩在数年后诞生时，因为他们对克罗素的喜爱，遂为孩子取名为克罗素。在福特分部成立后没几天，克罗素就把利斯网罗来担任策划产品计划的经理。这份工作包括监督一部车从款式设计、打造到完成的每一个步骤。这份新工作，让利斯和罗伯特·麦克纳马拉处于对立的立场，因为担任主计长的麦克纳马拉，他的任务是要留心防止新成本偷渡加入，设法把能剔除的旧成本全都剔除。

这使得利斯成为克罗素的交通警察，负责管制所有进出他办公室的一切事务。他参与所有重要的会议，阅读所有重要的报告，研判什么事情该做，什么事情该搁置。这是福特企业中最大部门里的一个核心角色，而利斯在这个职位上，将有优异的表现。

连战皆捷

克罗素和利斯立即着手改进 1949 年的这款车。他们的人马把一部福特和雪佛兰拆解下来，把每一个零件放在工作台上，仔细比较，估测每一个零件的成本，哪一个的零件比较好、为什么，这个零件是否有待改进或更换。他们得为建立新装配厂进行游说，想出新的销售企划案，设计新车并进行制造。

莱特和包士华所设下的组织，因此制造出生产线和幕僚人员的对立。每当克罗素和利斯需要钱去更换工厂里的机械设备来改善 1949 年那款车的某个缺点，每当他们需要钱去设立新工厂，他们都得向财务幕僚叩门，面对麦克纳马拉、兰迪和米勒的质疑。他们的工作是带着企划案来要钱，而中央幕僚人员的工作是对这些要求挑战和质疑。这是一场公司里的制衡游戏。

他们在这样的情况下合作无间——克罗素的精确和彻底，加上利斯出点子添翼、促销的鬼才，似乎是无懈可击的。他们的目的一致，对抗财务控制的保守主义。

在上任没几个礼拜，利斯就接手负责福特公司的下一批新车。车子的计划已经获准，而它也含带着令人讶异的消息。公司建议拿掉八汽缸引擎，改用雪佛兰早就采用的造价较廉的六汽缸车款。中央财务方面的估计是八汽缸的生产要多花一百美元，再加上添加新机械的额外花费，因为当时的福特公司只制造两种引擎。财务、工程和行销部门已经同意了这个改变。

利斯的一名助手摩西曾在派特森营区的统计控制小组替利斯工作过，对这个改变提出质疑。早在 1929 年，当福特的 A 型车只有四个汽缸引擎时，雪佛兰就已经改生产六汽缸引擎。“那么他们就是喜欢汽缸啰？”老福特叫道，“我就给他们八个看看！”这型车一推出，立刻造成轰动，为了它新增的快感，福特车成为年轻人、黑道人物和警察的新宠。大盗邦尼·派克是如此。迪灵杰还写了封信给老福特，谢谢他的车子帮忙。

他们一起去克罗素的办公室找他。

“克罗素先生，”利斯说，“你比我懂汽车业。但是我们认为福特不生产八汽缸引擎车的决定是一项错误。”

“我一直都买福特车，”摩西附和道，“我的第一部是一辆八汽缸引擎的，每个人都喜欢那个引擎的感觉。当他们在路上开着车时，它给了他们完全自主的感觉。福特和八汽缸引擎是一体的。他们晚上一同睡觉，早上一同醒来。你无法将他们分开。”

“你也看到了成本估价，”克罗素说，“它的成本太高。”

“如果我们失去了八汽缸引擎，”利斯说，“我们永远无法追得上雪佛兰。如果采行的话，我们还可能多赚一些。我无法相信说多两个汽缸会增加多少生产成本。”

克罗素眉头一扬说：“当我还在通用汽车公司时，我一直认为我们是疯了才会在雪佛兰上只摆六汽缸引擎。我认为你们的建议有道理。让我去见见布里奇先生。”

布里奇根本不喜欢这个点子，但还是心不甘情不愿地给克罗素的人马 90 天的时间去搜集资料来佐证他们为何主张生产八汽缸引擎的车子。因此利斯就受派去搜集资料来反驳财务部门的数据。他和摩西访问了几个主要的汽车经销商对这个新改变的看法。到目前为止还未曾有人为这件事费心去和经销商讨论过。他们一致地希望保留这个高马力的引擎。利斯和摩西接着更仔细地检查财务部的数据，并到各个销售、产品企划、机械和制造部门追踪估价。他们发现这个一百美元的估价是几个从通用汽车招募来的新进人员所计算出来的。八汽缸引擎的实际造价成本只比六汽缸引擎贵十六美元而已，但是福特却可以因选择此配备而多索价一百美元。那样一来就可以降低基本车型的造价，但同时保有公司与众不同的特色。利斯用新证据说服了公司，而事实上大多数的客户都选择了较高的马力，让福特赚饱了腰包。

十杰各奔前程

1952 年 11 月，班·米尔斯坐在克罗素的办公室里，他才从一次全国性马拉松式的钢铁和玻璃厂考察回来。他最近才接任福特在堪萨斯城的新飞机制造厂的助理。克罗素力促他接下这个职务：“如果我是你的话，我会不要分文接下这个新缺。”当电话响时，米尔斯才刚从迪尔班回来要和克罗素商谈这个生产行动。

电话是布里奇从巴黎打来的。他和福特二世以及其他福特的高级主管在巴黎近郊的布瓦西的法国福特分厂考察。这个分厂的财务亏损连连，单单 1952 年就预计要损失 200 万美元。

在过去的 4 年里，这里的业务是由一名风度翩翩的法国人法兰斯·雷依德所主持。根据布里奇回忆，布里奇告诉克罗素说他要詹姆斯·莱特来接替雷依德，担任福特法国分厂的总经理之职。布里奇喜欢莱特，认为他有才干，每个礼拜日都和他及他的家人在布伦菲尔德的克兰布鲁克的教堂见面。但是克罗素推荐利斯接任，他告诉布里奇说利斯是他所有的人手中能力最好的一人。

“这个职务他能胜任吗？”布里奇问道。

“是的，他能胜任。他大概是你所能找到的最好人选。”

听到克罗素这边的谈话，米尔斯察觉出克罗素保荐利斯出任此职的弦外之音。他觉得克罗素由衷地不希望利斯离开福特，但又如此欣赏他而不愿耽误他的前途。

“好吧，”布里奇道，“谁来出任对我都是一样的。把他送上飞机，让他这个周末就来这里。他可以在礼拜六或是礼拜日抵法。今天才礼拜三而已。”

十杰小组逐渐失去它的团队色彩。福特公司这边还剩七名的原始成员。但是麦克纳马拉、米勒和兰迪已经自团队中脱出，在财务部另组小队。莱特和包士华留在福特分部和克罗素共事。米尔斯则四处做着不同的工作，赢得打击问题专家之名。而现在利斯要到巴黎走马上任。桑顿、安德森和摩尔早已各走各的阳关道。他们的友谊之情无形中变薄。随着各人即将迈入三十好几之龄，各人愈来愈为自己、为成功、为权力而活。过往的一切和同侪之情似乎成为不必要的包袱。现在重要的是什么事都要快，而速度不需要什么情谊牵绊。

第 13 章

摩尔的王国

什么个性的人组织什么样的公司。

——安布罗思·比尔斯

对多数的小组成员而言，这个小组是一个会飞的晋身阶，它的力量来自人数。对乔治·摩尔而言，它是一个厚厚的安全网，让他免于面对现实对他的要求——必须付出更多，才是更优秀的人。只要他是这个潜力雄厚的小组成员之一，他就可以只做他所最擅长的：取悦每一个人。

但随着外在对这个小组和它的每一个成员的要求日益增加，摩尔有限的能力就立即浮现出来。在工作努力方面，他可以像任何其他人一样，但他无法在才智或抱负上和小组中的顶尖人物相匹敌。在这群拔尖的朋友中，他只能扮演一个配角。而布里奇的加入福特就使得真实情形明朗，如果小组被迫解散的话，他甚至连扮个配角的能力都没有。如果他得在布里奇和克罗素自通用汽车公司所引进的人马手下工作的话，谁还能掩护他呢？

1947年初，他悄悄酝酿要开展一个新事业。他得看看他自己是否能独当一面。

乔治·摩尔的抱负不仅是于华盛顿特区设置另一个汽车经销店，他所要的是最大的、最好的、最具声望的经销店。在1948年，摩尔实现了他的抱负，在康涅狄格大道4400号的一栋美丽的新大楼找了一个占地1 350平方米的店面。他一意使这个店面成为华盛顿特区里最光烂夺目的汽车展示店。这个展示店有着摩登的结构，由玻璃和混凝土组成，前方有一面弧形石墙环绕着，它的时髦造型还得了一个建筑设计奖。

供不应求

打一开始，汽车就一辆一辆地从展示店里竞夺而出。在战后的美国是不可能失手的。《生活》杂志里充斥着老金牌香烟、诺奇系列电气产品、梅格洗衣机及种种的汽车广告，如派卡得、斯图贝克、福特、水星、别克和雪佛兰。商业美国几乎不需向顾客做宣传广告，顾客就向汽车展示场蜂拥而至，排队等候买新车。人们对汽车的需求在战时就日益增加而无法得到满足，因此汽车总是供不应求。摩尔发现他不需要推销汽车，而只要送货就行。福特公司的生产速度跟不上顾客的需求。公司遂安排了一个配售次序系统，举凡医生、护士、卫生机构公职人员和乡村地区的邮差都可以优先购买。

非法贩售在全国各地像瘟疫般弥漫。在战后不久，因为需求量的激增，福特所生产的汽车售价已远远低于买主所愿付出的价码。当一名顾客才从汽车展示场开走他的新车，他通常开不到第一个红绿灯就有人过来，开出比他所付的价码更优渥的条件要求买下他的车。这个情形演变成一场转卖风潮，汽车商把才买进的新车转手到他们自己旗下的二手车卖场，再轻而易举地以更高的价码卖出。在福特推出它 1949 年的新款车后没几天，这型车就以高达 1 100 美元的价钱在二手车卖场贩售。新车型有时在还未生产出足数供汽车商当展示之用，就已经被转到转卖场去了。在第二次世界大战结束后的最初三年期间，福特为了这类不法转卖取消了 24 家经销商的经销权。

非法加价，就是任意在制造商所订的零售价上加价的做法，也是风行一时。经销商用形形色色的理由借以抬高车价。直到 1958 年，国会才强制汽车公司在每一部新车的玻璃窗上摆出包含所有项目的标价，通行至今。

摩尔一心一意想改变这个情形，他企图塑造出不同的形象。他在电台上广告，提出这样的口号："诚实是最好的策略"——这个口号触怒了他在华盛顿的竞争者，因为它的言外之意就是说别人都不诚实。当他的竞争者被拉进国会的公听室，遭到违法交易的控诉时，摩尔则建议大众购买 1949 年的林肯大都会车作为"少数幸运之人的圣诞礼物"。他自己起草写广告文辞，保证在圣诞节当天将车子"以水晶般闪亮耀眼的玻璃纸包装，用红色丝带系着，结上一个漂亮的蝴蝶结"。

经营不善

在他建造巨型展示场之前，摩尔已经在 1947 年的 6 月中旬开张了他的摩尔—戴汽车展示店，他将一个位于摩尔亚大道 6503 号的老加油站改装成经销林肯—水星车的经销店。一开始，他和他的合伙人马克·戴就打算把这个店面充当临时之用，直到两人有能力为合作的事业建造一个更豪华的家。他把加油机封死，在这栋小建筑外架起一个天幕，装上玻璃当做展示屋。而在他的服务部门，他雇用了一两个机械和维修工、一个门房和几个职员。

他和戴投下25万美元的资金，大部分资金是戴出的，而桑顿的母亲把她和丈夫所拥有的几间旧屋重新整修出售得来的钱拿出来，买下经销店35股的股份。更重要的是，这个事业显示出他们之间的关系更深也更复杂，连桑顿远在德州的母亲都卷了进去。

当摩尔在六月间第一次向桑顿做进度报告时，他开玩笑说："这个报告似乎十分重要，因为你的母亲现在很可能已经深信她的投资全然血本无归。"但是摩尔所关注的不仅仅是桑顿的母亲，还在意桑顿的意见。他不想让桑顿和小组成员失望。桑顿母亲的投资额占公司总资产的5%，而摩尔的父亲的投资额占公司总资产的9%。其余股权则由摩尔和戴两人均分。

摩尔跟随着桑顿的脚步，死心塌地地模仿他的朋友兼恩师。他企图招募一批聪明、有抱负的青年才俊围绕着他，于是向统计控制小组过去的成员招揽人才，包括林恩·巴雷特，这位他在比洛希的纪思乐营区的战友，和迈思·梅斯，这位哈佛企管学校的讲师。梅斯加入摩尔为合作事宜所组的小小董事会。梅斯是那些最初拒绝桑顿邀请加入福特行列的少数几人之一，选择回哈佛去撰小型公司研究的博士论文。但即使这个新小组也无力使摩尔免于破产。

没人预见到结果会是这样，摩尔更是万万没想到。战后市场的好景并没有像大家所预期的长久。汽车制造商翻新旧厂，快速推出新车，以至于在1949年初，福特就已宣称这是一个买方的市场。由国会主导调查经销商不法交易的听证会所带来的宣传效果对市场的帮助并不大。经销商高价变售的二手车，充斥着各处汽车卖场。

摩尔受困于这类不利的新状况，不过他大部分的困难还是自找的。在

（上图）摩尔夫妇合影。

（中图）摩尔的汽车经销公司新厦落成时，是美国有史以来最华丽和最大的汽车经销公司新厦，建筑费大约耗用 15 万美元，坐落在华盛顿康涅狄格州大道 4400 号。

（下图）离开了在底特律的朋友后，摩尔和戴结为事业伙伴，两人在汽车经销公司新厦合影。

1949 年的 5 月下旬之前，他的经销店就已深陷财务困难，而他的表现也愈来愈不像大家所认定的青年才俊了。他善于促销、奉承、甜言——也乐于将财富分享给大家。詹姆斯 · R. 葛利尔，一名他在统计控制小组的老友，在战时就注意到他的这个性格。“他是一个天生的推销员，迷人且风度翩翩，”葛利尔说，“但是他并不是智慧型、擅长统计数字的人。”

因此当摩尔需要一位长于数字的人时，他就想到了葛利尔。他当时已转往芝加哥在一家专营锅盘厨具的公司担任会计。摩尔把他找来华盛顿，说他愿意出他的来回机票，而当葛利尔来了之后，他说服了他担任摩尔—戴的会计。葛利尔来公司工作的第一天，他就发现桌上堆满的文件，得花一个月的时间才整理得完。那时经销店的财务早就一团糟。

摩尔和戴经常将钱花在负担不起的广告宣传上。两个合伙人又经常为私人用途开公司的支票。戴的女佣领的就是公司薪水。葛利尔最后决定把公司的支票簿带回家，如此一来摩尔和戴就无法不经过他而直接从经销店的银行户头提用公款。“那是我唯一能够管理账目的方法，你们这帮家伙做了一堆蠢事。”他告诉摩尔说，摩尔也表示同意。

葛利尔埋首于公司的收支簿和明细账，大失所望地发现经销店无力偿还债务，濒于破产边缘。葛利尔向他的母亲借了 1.5 万美元，投入公司来维持它的运作。摩尔每周要支付高达 4 000 美元的员工薪资，而银行里却只有数百美元的存款。他的银行经理大为紧张。迈思 · 梅斯，摩尔的一名主管，甚至还主动建议要从存款中提出 5 000 美元借给他渡过难关，但为摩尔所拒。

最后摩尔把他的 40 名员工叫来展示店，告诉他们这个噩耗。

“大家听着，”他勇敢地说道，“我今天来和大家打开天窗说亮话。我的会计，葛利尔先生，今天早上告诉我说这个礼拜五恐怕发不出薪水。我们破产了。葛利尔和我今天要飞往底特律，看看福特公司是否能帮助我们渡过这个难关。如果你们今天就离开的话，我也不会怪罪任何人。如果当我们回来时，你们还留在公司，那么由衷地感激你们。”

那是一段非比寻常的谈话。大部分的经销商面临这种情形都是把支票开出，听由他们去跳票。他们绝不会把业务员和机械工叫来，费劲地告诉他们公司即将破产的事实。但是那不是摩尔的作为，他为人诚实。

巧遇贵人

摩尔灰心失意地飞到底特律，他向福特公司坦承他的经销事务经营不善，打算把经销权交回给公司。他把他的困难和利斯长谈，而利斯则力劝他回福特公司和他一起为克罗素工作。摩尔并无十分把握。但在这次走访中，他也见到了时常在福特对一群经销商做演讲的詹姆斯·K. 杜布思这位重量级经销商。詹姆斯是一位精力充沛的南方佬，一个富甲百万、偏爱打颜色鲜艳领带、带软帽的汽车商。他和一名长期的生意伙伴合作，拥有在孟菲斯城的赫尔—杜布思公司，时称“世界上最大的福特经销商”，分店广布在全国 35 个城市。

在底特律城运动家俱乐部的晚宴上，摩尔倾吐了他的心声。杜布思坐在他的对面，用心倾听这位比他小二十来岁的年轻人。他愈听就愈感兴趣，最后竟然自动提议要帮助摩尔解决困难。就是这种吸引力巩固了摩尔和桑顿间的友谊。摩尔的为人不仅仅能引来一般人的帮助，而且还能引来聪明又成功的人的帮助，也许这是因为摩尔精于表达。任何帮助他的人可以轻易地看出，他们的帮助对摩尔的生命产生什么样的改变。不论你为摩尔做了些什么，不论这事或大或小，你都觉得自己仿佛救了他一命。

“让我来告诉你我要做些什么，”杜布思告诉摩尔说，“我明天就到华盛顿，如果你答应依我的话行事，我就教你如何经销汽车。”

第二天他就陪着摩尔回家，开始教导他如何做生意。这位他合伙人口中称誉“有本事把你大衣上的纽扣都迷倒”的杜布思，像飓风般袭卷摩尔的经销店。他和店里的每一个人面谈，为他们每一人在公司的职务重新定位。他削减营业费用，把剩下的人员通通派去做业务，这包括负责轮胎部门的巴雷特。杜布思的想法是把展示店里囤积的车子尽可能地卖掉。“不管你卖一辆车子是赚 230 美金还是赚 13 美金，都没什么太大的差别，”他说，“只要不断地把车子卖掉，让货源保持流通。”

摩尔是以开西药房的方式经营他的汽车经销店。一瓶洗发精售价 59 分钱，你要的话就付这么多，不要的话就拉倒。杜布思慢慢地让摩尔学着交易和讲价。一部未出售的汽车停在展示店，对经销商而言是要花钱的——举债买货是得付利息的。他告诉摩尔绝对不能让一部转售车停在展示店超过 10 天。在 1940 年，杜布思的观念如同异端邪说。经销商通常不容讲价，即使车子得在展示店多待上一段时间，他们也宁愿依定价卖，以保持他们的利润。

最重要的是你得让顾客有宾至如归之感。经销商们玩种种把戏，甚至有的人会拿走顾客的钥匙，估算将他的车转售的价值，以防止他到别的经销商那儿去比价。摩尔认真地遵从杜布思的观念。有些晚上，摩尔会让展示店整晚开着以便卖车。过路行人经过会看到展示店里灯火通明，里头有三十来个业务员忙来忙去的，他们不禁驻足，禁不起好奇心的驱使就进来参观。摩尔一早 8 点钟就来到业务部坐镇，批准他的业务员所带进的交易，同时负责零件和售后服务部门。这些在当时算是新的销售战术，效果奇佳。

摩尔的霸业

不出数月，摩尔就把他的业务改头换面了。他对杜布思深怀感激，遂安排了一辆新的水星敞篷车在1947年圣诞夜那天早上差人送给他，给他一个意外的惊喜。这部车开到他家门口，车身上齐整地用红缎带系了一个蝴蝶结——就如摩尔一年前广告宣传里所说的一样。杜布思对公司能起死回生一事，兴奋不下摩尔。“世上最让我感到兴奋的事，就是你在华盛顿的优异表现，”他写信告诉摩尔，“看到你把你的竞争对手要弄在股掌间，我得到无比的乐趣，任何人，甚至是你的父亲，都没我高兴。”

摩尔的业务起飞了。他在纽约的杨克区开了另一家经销店，叫杨克福特，开始扩张他的业务。他为杜布思在华盛顿的五月花大饭店举办了一场豪奢的谢宴，邀请他的得力助手从纽约飞来参加庆祝。杜布思从不曾因为帮助了摩尔而向他索取顾问费。摩尔做了一场演说向杜布思致敬，并颁给了他一份铜质纪念牌，让他感动得泪欲夺眶。此后，摩尔每年都会举办一场大型的经销商聚会，邀请福特的高级主管参加，包括他的老友，罗伯特·麦克纳马拉。

摩尔想成为大经销商的野心远超过他的合伙人戴。戴本人并不喜欢为了经营这许多经销业务而四处奔波。因此摩尔的会计葛利尔遂成为他的主要生意合伙人，而摩尔—戴汽车公司就变成摩尔—葛利尔汽车公司。业务不断成长，向国内的新地区拓展。在1953年之前，他们的合伙生意所赚取的毛利就达8.9万美元，几乎相当于1993年的50万美元，而在1954年之前，他们赚了10万美元，到了1955年，公司更是拿下21万美元的毛利——约现值110万美元。他与纽约、马里兰、麻省、密歇根、密苏里、俄亥俄和宾州的二十个左右的经销商有生意往来，或是拥有经销权，或是有经营契约。如果他不是拥有该经销店的所有权，他通常就是店里的主要投资人，并且在该店安置他自己的人马当总经理。有的则是他和人签下经营契约，把杜布思的系统供经销店参考，换取该经销商40%的利润作为顾问费。在扩张他的王国时，摩尔扮演着他心目中的英雄查尔斯·桑顿的角色，在他的身旁建立起由信徒和朋友组成的人脉。为摩尔工作的人都敬重他，而他也有心培植某些人。菲利浦·费兹初中没毕业就离开学校，但却是一名十分优秀的机械工人。摩尔要证明他有能力把费兹塑造成一名受过教育、成功的绅士。他提拔他、训练他、教育他、培养他，希望将来有一天他能独当一面，而让摩尔十分欣慰的是费兹真的办到了。

摩尔知道自己想要什么样的生活。他告诉咪咪说他希望自己能富甲一方，拥有数家经销店，有能力打高尔夫和旅行，并赢得众人更多的关心。如果这些是摩尔真正想要的，那么他的事业似乎在 50 年代中期就已经让他达成了心愿。

摩尔和咪咪几个月后就搬离他们在菲尔法思公园的套房，在华盛顿郊区，马里兰州的森姆诺找了一个漂亮的家。从事房地产的人，因加里·格兰特 1948 年的名片之故，都管这个地方叫做“布兰丁思先生的梦幻屋”，摩尔立即把这地方当做是他和咪咪两人的香格里拉。 那是一栋小小的殖民式房舍，模仿电影里屋舍的样式建筑而成的。数年后，他们搬到华盛顿绿树成荫的洛维尔巷 5100 号。那是一栋 20 年代所建的漂亮房子，一栋白色砖砌殖民式建筑，有着壮丽的白色梁柱，大门的正前方矗立着一株盘根错节的大橡树。大门的入口处的正上方有一个小阳台。每个周末，摩尔就会开着一辆崭新汽车弯进环形车道，他的孩子回忆道。

海派

摩尔不仅仅是住在一间梦幻屋，他仿佛是活在梦中一般。他蒸蒸日上的事业使他能够对朋友出手大方——大方到让他自己吃了亏。那是他的本性之一，即使在他早期仍为事业挣扎奋斗之时也是如此。当葛利尔在 1949 年一加入他危机四伏的经销业，摩尔就让他加入国会乡村俱乐部。葛利尔第一次在高尔夫球场打出低于标准杆的杆数时，摩尔就买了一个银盘，上头刻着葛利尔的杆数，送给了他。1950年的某一天，葛利尔大出意料地发现经销店的名字已经从摩尔—戴改成了摩尔—葛利尔。在戴离开后不久，摩尔就把葛利尔升为他的合伙人，之前毫无前兆。

摩尔的一名经常和他一道吃午饭的好友回忆说，他们经常在像杜布瓦和利芙高喜这类高级餐厅丢铜板决定由谁买单。他连赢十次，但摩尔二话不说拿了账单就去付钱。他买高贵的礼物到处分赠他的朋友，送新车给他的医生、他的牧师和他的亲朋好友。一天早上，桑顿醒来发现他的私人车道上停着一辆崭新、有着木质般外壳的福特乡村士绅型旅行车，上头系着蝴蝶结，就像摩尔送给杜布思的一样。数年后，桑顿的孩子们还清楚地记得这个礼物在圣诞夜那天为全家带来多大的惊喜。那是摩尔对桑顿多年来的友谊和忠告的感谢。桑顿在接到这么贵重的礼物惊讶之余，立即打电话给摩尔，向他道谢并告诉他实在不该如此破费。

那就是摩尔的为人。然而如果他看来似乎太过大方于送礼物，而显得哪里不对的话，这些礼物也似乎带来麻烦，它们是摩尔用来换取他人的善意、忠心和友谊的方式。摩尔仿佛是决意要扮桑顿的角色，而却没能真正了解到桑顿做了些什么。摩尔心中一直希望有自己忠心的班底。他会邀请朋友到国外豪华旅游。他给他们昂贵的玻璃珠宝，结果反倒使有些人感到尴尬，因为他们无力回报他的慷慨，觉得受之有愧。有一次他送了一对银制烛台给他的好友之一，尤金·M.祖克特，这位曾在哈佛教过统计控制小组的人。

“摩尔，这份礼物实在精美极了，”祖克特在打开这份圣诞礼物时告诉他，“但是我希望你没送我这份礼，因为我们实在没能力买等值的东西回报你。”

摩尔听了祖克特的话，只是两肩一耸，打开那瓶祖克特送他的酒。他从来不期待别人会用奢华的礼物回报他，如果真那样的话，就显不出他自己的大手笔。因此尽管咪咪和朋友们抗议，他还是继续他那让人难为情的慷慨大方。

最奢华的礼物当然是保留给咪咪的。他送给她他所能买到最昂贵的珠宝，通常是他自己设计，然后交给珠宝商让其用蓝宝石和钻石制成。摩尔爱慕她，依他在战时在信中所做的承诺，供养她，像侍候皇后似的对待她。当咪咪怀了他们的第三个小孩珍妮佛时，他们全家搬到洛维尔巷，搬家时他连一根指头都不让她动。他找来了搬家公司的人来打包，从瓷器到书本一应由他们负责。当他们抵达洛维尔巷时，搬运工忙着倒茶给她喝，接着打开包裹重新安置，他们甚至还帮忙把衣物挂到衣橱里。“她就像是个洋娃娃似的，让人用软枕抱着四处走。”她的姐姐维吉妮亚说。

摩尔喜欢娇宠咪咪，用漂亮的衣裳和皮裘装扮她。盛妆赴宴时，她活像是女演员海蒂·拉玛。他们是一对如意鸳鸯，因为她完全符合摩尔赋予她的角色，既是风采灿烂的妻子又是一位好母亲。一名朋友回忆道，摩尔执意要她衣着光鲜时髦，仿佛“才从盒子里走了出来”。她适合这样的角色，就像她能穿六号尺寸的衣裳一样，毫不费力。

梦幻人生

摩尔将他的婚姻比成一个合作事业，他在外头工作，为家庭提供财务支援；咪咪在家里工作，照料孩子和他，为家庭提供情感支援。她全心全意为他奉献，玛莉卡在迪尔班出生后，她在华盛顿又生了三个小孩：道格拉斯、珍妮佛和萝拉，最小的这位是1953年生的。为萝拉的降生高兴之余，摩尔把咪咪留在医院里，跌跌撞撞地跑去找统计控制小组的老友祖克特，去告诉他这个好消息。那时摩尔已经醉了，因为在他去找祖克特之前他就已先喝了几杯马丁尼庆祝，这个习惯后来耽溺成瘾。他们两人坐了下来又多喝了几杯，讨论着该为摩尔的新生女婴取什么名字才好。法兰克·辛纳屈的那首由约翰尼·默瑟作词，曲调柔美不绝于耳的《萝拉》，不知什么缘故一直在祖克特的脑海中萦绕着。说来也巧，这时收音机刚好传来这首曲子，因此就取名叫萝拉。

摩尔喜欢享受人生。他喜欢尽情地活出生命的每个脉动，有机会的话，他要随时随地和重要人士在时髦的地方享受、作乐。晚会和余兴节目不断，他的家中总是人进人出，一起聚会吃饭、饮酒、作乐。摩尔从麦克纳马拉那儿学来的主意，集结一群人组织读书会，每个月一起讨论好书。他是一个博览群书的人，品味不拘，喜欢经典之作也喜欢谈运动的书。

他集结了一群好朋友——祖克特、戴、葛利尔和他的律师吉姆·夏普，他们会以摩尔为首，一起从事许多活动。不论摩尔做什么，其他人也会跟着做，去荷姆思德和弗吉尼亚海滩度假。一次，摩尔决定在学费昂贵的亚瑟·慕雷注册学跳舞。其他人也都跟着加入上了好几个礼拜的舞蹈课，学跳康加舞、伦巴舞和吉鲁巴。当课程结束时，唯一还不会跳舞的是摩尔，他根本没有韵律细胞。

然而，在这个梦幻屋里像电影般的生活之下，摩尔本人却十分脆弱，从来不曾真的对自己有信心。那也许正是他离开底特律的小团队而回到华盛顿、搬进布兰丁思的梦幻屋，集合一批他认识并且能信任的人在他身旁的原因。就某些方面而言，他是小组里的另一个极端，一个还没有十分独立自主的人。在加里·格兰特的笑闹喜剧中，布兰丁思先生很快地就发现到他的幻想和现实间起了冲突。乔治·摩尔很快地也会有同样的问题。

第14章

利斯征服法国

把握机会。

——彼达·卡息

利斯等待良机好几年了，而克罗素马上就要给他机会。

利斯正在海洋岛（Sea Island）度假，这个岛是环绕亚洲的小岛之一，可以逃脱人世纷扰。他刚从高尔夫球袋里抽出一号木杆，准备在海滨414码长的第七洞开球，突然看到一个年轻人开着高尔夫球车，朝他冲刺过来。

“利斯先生，”这个人叫道，“你有紧急电话。”利斯赶忙回俱乐部去。

“是克罗素先生吗？”利斯试探性地对着话筒问。

“你到过巴黎吗？”克罗素问道，不等利斯回答，又说：“我希望你尽快赶去那里。”

“为什么这么急？”

克罗素解释说，福特二世和布里奇正在巴黎，对福特法国分公司的惨状感到触目惊心，希望有人去仔细检查业务状况，提出摆脱这个让人头大问题的方案。福特二世不信任法国人，也不相信福特公司有足够的财力同时喂饱英、德、法三家欧洲子公司，他说：“哪个王八蛋能让我逃出法国，我会加倍给他奖金。”

危机

利斯很快就发现，汽车巨子雷诺的外甥雷依德（Francois Lehideux）有丰富的汽车工业经验，在德国占领期间控制整个法国汽车工业。但是他鄙视美国人的建议，自认可以独立经营公司。

雷诺、雪铁龙和辛卡（Simca）三家汽车公司的产量和销售量遥遥领先，法国福特公司却毫无进展。法国福特公司在 1948 年推出一种很美观的汽车，叫做福特骑哨（Vedette），可是这种车太贵了，一般法国人买不起，车子的品质也很差，法国汽车的大市场和利润是在小型车上，法国福特公司在这方面却毫无办法。

1952 年下半年，情势极度恶化，除非福特二世和布里奇愿意为贷款担保，否则他们的法国公司就会破产或被清算。福特二世让步了，但是很显然要采取一些措施，工厂堆积了三个月销售量的库存车。布里奇告诉利斯说，他建议以一美元的价格，把整个业务让给愿意承担资产和负债的人，他们知道负债远超过资产。福特二世只想收回福特公司的专利权、商标和品牌，但是法国所有大汽车厂都回绝了这个提议，因为他们都清楚一件事，

利斯被派去拯救法国福特公司，最后得到法国政府颁赠的勋章，像英雄一样载誉归国。图为利斯对法国的福特汽车经销商演讲。

那就是想从法国福特公司搞出什么名堂似乎不太可能。

利斯一句法文都不会说，想有所作为似乎更不可能，他在法国停留了六个星期，仔细检查了所有的业务细节，和雷依德、主要的经理人以及大经销商进行了讨论。兰迪派了财务人员孟格（Val Menger），来帮忙理清账目，孟格是他们替福特公司招募的另一位统计管制处人员，人十分聪明却毫无幽默感，法国人看到他细心查核财务记录，会觉得心寒，就把他叫做“死神”。

利斯在 1952 年 12 月初回到迪波恩，对福特公司的执行委员会说明解决方案，几十年后，大家还记得他这次完美无缺的表现。担任福特公司税务顾问 16 年的戈尼克（Alan Gornick）说，这是他在福特公司这么久以来所见过最完美、结构最严谨的报告。利斯应用图表、数字和照片，一清二楚地说明状况，阐述时不露出一丝一毫乐观或悲观，语气流畅、客观，完全不表现出个人的好恶。问他法国福特公司救得起来吗？他的答案是可以，很可能救得起来，但是要花以下所列的这些支出。公司卖得掉吗？答案还是很可能，只是没有人急着想买，连可能的买主的经营阶层也对买下公司的建议不热衷。委员会告诉利斯他们要研究这个问题，同时他应该回法国去，设法弄出一种迫切需要、又比较有前途的新车型出来。

他在迪波恩只待了三天，忙着跟克罗素和布里奇开会，协助玛克辛打包准备移居外国的东西。为了再去法国，他成立了由三个关键人物组成的小组，一位是韩尼尔（Richard Hanel），一位是葛来姆（William Grimes），第三位是成本会计人员，三位都是美国人，没有一个会说半句法语。年轻的财务分析师马隆尼（Jacques Maroni）利用这个语言方面的良机，设法跟一位秘书保证只和利斯见面一分钟，才得以挤进利斯紧凑的时间表里和他见面。他面带微笑，走进利斯的办公室，伸出一只手。“恭喜你得到这个工作，”他说，“我唯一遗憾的是，你走马上任前犯了一个严重错误。”“你在扯什么？”利斯说，

“难道这就是你祝福我的方式吗？”“我知道你的任务很艰苦，”马隆尼说，“听说你已经选好助理人员，但是你还缺一位真正需要的重要助手，也就是一位年轻、未婚，兼有麻省理工学院工程和哈佛大学企管硕士学位，精通英法语，也受过福特公司做事方法训练的人。”利斯沉默一会儿后，迸出开心的笑容。“我想你就是来帮我找到这样的人吧？”利斯笑着问。“对，我会等你的电话，祝你在法国好运。”马隆尼和利斯握握手，走了出去，跟秘书道谢时还说：“我连一分钟都没用完，对吧。”利斯隔天打算飞回巴黎，外头另外有五个人等着要见他。几个星期以后，马隆尼接到命令，要他去法国报到，回到 1940 年纳粹进攻后他逃离的祖国，利斯要他加入他们的小组。利斯所以破格任用他，是因为桑顿教过他们，要他们每一个人都尊重这种大无畏的方法，这种方法也使利斯立刻就喜欢上了马隆尼。

利斯和工作上的问题奋战不懈，玛克辛却要在进医院生第三个小孩前，张罗整理一个家，他们搬进一幢三层楼，由石块、混凝土和灰泥盖成的 19 世纪建筑，这幢房子细细高高的，就像亚当斯替《纽约客》杂志所画的那种房子，利斯说这是“巴黎最丑陋的房子”，不过这是他们能够立刻搬进去的地方。

另一场战争

法国福特公司的人根本不乐意再见到利斯。这家公司从来不曾由美国人掌舵过，利斯来却是要从雷依德手中，夺走公司的控制权。雷依德曾经在维希政府当过部长，身边聚集的人和他一样，尽是在德国占领法国期间和德国人合作的人。工会领袖是共产党人，早年曾经阻碍生产，把工厂总经理抓起来当人质，并且拒绝做任何能提高工厂生产力的事情。有关迪波恩来的新“美国先生”和他家庭的小册子，散落工厂一地，利斯要玛克辛随时把他们的汽车加满油，以防万一必要时可以迅速逃之夭夭。

50年代的法国政治很不稳定，在戴高乐重新掌政前，情形就像作词家冷纳（Alan Jay Lerner）的巧妙描述一样，政府兴衰的速度像做奶蛋酥一样快，一样不实在。法国货币的稳定性跟政府差不多，因此福特二世不愿意再把美元投资在法国业务上，利斯和手下为了让公司转亏为盈，要设法说服法国银行借钱给他们。

政府推动反通货膨胀计划，抑制了汽车销售，也使利斯增加营业收入的努力受到限制，要转亏为盈的话，他必须大力降低成本。他下令公司每个部门的支出至少要降低一成，然后彻底检讨每一种汽车的每一样零件，决定能不能用比较便宜的东西取代，能不能取消，如果都不行，他就设法和外面的供应商重新洽谈进价。

这是漫长而痛苦的过程，每位经理都被叫到利斯在总部二楼一角的办公室里，就他们预算里的每一个项目，做一场双语的检讨，马隆尼要设法把利斯的美式英语翻成法语。偶尔利斯会说："告诉他，他远远地落在左外野。"[1]马隆尼会困惑不已，不知道法语要怎么说。利斯质问各种支出时，有些人会争论、反驳，有些人会崩溃和哭泣，也有人的确很高兴，知道有了强固的领导后，业务最后会受惠。

但是，有很多人仍然忠于雷依德，不是消极反抗，就是公开表现敌意。利斯告诉稽核人员开始缩减出差费用时，得到的回答是谄笑和遁词。

"啊，先生，现在削减出差费用时机很不恰当，天清气爽，花开处处，在春季缩减是很困难的。"

"就这样做！"利斯吼道。

这位稽核转向马隆尼，用法语对他说："美国人想摧毁蒙特那座桥时，

[1] 左外野：棒球用语，此处指脱离了自己的岗位。——编注

在星期一派了一百架 A–24 轰炸机来，星期二又派了一百架，星期三又派了一百架，为了炸桥，他们把整个城镇都毁了。你们这次要小心点。”

有时候，很难判断哪一方的威胁比较大，不知道是雷依德和他创建的支持者，还是工会构成比较严重的威胁。利斯和工会领袖开会时，他们通过动议，对斯大林的去世表示哀悼，也安排好要把法国的国旗下半旗致哀；然后开始跟利斯抱怨马歇尔计划，要求利斯拍电报给美国总统艾森豪威尔，敦促他释放已经定罪的原子弹间谍罗森柏格夫妇。

他们的工会合约中有一条条文，规定公司员工餐厅的中餐必须供应红酒，让员工吃冷肉、奶酪和面包时喝。利斯对他们生产的汽车品质很不满，规定酒里面一定要加水，实际上水加得非常多，以致后来工会领袖在谈判桌上，竟然把酒的品质当成主要的诉求。接着，他们的报纸开始攻击雷依德，把他叫做“希特勒的走狗”，也抨击“狡诈的美国律师”。

事情很明显，雷依德必须滚蛋。利斯发现雷依德和他的主要助理没有开发票，就把新车送给一百多位名人、朋友、亲戚和情妇。利斯认为，雷依德也把私人的支出、在家里举行的鸡尾酒会和国外旅游的费用，算在公司的账上，而且未经董事会批准，就擅自和外面的公司签合约。利斯检查过所有记录后，算出雷依德积欠公司 950 万法郎。

但是公司董事会里有一堆忠诚拥护雷依德的人，利斯想把他踢出去的话，势必要召集股东大会，福特母公司才能运用自己的 54% 股权，对抗现有的经营阶层，而雷依德可以向法国籍股东控诉。利斯决定不冒双方公开对抗、搞得臭名四溢的危险，就开始加强控制公司，同时让雷依德继续保持原有的职位。这样做了以后，雷依德留在家里的时间越来越长，到了 3 月 30 日，利斯终于叫这个法国人签了辞职书，这段时间可不是太平岁月，雷依德认为所有的美国人都粗鄙无礼，美国人的小组则认为抹了很多香水的雷依德傲慢自大。

焉得虎子

利斯牢牢控制公司后，就设法在经理人和员工之间，塑造更和谐的工作关系。他从迪波恩回法国已经有四个月，却还没有在庞大的工厂里走过一遭，他决定巡视一次工厂，原因之一也是为了立威，法国籍的人事经理却警告他别这样做。

“你绝对不能进工厂里去，”他用法语坚持说，“那里不安全。”

“你刚才说什么？”马隆尼把他的警告翻译给利斯听之前，先用法语问道。

“我说他不能进工厂去，因为里面不安全。你们不知道，雷依德先生有一次被工会抓起来当囚犯。”

“我们不能听你的建议，”马隆尼说，“我们是在经营这家工厂。”

他把人事经理的话翻译给利斯听，利斯深感震撼。

“我们立刻就进去，”利斯说，“我们不能人留在外面，还想经营这个工厂，我们一定得认识这些人。”

利斯和马隆尼离开人事经理的办公室，走进工厂，人事经理居里叶畏畏缩缩地跟在后头。他们注意到工厂经理人和蓝领工人之间的鸿沟后，开始有一丝寒意。工人冷冷地瞪着三位访客，马隆尼向人群走去，向大家介绍。

“各位先生，日安，我为大家介绍新总经理利斯先生。”

有些领班往后退，不愿和利斯握手或打招呼，但是他们在工厂里走了一会儿后，大家对他逐渐热络起来。他们很惊异这位新的美国人老板有胆量到工厂里露面，这次震撼教育有其必要，显示新的美国人小组有意和他们一起工作。

利斯召集了180位资深经理人，以便为更和谐的关系奠定基础，他用英语说话，马隆尼再把他的话翻译成法语。“你们当中很多人在这里已经工作十到十五年，”利斯说，“业务好坏跟你们有切身关系，我如果不能成功，可以回美国，那里会有个工作等着我。不过我们如果能像一个团队一样合作，我们就可以解决问题，你们也可以实施你们教育子女的计划，并且为你们的家人提供远景。”

利斯巡视工厂一个月后，工会决定试探这群美国人。工会代表带着一张要求明细表向总部大楼进发时，所有的工作停顿了一小时，隔天又是如此，停工几乎使整个工厂都关闭。利斯在布告板上张贴公告，声明“除非恢复工作，否则绝无后续讨论”。他巧妙地加了一层糖衣，说如果在 8 月的暑假期间之前工厂能够达成生产目标，每一个工人有 3 000 法郎奖金。利斯也把含有这个建议的信寄到工人家里，希望他们的妻子背后对他们施压，要他们接受这个交易，结束罢工，这个方法像预期的一般有效。

有一天晚上，马隆尼和利斯又在波西（Poissy）工厂很晚才吃晚餐，马隆尼高声谈起失败的可能性。

“利斯，如果失败了，你打算怎么办？”他问道。

“我来这里是打算长期抗战的。”

“如果事情不能成功，你不会回福特公司，对吧？”

“别担心，”利斯回答说，“如果我们成功了，我们会身价十倍，他们会照顾我们的。”

信心不能使他们变得比较好受，利斯会把铅笔末端当棒棒糖一样咬，吐出小块的橡皮擦和笔芯，日复一日，他的牙齿很快就开始变形。

大胜利小瑕疵

有一天晚上，他跟马隆尼和另一位同事在工厂一起吃晚餐，时间已经很晚，大约晚上 9 点钟，大家都累了。他们经常工作到晚上 11 点，而且安排好经理人让餐厅开放到很晚，好让大家吃迟延的晚餐。利斯那天晚上坐下来时，像平常一样，表现出友善的本性，轻松而镇定，但是随后他说出来的话全无意义，词句支离破碎，互不连贯，就像刚从麻醉剂失效后醒来一样。他走了以后，剩下的两位彼此惊异地看着对方，不知道如何是好，他们从来没看过利斯有这么紧张和脆弱的表现。

利斯能够达到疯狂的地步，也可以达到并维持高度的乐观和自信，但是，往往情绪能够升到这么高的人通常也会降到沮丧至极的低潮。那天晚上奇怪的谈话，是马隆尼所见过利斯唯一不对劲的一次，利斯的精力和热诚似乎协助他渡过重重难关。

法国福特公司慢慢地有了起色，利斯已经把支出压低，说服工人改进品质和提高生产力，新骑哨车型的工作也进展顺利。福特二世福特二世已经公开表扬利斯，《时代》杂志引述他的话，说“利斯是唯一能让法国福特公司转亏为盈的人”。1953 年 7 月，也就是利斯接任 8 个月后，利斯给了福特二世绝对的消息，法国福特公司的股票在法国证券交易所的价格已经远超过 300 法郎，而 3 个月前，雷依德辞职时，才只有 228 法郎。利斯裁减了将近 350 个人，并且削减支出，使法国福特公司两年多以来，首次出现盈余。他解释说，他们正在努力研发的 1955 年车型可以让生产成本降低，让利润大幅跃进。

福特二世很高兴，克罗素和布里奇也一样，当利斯回迪波恩时，福特二世告诉利斯：“我们仍然希望退出法国，我们需要你回这里来担任更重要的任务，如果你能够继续表现你在法国的成就，你应该可以做好这件事的。”

米勒带利斯到迪波恩旅馆喝酒，也让他知道十杰小组的近事，马隆尼也跟了去。米勒告诉利斯，福特公司每一个人都钦佩他在法国的成就，利斯开怀地笑了。

米勒也有其他人的好消息，一个月之内，他就要接替麦克纳马拉的位置，担任公司的首席稽核人员。麦克纳马拉要离开财务部门，转到运营部门，在克罗素手下，担任福特公司部门助理总经理，他们全都有良好表现，都升到关键的位置上了。

但是利斯赢得最大胜利，担任美国大公司外国子公司首脑，是一等又有特权的职位，利斯和玛克辛有厨师、女佣和车夫。迪波恩来的工程师和造型师在法国厂川流不息，福特二世也会和随从降临。派驻外国似乎会吸引大家上门，摩尔从华盛顿打电话来，计划要带着咪咪来看利斯和玛克辛，利斯期望摩尔来访，急于和他重续旧谊。他把摩尔的事告诉马隆尼，说“他卖车的速度快得让你不敢想象”。

对利斯来说，这个职位让他有机会和国家元首见面。法国福特公司在蒙特卡罗发表“彗星”新跑车时，获知雷尼尔王子同意接见他们。他们安排好和他在王宫一起喝茶，然后雷尼尔的总管陪着玛克辛参观城堡，让她看王子搜集的拿破仑时代的古董。

他们出来时，利斯说：“你知道他要什么吗？他要我免费替他的林肯车换新。”

在这段时间，有些小挫折妨碍了利斯，但是他的手下拼命掩饰，不让迪波恩知道，以使奇迹般的反败为胜不致失色。雷依德和法国一家车体公司签过合约，由这家公司负责制造跑车车体，迪波恩并不知道这件事。问题是这种车只能放得下四汽缸的引擎，以致这种跑车上坡时像爬一样，车子卖不出去，开始积压。虽然迪波恩的工程师不赞成，说这种车体不适于放比较重型的引擎，利斯还是把卡车的八缸引擎硬塞进去，车子终于卖掉了。

有一次，利斯和玛克辛到摩洛哥短期度假，同时间，法国汽车市场以惊人的速度解体，汽车的库存持续积压。马隆尼虽然主张减产和降价，以免手头的现金用光，但是和利斯商量前，却没有办法做任何决定，要联络上在摩洛哥的利斯却很难，等到他回来时，工厂外已经堆了两千辆卖不出去的新车。

不过他们想出把这些车改成计程车的方法，出售了其中一千辆，但换来的不是现金，而是巴黎北方的一座工厂和不动产。马隆尼雇用了一个业界的经纪人，把工厂卖给雪铁龙汽车公司，得款 2.75 亿法郎，使福特公司在这笔计程车的交易上还有赚头，也解决了公司的现金危机。当然福特公司的内部规定，利斯没有得到迪波恩的批准不可以把汽车拿去换不动产，但是利斯根本无法赶回去向福特二世或布里奇解释他们怎么超量生产汽车，而且还要把这些车子改装成计程车呢！这些车子将重新漆成黑色和象牙白，车门和刹车系统经过改装。一年后，福特的计程车就在法国大马路上奔驰了。

到达巅峰

利斯继续反败为胜，利斯凭着在 1955 年推出全新“骑哨”车型的计划，说服了银行提供 21 亿法郎的贷款。利斯和马隆尼有一天晚上吃了三小时的晚餐，讨论下一个重要的步骤，福特二世和布里奇仍然希望退出法国，这个目标要由利斯负责完成。

“我们不想永远留在法国，”利斯告诉马隆尼，“国内有更远大的机会等着我们，你认为我们能够安排一个兼并的机会吗？”

马隆尼回答说：“我不知道。”

但是他们开始讨论这个可能时，情势变得很清晰，最可能的并购伙伴是辛卡汽车公司。辛卡是一家主要的汽车厂，可是辛卡和法国福特公司一样，规模都太小了，远比雷诺、标致和雪铁龙三家汽车公司小多了。就长期而言，没有办法竞争，辛卡汽车公司迫切需要扩大规模，和法国福特公司兼并是扩大规模的简便方法。利斯和辛卡汽车公司总经理皮格奇在祝贺美国大使邓恩的晚宴上见过面，谈过因为受到规模所限，和几家大汽车厂不易竞争的事情。皮格奇是意大利裔的废铁商人，靠着自己的努力，在菲亚特汽车公司的支持下，在法国汽车工业争得一席之地，他说法语时带着意大利腔，几乎不会说半句英语。

皮格奇和利斯再度见面，马隆尼在旁担任译员。皮格奇建议他们考虑某种形式的合作，例如共同拥有一铸造厂，利斯的表现像个精明的扑克牌高手，他希望皮格奇感觉自己受到法国福特公司的威胁。因此他兴奋地谈论他们正在开发的新车，设法引诱辛卡汽车公司采取行动。

他告诉皮格奇："我对合作没有兴趣，我们的首要任务是提高产量和市场占有率。"

这一套吹嘘生效了，皮格奇觉得自己的市场地位受到威胁，就表示他不会出售辛卡汽车公司，而他也知道小小的辛卡汽车公司吃不下福特这家大公司。不过辛卡汽车公司的规模是法国福特公司的两倍大，获利是法国福特公司的四倍。利斯很高兴皮格奇的心里这么快就想到把两家公司合而为一。

利斯说："其实辛卡汽车公司也不是很小，法国福特公司也没有这么大，此外，我们希望回密歇根去，说不定辛卡汽车公司可以买下法国福特公司。"

皮格奇似乎很高兴，也表示要和他在菲亚特的朋友商讨这件事。利斯促请他保持绝对机密，说自己没有得到出售法国福特公司的授权，并虚声恫吓说，福特二世可能对在法国降下福特的旗号会深感震惊。

到五月中，双方开始认真地谈判。福特二世从迪波恩派了三个人来，负责监督这场复杂的谈判，因为担心消息走漏后会重创法国福特公司的股市价，谈判是在非常机密的状况下进行的。福特的人想和利斯联络时，得打电话给在家里的玛克辛，请她叫利斯跟他们联络。经过很多天不眠不休的谈判后，利斯把和辛卡汽车公司的谈判叫做"马丁尼行动"。到六月份当谈判进行一半时，福特二世亲自来到法国，和利斯见面，祝贺他在法国的成就。福特二世认为兼并的事情进行得很顺利，就告诉利斯，说回迪波恩后，要他担一个业务部门的首脑，他还不知道是哪一个部门，但是很可能是国际部门或林肯轿车部门。

双方对两家公司的估价差距仍然很大，皮格奇先前建议以 20 万股辛卡汽车公司股票的代价，购买法国福特公司，到了 6 月底，他把出价加了一倍。等到最后一个问题出现时，利斯站起身，把办公桌的抽屉一关，说道："各位先生，我告诉你们法国三天内战败的原因。"然后就转身走出房间。这种做法大胆而奇突，但是却使得辛卡汽车公司回心转意，交易终于完成。辛卡汽车公司同意把价格提高到 455 713 股，现在一切都定案了，双方都得开董事会、签署文件、起草新闻稿、和员工开会、跟经销商和银行沟通，法国报纸上刊出巨大的标题。大型的兼并当时不像现在这么常见，这件事当时是条大新闻。最后的兼并协议在 8 月 27 日签署，离新的骑哨车型推出刚好一个月多一点。

交易确定后，利斯和手下这批美国人碰到一个接一个的高潮。辛卡汽车公司租下埃菲尔铁塔，请到业务领袖、政府部长、大使馆官员、演员和艺术家，举办一场盛大的宴会，大约有 3 500 人参加，成为这个秋季最大的盛会。接着是新骑哨车系在巴黎汽车展首次亮相，还配合手持真正号角、盛装而出的鼓号演奏队伍。利斯成为美国俱乐部某次午餐会上最主要的演讲人，法国新闻界刊出很多赞美他的特写专栏。在底特律，《自由新闻》以"法国福特演出生产奇迹"为题，热烈地报道这件事。法国的福特经销商替利斯办了一场盛大的送别宴会，利斯在会上用法语发表一篇演说，让福特二世、布里奇和克罗素都惊叹不已。

事实上，法国经销商很高兴有新骑哨车系这样确实好卖的汽车上市，因而变得非常喜欢利斯，派了一位代表去拜访玛克辛，希望她提示要送他什么礼物。

她说："哦，他需要一个新的高尔夫球袋。"

"噢，不对，不对，夫人，我们心里想的东西比这个大多了。"

"我们可以用一套不错的银咖啡杯盘组。"她建议说。

到最后，经销商在一场盛大的宴会上，送给他一张巨大的法国名牌桌子和一座华丽的壁炉钟。但是所有替他人生这个最成功阶段收尾的事件却没有一样比得上法国政府同意颁给他的法国荣誉勋章。

这种殊荣原本是拿破仑创始的，原意主要是要奖励在拿破仑的征战中为法国作战的公民，但是经过这么多年以后，演变成一种光荣之至的荣典，表彰在艺术、商业和政治上有杰出成就的人。有人把利斯在法国的成就告诉政府，说他怎么从美国来、挽救了这家公司和创造了很多工作机会。

政府在一家豪华饭店举办一场盛大的午宴，赠勋给利斯，场面极为庄严隆重。法国商业部长把勋章挂在利斯的脖子上后，轻轻地吻利斯的双颊，然后利斯凯旋迪波恩，还带有一个勋章证明他的英雄事迹。

第15章
美国梦

逻辑对人的吸引力，决不至于令人因逻辑而迷失。

——1912年诺贝尔医学奖得主卡雷尔

载誉荣归的英雄利斯几乎还没有体验到功成名就的滋味，就又大胆迈向一个更远大的新计划。他要带领福特公司正面迎战通用汽车公司，打一场福特从来没有见识过的大阵仗。

这是个短兵相接的时代，50年代的美国汽车工业不断突飞猛进；福特二世重新改组后的福特公司，达到人与机械合一的胜利，证明了财务和管理才俊的能力。这批青年才俊和他们的幕僚，帮助福特二世重新组织混乱的公司，把统计控制的力量带进了企业。福特公司的财务管理傲视全美各大企业，旗下的财务人才更是无人能出其右，紧紧看管着公司每一分钱的去向；福特的新车招徕的顾客，也创下了空前的业绩。

1946 年，桑顿一行初来乍到时，福特公司困难重重，而今摇身变成强大的堡垒，晋升为全美第三大企业，仅次于通用汽车公司和新泽西州的标准石油公司。从他们踏进鲁治河厂那天到现在，福特公司的净值增长了一倍多，达到 18 亿美元，资产总值增加两倍，为 26 亿美元。1955 年的税前盈余创下 9.86 亿美元的新高纪录，比起前一年的 5.11 亿美元，几乎增加了一倍，而比起 1952 年的 2.89 亿美元，增加了两倍多。光是每一年的员工薪资，就超过 10 亿美元。

脱胎换骨

但是，福特公司还是比不过规模更大、地位稳固的通用汽车公司。多年以来，福特二世一直希望能够重振他祖父的声望，恢复福特公司在 30 年代失去的领先地位。而对公司前途信心十足的克罗素，也很想对他的老东家进行报复，随着福特公司日渐强大，他们与通用汽车公司的竞争也愈来愈白热化。

福特公司 1954 年度的产量，创下战后的新高，几乎超越通用的雪佛兰。事实上，福特有很多人都觉得他们其实已经打败了强敌，只是通用汽车在做假耍手段。1954 年的最后一天，他们得到一个消息，说伊利诺伊州首府斯普林菲尔德的国务院办公室，会有一大批空头的行驶证申请案件，数目刚好足以让通用汽车公司超过福特公司，继续维持雪佛兰销售量第一的地位。

最后的统计结果出来，福特公司只差不到九千辆车，就能让克罗素扬眉吐气，赢得 1935 年以来的第一场胜利。福特出厂了 140 万辆车，雪佛兰的产量则是 1 417 453 辆。克罗素不相信他的老东家会做假，因此对这个传闻一笑置之，而且，福特公司自己的业绩非常漂亮，眼看就要改写数十年来的成绩，1955 年度的销售、生产和获利都可能刷新历年来的纪录。不过，不论这个传闻是真是假，都凸显出两家公司之间无所不用其极的竞争。

在福特公司，“打败通用”的口号愈喊愈响，克罗素很清楚野心勃勃、无所畏惧的利斯，正是福特的制胜武器。在桑顿的“十杰”当中，利斯从来不会说不，他在克罗素手下的时候，对于新厂、设备的大胆投资通常都会极力辩护，不像他那些在财务部门的同事，事事都保守谨慎。想要找人推动一个冒险的计划，把通用汽车永远甩在后面，还有谁比他更适合的呢?

大冒险家

利斯还没有找到新家以前，暂时搬进迪波恩旅馆，一家人住一间三房的套房。玛克辛和孩子们都已经睡了，马隆尼临时接到利斯的电话，心想一定有什么要紧的事，因此一下了飞机他就直接找上门来，虽然说时间已经是三更半夜了。

“嗨，小马，”利斯开口道，“进来，进来。”

两个人握了手，显然都很高兴回到了美国。

马隆尼说：“你看起来很轻松的样子。有什么大消息？我度假度得好好的，把我叫回来有什么事？”

“小马，我们要主动出击，跟通用别一别苗头。”他接着说，“我们要推出一整组的新部门和一款新车。福特光靠两个汽车部门，不可能跟通用竞争的，我们一直没办法超越他们，因为他们的顾客可以买一部雪佛兰，然后升级到庞帝克、别克、奥斯摩比和凯迪拉克，根本不用考虑通用以外的

（上）麦克纳马拉和妻子玛姬在庆祝会上合影，玛姬身着法国女佣服装。

（下）到 1955 年，十杰终于牢牢掌控了福特公司，有三位成为副总裁和总经理，主管福特公司最大的三个部门：福特、水星和林肯三个汽车部门；有一位升为公司主计长，还有一位进入管理委员会——福特公司的中央政治局。在庆祝大家荣升的聚会上，这群好友举行了一次模拟记者会，前面有一支移动式麦克风（从左至右依次是米尔斯、利斯、麦克纳马拉和莱特）。

车子。可是我们的顾客就只能升一级，买部水星，其他就没有别的选择了。我们能不能改变这个情形？当然可以。他们有五个部门，我们也可以，福特、林肯、水星、欧陆，再加一上个新车系，也许叫做艾德瑟。”

利斯在房间里走来走去，这么冒险的大计划显然令他非常兴奋，他的脑筋转个不停，嘴里滔滔不绝地谈着每一个可能的细节，仿佛是在演练日后到了董事会上要怎么说服众人。马隆尼以前也看过他这个样子——专注得几乎着了迷一般，他们在巴黎工作压力最大的时候，他就是这个样子。

“利斯，等一下，”马隆尼打断他说，“现在销售林肯和水星的那些经销商，你要他们心甘情愿地放弃一部分生意，还得面对新的艾德瑟经销商来抢他们的顾客吗？你是在开玩笑吧！”

利斯说：“有些人是得很费一番唇舌去说服他们，可是我们会推出一个全新的水星车系，跟福特车系完全不一样。这一直就是经销商的期望，真的，我们要推出新款的水星，你一定想象不到的，要比以前更大、更好。”

“听起来还不错，如果你能办得到的话。”马隆尼说，“可是如果水星真的那么好的话，福特的经销商恐怕就要大受打击了。”

“不会，不会，”利斯说，“他们会有一部超级福特。”

“利斯，听你讲了这么多，我的想法是，公司所有的重心都放在水星和福特，我可不想拿我的钱去冒险投资什么艾德瑟。美国不需要再来一部中价位的车子，大家需要的是小型车，就像我们在法国推出的那种。”

利斯回击说：“你根本不懂美国市场。”马隆尼的怀疑令他很不高兴。“在这里小型车根本没有人要，这是一个广大的国家，人也高头大马的，养的也是大狗。美国人要的是四轮的贾利·库柏，不是婴儿手推车，是那种长着胸毛、雄赳赳气昂昂的车子，要让西部人可以在开阔的高速公路上做长途的旅行。”

“我们要打败别克，价位跟他们一样，车子的每一个配备都要比他们好，性能更是要把他们比下去。别克还没有真的碰过这样的竞争，我们要让他们见识见识真正的男子汉，而不是毛头小伙子。”

马隆尼看得出来利斯已经打定了主意，可是他还是再一次提醒正在兴头上的利斯要面对现实。

“这要花很多钱。你的经费从哪里来？要多久的时间？”

“打开市场，钱就会进来了，这是最要紧的一点。把通用的市场偷过来，去年他们的占有率是 50%，我们 31%。我们的目标是 35%，希望 1957 年可以达到，1958 年就要迎头赶上他们。”

马隆尼不再多说了，这项计划的风险，还有利斯勇于冒险的决心和自我牺牲，令他既敬畏又担心。需要的经费可能高达数亿美元，要盖新的工厂，争取数千家新的经销商，设计新的车子，还得大做广告，让新车品牌像流行歌曲排行榜一样人人耳熟能详。如果失败了，大家的饭碗大概也砸了。利斯的勇气和野心，把他带向险境，他们才刚刚获得空前的成功，这么快就要拿自己的前途做赌注，实在是不智之举。

时势造英雄

企业会使员工产生一种奇怪、几乎不可能的平衡。员工必须权衡风险的大小和获利的目标，大部分的人都会以最低的风险寻求最大的利润。比大多数生意人都更讲求逻辑和理性的麦克纳马拉，就是如此，莱特和米尔斯也是一样。而为公司看管钱包的米勒和兰迪，对于大型投资计划更是不问风险高低，一概设下重重障碍。然而对利斯来说，他的平衡点跟别人都不一样，这么大的赌注令他非常兴奋，虽然他也知道这会使他和那些比较保守的“十杰”朋友们免不了一场争执。

马隆尼问他：“你要我做什么？”利斯告诉他，这整个计划基本上还没有获得公司普遍的支持，麦克纳马拉就表示反对，毕竟，还是有些人倾向于比较保守的做法。不过克罗素是百分之百支持，再过一两天利斯就会正式调派到他手下；福特二世和布里奇也表示支持，有他们三个人就等于握有全部权力。“我要你帮忙专心对付销售和行销的问题。我知道你的财务很行，在法国你就已经露过一手了，这个部分我需要协助，因为阻力可能就来自这个地方。”

利斯在总公司受到的礼遇，出乎他的预期，他和他那批手下在迪波恩成了真正的英雄。公司在迪波恩旅馆为他举行了一场盛大的欢迎晚宴，高层主管、经理一共有近百人参与盛会。布里奇公开赞扬利斯是美国梦想的化身，证明了美国式的管理能够获得多大的成就，他和利斯或法国小组的其他人走在一起，会亲昵地把手搭在他们肩上，让他们觉得备受恩宠。威廉·葛莱兹甚至觉得利斯总有一天会当上总裁，而他也会跟着步步高升，也许做到副总裁的位子。在这样一段强盛的时期，每个人都陶醉在美好的远景中。

美国民众对汽车的胃口，似乎永远也填不满。50年代的汽车改变了美国的面貌，新社区如雨后春笋般林立，郊区变成美国人理想中的定居之地。因为汽车，出现了免下车餐馆、免下车电影院、免下车银行，就连用餐也有服务生帮你把餐饮送到车上来。宽阔壮观的新公路深入各大城市的心脏地带，把稠密的市区划开成一格一格。已经有五六个州建好了短程的公路，连接各个都会中心，而从东北方的麻州到南方的德州，也都在赶建州内的公路。纽约、新泽西和宾州各地，出现新的高速公路，美国总统的一个公路顾问委员会还呼吁在未来十年中，拨出1 010亿美元的经费，兴建新的洲际公路。

即使是最乐观的汽车公司主管，也没有料到汽车市场的需求竟会如此殷切。1955年，通用汽车业绩突破10亿美元，创下全球企业单年获利的最高纪录。当年的汽车业也是大发利市，全年一共有 720 万辆新车申办行驶证，刷新了往年的纪录。小说家凯鲁亚克（Jack Kerouac）的《在路上》，描绘的正是这样的奔放年代，汽车成为自由的象征。

在这样的背景下，克罗素从利斯身上看到公司进一步成长的希望，在他把福特公司整个脱胎换骨之后，他觉得现在已经被逼进到主动出击的距离，利斯可以帮他挥出致命的一拳，痛宰通用汽车公司。他对众人说："利斯现在做什么都没问题了，他对一部车的制造从头到尾都了如指掌，现在公司不论给他什么位子，他都可以胜任。"

如果说克罗素有意提拔利斯，让利斯在总公司更上层楼，他也很愿意拉麦克纳马拉一把。最后克罗素推荐麦克纳马拉接替他的职位，出任福特车系的总经理，他自己就可以专心和利斯着手他们的伟大计划。一月间麦克纳马拉正式接管公司的最大部门，就在利斯刚从海外回国的时候。

主动出击

当然这也表示，利斯和麦克纳马拉从此就要成为直接的竞争对手。出掌福特车系的麦克纳马拉占了优势，但是利斯的计划如果能够成功，让公司打进中价位和高价位豪华轿车的市场，他就会理所当然成为布里奇的接班人。福特从通用挖过来的布里奇，一直对福特二世老板倾囊相授，1957 年他就 60 岁了，但这时福特二世对他已经开始表现出鸟尽弓藏的态度，在会议上公开反对他的意见。因此，比布里奇年长两岁的克罗素，现在不仅是在推动福特和通用之间的战争，也使桑顿在近十年前一起带进福特的两个好朋友变成对手。多年以来，福特二世一直在说总有一天要迎头赶上通用汽车 50% 的市场占有率，甚至超越他们，但是福特如果不推出中价位的新车，绝对不可能达到目标，而中价位房车正是福特的弱点。通用占了优势，一共有三个车系，别克、奥斯摩比和庞帝克；甚至克莱斯勒也有三款中价位房车。福特只有一款，就是水星。

50 年代初期，中价位汽车占了一半的市场，而在所有新发的行驶证当中，通用汽车约有 54% 属于中价位，克莱斯勒更有 47%。然而福特汽车的新发行驶证中，只有 17% 属于中价位。另外，雪佛兰只占通用汽车总销售量的半数左右，但是福特公司卖出的车子，十辆车中就有八辆挂着福特的标志；福特公司的市场区隔显然严重失调。

三年以前福特成立了一个小组，由业务副总裁利思·戴维斯担任召集人，负责研究是否应该另辟一个新的车系。1952 年 4 月 30 日，这个“戴维斯委员会”提出研究报告，建议应该把林肯和水星两个部门独立出来，同时增设一个“特别产品部”生产新款的欧陆。研究小组还认为，应该进行一项大型研究计划，考虑结合林肯的车体和水星的底盘，变成新的水星—蒙特利。如果这款新车能够成功，就可以独立出来成为蒙特利车系。但是这些建议最后却无疾而终。

摩拳擦掌

利斯和克罗素都觉得，福特应该更积极主动一点，时机似乎成熟了，一切条件都对他们很有利，有些人主张比较保守谨慎的做法，在水星之下再增加一款新车就好，但是克罗素听都不想听。何不从头建立一个新部门，一个完全独立的经销网呢？而在另一方面，何不大幅扩充水星的市场？何不全面出击，要赢就赢大的？

在这些计划背后，是一个梦想。利斯自己就对他的朋友尤金·波迪纳坦承过他的梦想，波迪纳是个设计师，行止浮夸，当初就是他到巴黎去协助利斯创造新款的北极星。对利斯来说，水星是他成为哈洛·柯蒂斯第二的大好机会。柯蒂斯是通用汽车公司当时的总裁，他是利斯心目中的榜样，也是底特律的传奇人物。他到法国参加巴黎汽车展的时候，应邀出席利斯在美国俱乐部的演讲，就坐在利斯旁边，令利斯兴奋不已。柯蒂斯当时讲了一席话，许多年后利斯还是谨记不忘。他说："开车的时候，你可不是从反光镜里向后看；开车的时候，你要向前看。"

柯蒂斯在 1933 年接管通用的别克部门，当时他才 39 岁，在他任内，别克的表现几近奇迹。别克本来是通用汽车公司最大的部门，1926 年产量达到最高峰，共有 266 753 辆车出厂。但是到柯蒂斯接手之初，别克几乎快被人遗忘了，年产量只剩 400 621 部车，还不到 1926 年的 1/6。他和利斯一样，对于数字都有相当的基础，不过他是个彻头彻尾的汽车迷，也是个超级推销员。他最喜欢大车，愈大愈好，一再要求通用设计师哈利·厄尔构思出一部又一部奢华气派的大型车。

柯蒂斯推出一个独领风骚的新车系，重整别克的管理阶层，把别克带向一连串的成功。到 1941 年，别克产量提高到 377 428 辆的新纪录，在畅销车的排名上升到第 4 名，而 1933 年还远远落后在第 8 位，战后，别克产量已突破 50 万辆。可以说，别克造就了柯蒂斯，柯蒂斯也造就了别克。

利斯相信，水星也具有同样的潜力。克罗素答应过他，只要他们能够顺利推动扩充计划，他会让利斯出掌水星部门。水星不像别克，从来没有在中价位市场拿下重要的占有率。艾德塞尔·福特在经济大萧条跌入谷底的一段时期推出水星，他说服父亲老福特二世在低价位车和高价位车之外，推出一款价位居中的新车。他的想法是，车子大小象征地位，引擎马力和价格都要提高一级。"水星"在英文中也是罗马神话的商业之神，另外职司摔跤、体操和所有需要技巧敏捷的各项运动。这个商业之神又称"众神的信使"，他带翼的鞋帽正反映出他的速度。第一部 1939 年度的水星，在 1938 年 11 月 4 日正式上市。

利斯从来没买过水星。水星说穿了，只不过是加大马力的福特，让口袋里多点钱的人有个派头一点的选择，外形多加一点装饰，里面多加一点空间。水星用的根本还是福特的车壳，这样虽然可以降低成本，但却也使水星大受限制，几乎不可能有什么异于福特的重大特色。

不过，水星还是有它一定的名气，占有 5% 的市场。利斯相信，只要重新设计水星自己的车身，再大大扩充经销网路，他也能够再造柯蒂斯多年前为别克创下的成绩。利斯打的如意算盘是，1957 年度推出新款的水星，在一年内就要把水星的销售量提高 45%，市场占有率提高到 6.5%，他估计再过一年可以拿下 8% 的市场。而要卖出这么多的车子，水星部门必须在 8 个月之内增加 1 000 家经销商——这几乎是不可能的事情。对利斯来说，这个目标变成他的战斗口号："圣诞节以前达到 3 000 家水星经销商。"

这整套计划——包括推出新的车系和大幅扩充水星——如果要获得通过，利斯必须在 1955 年 4 月 15 日的董事会上说服众人。他的时间非常紧迫，大约只剩 10 个星期能够作准备。但是在向董事会提出报告以前，利斯必须先就需要增加多少经销商、最后期限、预估的市场占有率、需要扩充的资本、可能的利润等等问题，提出企划案，并且争取几十个高层主管和主要部门的支持。

几天内，马隆尼就加入利斯手下的一个工作小组，为利斯的董事会报告准备资料。这个小组每天一早就到办公室，马不停蹄地忙到下班时间，回家跟妻子儿女吃个晚饭，然后再回来加上三四小时的班。在他们工作最忙最紧的一段时间，整个小组一连四个星期的周末假日都在加班，第四个星期天早上他们走进办公室的时候，却看到利斯满脸笑容，桌边放着一个大画架，画架上盖着布。

"大家早，"他说着，一边把椅子上的画架竖起来，"我们今天要先做个小小的礼拜。你们把头低下，不过呢眼睛看我这边。”

他们看着他把画架上的布扯下来，原来是一幅大教堂的油画。

“好，我们默祷一分钟，然后大家就各自干活去吧。”

这就是利斯，他可以让人心甘情愿为他卖命，也可能让人觉得备受折磨。星期天早上 9 点钟到公司作报告，任谁都会觉得气恼，但是他的魅力和机智却能够让人怒气全消。

有一天，克罗素踏进了莱特的办公室。平时他很少来找莱特的，当时莱特是采购主任，责任重大，但是没有部门副总裁的地位和特权。他把利斯的计划告诉莱特，而且利斯马上要办一场说明会，叫莱特一起去听听看。莱特去了，坐在小房间的后面看着利斯和他所谓的“突击部队”拿出一张又一张的图表讲个不停，他听说过有关这个计划的传闻，但是亲眼看到整个计划规模之大，还是令他大为震惊。

置身事外

莱特立刻去找麦克纳马拉，问他有什么看法。

“我刚听完利斯做了三个小时的说明会，你有没有看过他的报告？我真的觉得很担心。”

麦克纳马拉说：“莱特，他们那边的事你最好别插手。”

“这怎么可能呢？”莱特问道，“克罗素是我的上司，而且他在问我的意见。”

“你不是个没有头脑的人，你喜欢你现在的工作，我也喜欢我现在的工作。你要想办法置身事外，别插手他们的事情。”

莱特回忆说，麦克纳马拉认为扩充计划一定会失败，倒不是因为他对计划内容很熟悉，事实上从一开始，利斯他们就不让他参与计划。因为新车部门和水星，与福特车系的高级车款必然有所重叠，所以利斯和克罗素主张说，麦克纳马拉虽然是福特车系的主管，却不应该参与他们向通用挑战的决策。他显然有自己的既得利益，自然会希望维持福特车系现有的优势，他们甚至不让麦克纳马拉看到重要的文件。

在利斯参与扩充计划以前，麦克纳马拉就质疑过推出中价位新车系的利弊。他在 1954 年 5 月的一次主管会议上提出问题："新车系打算给买车的消费者什么呢？"麦克纳马拉认为，他的福特部门也可以扩充到中价位市场，不应该限制福特车系可能的车款；他说，没有必要在大幅扩充水星车系之外，又冒险投资于新车部门增加经销商。后来麦克纳马拉争取到董事会核准，提升福特车系的最高级车，在 1957 年度推出福特飞羚。

不过麦克纳马拉一定也跟莱特一样，觉得他即使不支持利斯的计划，也不能阻碍他。原因并不只是考虑到他们跟利斯的友谊，克罗素对这个计划更是百分之百支持，而他们在公司能有今天，有很大一部分必须感谢克罗素的提拔。对于他这么支持的事情，他们怎么能够太公然地反对呢？那岂不成了企业里的背叛行径，等于是政治自杀。有些人认为，麦克纳马拉确信如果他反对这项计划，一定会留下不良的纪录，因此他就置身事外。米勒记得他说过："别把我算进去。"

的确，莱特听过利斯的报告之后第一个想法就是，如果我把真正的意见告诉克罗素先生，"他就会跟我疏远了"。因此克罗素在莱特办公室外碰见他，问他意见的时候，莱特吞吞吐吐了好一会儿，最后才说出他的看法，不过他还是尽可能把话说得委婉一点。

莱特最后说："克罗素先生，我必须坦白告诉你，我觉得你恐怕塞了太大一口，也许没办法一口都吞下去。"

听到这些话，克罗素的脸色立刻暗了下来。

莱特也觉得尴尬，连忙再加一句说："也许事情是办得到的，不过要是我的话，我会一步一步慢慢来。”

他这番话听得克罗素火冒三丈，转身就走。莱特心里想：“天哪！”

4 月是利斯成败的关键时刻，15 日那天他终于要把他的计划提交到董事会。按照惯例，利斯必须先通过一个大关卡，才能够把计划提交董事会讨论，因为公司规定 100 万美元以上的提案，都必须先送交财务部门审核，而利斯的整个计划，估计需要 4.85 亿美元——几乎相当于公司前一年的税前总盈余。

财务部门一向喜欢对数字吹毛求疵，对各项假设提出挑战，这一切都会拖延事情的进度。这虽然是重要的制衡手段，但是对于胸怀大志的人却是不胜其烦。

米勒派了一个年轻的分析师沃伦·伯格布审核利斯的提案，他负责参与利斯小组的讨论，确保他们遵循公司的会计规定，并且要审慎地回报给米勒和兰迪。米勒身为审计主任，公司里大大小小的事情他没有不知道的——至少需要花钱的事情他都会知道，因为支票最后需要他的签名，但是这件事并没有问过米勒和兰迪的意见。克罗素和福特二世密切联手，他们都跟利斯一样一心一意要跟通用分出个高下。

因此，这个计划根本没有通过正式的财务审核，他们的逻辑是，每拖延一天，就是损失一天的机会。

米勒和兰迪也跟麦克纳马拉和莱特一样置身事外，一半是出于朋友之谊，一半也是出于畏惧。诚如米勒所说，他们都不愿意“泼利斯的冷水”，而且他跟克罗素相处虽然也有过冲突，但是克罗素对他一直非常照顾，有一年甚至还帮他争取到四次的加薪。米勒这个人其貌不扬，乍见之下毫不起眼，他的谨慎小心是他唯一明显的特性。克罗素还记得，最初公司要米勒接任审计主任的时候，米勒表示他不敢接，他担心自己没有足够的财务背景，暂时还不足以胜任。“胡说，你学了就会。”就这样，米勒几乎是不由自主地搭上了升官的快车。

一意孤行

米勒心里想，如果有谁能逼着克罗素作出决定的话，那也应该是他的上司泰德·尹泰玛，财务部门副总裁。尹泰玛也是董事会的一员，在公司的地位和克罗素相当，不过尹泰玛也很清楚，他的反对不会有作用。米勒在福特公司前后待了43年，这是头一次有人不经过财务部门就提出企划案，也是最后的一次。

利斯在公司里推销他的计划，像房地产中介一样积极，像政治人物一样精明。几个星期以来，他在各个办公室里里外外私下运作，一直到他争取到董事会成员过半数的支持。凭着他的意志力，他锲而不舍地往前推动，如果在会议上他的目标或方法遭到质疑，他会说："好，我们会重新组织，再想想其他不同的战斗计划。"他永远都有其他的计划，其他的办法来达到目标，永远不投降。

在往上爬的路上，利斯决不接受"不"的答案，对他说"不"的人一定会碰壁，因为他的决定就是定案。公司的机械设计人员曾经抗议说他们还要一整年才可能发展出自动变速箱，结果利斯一拍桌子，坚持福特1951年度的新车一定要有自动排档。雪佛兰比福特早一年推出自排车，已经开始拉下福特车的销售量了，他们绝对不能再拖延。他的坚持后来收到了成果，设计部门成功地推出自排车款，比他们自己预定的时间表提早了一年，而且品质良好。

老罗斯福总统是利斯心目中的偶像，他曾经说过："重要的不是坐而批评者，不是那些在背后议论强人何以垮台、看到别人的成就才放马后炮的人。该享有一切功劳荣誉的，实际上是起而实行的人，在脸上盖满尘土血汗，勇敢地奋斗，一而再、再而三地犯错，因为任何努力必然都会有缺失。一事不做的人，不论愤世嫉俗或玩世不恭、骄奢淫逸，都如史册上的黑白照片，虽生犹死。那种灵魂只有五分热度的人，一无是处，他们不会懂得伟大的奉献情操、高度的荣誉感、坚毅的信念、崇高的热情，不会懂得什么是震天撼地的男子汉。”

利斯不只是震天撼地，必要的话他也会连哄带骗。有何不可呢？伟大的梦想对福特这样的大公司能有什么伤害呢？

为了证明这个计划的可行性，利斯的人马必须端出种种数据和预测，这些数据却是违反了桑顿、麦克纳马拉和其他“十杰”成员长久以来最重视的理性原则，他们的名声就是建立在数据和事实上，但是利斯现在却利用数字来捕捉幻想，而非现实。他预估的销售量不断增加，并非基于任何彻底的分析，而是为了支持他所要求的庞大的投资。林肯—水星的一名高层主管艾门特·贾吉就说：“那些数据太离谱了，完全不切实际。这是一定的，要让整个计划看起来合理，只有夸大那些预测。”

保罗·洛伦兹是利斯自己的财务幕僚，对于利斯要他做的事情他表示反对，可是利斯使出他一贯的手法，对他软硬兼施。

关键时刻

4 月 15 日的董事会转眼就到了，前一天晚上利斯一夜无法成眠，心里不断预习着报告的每一个细节，务求做到十全十美。早在玛克辛起床以前，他就已经冲过澡、刮好了胡子，换上看起来保守而稳重的灰色西装裤，干净的白衬衫，针织领带。7 点不到他就到了董事会会议室，把他报告的重点部分再做最后的复习。

接近九点的时候，会议室的人愈来愈多了。董事会是一个关系密切的小团体，都是公司内部的人和其朋友。其中一个外人是吉米·韦伯，他是底特律最大的百货公司J.L. 哈德逊的负责人，也是福特二世的好朋友。另外一个是哈佛商学院院长达诺·戴维。福特的主管提到“董事会”也许都很尊重，但是他们真正想到的只有两个人，福特二世和布里奇。

会议九点准时开始，福特二世坐在他的老位子，马蹄形桌子的尽头。利斯讲了两三个钟头，在两个黑板之间来来回回，胜败就在此一搏。他的口气温和，理性，令人敬重。

他先从各个数据开始。他指出，在大众化的低价位市场，福特车占了 43.1%，但是在中、高价位市场，水星和林肯勉勉强强拿到 13.6%。而在 2 400 美元到 3 100 美元之间的市场金字塔顶端，水星和林肯根本敌不过通用的三个车款或是克莱斯勒的两个车款，这样的断层，使得公司在中价位车市场毫无竞争力。利斯说：“我们把太大一部分的生意都集中在一个车款、一个价位。”

他提出大胆的解决之道：推出一个中高价位的全新车系，从头建立一个完整的经销网路，另一方面则是大幅扩张水星的市场。当时福特公司所有的车子都是用两个车体，福特和水星车系用的是相同的车体，约占总产量的 97.7%，另外的 2.3% 则是林肯车体。

根据利斯的计划，福特车系跟雪佛兰、普利茅斯竞争，换新车架的水星对付最低价位的别克，另外再发展一款超级水星来对付高价位的别克和克莱斯勒。新增加的车系则是针对中低价位的庞帝克和道奇，以及中价位的别克和迪索托、奥斯摩比，林肯则要挑战最高级的凯迪拉克。

迎接挑战的最佳时机，就是现在。利斯解释说：“未来的经济基础，只有两个字，‘更多’，更多的人口，更多的家庭，更高的消费能力，更大的消费意愿，更多的需求和欲望，更多形形色色的公共工程——学校、道路、医院、公园、图书馆。在这样一个竞争、但是大有利润的买方市场，能够把握时机积极进军市场的人，就会满面笑容地迎接成功。”

在董事会的会议上，很少会出现强烈的反对意见，如果一个提案有什么重大的阻力，根本到不了董事会。不过拖延几乎就跟否决一样糟糕，这是企业里封杀任何事情的好办法，把它退回去作进一步研究，然后就不了了之了。会议上众人提出的问题，就是提案能不能过关的风向球。那天没有人提出什么反对的问题，大家不时提出一些疑问，要求做进一步的解释，不过整体而言都认为利斯的报告非常精彩。米勒心里想，如果今天有谁会表示反对，就只有布里奇了，但是布里奇并没有开口。

接下来利斯和他的幕僚退出会议室，让董事会私下讨论扩张计划的人事问题，最后进行表决。克罗素提议由利斯出任水星部门的副总裁兼总经理——那正是他梦寐以求的位子。米尔斯则在利斯的要求下，被提名为林肯部门的副总裁兼总经理。

表决结果是无异议通过，争取第一已经不只是句口号或标语，而是福特企业的使命。只可惜，桑顿未能亲眼见到现在的他们。他一定会跟亲朋好友夸耀这一番杰出的成就，这在企业界可是空前的成绩。九年前桑顿带着他们整伙人一起加入福特的梦想，到今天才开花结果，不过“十杰”当中留下来的七个人，可以说已经掌控了整个福特公司。

功成名就

这个大好消息值得开个晚会庆祝一下，至少当初带着利斯他们参观福特厂区的罗伯特·邓涵就决定替他们办场庆功宴。他在安阿伯市的家中大宴宾客，替大伙好好地热闹了一下。为了让众人这一段黄金时刻更锦上添花，邓涵找了个大学生穿着燕尾服做接待，每位客人到达的时候都高声通报他们的姓名。

麦克纳马拉挽着妻子玛姬，缓缓走上邓涵家的阶梯，接待立刻高声说道：“麦克纳马拉伉俪。”随后邓涵为麦克纳马拉挂上一条蓝丝带，上面系着一块黑色的金属奖牌，白色的花体字写着“副总裁”，邓涵还郑重其事地轻吻了麦克纳马拉的脸颊，众人报以一阵掌声。米勒的奖牌上只写着“员工”。玛姬也是这场玩笑的主角，她装扮成一个风骚的法国女郎，大胆暴露的蕾丝洋装加上黑色的丝袜，像花蝴蝶似的飞上飞下，她手里拿着一卷滚筒卫生纸，见到男士就把卫生纸绕在他们身上，还嘟起鲜红的双唇要人吻她。

晚宴之后的余兴节目是个模拟记者会，主角当然是公司这批新星。邓涵戴着一顶软呢帽扮成记者，帽檐上还塞着一张采访证。他准备了一支大型麦克风和一部收音机，让米尔斯、利斯、麦克纳马拉、莱特等人在沙发上一字坐开。

邓涵开着玩笑说：“各位女士，各位先生，我先介绍今晚的福特新人。首先这位是我们来自巴黎的美国人弗兰西斯·利斯先生——您在三个月内创下奇迹，能不能请您谈谈您有什么感想？”

“我看还是你来告诉我吧。”利斯笑着回答他。

“麦克纳马拉先生，”邓涵装模作样地说道，“您贵为哈佛教授，对于你们制造一些带着轮子的发臭椅子，您有什么充分的理由吗？”媒体报道说赫鲁晓夫最近讽刺美国的汽车制造业，说过类似的话，邓涵就是套用例子进行批评。

邓涵可不会放过任何一个人，而且每个人也都玩得不亦乐乎。

“米勒，对你，我要致上最深的慰问之意。”他把一块烤肉递给米勒，安慰他在最近这一轮的升迁当中未能更上层楼，每个人都笑弯了腰。

“兰迪，虽然你没有升官，不过自从你脱下军服以后，看起来可体面多了。”邓涵这样取笑兰迪，是因为兰迪刚进福特的第一个月，一直都穿着陆军航空队的制服跑上跑下。

这天晚上的玩笑，使他们之间新的竞争搬上了台面，这比各自心怀恐惧嫉妒、彼此暗中较劲要安全多了。利斯一步登天，带来明显的改变。突然之间，他们已经不像从前在一个强势的领导人带头下互相照应的伙伴，而变成了竞争的对手，他们的友谊，开始趋于淡薄了。

由于他们在福特的快速蹿升，大家给了他们一个新的封号，过去的“小神童”现在变成真正的“十杰”。以前他们最生气被人叫做“小神童”，那是故意在挖苦他们，如今众人却是对他们心悦诚服，“十杰”正代表着他们的聪明才智、他们的年轻和成就。

他们打破了企业的层层关卡，在这么短的时间内爬升得这么快。哈佛教授亚伯拉罕·扎累尼轲日后就说：“‘十杰’所掌握的权力之大，在年轻一辈是很少见的，他们宣示了企业界中权力与年龄成正比的传统已然结束。他们在公司里的迅速升迁，也违反了高阶主管应该从基层做起的传统，过去的传统不只考虑干部的资历、能力，同时也顾及员工的士气。即使‘十杰’在其他方面没有建树，他们至少为神秘的企业管理注入了活力。”

他们这个圈子很快成为底特律的传奇，证明美国的汽车业之所以能够在全球市场上独占鳌头，不只是因为美国车的品质全球第一，更因为美国汽车界网罗了全世界最优秀的工业管理专才。在飞黄腾达的50年代，“十杰”爬升到社会名流的地位。1959年9月份的一期《商业周刊》，就以麦克纳马拉做封面故事，照片上麦克纳马拉站在一部崭新的雷鸟前面，背后衬着公司总部外的翠绿草坪，故事标题是“福特方向盘交给新生代”，他们崛起的经过举世瞩目。他们十个人当中，虽然有四个已经离开福特，但是在内页的跨页照片上还是全员到齐。《商业周刊》指出：“他们不是昔日的底特律汽车人，而是心系哲学和社会学的专业经理人，这在以务实为本的汽车业根本前所未闻。他们不论做什么，总是以理性为师，不会凭一时冲动——这个观念本身并没有不好，只不过消费者买车一向是出了名的只凭一时冲动，很少有人会考虑再三——至少在未来的十年中，福特公司的走向，大抵都会操控在他们的手中。”

第16章
摊牌

失败往往只是成功的黎明前短暂的黑暗。

——利米契尔·哈吉斯

桑顿在新事业上也是马不停蹄，绝不让两脚生锈。

他具有无与伦比的想象力，更有洞察先机的前瞻眼光。原因并非他像休斯飞机公司的科学家一样了解科技，而是因为桑顿这一类的人，就像二三十年后创建苹果电脑公司的史蒂夫·乔布斯，本能地就能看出科技未来的角色。50年代初期他就已经看出，未来的生活一切都会应用电子控制，电子业所带动的新工业将会使汽车业相形失色。

就因为他这个观念，使他日后成为一位企业先驱。目前他正忙着重整他自己的未来，全心全意向休斯飞机公司的科学家请益，吸收一切的科技新知。休斯旗下的科学家也许是当时实力最强的研究小组，能出其右的大概只有贝尔电话公司的实验室。然而桑顿却发现，他的顶头上司霍华德·休斯是个有怪癖又令人讨厌的人。

掌握契机

1948 年 9 月，桑顿以休斯飞机公司副总裁的身份，来到派特森空军基地拓展业务，也就是利斯以前的派驻地点。七八月间，休斯的资深科学家着手进行一笔 15 亿美元的空军合约，内容是研究在喷气战斗机上结合雷达与电脑的可行性。空军武器部门的首长肯尼斯·伍尔夫将军刚好也来到派特森基地公干，他和桑顿是大战期间的旧识。

他们正在叙旧闲聊的时候，伍尔夫的助理急急忙忙赶到办公室，传达华盛顿的一个重要消息，说伍尔夫负责的一项计划，代号“O 形腿”，已经被列为优先的重点计划。桑顿听得一头雾水，直到助理提起“O 形腿”唯一的一笔合约就是由休斯飞机公司所承包，他才恍然大悟。华盛顿已经批准空军研发第一架全天候喷气机，用以截击敌机，保卫领空。

第二次世界大战使桑顿得以崭露头角，这一场新的战争也会帮助他更上层楼。五角大楼把“O 形腿”列为第一优先的计划，因为这攸关美国面对核武空袭时的防御能力。在卡佛市的休斯飞机公司，罗莫和伍瑞吉两位科学家正在研发一个电子射击控制系统，要让飞行员在敌我双方都高速飞行的情况下，能够精确地瞄准敌机并将其击落。听到国防部的这个消息，桑顿开始跟伍尔夫谈起，应该把他们的小型研究合约扩大成一个紧急计划，加速开发这个控制系统。

桑顿在休斯飞机公司里，成为著名的管理明星，他录用了和麦克纳马拉相像的罗伊·艾许（图右），成为他事业的监护人。

伍尔夫对于休斯飞机公司有没有能力完成整个计划心存疑问；周末他就要跟洛克希德公司负责生产 F-92 全天候喷射机的一些重要主管碰面，如果他们认为休斯有能力在短时间内开发出这个系统，他就会支持。

第二天桑顿找了罗莫和伍瑞吉，一起讨论这个复杂的系统从设计、开发到生产，需要多少时间。他们排出来的时间表，大部分都只是估计，但却是有根有据的。最后桑顿敲定在 1949 年 9 月以前制造出第一批射击控制系统——也就是在 11 个月内完成。更令人难以置信的是，他竟然说服了伍尔夫将军给休斯飞机公司一个机会。

要在这么短的期限内“无中生有”，制造出一个也许根本做不出来的产品，简直是前所未闻。即使罗莫和伍瑞吉立刻就能完成设计，桑顿也没有生产线能进行生产。但是桑顿鼓舞他的手下，让他们感受到战争时期的迫切感，而研发部门的主管给他的印象，也是觉得他们可以办得到。这是极其大胆又贪心的一步棋，万一不成功，公司一向准时交货、品质保证的国防承包商信誉，就会毁于一旦。

桑顿争取到的800万美元的合约规模并不算大，但是对休斯飞机公司却有决定性的影响，人人都全力以赴，晚上甚至没回家，就睡在车子上。有的时候，桑顿和他主要干部连续工作二三十小时，甚至40小时都没阖过眼。他们把卡佛市机棚里的“飞行船”搬走，利用机棚作为生产的工厂。

桑顿拼命四处找人，从国内每一家绩优厂商挖角，网罗一流的主管、经理和工程师。他也打电话给福特的几个老同事，利斯跟玛克辛商量了一下，不过还是觉得他在福特正一帆风顺，此时离开太可惜了；桑顿又打电话给安德森，不过安德森对于他在贝金斯的工作也是非常满意。而且他这些老朋友都觉得，霍华德·休斯这个人太古怪，让人无法信任。他甚至还找过“十杰”的女秘书，希望游说她到休斯来，不过没有成功。而另一方面，罗莫和伍瑞吉也拉了大批的科学家和技术人员加入他们的研发阵容。

桑顿果真如期交出了成品，而公司也因为这个系统而脱胎换骨，巩固了他们在军方的信誉，奠定下日后几笔大生意的基础。后来发生的两件突发事件，为休斯飞机公司提供了莫大的商机，第一件是1949年杜鲁门总统宣布苏联已经成功试爆了一枚原子弹，第二件则是一年后的1950年6月，朝鲜战争爆发。冷战、热战同时上场，使得军方的合约和订单大增，桑顿交货的射击控制装置，如摩尔将军所谓，是“休斯飞机公司总动员的正式彩排”。休斯成为空军射击控制系统的唯一供应商，这个系统已经成功应用在洛克希德的F-94战斗机，如今更普遍应用于北美、诺斯洛普、道格拉斯等公司生产的军用飞机，市场大为看好。

科技先锋

桑顿以这次成功为基础，积极争取到第二笔关键性的合约，为空军开发“猎鹰”导弹，可以追踪、摧毁苏联的轰炸机。这是全球第一枚空对空导弹，是一个大型电子计划的一部分，空军这个完整的电子计划，从测敌机位置、自动发射导弹到利用雷达导引导弹命中目标，都靠精密的电子控制，几乎可以保证弹无虚发。休斯飞机公司击败了一二十家竞争对手脱颖而出，包括通用电气和西屋电气，赢得这笔设计合约，负责开发超音速截击导弹上的电子射击和导引控制系统，而这种超音速截击导弹，预计将是未来空防战略的主角。休斯飞机公司实际上已经成为空军先进电子需求的独家供应商。

卡佛市的休斯飞机公司发展出一种独特的企业文化，管理阶层和研发人员合作无间，共组一支年轻的队伍，所有成员的年纪都在 28 岁到 36 岁之间。桑顿一再提出要“解放”员工，让他们能放手追求最好的表现。有位局外人对他们的企业文化深表赞叹，并且对一位记者表示：“他们的气氛非常宽容放任，每个人都可以畅所欲言。看到那些留着长头发的年轻人跟主管一起坐下来讨论生产的问题，大家同心协力地向前冲，真是令人感动。”桑顿对于科技一向情有独钟，甚至连他第一次跟弗洛拉见面聊天的时候，话题也不离科技，现在他更是一头钻进这个尚待开发的领域。“收音机—电视制造厂商协会”主席格伦·麦克丹尼尔，也成为他的一个导师，这个协会有 320 家科技公司加入，桑顿是在 1951 年为休斯招募新人的时候结识了麦克丹尼尔。

当时麦克丹尼尔对于休斯的这个年轻人已经略有耳闻，桑顿从通用电气和西部电气美国电话与电报公司〔AT & T〕的旧公司挖走了许多主管和工程师，而且业界的朋友也告诉过他，在桑顿上面虽然还有两个层级的上司，但是那只是假象。他们其实都有名无实，真正当家做主的是桑顿。

很快的，麦克丹尼尔与桑顿就建立了很深的交情。每次他们在纽约开专业会议，桑顿都会抓着麦克丹尼尔不放，一路跟着他回到96街和第五街口的公寓，聊电子，聊科技，一聊就聊到凌晨3点钟。桑顿不断向他追问科技相关的知识，他认为哪些人是科技界的顶尖权威，这些权威对科技的未来又有什么看法，未来的趋势如何？关键性的电子零件对于业界和消费者能有什么贡献？这些科技能够发展到什么地步？下一个新产品会是什么？他跟西尔凡尼亚总裁唐·米契尔，以及史琼伯格—卡尔森的负责人巴伯·泰特都交上了朋友，对他们也是一样追问到底，然后从这些人的谈话当中过滤出他自己对未来的看法。

桑顿求知若渴，任何一个信息都不会放过。麦克丹尼尔回忆说："他压榨别人信息的功夫可是一流的。"很多年后，麦克丹尼尔带着家人到英国剑桥去戏剧莎士比亚学习和历史，有一位航海专家应邀到学校演讲，他说看过《暴风雨》的人一定都会相信莎翁做过水手，经历过伊丽莎白时代的海上暴风雨，因为他的剧作对于航海技术的描写实在是栩栩如生。

演讲者离开以后，麦克丹尼尔问他的教授："你认为莎士比亚做过水手吗？"教授笑了。也有人认为莎翁一定做过医生或职业杀手，或曾经是富甲一方的大地主，因为他的作品所描写的细节都如此生动、跃然纸上。教授说："莎士比亚不仅是个天才，也是跟别人汲取信息的能手。他会把朋友叫到小酒馆去，麦芽酒一杯又一杯地倒给他们喝，聊到凌晨三点钟，把他们的故事、他们的想法都挖出来，一直到他对海上的航行都了如指掌为止。"麦克丹尼尔的脑里立刻浮现出桑顿这个人。

众所周知，霍华德·休斯成天追求好莱坞的小明星，神龙见首不见尾，偶尔却又冒出 些莫名其妙的要求。有一次他交给桑顿手下一份整整五页、密密麻麻的打字备忘笺，提示他们陪同访客到停机棚参观他的飞行船的时候，应该注意的事项。他还指示公司的雪佛兰公务车要用什么样的椅套，下令调查公司里的自动贩卖机各种糖果、香烟和饮料的销售情况。

休斯他本人却是难得露面的。他在A1大楼留了一间办公室，就在桑顿的办公室旁边。A1大楼也是一幢灰绿色的水泥建筑，比青草的颜色略暗一点，休斯坚持公司所有的建筑都要漆成这个颜色。不过这个半退隐的亿万富翁实在太少出现在办公室，因此桑顿干脆让迈思·梅斯在那里办公，梅斯也是统计管制处出身，桑顿把他找来担任顾问。有时候，休斯会打电话给桑顿，约在半夜里见面，地点则是山上的琵琶华达路，从这个岔路上可以俯瞰山下的夜景和比弗利山庄。休斯总会先到约定的地点，坐在他的雪佛兰里面，车灯全部关掉，桑顿到了就坐进前座，两个人在一片夜色中聊起来。休斯会嫌公司那幢新建筑的颜色不好看，什么小地方盖得不如他的意，可是如果桑顿一跟他提起比较正经要紧的事情，他就把话题打断，譬如说他得赶赴一个紧急的约会什么的。休斯工作母机公司有一位主管就说："霍华德只对女人和飞机有兴趣，而且是女人第一，飞机第二。"

公司有个像休斯这样的老板，实在是不幸，整天找不到人，桑顿要跟他联络只能写字条留话给他。每个月桑顿都会整理一份报告给休斯，他和干部罗伊·艾许费心写过的报告不计其数，但是有时候一天一夜都找不到休斯的人影。艾许也是统计管制处出身，1949年桑顿把他招进休斯飞机公司做助理审计员。他跟麦克纳马拉一样，天生就有数学细胞，他没有念过一天大学，却拿到哈佛的企管硕士学位，打破了哈佛的纪录。大战期间他加入哈佛的统计管制培训班，以第一名的成绩结业，后来为桑顿主持一项研究计划，在进入休斯以前，他在旧金山的美国银行待过一段时间。虽然他和桑顿每个月都巨细靡遗地准备好报告，但是他们一点也不知道休斯究竟看了没有。

如果说休斯对于公司的情况不怎么感兴趣，他的大总管、目中无人的诺亚·迪斯奇，对这个地方可是愈来愈关心。在他眼中，休斯飞机公司本来只是休斯个人的模型玩具店，现在竟然愈做愈大，投资的风险也愈来愈高，甚至令总公司有点不知所措，还逼得总公司向银行贷款——这一切都令他既惊讶又懊恼。多年后桑顿的一个幕僚摩尔·费尼默就说："每次我想到邪恶，就会想起迪斯奇这个人，他阴险，狡猾，做人不诚实，只知道追逐一己的私利。"

晴天霹雳

迪斯奇立刻就把桑顿视为眼中钉，休斯把桑顿招进公司来，事前完全没有问过他的意见。刚开始他也希望跟桑顿成为朋友，请桑顿和弗洛拉到家里去玩，在社交场合上也尽量跟他们接近。他讲起故事来，也是趣味横生，说他威斯康星州家乡的种种，小时候父亲是个穷牧师，他自己还做过半职业的赛车手。不过问题是，无论迪斯奇怎么费心想赢得桑顿的友谊和忠心，桑顿跟他就是不投缘。他劝桑顿应该把休斯飞机公司关掉，可是桑顿不但不听他的劝告，反而还建议休斯扩大公司的规模。后来桑顿的管理班底受到休斯完全的信任支持，迪斯奇觉得自己在休斯面前失了宠，对桑顿更是恨之入骨，一心想要报复，比起福特的克罗素，他对桑顿的威胁是有过之而无不及。

50年代末期，桑顿需要一笔3 500万美元的周转贷款，作为公司的营运资本；迪斯奇认为这个数目太过庞大，不肯答应，自己做主把金额砍到2 500万美元，逼着桑顿要违反合约，向空军要求提高预付款，不过最后迪斯奇还是把贷款提高到3 500万美元。还有一次罗莫和伍瑞吉提议大幅扩充公司的实验室，但是迪斯奇告诉他们，休斯反对在卡佛市做任何的扩充计划，希望把实验室建在拉斯维加斯市郊的沙漠里。罗莫他们警告他说，一个公司的研发工作兵分两地，是非常严重的错误，最后终于如愿扩充卡佛市的实验室，但是原订的计划进度却也受到严重的耽搁。公司的场地不敷使用，迫切需要新的空间，桑顿派人到处去找场地，甚至还考虑租用古萨姆·戈德温的制片厂和波玛纳乐园。

休斯飞机公司成为朝鲜战争之后的一大工业奇迹。1948 年桑顿刚接手的时候，公司亏损连连，营业额只有 190 万美元。四年之后，桑顿创下了 1 200 万美元的利润，营业额提高到 1.53 亿美元，订单总金额累计到 6.5 亿美元。1952 年，公司的投资获利高达 35%，远超过各大电子公司，包括 RCA、西尔凡尼亚和费尔公司，而且也超过大部分的飞机公司，包括洛克希德和北美公司。对于 1953 年，桑顿更是自信满满，他预估休斯飞机公司的营业额可以突破 2 亿美元，利润 1 800 万美元。1948 年公司员工只有 1 000 人，现在增加到 1.7 万人，预计一年之后会增加到 2.1 万人。

不过，他这一片美好的展望很快就会被迪斯奇一手粉碎。负责为休斯飞机公司查账的哈瑟会计师事务所，发现休斯的账目有问题，拒绝为休斯飞机公司提出 1951 年度的审计报告。迪斯奇在他的住所召开会议，平静地宣布了这个消息，桑顿大吃一惊，因为会计师事务所前几年的报告，一直没有任何问题。后来迪斯奇开始攻击公司的审计主任威廉·麦吉，说他根本就不胜任。

桑顿说："我想不到你竟然能坐在这里这样批评他，他可是你自己挑选的人。"

迪斯奇没有回答桑顿，反而说麦吉从哈瑟事务所跳槽过来以前，只是一个查账员，并没有正式的会计师执照，他的经历也只限于一些行政工作。

迪斯奇说："如果你把合约的事情交给别人来做，你就可以继续把他留在公司里，可是他不能再做审计主任了，我要另外找人来做。"

麦吉坐在那边，这些突如其来的消息听得他目瞪口呆，一时间根本不知道如何为自己辩白。多年以后桑顿表示，他无法原谅迪斯奇这么残忍地对待一个他认为非常勤奋尽责的人，然而迪斯奇坚持说公司的账目太离谱了，甚至可能影响到他们向匹兹堡美林银行贷得的一笔重要贷款。

接下来，哈瑟事务所的梅尔肯·狄佛才说明他们为什么不肯为休斯飞机公司提出稽查无误的报告，因为他们发现卡佛市工厂库存的零件成品，短少了将近 50 万美元，他还说这个问题是在 1949 年和 1950 年开始的。

桑顿说："这是我头一次听到这样的事情，那两年的稽查报告我们都看过，可是里面并没有提到我们有什么严重的问题。"

在场开会的人陷入一片争执，会议不欢而散。第二天，桑顿着手清查会计部门，结果发现生产线的领班因为交货的期限逼得太紧，往往先从零件制造部门拿走需要的零件送上生产线，可是却没有按照规定向会计部门登录。每个月单单是生产部门报给会计部门的公文，就有 100 万件，而且公司实在成长得太快，他们不得不临时发明各式各样的管制办法，有时候他们还派会计人员半夜里到工厂去，一样一样地清点生产线最后出来的产品。桑顿坚称没有任何舞弊不法的事情，所谓短少的零件，到最后都一样不缺地出现在最终的成品中，如数交货给空军。这些解释迪斯奇毫不接受，他认为短少的零件一定是被偷到外面去变卖了，他还告诉别人说，这些下落不明的零件是被人"在午夜里申请领走的"。

桑顿和迪斯奇两个人的冲突一直持续不断。到 1952 年 6 月，卡佛市的管理阶层已经忍无可忍，于是由桑顿、摩尔将军、罗莫和伍瑞吉共同署名，写了一封短笺给休斯，指责迪斯奇企图"夺取个人的权力"，不顾公司可能受到的影响，也不管空军的交货期限可能受到延误。他们要求立刻跟休斯见面开个会，希望迫使休斯在他们和迪斯奇之间做个选择。

老板出卖

过了一整个星期，休斯的秘书才确定说休斯已经看到了他们的短笺，但是他们还是见不到休斯。后来有一天，休斯突然出现在卡佛市，陪着西屋电器的几个主管在视察工厂的设备，事前完全没有通知。桑顿听到手下告诉他，才知道休斯大驾光临。桑顿从访客登记簿上看到访客的名单，这才恍然大悟，原来休斯准备卖掉飞机公司。

桑顿找来公司同事一起讨论这个最新的发展，决定自己找一个他们喜欢的卖主，而且要争取一部分的公司股权。桑顿先去华盛顿找罗维特，把休斯飞机公司的问题一五一十地告诉他，请教他的意见。罗维特现在已经是国防部长，他告诉桑顿几个可能的对象，可以去筹措资金收购休斯飞机公司，然后叫他去华尔街。接下来桑顿打电话给福特的布里奇，说他正在争取华尔街银行家的投资，希望布里奇能做他的推荐人，必要的时候为他美言几句。靠着罗维特的关系，桑顿受到班·裴伯的注意，他是潘洛德企业的负责人，也是一个大型企业集团的首脑，旗下企业包括雷曼兄弟、史密斯巴尼、比尔公司、史迪恩公司和洛克菲勒等公司。这个集团同意如果跟休斯谈成了交易，愿意让桑顿和主要的管理阶层持有 20% 的股份。1952 年 8 月 21 日，桑顿再度要求跟休斯碰面，希望探清楚休斯到底有没有意愿把公司卖给他们。

迪斯奇转告桑顿，说休斯会考虑考虑。于是斐伯就在比弗利山庄饭店等着休斯打电话给他，其他人也同样耐心地等待。过了四天，休斯没有一点消息，裴伯扬言说他不想再等了。最后，终于有人打电话跟裴伯联络，叫他半小时以后在距离饭店几公里外的一个街角等候，有人会去接他。裴伯搭了计程车到约定的地点，果然来了一部雪佛兰，又把他载回原来的饭店，然后休斯从饭店里走出来，上了雪佛兰自己开车。这个神秘人物一言不发，只对裴伯笑一笑点个头，然后一路开到布兰特坞的一幢房子。他下了车，从屋外一个皱巴巴的纸袋里拿出一顶水手帽，然后去接一个小明星蒙娜·傅莉曼，她最近才演过《遗产》。之后他们三个开车到一个港口，一路上还是没有人讲话。后来休斯拥着他的金发美人，一起走向停到岸边的游艇，迪斯奇则过来自我介绍，告诉裴伯说休斯应该是不会回来了。可想而知，桑顿的交易就这么吹了。

桑顿他们在气愤之余，决定再给休斯一封短笺，告诉他说他们不再负责履行军方的合约，而且也准备据实通知空军当局。休斯最后终于同意跟他们见面，距离他们6月间第一次要求跟他开会，已经过了3个月了。

9月20日，桑顿和摩尔、罗莫、伍瑞吉四个人一起开车到比弗利山庄饭店跟休斯碰面，休斯跟他们约在饭店的一个小木屋，他看起来心情很好，似乎准备跟他们好好长谈一番。

他一再坚称："我们其实没有什么争执。"他说大公司内部因为争取控制权力而发生一些争吵，是很稀松平常的事情。迪斯奇的职责就是要让飞机公司的营运能够配合整个"大方向"，他认为桑顿他们太意气用事，因此影响了他们的判断力。

摩尔将军说，如果迪斯奇继续干预公司的事务，他们根本没有办法好好工作。他们要求休斯让迪斯奇走人，不然至少也要纠正他的态度。

"休斯先生，"桑顿说，"如果我们生产的是电视机，那你大可以叫我们都下地狱去算了。可是你要知道，我们可不只是另一家公司，我们的工作关系到整个国家的国防，因此也算是肩负着社会的托付。"

桑顿这番话似乎立刻惹恼了休斯，他先是不讲一句话，随后开始为自己辩护他为什么支持迪斯奇。现在他开始有戒心了，也许是感觉到在这个会议上他的意见寡不敌众。

他告诉桑顿说："不过，我们这个国家总还是民主国家，而且我还是公司的老板！"

而接下来，会议就不成会议了，没有达成任何共识或结论。日后休斯告诉罗莫，说他不喜欢桑顿，对他也不信任，桑顿那天对他的批评，他一直耿耿于怀。

几天以后，桑顿和他两个首要的研究人员一起飞到华盛顿，告诉国防部说休斯飞机公司的管理已经四分五裂了。但是眼前休斯飞机公司的生产并没有出问题，因此国防部也无法插手他们内部的纠纷。

心乱如麻

桑顿和迪斯奇的斗争又持续好几个月，一直到 1953 年初，盛传洛克希德的老板罗伯特·葛洛斯有意收购休斯飞机公司。洛克希德跟休斯飞机公司有 20 年的生意往来，是休斯仅次于军方的第二大客户，这些传闻确定之后，只是更加重桑顿和其他主管的挫折感。休斯要求桑顿，如果葛洛斯买下了公司，希望他能留下来。不过桑顿还不确定自己要做什么打算。过去几个月来已经有一些公司来找过他，他也认真考虑过，此外他也想过自己创业开一家公司。

4 月 11 日，他写了一封杂乱无章的长信给布里奇，然后影印了一份给麦克纳马拉和其他的“十杰”朋友，细述他从 1948 年 5 月投入休斯飞机公司之后的来龙去脉：“这些交易当中有一笔没有成功，我当然很失望，但是我并不灰心。即使我在工商界待上 50 年，所得的经历和机会，也不可能像我这 5 年来这么丰富。万一我决定离开休斯，我也不会急着决定下一步路要怎么走，只不过我很快就得给葛洛斯一个答复。我最关心的是，我相信一个电子公司如果只是附属在飞机机体公司的一个部门，就不可能充分发挥潜力，不管是在军方或是商业上的应用。我们把产品卖给机体公司，而至少有一些公司已经跟我们表示过，为了保障他们自己的竞争地位，他们宁可不要向竞争对手旗下的电子部门购买这些产品。我开始口述这封信的时候，还不知道休斯先生最后会不会决定把公司卖给洛克希德。虽然说一两个月来，各种迹象都显示事情可能会往这个方向发展，不过我们还是觉得他也许会重新考虑另外那个买主。这封信写到一半的时候，我接到电话，得知他的最后决定。”

与洛克希德的交易，最后并没有达成，可是桑顿和迪斯奇的摩擦还是挥之不去，甚至变本加厉。迪斯奇扣下他们1952年的红利，而且不通过迪斯奇，几乎不可能找到休斯。他一直待在拉斯维加斯，豪华大饭店搬过一家又一家，一会儿是牧场大饭店，一会儿是红鹤，然后又换回沙漠旅馆。摩尔或桑顿或是其他任何人想要找他，都得打电话到罗曼街，几乎是低声下气地拜托秘书一定要把事情转告给休斯。有的时候他会回电话，不过往往是好几天甚至几个星期以后，而最常遇到的结果是，迪斯奇会跟他们联络。

随着资深主管与迪斯奇之间的关系愈来愈恶化，艾许有一天半夜两点钟被电话吵醒，对方只说：“霍华德·休斯要你明天中午到拉斯维加斯见他。”

艾许问他：“哦，拉斯维加斯的什么地方呢？”他现在是接替麦吉的审计主任的位子。

“不用担心，我们明天中午会在拉斯维加斯接你。”

艾许订了机票，一早就从洛杉矶飞到拉斯维加斯，然后在市区主要大道上找了一家饭店投宿。服务生才刚带他到他的房间，就听到饭店广播说他有访客，但是事前并没有人知道他的行程。休斯一定是派了人在机场等他，然后跟着他的计程车一路来到饭店。

艾许到了饭店大厅，找到他的访客，对方告诉他在房间里等电话。他说：“休斯先生有空的时候，我们会打电话给你。”

等到晚上六点钟，他终于接到电话，叫他到饭店门口等，果真来了一部车把他送到沙漠旅馆，然后有人带他走过一楼的长廊，长廊入口还看到一群私人保镖。休斯包下了长廊这一侧所有的房间，这样一楼就没有其他客人进出了。艾许遇见了环球航空公司的总裁瑞夫·戴顿，他也是等着要见休斯的。

戴顿问："你来这里有什么事？"

"我也不知道。"

戴顿说："我嘛，已经在这里待命三天了，就等着要见他。"

艾许最后被叫进房间，看到休斯光着脚坐在床上，床铺都还没整理。休斯工作机母公司的审计主任也在房里。休斯问起公司的一件财务问题，而且对细节一清二楚，令艾许非常惊讶。大家都说休斯这个人一旦用心做一件事，一定做得很彻底，其他的事情都暂时摆到一边，看来传闻并不假。他们讨论了几分钟，然后休斯告诉艾许说他希望改变一下公司的做账方式，然后就叫艾许离开了。

艾许一回到公司，立刻就去找桑顿。

艾许告诉他："公司的账册绝不可能照他说的那样做的。我现在怎么办呢？如果我按照规定来做账，他就会炒我鱿鱼；如果照他的要求来做，我又对不起自己的良心。"

为了艾许接替审计主任的事情，桑顿到现在都还在跟迪斯奇斗法，因为迪斯奇一直想要安插他自己的人。如果艾许公然违抗休斯亲自下的命令，迪斯奇就有借口叫艾许走人了，最后桑顿想到一个聪明的办法。

他告诉艾许说："根本就不要做账。未来几个月，不用整理任何的数字。你把账册都留着，但是不要整理成任何的报告。"这个对策的确让迪斯奇挫折了一阵子，拿桑顿和艾许没有办法，不过最后他获得休斯的授权，接管休斯飞机公司的管理大权。

"我知道，我接管以后，有些人可能因此而辞职，不过我一点也在乎。"迪斯奇说，"就算走了一半的人，我还是能让公司照常做下去。"

同床异梦

至此大家把话都挑明了，四个副总裁讨论过一起离开，出去联手创建一个公司，不过究竟要谁来做大老板，四个人一直僵持不下。桑顿当然想做头领，而自我意识甚至超过桑顿的罗莫，也不愿意坐第二把交椅。不过他们的野心却是南辕北辙，大大不同，罗莫和伍瑞吉希望建立一个科学和工程本位的高科技公司，生产一些实用的产品，桑顿也是醉心于科技，但是仅止于利用科技来建立一个赚钱的大公司。在桑顿看来，科技只是追求目标的一个手段，但是对罗莫和伍瑞吉这两个科学家来说，却是科技第一。

“你制造什么产品都没有任何不同，”桑顿告诉他们，“只要有钱赚的话，做围篱也可以。”

伍瑞吉开玩笑说：“如果是那样的话，我也会坚持我们要做通电的围篱，因为我对电子有兴趣。”

虽然大家商讨了很久，但是伍瑞吉和罗莫其实从来没有认真考虑过跟桑顿一起创业，他们跟桑顿讨论得愈多，愈觉得这个计划行不通。桑顿一定会坚持管理本身就是一项专业，如果是个优秀的经理人，无论管理什么都能胜任。罗莫和伍瑞吉却是深深不以为然，他们认为，靠科技起家的公司，就需要学工程或科技的人来管理。

还有一点，伍瑞吉觉得桑顿太会做宣传打知名度了。在休斯飞机公司的时候，他至少有两三次答应了空军的交货期限，可是公司根本做不到。他可能为了争取到订单，向客户承诺一些不切实际的生产期限，结果逼得研究人员不得不回头去要求空军延后交货。

1953 年 8 月 11 日，罗莫和伍瑞吉向休斯递出了辞呈。一个月后两人合伙成立了罗莫—伍瑞吉公司，继续承包空军的洲际弹道导弹研究计划。罗莫—伍瑞吉公司后来获得汽车零件厂商汤普森公司的财务支援，公司也改称 TRW。他们两人离开卡佛市的四天以后，桑顿也递上辞呈，十月一日生效。休斯打电话挽留他，不过被他拒绝了。

现在桑顿可真得另谋出路了，他听说有个工程师叫查尔斯·利顿，在旧金山附近的圣卡罗开了一家小公司，生产微波真空管，现在准备要转让。这些年来，休斯飞机公司所需要的磁控管都是靠利顿供应的，在射击控制技术的雷达系统中，磁控管是个不可或缺的零件。桑顿以前和利顿有过一面之缘。

他心里想："如果利顿真的有心把他的公司卖掉，也许是个不错的出发点。"他于是找了个同事去调查利顿到底是不是认真的。

过了几天，桑顿发现他在休斯的办公室被锁了起来，公司还告诉他不必回来上班了。他的档案文件都装了箱，送到迪斯奇在好莱坞的办公室地下室，过了一年多才归还给桑顿。

可是，最让桑顿意想不到的是，迪斯奇竟然亲自邀请他到办公室谈一谈。迪斯奇显然有不同的考虑，也许他担心自己一个人没法管好整个公司——尤其是这么多人都相继离去以后。

"你是一个有前途的年轻人，"迪斯奇告诉桑顿说，"我年纪也大了，总有一天要退休，如果你留下来，等我退休的时候，你就理所当然地可以接替我的位子了。"

桑顿几乎无法相信他的耳朵。

"我告诉你，谁来接替我的位子，我是可以决定的。如果你留在公司，我一定会让你来接管。"

"迪斯奇先生，"桑顿说，"我已经作了决定了，对于这样的一个前途，我实在没有兴趣。"

此后桑顿再也没有见过迪斯奇，而他最后一次跟休斯的接触，是他正要出门赶去机场的时候。他约好了要去纽约跟雷曼兄弟公司开会，希望争取他们提供资金让他买下利顿的公司，这时候休斯突然打电话来。

“德州佬，”他说，“你知道我真的希望你能留下来。”

桑顿告诉休斯他辞职的决定不会再改变了，他对自己的未来另有打算，但是休斯飞机公司并不包括在他的计划里面。

桑顿说：“霍华德，我真的得走了，我要赶去机场。”

休斯还是继续讲个不停，桑顿的话他好像都没听到。他说，走了罗莫和伍瑞吉已经够糟的了，叫桑顿一定要留下来，他也承认别人都觉得他是个怪人。

“我真的不能再讲了，”桑顿一再告诉他，“我要赶不上飞机了！”

对于桑顿的要求，休斯丝毫不为所动。

“霍华德，我真的来不及了。”

“不用担心你的飞机，我会叫飞机在跑道上等你。”

“霍华德，我这辈子从来没有挂过别人的电话，你别逼我挂你的电话，可是我一定要赶上这班飞机，如果你不说再见，我只好挂你电话了。”

休斯还是继续讲个不停，桑顿放下了电话，十万火急地去赶搭飞往纽约的班机。

第17章

人类电脑的风格

任何速度皆不安全，但您终于等到了！一部“安全第一”的全新房车……1956年的福特。两年多以前，福特公司决心找出车祸伤亡的原因……希望创造一部更安全的房车。研究结果发现，大部分的重大伤亡，都是肇因于汽车驾驶人撞击到方向盘，或是乘客向前冲撞到车内坚硬的表面，或是被摔出车外。福特的安全新设计，带给您更多的保障，您不能不知道！

——福特汽车广告

麦克纳马拉从走廊尽头一路走过来，大家都听得到，他的步伐快速而稳健，重重地敲在地板上。一听到他的脚步声，所有的主管都会肃然起敬，不一会儿，麦克纳马拉就会来到他们眼前，戴着无边眼镜，梳着油亮服帖的西装头，严峻的脸上闪着坚定的目光。

麦克纳马拉倒也不是会让身边所有的人都心生畏惧，虽然说福特公司里的确有好些人对他敬畏有加。他就是位高权重，相貌又威严，经常会连珠炮似的一个问题接着一个问题，别人就算不被他吓倒，也会被问得难以招架。麦克纳马拉做事最讲求效率，他对大大小小各种事情的认识之深，更凸显出部属和其他同事的无知，他就是这样令人感到敬畏，也借此赢得他们对他的支持。

不认识麦克纳马拉的人，根本想象不到他其实很有幽默感，也不知道他可以很友善、很客气，甚至不知道他也是一个相当“正常”的人。“十杰”倒是知道他的另外一面。

目中无人

可是麦克纳马拉愈来愈让人恐惧。那个忠实的丈夫、宠爱孩子的父亲、有人缘的朋友，一到了办公室就变成一个靠聪明才智欺压别人的恶霸。大家都怕他，开会的时候他主导一切，别人甚至都不敢提出不同的意见，也不愿意说出内心真正的想法。如果有谁对麦克纳马拉的看法提出异议，那可得准备好好打一场事实与数字的战争。对于不聪明的人，麦克纳马拉一点都不假辞色，他不只一次要求开除部属，就只因为他们在会议上对事实和数字交代不清楚，哪怕是只发生过一次。

在他手下做事的人，都有一个默契，开会的时候会谨慎地瞄一下会议桌下麦克纳马拉的双脚。要想知道他的反应，从他的脚可以看出一点端倪，但他的脸上绝不会透露任何蛛丝马迹，永远是那么严肃，一本正经，看不到一点笑容。可是在桌子底下，可以看到他两只手不停地拉裤脚，他愈是不耐烦、愈可能爆发的时候，裤脚就愈拉愈用力、愈拉愈高，甚至一直拉到膝盖上。

那段时间跟麦克纳马拉交情最好的米尔斯，后来回忆说：“他不太了解别人。”他们的交情几乎像生死之交，两家甚至约定好如果麦克纳马拉和玛姬有什么不测，米尔斯夫妻会照顾他们的孩子，要是米尔斯夫妻俩出了什么事，麦克纳马拉也会照顾他们的孩子。米尔斯说：“他跟同事的关系往往会让人有点害怕，有些人还不只是有一点害怕呢。他自己也清楚，可是他觉得无所谓，我想他大概也没想过要做任何改变。他就是继续做真正的自己，他不可能变成一个他不认识或不了解的人。”

麦克纳马拉最害怕的事情，莫过于感情用事或是失去控制，即使是对他推崇有加的人，也不得不承认这是事实。1949 年进入福特公司担任成本分析师的查尔斯·贝克，对于麦克纳马拉的聪明佩服得五体投地，他承认自己一走进麦克纳马拉的办公室，两脚就会发软。贝克回忆说：“他是我见过的最聪明的人，不过在我所认识的主管里面，他也是做得最差的一个。麦克纳马拉从来不会去接近别人，他觉得他只要把问题分析过了，找到一个合乎逻辑的结论，就一切 OK 了。他忘了要落实一个解决之道，必须有人实际去执行。”

在那些年当中，贝克为麦克纳马拉主持过许多专案计划，其中有一项是解决模压厂一个关键性的瓶颈问题。当时模压部门生产的行李箱盖和挡泥板供不应求，赶不上麦克纳马拉的新车“猎鹰”的需求，整个新车的生产进度都被拉下来。靠着模压部门的协助，贝克把工厂里的工作重新安排，让模压的生产线能够畅通，十天内就解决了瓶颈问题。

任务完成以后，贝克向麦克纳马拉报告经过情形，请他打电话谢谢模压部门的经理和全体员工的通力合作。

“不，小查，”麦克纳马拉告诉他，“这件事其实是你的功劳。你知道吗，这能为公司省下好几百万美元，该谢的是你。”

贝克坚持说他根本没出什么力，这一切都要感谢工厂里所有的员工，因为他们的努力，才使得福特公司能够在一年内增产 6 万辆“猎鹰”。

贝克说：“这些人做牛做马，一天干上十五六个钟头，你多了 6 万部新车，你自己也说省下的成本是几百万几百万来算的，那你打通电话算什么呢？”

麦克纳马拉只说：“不！”这件事就到此为止了。贝克实在气不过，还找了米勒出面劝劝麦克纳马拉，但是麦克纳马拉如果认定工厂那些人不值得他去拍拍肩膀，就绝对听不到他说一句感谢或称赞的话。

严于律己

当然还有其他人崇拜麦克纳马拉，那些他亲自带进福特公司、跟他有同样观念的人。其中有一个人还这样告诉朋友：“麦克纳马拉的聪明没人能

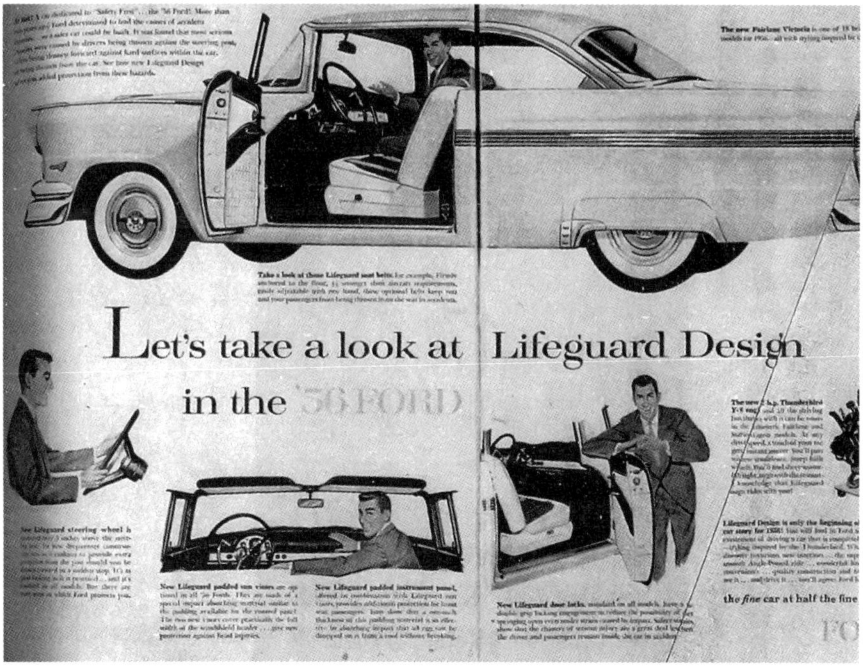

麦克纳马拉很快就证明他不是你想象中的典型底特律经理人。他住在安阿伯，而不是住在布隆菲山；他喜爱数字，而不是喜爱汽车；而且他在一个几乎使他失掉工作的广告攻势中，提倡行车安全，而不是提倡速度。他做的这个广告，宣传 1956 年福特车系的安全特性，是种少见的广告之一。

比得上。如果他把我当做他书架上的一本书，拿下来翻翻他想看的东西，看完以后再把我放回去，我绝对没有意见的，我会觉得那是我的荣幸。”他的朋友回他一句：“你这明明是犯贱。”

然而麦克纳马拉就是会吸引这一类的人，他们往往会衷心地支持他的理念，心甘情愿地围在他身边，沾他的智慧之光。绝对没有谁能批评麦克纳马拉犯错……或是耍手段。“十杰”第一次一起过圣诞节的时候，福特公司的广告代理商送给他们每个人一份圣诞礼物，只有麦克纳马拉很生气地退回礼物，其他人收到礼物似乎都很高兴，直接就放在圣诞树下，跟其他的礼物摆在一起。麦克纳马拉可不会这么做，他把礼物退回去，还附了简短的字条，责备代理商最初就不应该送出礼物。

他的一丝不苟是绝对无懈可击的，即使称不上是奉公守法的绝对标准，至少也是众人的典范。他做审计主任的时候，对于那些利用公物却没有照规定付费的主管，都一一开出账单，总金额达200万美元。有一位同事回忆说，他对滥用公司资源的人开出账单，与其说是处罚他们的不当行为，倒不如说是希望借此建立企业里应有的行为标准。

麦克纳马拉告诉他的部属说，做老板的人必须比教徒更奉行教规。有一次，他打算到亚斯坪度假滑雪，需要一部车顶有雪橇架的车子，一个福特的同事告诉他：“没问题，我会叫丹佛那边找一部公司的车，装上雪橇架，你就去拿车就好了。”麦克纳马拉断然拒绝。虽然说福特公司每个周末都划出几百部免费的贵宾接送车辆，但他坚持要公司的人帮他从赫兹租车公司租一部车，另外加钱租个雪橇架，然后把账单寄给他。

麦克纳马拉开车都喜欢走一般人比较少走的路线，而且他跟米勒一样，不喜欢布隆菲山庄、伯明翰或葛洛斯角这些时髦的郊区，大部分的汽车巨头都住在这里，其中包括利斯、米尔斯和莱特。他和米勒离开福特基金会的宿舍以后，就搬到学术气氛浓厚的安阿伯市，密歇根大学就在这个地方，距离迪波恩有六十多公里远。他们搬到这个大学城的时候，还是当地头一批的汽车人。邓涵也差不多是同一个时间搬到安阿伯市的，他和他太太参加一个鸡尾酒会，还碰到一件教他们啼笑皆非的事情。

一位教授的妻子问："你先生在哪儿高就啊？"

邓涵的太太回答说她先生不像其他绝大部分的人，他不是在大学教书，而是在福特公司工作，对方听了说："哦，有工厂的人做邻居实在蛮不错的。"他们听了都忍不住觉得好笑。

化外之民

在安阿伯的家居生活中，麦克纳马拉扮演的是一个慈爱而顾家的男人。他的太太玛姬跟他的严谨古板正好互补，有些人甚至说因为玛姬的影响，麦克纳马拉才变得比较有人性。玛姬心直口快，喜怒都形于色，事实上麦克纳马拉才进福特公司没多久，她就写过一封信到福特公司去，严正抗议福特公司在公路上测试新车性能的做法。福特公司一向都把测试车开上公路，时速将近两百公里，然后就在路中央紧急刹车，看看需要多久时间才能把车完全刹住。这件事玛姬从没跟麦克纳马拉说过，一直到后来有个不知情的同事不知道玛姬就是他太太，在上班的时候无意间提起，他才知道还有这么一回事。

玛姬把麦克纳马拉拉回到现实，减低他在工作上的紧张。她喜欢彻夜在外面参加聚会，麦克纳马拉却总是喜欢早早回家休息，这样第二天他才能早一点到办公室。

他在安阿伯的生活，完全不同于典型的汽车人。他和玛姬非常积极地参与当地的公共事务，市民发起的提升市区不符标准住宅的运动，麦克纳马拉就是发起人之一，不过这项提议后来被市议会否决。他也捐款给"全国有色人种协进会”和“美国公民自由联盟”。而第一长老教会发起“开放住屋公约”运动，呼吁社会改变房地产租售的种族歧视做法，麦克纳马拉和玛姬也率先签名表示支持。

他也不像大部分的汽车人，爱打高尔夫球，不过他倒是曾经试过要学。他的朋友邓涵记得有一年秋末冬初，他跑去书局买了五六本有关高尔夫球的书，回家研究了一番，他还买了高尔夫球杆，趁冬天的几个月在地下室里练习挥杆。第二年春天，他自己一个人上球场去试试身手。他认为只要有点头脑的人，看看书应该就可以学会高尔夫球了，没想到他实在缺乏运动细胞，几个星期以后就放弃了。麦克纳马拉的生活形态，几乎没有任何一部分符合底特律的模式，而且他也有意维持这样的不同，好像要提醒自己和别人他的确不是汽车业典型的眼光狭隘的主管。

公司同事也很清楚他的与众不同。麦克纳马拉后来晋升为所有汽车部门的总主管，他在福特公司汽车部门的旧属送给他的贺礼，是英国史学家阿诺德·J. 汤恩比的《历史研究》十二卷。大家还为他举办庆功宴，就在庆功宴上把礼物送给他。宴席吃到一半的时候，突然宣布要上一道奇珍：响尾蛇肉，有些人开玩笑说，这道菜真是十全十美，因为麦克纳马拉自己不就像蛇一样吗？还有些人说，就让麦克纳马拉尝尝蛇肉，其他人都吃牛排。包士华记得，当时有几个胃口和胆量都够大的家伙继续用餐，不过大部分的人都坚决地放下了刀叉，等着最后的甜点。

除了“十杰”自己的聚会之外，麦克纳马拉对于汽车界的宴会圈子，大致上都避而远之。他加入一个非正式的晚餐俱乐部，每个月聚会一次，讨论影响全球的重大议题。成员除了他以外，还有七位企业主管和五位密歇根大学的知识分子，其中包括校长哈伦·黑契尔和经济学家保罗·W. 麦克瑞肯。他和玛姬还共同成立了一个非正式的近邻读书会，一共有八个家庭加入，每年聚会八次，挑选一些他们大家都看过的书交换心得。读书会的用意是要突破每个人有限的知识范围，使他们能够和圈外的重要人士有所往来。读书会成员的背景形形色色，教授当中有教天文、自然资源、公共福利和社会学的，也有密大的艺术博物馆馆长、心理卫生研究所所长，另外还有一位政治人物、一位福特的同仁，以及哈佛的教授汤姆·李利。

有些人承认，他们对于这些聚会觉得有点不自然，尤其是做妻子的，不过麦克纳马拉可不会。他似乎比其他人更敏锐，反应更快，有时候还掩不住不耐烦的神色。密歇根大学社会学系主任罗伯特·安捷尔，也是读书会的一员，他记得麦克纳马拉每次一定都把要讨论的书看过，其他大部分的人可就不一定了。

他们很少选择小说类的书来讨论，多半都是有关新观念或公共政策的题材，例如《富足社会》《无理性的人》《做个政治人物》和《重要的巨人：中国》。麦克纳马拉所选的书，一定都是《转型中的西方心灵》《丑陋的美国人》这类巨著，有一次他还逼着大家要看卡谬的《反抗者》。

即使是米尔斯或米勒夫妇到家里来做客，他也绝口不谈工作上的事情。在他家里听不到言不及义的闲聊，只有关于政治、宗教问题的热烈长谈。他们辩论有关《圣经》和宗教史的记载，结论是基督教的观念是全世界最强大的一个力量，不过他们也同意，基督教走向形式化、注重仪式之后，就开始远离人们真正的需要了。麦克纳马拉属于长老教会，他说他个人的宗教其实是“伦理的信条、对人际关系的信念”，而不是对教会规则的奉行不渝。

有一次麦克纳马拉找来几份“学习能力性向测验”的问卷，大家花上整个晚上的时间一起做，逐题比较每个人的答案。这个测验是针对准备进入大学的高中毕业生所设计的，麦克纳马拉总是很有把握地说出答案，跟米尔斯、米勒或其他人的答案作个比较，如果大家的答案都一致，就继续下一题。如果不一样，每个人就各自说明为什么选A、B、C或D。一个晚上下来，麦克纳马拉和米尔斯根本就把整份大学入学考试改头换面了，因为他们认为问卷的题目太过含混、模棱两可，使他们无法选出明确的答案。

一丝不苟

如果说麦克纳马拉会对什么事情着迷的话，那就是事事都要求精确。甚至全家出去度假露营的时候，他也搬出统计管制那一套，仔细分析他和玛姬还有孩子们该带多少食物、饮用水和器材，以及每样东西的体积和重量。其实“十杰”这一班人全都有这个习惯，不论在工作和个人生活方面都要求精确。包士华还住在迪波恩旅馆的时候，每天早上都固定把鞋拔子端端正正地放在床头柜上，但是晚上他回到房间，都会发现服务生把鞋拔子移到镜台上去了。这件事气得他七窍生烟，服务生究竟搞什么鬼，非得每天动他的鞋拔子呢？摩尔则是在他的经销站贴了一张小海报，说明推销汽车的八个简单步骤，他对每一件事都订出精确、有系统的程序，并且要求每一个业务员都应该遵循。安德森一家人度假的时候，他会不厌其烦地写下检查清单，在出门以前一项一项核对，看看需要的东西是不是都带齐了。“一、船钥匙；二、电池充电器；三、备用马达；四、备用油管；五、小马达的油箱……”长长的清单，从皮夹、闹钟、望远镜、磨刀石到各种小东西，巨细靡遗。他载着妻女，一家三口奔驰在加州的高速公路上，几点几分能够到达目的地都在他的掌握之内。利斯也没有两样，他和玛克辛出去玩以前，都会用打字机打出一份时间表，详细规划夫妻两人在一天当中的行程，一分一秒都不会留白。

至于麦克纳马拉，组织条理对他来说就更密切了。他的头脑分成许许多多的小区域，每一个想法、每一个数字都整齐地排列在这些小格子里，正如他的工作和私人生活，也是泾渭分明。几乎每一个问题、每一个解决之道，都会有个八点、十点的重点，他总是一口气举出来，一、二、三、四、五……或是 A、B、C、D、E……每提到一个数字或字母，他就扳下一根手指头，有条有理地依序数下去，有时他的手指头会不够用，但是字母和数字永远都不会用完。他的幕僚坐在那里，听着他精确无误的谈话，大家都目不转睛。

没有谁比麦克纳马拉更守时。有一次，公司一早要开会，米勒跳上椅子，把墙上的时钟拨快十分钟。麦克纳马拉九点钟准时到达办公室开会，时钟却指着九点十分。

米勒开他玩笑说："麦克纳马拉，你今天怎么回事？我们等了你十分钟了。"

麦克纳马拉瞄了时钟一眼，笑着骂他说："时钟坏了！"然后，他开始主持会议，好像什么事都没有似的。

他的工作极度有条有理，这和他的思考方式有关。他想问题一定要弄清楚每一个细节，找出所有的资料，然后尽可能归纳出一个合乎逻辑、理性的结论，而他的结论完全只根据数字而来。早些年桑顿的统计管制处从一个搜集数字的单位，一跃成为诠释资料的权威，靠的也就是这个技巧——客观的分析。绝不像大部分的汽车人，凭着直觉、心情或第六感来做决定。而对于麦克纳马拉这样一个局外人，这也是他唯一的办法，因为他对汽车业根本没有第六感，对车子也没有真正的狂热。所以他对部属也要求有同样的理性，那些凭"感觉"、凭"直觉"而下结论的人，常会受他责备，被他看轻，被他逼着"有几分事实，才说几分话"。

有人开玩笑说麦克纳马拉的脑细胞，一定是像计算机的按键一样，排得整整齐齐，因为他想事情实在太快了。另外一位崇敬麦克纳马拉的人多年以后写道："对于麦克纳马拉的表现，我们必须有彻底深入的认识，他的表现其实就等于运动员的完美演出。他的大脑就是个大肌肉，他吸收信息，加以分类、组织的能力，可以达到完美的艺术境地，就像外野手跳起来反手接球一样无懈可击。”

一切量化

在委员会的讨论上，麦克纳马拉最能发挥他的说服力。他知道该说些什么，在什么时候开口，而且为了争取委员对他的支持，他也不排斥临时捏造一些事实。有个同事说，他听过麦克纳马拉一连讲了14分钟，而他提到的资料没有一件讲对，但是他讲得头头是道，言之成理，听得在座的人一愣一愣的。

麦克纳马拉认为事实都可以量化，不能量化的事情就不是事实。有一个主管跟他辩论，他说：“你知道历史上有些最伟大的观念，跟数字一点关系也没有，有些最伟大的真理，也跟数字完全扯不上关系。”麦克纳马拉只是摇摇头，那个主管在他心目中的评价又降低了一分。

无论什么事情，麦克纳马拉都要加以度量统计，甚至连销售情况、行销和广告，他都要找出明确的数字。有些部属坚持说这是不可能的事情，不是每一件事情都像成本一样可以统计、管制的。在福特分部，麦克纳马拉竭尽全力要将理性主义应用在一个不讲理性的产业，从福特经销商的销售能力，到广告的效果，每一件事情他都要求要有数据。

麦克纳马拉抱怨说：“我知道生产线上的产能有多大，可是我却不知道我们的经销商的产能。”

他手下的一个主管告诉他说：“经销商没有产能可言。”

麦克纳马拉回答他说：“当然有。”

但是底特律却说不出一部车到底是怎么卖出去的，为什么会卖得出去，他们从没想过卖车的过程可以量化，可以控制。一部车的销售过程，结合了说服和感觉、冲动和不理性、业务员的诚意和顾客的热衷，这些都是无法计算度量的。然而在麦克纳马拉眼中，车子只不过是一个商品，一个代步的工具，既不代表地位，也不代表权力，更没有什么乐趣可言。车子的确是比牙膏、呼啦圈或电视机要复杂得多，但它仍然是一个消费产品，如此而已。因此他永远无法理解，为什么他的手下不能把汽车的销售过程看作一门科学，加以分析、统计。

有个主管奉麦克纳马拉的命令去调查经销商的产能，但是他说："我们不知道怎么计算诚意，我们没有诚意量表，也没有兴趣量表。"

麦克纳马拉的部属发现，他最不善于处理无法轻易量化的事情，尤其是造型设计和广告。有一次，他的手下用《读者文摘》做了个实验，只针对半数的杂志刊登大幅广告，然后调查读者群中看到福特广告的人和没有看到的人，买车的情形有什么不同。两相比较之下，足以证明广告确实能够增加销售量，福特公司花 29 美元做广告，所增加的销售利润却有 180 美元。从这个实验当中，他的手下证明在《读者文摘》上做广告非常有利。麦克纳马拉对这个结果很满意，不过后来福特的市场研究人员重复过同样的实验，却再也得不到这么有力的关联性，令他不知如何是好。

虽然麦克纳马拉对于理性如此要求，如此坚持，但是他的天真也出人意表。当年他跟着桑顿一班人来到福特的时候，真心相信他个人的目标和公司的目标，可以不相冲突。对于一个想回学术界的人来说，这是他真心关切的一个问题，也是他和桑顿共同的理念。1946 年他写信给任教于哈佛的老朋友勒尼德，信中说："在我看来，底特律的管理阶层因为钱赚得太容易，加上这么些年来的经济景气，所以对其社会责任的觉醒，远比国内其他地方要落后。"

安全上路

麦克纳马拉认为企业对社会负有责任。他写过一封信给福特的经销商，要求他们逢年过节不要再送礼物给福特公司汽车的人员，收到这样一封信，经销商都觉得难以置信。麦克纳马拉在信中说："各位若能将为福特人员购买圣诞节礼物的那笔钱，即使是购买一点纪念品的小钱，转而捐赠给地方福利机构，让社区里不如我们这么幸运的人，也能度过一个比较充足的佳节，我相信这会更符合圣诞节的精神。"

当年桑顿他们十个人挤在旅馆房间里，讨论大伙未来在福特的策略和目标，利斯主张要让福特汽车成为销售量第一的房车，而且要让整个福特企业达到最有效率、最人性化的经营。但是麦克纳马拉认为，他们也要帮助亨利·福特二世善尽企业的社会责任，使福特公司变成业界的表率。那是 1946 年，已经是 10 年前的事情了，当时兰迪、米勒和莱特对于麦克纳马拉的看法都大表赞同，而利斯和米尔斯也认为有道理，不过他们的着眼点却是公益形象对主要的目标有所帮助。

当然，当时的讨论绝大部分都是他们一厢情愿的想法。现在麦克纳马拉当上了福特公司汽车部门的负责人，他最迫切的愿望是提高汽车的安全性。车祸的伤亡人数不断增加，令他非常担心，而底特律对于车祸的矛盾态度，更令他震惊。

早在 1952 年他还是审计主任，没有调到福特公司汽车部门以前，他就已经开始担心汽车的安全问题。他注意到康奈尔大学的约翰·莫尔主持过一个车祸伤亡研究计划，他们早期的一些调查结果，提出了令人惊心的统计数字。麦克纳马拉跟着桑顿为陆军航空队效命的时候，曾经委托康奈尔大学研究飞机的安全问题，以改进飞航人员的安全措施。但是康奈尔着手调查之后，却发现飞行员最主要的死亡原因不是飞机事故，而是车祸。

1956 年因为车祸而丧生的人数，超过 4 万人，受伤人数 150 万。而 15 岁到 24 岁的美国民众，死亡原因第一位就是车祸，25 岁到 29 岁的死亡原因，车祸占第二位。这是个可怕的悲剧，不过莫尔告诉麦克纳马拉，这主要是如何包装的问题。

他说，例如有一斤鸡蛋要包装，你不会把蛋通通丢进鞋盒里去，你一定会把蛋一个一个用垫子隔开，这样才能把打破的几率降到最低。同样的道理，汽车的设计也应该有防护的垫子来保护乘客安全，因为康奈尔早期的研究发现，主要的死亡原因在于弹起造成的碰撞。这是基本的物理原理，移动中的物体，例如人的身体，如果撞上静止的物体，例如地面，速度加倍的时候，撞击力量会成平方倍增加，也就是四倍。康奈尔的资料显示，乘客如果从车里摔出车外，致命的几率会提高五倍。在车祸事故中，乘客被弹起以后，仪表板和挡风玻璃是造成伤亡的最大原因。因此一定要避免乘客被弹出或摔出车外，也就是说车门要关紧，同时车内要加强防护装置，例如安全带、安全玻璃、仪表板加装防护垫等等。

这些都很简单的小事，麦克纳马拉认为这些道理根本不言而喻，他却不了解这个问题在底特律有多么敏感。汽车人对于安全问题兴趣缺乏，一部分的原因在于他们的卖点是美感与浪漫，他们可不希望大众注意到受伤、死亡的问题。通用汽车公司对这个问题不是不担心，而是不感兴趣，他们不愿意承认汽车制造商对这个问题有任何责任。汽车界的传奇人物阿尔弗雷德·斯隆，第一次看到安全玻璃技术有所突破的时候，立刻就表示他不要这个东西。他写信给杜邦，抱怨说：“不管车祸不车祸的这个问题，我唯一关心的只有赚钱不赚钱。老是有人想尽办法要增加车子的成本。”

通用的态度令麦克纳马拉大为不满，如果不是通用的麻木不仁和老大作风，也许就不会激起麦克纳马拉的竞争心。他最早是在朝鲜战争期间见识到通用的蛮横，当时汽车价格受政府管制，公司派他到华盛顿开会，争取调高车价。政府官员告诉与会的厂商，如果他们希望涨价，必须拿出相关的成本数据，证明他们的要求有道理。通用一口回绝，他们要求涨价，而且坚持政府一定要同意，要主事的官员相信他们的话，通用的成本资料，是不对任何人公开的。

对于通用的态度，麦克纳马拉惊讶愤慨兼而有之，也许是因为通用使他在工作上备受挫折，他的部门处处受制于通用，通用的所作所为主导了汽车市场的秩序。麦克纳马拉气愤的另一个原因是，他很尊重社会，他认为即使是通用汽车公司，也必须关怀公众利益。

天下为己任

在50年代中期，康奈尔的实验室经费严重不足，几乎难以为继。在那个年代，车祸和伤亡的资料非常欠缺，康奈尔急需要经费加强资料的汇集，有一段时间，他们甚至只有卡罗莱纳州一个警察局的车祸资料。麦克纳马拉说服福特捐出20万美元赞助康奈尔的研究，克莱斯勒也出了一点钱，通用却是一毛不拔，他们愿意洒下几百万美元做广告，但是连拿出一小笔钱来资助学校研究安全问题都做不到。

50年代的底特律，汽车的卖点是马力、压缩比、扭力、排气量、速度、新颖时髦的造型。这些事情没有谁比爱德·柯尔更拿手，他是雪佛兰部门的总工程师，后来晋升为部门总经理。他针对速度和性能大做广告，引擎愈加愈大，宣扬雪佛兰在赛车场上的胜利。麦克纳马拉对于柯尔的做法深恶痛绝，因为这与他对安全的顾虑大相径庭，徒然鼓励莽撞不顾后果的开车习惯。而在福特公司，有些人的想法其实也跟柯尔一样，甚至跟柯尔采取一样的做法来促销汽车，包括利斯在内，只不过首开风气之先的是柯尔。

麦克纳马拉约好跟他见面，当面要求他放弃速度和赛车，他说这样做既愚蠢又不道德，一般人买车跟赢得赛车胜利根本没有关系，汽车厂商只强调速度而不问安全，是在鼓励不计后果的飙车，而不是教育民众如何控制速度的危险。福特的撰稿人员，在广告文案中已经完全不提“速度”两个字。福特汽车现在是赶路，不再奔驰了。

可以想见，柯尔对他这番话是一笑置之，他可不准备让福特的一个怪人来告诉他生意该怎么做。然而麦克纳马拉还是锲而不舍，继续找通用主管表达他的观念，通用的人会听他把话讲完，但是决不改变立场。通用可以对抗所有的人，政府、消费者，福特公司当然也不例外。虽然麦克纳马拉从不会公开嘲笑通用汽车公司，但是通用却代表了他所鄙夷的一切。

在安全问题上，麦克纳马拉相信他可以改变一些市场规矩，他要求行销人员推动一连串的福特汽车安全广告，这在底特律是前所未闻的事情。10 年后瑞夫·纳德律师才发起保护消费者权益运动，11 年后，也就是 1966 年，联邦政府才通过汽车安全法案。但是许多人对麦克纳马拉这项行动抱着怀疑的态度，甚至福特内部都有人质疑，亨利·福特二世自己就喜欢开快车。不过麦克纳马拉还是把他部门出厂的汽车都装上了安全带，而有一次他坐上车，系上安全带，开车的是他属下一位主管，他用眼角瞄了麦克纳马拉一眼，问他："怎么，我开车你不放心吗？"系安全带似乎是公然表示敌意的举动。

麦克纳马拉有些朋友相信，他对安全问题会这么关心，是因为邓涵的太太玛丽出过车祸被摔出车外而受重伤。麦克纳马拉告诉他们，这个血淋淋的教训足以证明乘客不能固定在车里的后果有多严重。不过多年以后，麦克纳马拉不肯承认他是因为玛丽的车祸才关心乘车安全，他说他之所以大力提倡汽车安全，是基于伤亡的统计数字，不是因为一个朋友车祸重伤的痛苦。

麦克纳马拉说动了福特二世支持他这项努力，对于安全问题毫无兴趣的布里奇，要求麦克纳马拉事先要把演讲稿给他看过。除了福特二世以外，福特的任何人都必须布里奇点头之后才能公开发表意见。麦克纳马拉早期的一些演讲稿，由他的公关顾问荷姆兹·布朗代为捉刀。其中有一篇麦克纳马拉自己润饰过后，却被布里奇删掉两个段落，因为他觉得那两段的利润主题不够有力，麦克纳马拉没有说话，但是心里非常生气。他对朋友说："妈的，我替他们赚的钱比他们以前赚的多得多，他们就不能不管我吗？"他没有跟布里奇多说一句话，但是等他上了台，讲到被删掉的那两段的时候，他却一字不差地背了出来，而且讲得流畅而有力。

就凭着他这股坚定的信念，他终于说服了公司，让大家相信安全甚至能让车子卖得更好。这不仅是一件应该做的事，还能让 1956 年度的车种提高市场占有率。他在车上加装中凹形方向盘、一撞就自动掉落的安全后视镜，以及防撞安全门锁，这些都是福特车的标准配备。另外，仪表板和遮阳板的防护垫是选购配备，定价 16 美元，工厂原装的安全带需要 9 美元。麦克纳马拉不知道用什么办法说服了福特二世，赔本供应这些选购配备，公司每卖一条安全带，就要赔一美元，但是却能对得起良心，也可以从广告价值中弥补安全带的亏损。不过麦克纳马拉并不以这些小小的改进而满足，他还要针对这些特点全力推广。根据莫尔在康奈尔所做的研究，麦克纳马拉相信如果每个人乘车都能系上安全带，因此车祸丧命的人就可以减少一半，每年 125 万的受伤人数也可以降到 5 万以下。

真理的力量

1955 年秋，福特公司在一个电视特别节目中推出以安全为主要诉求的大型广告，而在后续的广告中，有 1/3 都是以安全为卖点。广告上说："本周五您将见识到行车安全有史以来最大的突破——福特安全防护设计，敬请密切期待。"福特一改过去的惯例，对安全新设计的广告比其他特色多了一倍以上，远超过加速、外形、赛车或是马力。

如果说利斯铆上了通用汽车公司，麦克纳马拉则是在挑战底特律的历史。战争开打了，麦克纳马拉挑起安全问题，不只是针对汽车业罔顾民众的心态，也是在对抗底特律的褊狭保守。同样这种根深蒂固的态度，使得底特律在 60 和 70 年代不把外国的竞争威胁当一回事。底特律所有的人都在镀铬边、加速度，唯有麦克纳马拉力排众议，为了公众服务这样一个古怪的念头，不计自身的利害和后果，拼全力倡议安全的重要性。

在雪佛兰，柯尔投下几百万美元的广告经费，推销活泼、时髦、大胆的新车，从头到尾的铬边闪闪发光，马力愈来愈大，屡屡刷新派克峰的爬坡纪录。而在福特，麦克纳马拉却是拿几百万美元去促销安全和防护设计，固定的安全带，强度比飞机上的还高 1/3，足以支撑 1 800 公斤的体重。甚至连利斯的水星部门都同步推销安全的观念，车上的一切配备几乎都加上了“安全”两个字，“安全光束大灯”“安全刹车”“安全加速”马力。

这些广告等于是告诉大家，福特的车子万一出车祸，这些新安全配备不但能够减少乘客的伤亡，而且保护的效果高于其他厂牌的车子。麦克纳马拉手下的经理还准备了宣传手册，两个月出一期，里面放满了福特汽车和雪佛兰碰撞之后的照片，两相比较之下，福特汽车要比雪佛兰耐撞得多。他们还把这些图片分送到福特各经销商，叫他们把图片张贴在展示中心最醒目的地方。

事实上，在福特之前，克莱斯勒已经宣布加装安全带作为选购配备，然而通用汽车不但不肯加装安全带，更试图阻挠其他厂商装置安全带的计划。通用的一位主管，在“汽车制造商协会”担任车辆安全委员会主席期间，曾经起草一份报告，断然宣称“安全带对于安全驾车并不重要。”福特和克莱斯勒都拒绝接受这样的调查结果，这份报告才没有对外公布。

即使如此，通用主管还是屡次公开表示，没有充分的证据足以证明安全带还可以减少伤亡，甚至指称安全带在车祸当中可能造成内伤。这个说法是根据一项测试而来，当时是把狗用麻醉药迷昏关在笼子里，同时以玻璃清洁工人用的安全带绑住狗的腹部，从高处丢到地上。通用的车辆安全工程师霍华德·甘德拉说："也有很多人是在浴缸里受伤的，对不对？你有没有听过任何人要求家里不准装浴缸呢？还有很多人在木板地板上摔倒碰伤对不对？我们是不是也应该禁止家里铺木板呢？"有一位别克车主因为紧急刹车，造成他 8 岁大的儿子碰撞受伤，事后他建议通用应该考虑在仪表板上加装防护垫；甘德拉却告诉他应该"训练"子女在紧急状况的时候，伸手撑住仪表板，这样就可以保护自己了。

然而加装了安全带的福特汽车，证明通用是大错特错。初期的统计资料证明麦克纳马拉的主张完全正确，而且也印证了他的承诺，赚钱和社会公益的确可以同时兼顾。他把这些资料转告给福特二世，转告给布里奇，转告给任何愿意一听的人。其中有一个发生在西岸的例子，一位驾驶人在 395 号公路上翻车，他开的是一部雷鸟，时速 120 公里，但是因为系了安全带，使他能够毫发无损地走出车子，这个例子使麦克纳马拉深深感受到真理的力量。

强迫休假

但是麦克纳马拉的安全广告，却在底特律激起一场丑陋的明争暗斗。在安全广告推出两个月以后，通用汽车公司的一位高层主管打电话到福特总公司，抱怨麦克纳马拉和他的安全广告。这通电话不是打给福特二世或布里奇或克罗素，而是打给福特公司汽车部门负责业务的副总裁沃克·威廉斯，他的职位不会太低，因此通用的抱怨一定能够传到福特的主管阶层，但是也不会太高，因此他们可以否认对福特施加了任何压力。通用说，麦克纳马拉是在摧毁汽车业浪漫的一面，提醒消费者在看车选车的时候，还要考虑到车祸、受伤这些事情；长此以往，汽车业必然会受到无可弥补的伤害。

这通电话，已经足以把麦克纳马拉卷入底特律丑陋的政治角力。不过他本来就已经遭到愈来愈大的压力，因为福特车在市场上的反应，远不如预期的热烈。麦克纳马拉这边一个劲儿强调安全带的重要性，雪佛兰却是强调新的八汽缸引擎，那是柯尔做总工程师时候的设计。在市场上，雪佛兰领先福特是不争的事实，甚至几十年后，麦克纳马拉都还记得《汽车新闻》上一篇令他痛心的报道，标题是："麦克纳马拉卖安全性，雪佛兰卖车子。"事实上，《汽车新闻》根本没有出现过这样的标题，不过一般人认为安全性卖不了车子的观念，还会持续很多年。

麦克纳马拉所受的压力一天比一天大。玛姬发现他在睡梦中不停地磨牙齿，把珐琅质都磨掉了，最后玛姬逼着他一定要去找牙医把牙齿补好。不过麦克纳马拉不想在底特律看牙齿，担心又会惹来一阵谣言，因此他还大老远溜到纽约去找牙医师。

很快的，事情愈变愈丑陋。《时代》杂志的一个记者从通用汽车公司得到消息，打电话给麦克纳马拉的公关主任布朗，问他："据我所知，麦克纳马拉被开除了。"

布朗回答他："没有，我想你的消息并不正确。"但是这通电话还是令他大吃一惊。

"是吗，那你去他办公室看一看吧，他应该已经不在了。"

布朗挂了电话，赶到麦克纳马拉的办公室，看到他还坐在办公桌前面，桌上堆了公文。布朗并没有进去，进去了他又能说什么呢，他总不能告诉他说："老板，我听说他们拿你开刀了。"

三天以后，麦克纳马拉神秘地失踪了。公司并没有开除他，只是私下安排他得个重感冒，让他到阳光充足的佛罗里达州去休养几个星期，而这段期间公司就把他的安全运动束之高阁。他后来告诉别人："我差一点因为这样被开除。”这是他事业的低潮期，也是重大的打击，他开始觉得他在福特待不下去了，而且告诉了福特二世，他认识到情况恐怕永远不会改善，可是他不希望只是玩玩，或是做个半调子。有一年海军敦请他出任副总司令，但是他拒绝了，他觉得必须留在福特推动汽车的安全观念。可是慢慢地，他愈来愈看清楚他在这里起不了作用，桑顿说的没错，底特律根本没有社会责任感，没有爱国心，没有对生命的基本尊重。

力排众议

在争议声浪最高涨的一整个月当中，福特汽车事业部由克罗素接管，他把一切都恢复到老样子。莱特也被布里奇叫去，告诉他说麦克纳马拉病倒了，他已经做了一年的采购主管，现在布里奇要他到福特公司汽车部门担任副总经理。麦克纳马拉在的时候，并没有副总经理这个位子。这样的发展对麦克纳马拉和莱特都很尴尬，布里奇这样的做法是要他背弃朋友吗？接到人事命令之后不到一个小时，他就打电话给玛姬，看看麦克纳马拉的态度如何，也希望确定麦克纳马拉知道他的新职位。

莱特记得他跟玛姬说：“叫麦克纳马拉不用担心，我会尽我所能让事情维持顺利，我当然也会尽我所能地支持他。你知道，我绝对不会做出对他不利的事情。”

玛姬说：“莱特，这个我们知道的。”

但是麦克纳马拉不在的时候，福特把广告代理商沃特·汤普森找来，要他重新设计整个广告策略。在一个三项重点的计划中，安全的重要性降到第三位，主要诉求又回到外形和性能，两个月一期、比较耐撞程度的宣传手册也取消了。虽然福特还是继续供应安全带作为选购配备，但是1956年车款上市以来的3个月中，对安全带的大肆宣传，现在已经听不到了。

多年以后，麦克纳马拉对这段往事并没有完全坦白直言，有一次访谈中他承认他差点丢了工作，另外一次访谈他又说事情其实没有那么严重。如果把事情经过全盘托出，似乎有违他对亨利 · 福特的忠心。

不过，麦克纳马拉对这件事还是不肯罢手。八月间，众议院的交通安全委员会来到迪波恩举行听证会，地点就在福特的汽车款式会议室，麦克纳马拉、利斯和其他几位福特主管都出席作证。福特二世没有露面，据说是因为他的行程排定了没办法更动。可是麦克纳马拉显然又大权在握了，他对汽车安全的重要性发表了一些引人注目的谈话，在听证会上他告诉众议员，福特以低于成本的价格供应安全带和其他选购配备，亏损了 80 万美元，为的就是要教育大众，推广这些安全配备。

麦克纳马拉认为这些还不够，他似乎非常希望能在汽车史上留下一点记录，他的预言是通用汽车公司和其他所有的人所避而不谈的。

他告诉委员会："我可以告诉各位我个人的意见，今天美国所有上路的车子如果都能使用安全带，那么每年 3.8 万人的车祸死亡人数，就可以降低到 1.9 万人以下，而每年 120 万的受伤人数，也可以减少到 50 万以下。"

不过，拜通用汽车公司之赐，安全性卖不了车的观念持续了好多年。1956 年 11 月中旬麦克纳马拉发布了一份新闻稿，希望平息外界的批评，可是徒劳无功。其中有一段标题是"民众愿意花钱买安全"：

五项配备中，有两项是选购的，也就是防撞护垫和安全带，因此从出售的总数就可以估算出市场的需求。结果反应奇佳，连乐观的福特员工都感到意外，在福特历史上，没有任何选购配备在刚推出的时候，就能卖得这么好。例如，1956 年款的福特车，43% 都订购了防撞护垫。1952 年隔热玻璃推出时，只有 6% 的消费者加装。就连广受欢迎的自动排档，1951 年问世的时候，也只有 23% 的消费者接受。1953 年推出的助力方向盘，接受率更只有 4%。而安全带在头一年就有 1/7 的车主选购加装。

麦克纳马拉总算没有完全输掉这场战争，但是整个事件几乎砸了他的饭碗，毁了他在福特的事业前途。

第 18 章

钢铁卡通

一部非凡的房车，水星梦幻车系的极品。一切都与众不同，你看得见的优美，你感受得到的神奇，你操作自如的配备。一个崭新的豪华世界等待着你，万事俱备，只等你来掌握方向盘。

——1957 年水星汽车广告

麦克纳马拉走在了时代的前端。在 20 世纪 50 年代，一部能跑的好车是美国男人的自由和权力，代表他们的优越和男子气概，对他们来说，引擎盖下的马力愈大，对他们的吸引力也愈大。

理智的人一定觉得这一切实在太不理性，但是麦克纳马拉所不能理解的东西，利斯却是热情地拥抱。这两个“十杰”成员都在全力冲刺，只是各往不同的轨道，早些年他们怀抱的共同理想，要改造福特成为赚钱的大公司，现在因为各自的事业心渐行疏远。麦克纳马拉和利斯，采取的是截然相反的商业策略，而这样南辕北辙的理念同时出现在迪波恩，显示最后总会有些事情，总会有一部分的人，必须让步。

防范战友

桑顿一帮人初到福特的时候，公司里打扫行政大楼的清洁人员比汽车设计师还多。但是现在利斯和克罗素花费1 150万美元新成立的设计中心，网罗了650位设计师、打样人员、模型制造人员和工程师，一起实现他们梦想中的完美房车。这些人对汽车怀着狂热，以设计室为家，在一大片喷泉和水波闪烁的游泳池环绕下，卖命地工作，而且几乎像核电厂一样的机密。

公司聘了20名安全警卫，由一名联邦调查局的退休特务统筹调度，每个员工进入设计中心以前都要接受检查，而且人人的识别证颜色都不相同，以防麦克纳马拉的福特公司部门员工混进利斯的水星部门或米尔斯的林肯部门设计室。在设计中心外面，警卫还装了一个60倍的望远镜，瞄准附近的一座谷仓，严防有对手躲在高处刺探机密。没有采用的草图，全都小心烧掉，实验性的陶土模型也都要打碎。设计室墙壁上还可以看到这样的标语："言谈小心，隔墙有耳""切莫泄泄未来"。

部门主管每个星期至少会到设计中心来巡视一次，人人西装革履，后面跟着一群产品规划人员，设计师开玩笑管这些人叫做"会走路的档案柜"或"活动书柜"。他们会依序跟在老板后面，每个人间隔半步。把老板的裁示、承诺都记下来，回头再把已经决议的事项跟设计人员重新叮咛一遍，提醒他们完成的期限，什么时候长官要验收。尤其福特二世亲自带着手下来巡视的时候，设计人员不用问也知道，因为大老板讲个笑话，每个人都

（上图）利斯对推出 1957 年水星车型的规则极为热衷，干脆在他办公室外面的停车场上，兴建了一个小型参观台，计划在佛罗里达州大来基大会舞台，举办豪华的新车展示会，希望每位出席的经销商，都能一清二楚地看到舞台。坐在参观台上的最后一个人就是利斯。
（下图）利斯的推广经理乔治 · 哈克特检查 1957 年水星车推出盛典的最后细节。

会笑得更用力。福特二世的一些主管也会到这里来，他们整天有开不完的会，看不完的公文，到这里来算是略作喘息，也可以提醒自己他们的确是在做汽车生意。

利斯以设计室为家。麦克纳马拉巡视设计中心，主要是为了每个星期的正式报告，但是利斯是亲自指挥每一个细节。设计人员都很年轻，平均只有31岁，不像那些脑袋僵化的主管只会抱残守缺。福特的造型设计总监摩尔·沃克，办公室足可媲美高官的气派，宽敞的房间里用象牙白搭配深黑色，生丝窗帘帷幕，真皮沙发，一张黑色的大办公桌，加上足足有一寸厚的黑色长毛羊皮地毯。

利斯跟他们这么合得来，不是因为他跟这里的一些人一样个性浮夸，而是因为他不像其他会走路的档案柜，包括麦克纳马拉在内。利斯是真心喜欢车子，速度愈快，造型愈豪华，他愈喜欢。从他小时候，车子在一条街以外他就能认得出是什么厂牌、什么款式，1930年的凯迪拉克……史达兹熊猫……1929年的马蒙罗斯福……J系列的得胜堡。中学时代，利斯花了太多时间在梦想有朝一日他找到高薪的好工作以后，要买部什么样的车。每当他回想起一生中最快乐的时光，无论加入学校乐队或是和玛克辛约会的日子，车子永远都占有最突出的地位。

说起他最爱的一部车，莫过于当兵时代的林肯和风。利斯深爱那部车的造型，细致的水平饰条，齿耙样的水箱护罩像是飞扬在细长的保险杆上，与鳄鱼头造型的短引擎盖相得益彰，大灯紧紧地嵌在挡泥板上头，活像两只突出的眼睛。车体外形和1934年的克莱斯勒—迪索托气流一样，是斜背式车顶、浑圆的车身，椭圆形的侧窗。和风上市之后一鸣惊人，打响了林肯车的知名度，在其他厂牌的豪华轿车难以为继的不景气年代，林肯却能一枝独秀。

追梦之车

利斯做梦都难以想象，他现在也有权力创造一部车子，也许就像和风一样，能够塑造新一代爱车族的梦想和经验。

利斯一接管水星部门之后，就要设计人员丢掉手边的标准水星款式，重新设计他们心目中最豪华的式样，创造全新的车系痛宰通用汽车公司。这是一场大赌注。在50年代，打样桌上天马行空的草图要变成展示中心里簇亮的新车，需要整整三年的时间。需要成千上万的设计师、模型制造人员、工程师、工厂工人、经销商和业务员为之挥汗、为之卖命。推出一部新车不仅是商业上的成功，也是一段漫长的政治较劲。随着计划一步一步向前推动，总会有人提出不同的意见，争取主导权，往往就会有其他人牺牲，其间的过程充满了怀疑和马后炮式的批评。

一个优秀的底特律企业斗士总能熬过这段政治长路，不过也少不了许多失眠的夜晚。但是很少有人像利斯这样卖命投入，他也无意缩短这个危机四伏的生产旅程，有太多事情可能出错，要解决一个问题又需要太多地方的配合。就算新车款做出了实物比例的陶土模型，也获得批准了，可是在动工生产以前，工程设计和生产设备还需要24个月的时间来准备。现在利斯要求把时间表缩短到19个月，才来得及在1956年秋季以前推出四个系列的1957年度水星新车，每个人都觉得利斯发疯了。

利斯每天早上7点钟就到设计中心，马不停蹄地看上几百件设计草图，流线的车体、挡泥板、大灯和复杂的仪表板，简直像是太空船的设计。设计图都画在8.5×11寸大小的牛皮纸上，每一个细节都有不同角度的透视图加以说明。而设计图又钉在7尺高、25尺长的木板上，可以随时移动。愈是大胆创新的设计，利斯愈是喜欢。

利斯心里想，归根结底，汽车的设计并不是取决于消费者，而设计师也不会费心去迎合大众的品味。汽车厂商必须提早两三年就着手设计的工作，因此他们只能赌运气。他说："谁敢说买车的人三年后会想要什么样的车子呢？在这段时间，消费者的观念会受外界很多影响的。"

夸大是50年代的语言，"最高""最大"的就等于最好的，利斯的新车系也是如此。他要他的新车比路上任何一部车更宽、更长、底盘更低，所以设计师画出的款式，前座多出三寸的空间可以让脚伸得更舒服，车顶也多出两寸，减少头上的压迫感。而且利斯坚持这款最新高级房车也要有一流的配备，必须要什么有什么，让它更加的特别。

设计师既有尽情挥洒想象力的空间，于是一些稀奇古怪的设计也纷纷出笼。

不少设计称得上独一无二、推陈出新，不过利斯还要新车更异想天开一点。他一心想要在这个夸大无度的时代，创造一部空前绝后的车子，抱着这样一个目标，他的一些奇想往往怪异得过了头。他叫设计人员在前面的通气口装上两枝水平的钢杆，看起来像天线一样，目的是让车子有未来车的味道。杆子后面还加装一片滤清空气的小滤网，整个看起来简直就像支麦克风。

水星造型设计主任尤金·波迪纳笑他说："利斯，你到速食店买汉堡包车窗都不必摇下来了，叫他们从通气口送进来就可以了。"

利斯也笑了，说："这车看起来就像是可以冲破声障一样，我们就是要这样的车子。"

还有一次开会的时候，他提议在新款的顶尖水星前侧加上"老鼠洞"，设计人员费尽唇舌才说服他承认那样真的是太过火了。利斯的构想是在车子两侧打上一排小洞，里面装上灯，车子一发动，整排小灯就会一闪一闪。这原来是利斯的偶像哈洛·柯蒂斯一个设计上的花招，30年代的超级别克和路速特就有这样的设计，当时那些小洞并没有实际的功用，现在利斯的出发点也一样，唯一的目的无非是希望能多卖几部车子。

利斯跟着设计人员一起讨论设计草图，往往到了吃饭时间也不休息，只是派两个比较年轻的产品规划师到迪波恩旅馆买些总汇三明治回来。利斯会把夹克脱了，松开领带，叫大家围坐在大圆桌旁边，一边吃一边继续讨论，除了利斯以外，还有产品经理比尔・葛莱姆斯，加上波迪纳、恩格尔、德拉洛沙和其他人。每个人讨论起来都像连珠炮似的，手上的三明治大概都要大半个小时才会吃完。

天马行空

利斯一切的精力都放在工作上，他的新构想源源不绝，就像不断涌出的火山熔岩。有时候他一早醒来，才意识到他整晚都梦到设计室的事情，甚至他眼睛都还没睁开，就已经想到一些疯狂的新点子，准备带进办公室去。

他身上散发出天才的气息，在他手下有个人经常得拿着一张写得满满的备忘录，提醒他看一下这个、看一下那个。他永远不缺异想天开的新点子，有些可行，但是很多却是根本做不到的。比如雷达控制的刹车，既能收听广播也能收听电视节目的汽车音响，汽车唱盘、车顶航行灯、桶状旋转坐椅、斜背式玻璃车顶、隐藏式遮阳板、伸缩式头靠、超速警报器、四门敞篷车。

大伙在设计方面都达成共识以后，就在极大张的纸上画出实体大小的汽车设计图，然后制作成实体 3/8 大小的模型。当然，模型会再经过几十次的修改，最后再雕塑出实物大小的陶土模型，连最后的铬边都要准确无误。这整个过程需要四个星期的时间，最快至少也要两个星期。完成之后的模型车总重量有 2 300 公斤，看起来跟真车简直没有两样，有些随从人员一不小心还会伸手想打开车门，把车门把手都拉断了。

利斯进来以后，大伙就坐在模型车旁边的圆桌子周围，把车子的每一个设计细节从头到尾讨论一遍。恩格尔一一指出新开发的设计，还在素描板上用铅笔图解强调设计的重点。利斯绕着模型车检视着每一个细节，所有的人都跟在后面亦步亦趋。他要求修改的地方不计其数，一连五个星期以来，设计人员几乎牺牲了所有的周末假日，每天上班 12 个小时，才能赶得及在 1955 年 2 月呈报给产品规划委员会。水星设计师利欧·史奇莫说："晚上 11 点钟还在停车场的车子，十之八九都是利斯部门的人。"几乎每个星期五晚上，他们都会接到周末又要加班的通知，因为利斯星期一早上要看结果。

对于新车的命名，他们也有一番辩论。恩格尔的助理约翰·纳加尔建议取名叫"大道"，后来他又修改成"大道巡弋"，在一次报告中正式提出来。他们用彩色笔写出车名，贴在厚纸板上，然后剪出字形，放在陶土模型车上。

"大道巡弋"，利斯立刻就爱上它了。这个名字让人联想到在宽阔的公路上，驾着粗犷豪迈的豪华水星来去自如。这样独特的名字，一听就与新车本身相得益彰，比起 1957 年度的阳春型和中级水星的名字——蒙特利和蒙特克莱，更是响亮得多了。利斯立刻就想到要在车上附赠一本美国主要干道地图，他决定采用这个名字，并且指定意大利制造的展示车也以此为名。

福特二世和布里奇看过模型车以后，同意利斯放弃原先已经核准的另外一款水星设计，转而生产大道巡弋。接下来利斯的设计人员必须把模型车表面的尺寸规格一小块一小块地记录下来，精确到一分一厘，画出每一部分详尽的设计图，工程人员才能根据详图，打造出各部分的原型。原型出炉之后，设计人员还要再跟利斯一起检视一遍，确保工程人员做出来的东西完全符合他们的设计理念。

即使到这个阶段，还是会有许许多多的修改、许许多多的决定。而每一个决定都有利斯的意见，在他眼中，没有哪一个细节是太琐碎或不重要的。他对所有的事情都感兴趣，从仪表板上的转钮到车顶的装饰他都不放过。他还在大道巡弋上加装触控式自动排挡和可调式电动坐椅，所谓的可调式电动坐椅，可以让驾驶人利用仪表板上的两个旋钮，预设驾驶座的角度位置。停车熄火之后，坐椅会自动放平，让驾驶人更容易上车下车，只要车子再度启动，坐椅又会恢复到预设的位置，利斯把它叫做“自动椅”，打算以“有记性的驾驶座”作为促销卖点。

这些新设计，有些他也会带回家去，倒不是他想听听玛克辛的看法，只是他为了这款新车这样呕心沥血，偶尔问问她的意见，也是再自然不过的事情。有天晚上他很晚才回家，公文包里装满了汽车椅套的样品，他把样品排开在桌子上，让玛克辛也挑挑看。他自己其实已经有决定了，他喜欢一块织了金线银线的华丽椅套，看起来跟“大道巡弋”铬钢和不锈钢的内部非常搭配。

利斯问玛克辛：“这块你觉得怎么样？”

她觉得难看死了，而且毫不犹豫地告诉他。“利斯，我不喜欢，看起来像廉价家具，简直就像是大批发市场买来的！”

他抗议说：“玛克辛，拜托！”

她告诉他：“那些金线银线的，只会钩破女人的丝袜，钩到男人的衣服，一点都不适合当椅套。”

利斯坚持说她不懂消费者想要什么，他说那块椅套与众不同，一定会大受欢迎。还有一次，他把大道巡弋的设计图拿给玛克辛看，图上水平的天线伸到前面的挡风玻璃上，她说好像长了两只鹿角，实在太标新立异了。

“利斯，真的太难看了，这让你的车看起来像火星来的怪物。”

他很严厉地告诉她："玛克辛，这两支天线让车子看起来更有力、更现代、更前卫。"

到后来，他甚至明确地告诉玛克辛说："来，我给你看看这个，可是我不想听长篇大道理。"

梦幻新车

他把新车的每一个细节都反复斟酌，乐此不疲。甚至新车的十六种颜色他都帮忙想名字，其中包括月朦胧黄、太平洋蓝、松林绿、贵族灰，大道巡弋还有双色，包括蜡笔水蜜桃、巴西青铜、日落紫罗兰等等。

利斯凡事参与的做法，让有些设计人员也相当气恼，觉得他干预得太多了。就连桑顿和麦克纳马拉也不像利斯这么专制。1946 年他们十个人一起做的性向测验就证明了这一点，当时福特二世找来的心理学家看到利斯的分数，认为以他的专断自恃，他应该是一个不知变通、难以相处的人；可是，在外向合群方面的分数，也没有人像利斯那么高。很多时候，他都是靠着他的魅力救了自己。

有些人认为，即使是在好大喜功的 50 年代，大道巡弋也实在太过火了。斯达贝克汽车公司的设计师雷蒙德·骆威，就公开批评过底特律的车子是"四轮的自动点唱机"，喧闹又粗俗。他说，底特律生产的汽车只是更加印证外界对于美国人浪费、爱摆架子、目中无人的印象。骆威认为，美国汽车已经变成"放肆无度的铬钢狂欢会"。

跟利斯一起参与新车设计的波迪纳，后来开玩笑说，他们是在设计"钢铁卡通"。班森·福特第一次看到大道巡弋模型的时候，说它是从改装车厂出来的一块大磁铁，把碰到的所有配备和噱头通通吸在身上。布里奇对于利斯这么强调梦幻车的设计，也愈来愈觉得不妥当。他看到未来的水星设计图，是一系列的蜡笔草图，觉得很不喜欢，于是写信告诉沃克说："如果我们的设计人员花时间去画某种东西，应该是要本着写实的精神，而不是幻想。幻想的东西应当留给杂志的文章。"还有一次布里奇到设计中心去，发现大道巡弋的通气口伸出两支假天线，他一点也不喜欢。

他问恩格尔："那是什么鬼东西？把它拆掉！"

他们只能依命行事，到了当天下午，利斯来到设计中心，立刻要他们把天线再装回去。而这批设计人员，除了对福特二世以外，对于利斯的忠心当然高过其他人，因此就把天线装回去了。在那个年头，大部分的设计工作都必须获得委员会的核准，利斯却拥有无比大的权力和影响力。

利斯追求大胆的设计，连新车系的广告促销活动也不例外。在意大利制造的大道巡弋展示车，1957 年 1 月在芝加哥汽车大展中正式亮相。展示车车顶还加装了两片塑胶蝶翼，放在特别定做的拖车上，从东岸到西岸全国巡回展示，拖车和展示车一样长，两侧镶上玻璃，造价要 45 000 美元。虽然展示车和生产车型一点关系都没有，利斯还是声称 1957 年度的水星都是直接出自设计师之手——"十个月内从梦幻车到展示中心"。这是个精彩的行销手段，是可以接受的底特律骗术。

他要手下的人放手准备 1957 年的超级发布会，再怎么说，这是多年以来第一部以自己的车体制造出来的新车，他们盛大隆重地庆祝一下，一点也不为过。

利斯说："我要把这个发布会做得有声有色，一定要做到空前绝后。"

他的行销经理，头发微秃的摩尔·哈奇特，警告他说："我待会儿要告诉你的事情，可是得花不少钞票的哦。"

利斯笑着说："就这一次，你尽管开口吧。"

哈奇特于是说出他的计划：找演艺圈的人牌明星合演一出歌舞剧，要请百老汇的演员和舞者，还要请一支大型管弦乐队，邀请全国各地的经销商一起出席盛会。水星部门甚至还为新车拍了四段彩色影片，在两个巨大的银幕上同步放映，相当于纽约无线电城音乐厅里的银幕那么大。

哈奇特保证说："这一定是有史以来最独特的一场新车发布会。"

他继续说，最理想的地点是迈阿密。10 月初迈阿密的平均气温在 20 度左右，东北风，风速是每小时 21 公里，正是最舒服的天气。除了水星的发布会之外，经销商还有很多活动可以做，观光、海钓、打高尔夫球，甚至还有波士顿专校和迈阿密大学的一场足球赛。此外，参加发布会的人数可能超过五千，能够容纳这么多人的城市并不多，迈阿密就是其中之一。

利斯深表赞成，而且就像他所负责的所有事情一样，他一定要插手整个准备工作。哈奇特找到理想的地点以后，利斯甚至坚持要找木匠先做出发布会场的座次安排模型。为了这场发布会，福特公司必须在迪纳奇体育馆内另外搭建一座理想的足球场。利斯要求要让每一个经销商，不论坐在什么角度，都能够充分欣赏到他的新车，他说，每一排座位的高低位置，一定要恰到好处。在卧伦街的水星部门总部外面，木工花了好几天的时间，盖了一个巨大的木头模型。有天下午，利斯和六个同事信步走到模型边，爬上摇摇晃晃的鹰架，在几排折叠椅上坐下来，试试看座位的角度对不对。试过以后，他们又爬下鹰架，站在模型边围成一圈讨论，最后利斯决定座位的倾斜度还需要再加上几度。经过这些小小的修正之后，利斯又爬上去试坐了一次，终于同意这样的组合正好。

十杰渐行疏远

在加入福特公司初期，"十杰"的组合给了他们力量、权力和信心。他们彼此分工，麦克纳马拉负责财务、利斯管预算、莱特管组织；但是他们十个人同时又相辅相成，使他们团结起来的力量远大于个人的总合。"十杰”的形象在现实中牢不可破，更成为企业传奇，为整个团体和每一分子带来更大的权力和威信。莱特后来回忆说：“我们彼此照应扶持，互相帮助、互相支持，从个人到公司的事情都一样。我有问题随时可以去找麦克纳马拉讨论，问他的意见，看他对于我的做法有什么意见，觉得实不实际。我觉得他有问题的话也会来找我，其他人也一样。”

现在，他们分居要职，负责公司不同的部门，他们各自的成功使彼此变成了竞争对手。在福特公司，每个部门都在争取同样的资源、同样一批人才，争取得到福特二世、布里奇和克罗素的重视，每个部门都努力在准备1957年度的新车发布会。而在工作之外，他们也不再聚居在当年维系他们的生活和家庭的基金会公寓。

他们之间出现了嫌隙，就算他们嘴上不说，因为朋友之间总不喜欢去面对不愉快的事情，但是内心还是感受得到这样的转变。而最大的嫌隙，似乎出现在利斯和麦克纳马拉之间。

利斯毫不关心麦克纳马拉所考虑的安全问题，麦克纳马拉努力在策划他的安全宣传，利斯却在考虑水星应该加入那些普通汽车的赛车。同样的，利斯一心追求最大、最好、最豪华的设计，麦克纳马拉也表现出不以为然。麦克纳马拉重视的是功能、实用，不是外形款式，就在利斯建造福特数一数二的大型轿车之际，他却着手规划福特的第一部小型车。他记得在战后初期，1948年，一个搞工程出身的汽车公司负责人推出了普利茅斯，广告重点就是强调车子外面体积小，里面的空间却更大，那款车麦克纳马拉非常喜欢。就在同一年，凯迪拉克仿效洛克希德的P38闪电战斗机，首度推出上斜式尾翼，麦克纳马拉既惊骇又反感，他实在不知道这样的尾翼能有什么用。他认为不实用的汽车设计，凯迪拉克就是始作俑者。但是凯迪拉克在市场上大卖特卖，而普利茅斯却乏人问津。

福特二世也在刺激他们为更大的目标而较劲，也许是争夺总裁的位子——若是布里奇肯把位子让出来的话。1950 年进入福特公司的罗伯特·艾格特，本来是利斯带进公司的，后来转到麦克纳马拉的部门工作，他说：“我们大家都看得出来，麦克纳马拉对于利斯在法国的成功觉得很不是滋味。他们两个都有很强烈的企图心，想在公司里成为亨利·福特二世一人之下、万人之上的第二号人物。”

视利斯如救世主的克罗素，有时也故意刺激他们的对立。有一次，他尖锐地质问莱特为什么福特公司汽车部门的行销，都不能像利斯的水星部门那么响亮有力。利斯大声高唱“大 M”和“梦幻车的设计”，而福特部门的宣传口号却是“驾驶福特，乐趣无穷”，听起来就逊色多了。莱特和麦克纳马拉觉得利斯的手法简直是“夸大其词”。

不过，他们的歧见并不一定都浮上台面。1956 年 2 月，他们十个人聚在安阿伯市的米勒家里，庆祝十周年纪念，大伙似乎又回到了从前。麦克纳马拉和米尔斯穿起航空队的墨绿色夹克和粉红色长裤，而莱特则是在身前、背后都挂了一张自己穿着军服的照片，因为他的制服根本挤不下去了。包士华本来也要穿一身军装来赴会的，只是他在退伍前不久碰到一场火灾，把他所有的家当，包括制服在内，全都烧光了。米勒送给大家便宜的十周年纪念手表，还找了一个摄影师帮大家拍照留念。这次的同学会如果说有一点勉强，有一点紧张，到底是因为他们的友谊已经走到了尽头，或只是因为这些快速蹿升的企业主管们不记得该怎么放松自己，就很难说了。

新车登场

1957 年度的第一批新车原型，在 1956 年 4 月间就完成了，不过利斯一个月后才亲自试开大道巡弋。按正常的进度，水星早该在 3 月间就开始生产了，但是利斯却等到 10 月才能开始生产基本的款式，比正常情况晚了 7

个月，而大道巡弋最早也要到11月才能上生产线。尽管如此，5月间的一天清晨，公司里已有令他兴奋的大事在等着他。他的手下开着巡弋原型车走了400米，从装配厂开到橡木大道上迪波恩旅馆对面的福特试车道。那幅景象真是奇怪，整部车都用暗绿色的布篷罩起来，只在挡风玻璃上开了个口，让驾驶人看得到路，其他甚至连轮圈盖都遮起来了。车子一开到弯弯曲曲的砖墙后面，立刻就拿掉布篷，等着利斯亲自来鉴赏。

他打开引擎盖，望着里面巨大无比的引擎，6 000CC的庞然怪物。这是量产车当中数一数二的超大V8型引擎，不论加油、点火、加速都展现出无比的威力，足以震得你倒向坐椅，毕竟，加速的真正乐趣就在这里。引擎活门盖和废气排管，也都照利斯的指示镀上了铬，一切的一切都是为了使这部车更加特别。

利斯一屁股坐上了车，握紧深盘式方向盘猛加油门。车子沿着试车道冲出去，时速加到80公里，10秒钟就走了297米。他开着车子走过模拟铁轨，经过碎石子路面，再走到湿软的路肩，车子爬上32度的斜坡，引擎声听不出一点改变。

原型车又做了更多的修改，有些是心甘情愿的，有些不是。福特二世试车的时候，发现他不喜欢方向盘的触感。车子里里外外利斯当然都重新设计过，包括方向盘在内，他改变公司典型的平顺易握的方向盘握把，换成放射状的横杆，结果福特二世要他把那些横杆改掉。

到10月初，成果总验收的日子到了。利斯说服福特二世投入一个大赌注，为1957年度的水星新车款投资5亿多美元进行开发、设计、生产和行销。公司还在加州增设一家大型装配厂，提高水星在西岸的产量，新泽西州圣路易和梅塔镇的水星装配厂，也花费一千多万美元改善设备。位于芝加哥的一家新模压厂，也加入支援行列，另外密歇根州的韦恩市也在赶建一家新工厂，准备生产水星旅行车。

10月3日星期三，利斯带着两个主要的干部前往迈阿密。他的行程排得满满的：星期四他要监督发布会完整的正式彩排，亲自把所有的展示车再检查一遍，和迈阿密的经销商碰面，还跟乔治·摩尔约好打高尔夫球。摩尔和咪咪夫妻两个，是从华盛顿飞到迈阿密。玛克辛要等到正式发布会之前，再跟其他的主管夫人一起来。

声势浩大

这场发布会一共有五千多名经销商、记者、公司主管及其夫人共襄盛举。正式的发布会必须举行两次，因为会场只能容纳2 500人。为了这场盛会，迈阿密的23家饭店和15家汽车旅馆，客房全被水星部门预订了。10月6日星期六，发布会正式上场，早上九点半在迪纳奇体育馆以一场表演揭开序幕。经销商陆续进入会场时，25人的管弦乐团正演奏着百老汇曲目，到了表演时间，灯光慢慢暗下来，乐团演奏也一变成为高昂的序曲，合唱团则展开时事讽刺剧《好戏开锣》。

当时正逢史蒂文生和艾森豪威尔总统的总统大选，双方都在竞争全国各大媒体的头版地位，因此何不演一出政党提名大会的政治笑闹剧，剧名就叫《水星——人民的选择！》会场上挂满了美国48州的州旗，短剧请来50位百老汇演员和一支长腿美女的歌舞团助阵，还有48位大学生举着48州的名牌。留着短髭的喜剧演员杰瑞·柯隆纳饰演一位候选人，而米瑞德休、美空云雀和运动家等合唱团，则在剧中串场演唱竞选歌曲。利斯的手下甚至还花钱租了一头大象和一头驴子加入演出，可是大象没有受过训练，只好又送回动物园。整出戏码完全是老套的笑闹剧，如果是麦克纳马拉，恐怕避之唯恐不及，但是经销商却是个个乐在其中。

会场上没有空调，炽热难当，观众个个挥汗如雨，歌舞剧又没完没了，大家愈来愈坐不住了。好不容易短剧终于落幕，布里奇、克罗素和班森·福特相继上台致简短的欢迎词。

布里奇对汗流浃背的观众说："今天是个充满热劲的日子，而且还不止一个方面。各位马上要看到的这批新车，是经销商见识过的最热门的车子。我相信，这批水星新车一定会改写汽车历史。"

四段展示新车性能的影片，投影在巨大的银幕上，一次同时放映两段片子，一辆一辆手工打造、簇新的展示车陆续开上 80 米宽的舞台。一款款的新车停放在三个转台上做 360 度旋转，让经销商可以看清楚每一个角度。在后台的利斯来来回回走个不停，倒像是等在医院产房外面的紧张的父亲。最后终于轮到他上台了，经销商响起一阵热烈的掌声。

他说："这批水星新车开启了汽车的崭新观念，大胆的创新造型、许许多多的技术突破，未来的汽车面貌必然会大受影响。这些新车是特地为美国的驾驶人精心设计的，不论在高速公路或干道上、崎岖的乡间小径或是市区街道，都能享受到前所未有的舒适、安全和性能，是汽车工业史上最全面的车款创新设计。"

目空一切

大会一开始，迈阿密大学的鼓号乐队进入场内，在地中海式的看台前面排成一个 M 字形，代表利斯的"大 M"。头顶上一架螺旋桨飞机翱翔在晴空中，那是米尔斯的贺礼，机尾拖着长长的彩带，写着"水星加油！林肯部门敬贺"。接着是历年来的水星车系沿着平坦的泥土跑道缓缓游行，以第一部问世的 1939 年度水星为首，后面跟着每一个年度的车种。另外还有一部别克、奥斯摩比和庞帝克也开进会场，车上贴着"结束营业大拍卖"的海报。

最后上场的是利斯的1957年度水星车系，超级豪华的大道巡弋进场时，乐队的伴奏也达到最高潮。大道巡弋定价3 758美元，比阳春型的福特贵了1 600美元，也比水星蒙特利多了1 100美元左右。车子后车窗摇了下来，奔驰在跑道上，经销商爆出一片欢呼。水星部门的罗伯特·奈道尔回忆说："他们就像一群高中生在看足球比赛，看到自己的队伍得分获胜，兴奋得不得了，车子沿着跑道开过去的时候，他们拼命挥手欢呼。"

表演结束后，新车都停放在棕榈树下，让经销商看个仔细。利斯穿着衬衫，戴着圆形太阳眼镜，兴奋之情溢于言表。经销商把他团团围住，大家都等着跟他握手道贺，或是拍拍肩膀给他鼓励。经销商对于新车的反应非常重要，他们负责下订单，在这个关键时刻，利斯的成败都操在他们手里。行销部门派了五个人混在人群中，每个人身上都藏着隐藏式录音机，非正式地探访经销商的反应，结果没有几个人对新车有所批评。

一位经销商说："水星一直告诉我们说会有像这样的新车，都讲了五年了，可是我从来没想到你们真的做得到。看着这些新车，我的眼睛都舍不得移开。哇，我要靠这批车子发财啰。"

另外一位经销商也附和着说："利斯，如果这些我们还卖不好，那我们什么也卖不出去了。"

甚至连大道巡弋通气口上长着的一对怪角——就是布里奇下令要拿掉的那两支天线——经销商也是夸赞有加。一位经销商笑着说："看起来很现代，像是雷达什么的。"另外一个人也开玩笑说："有霸克罗杰的影子，不过我觉得很不错，很时髦，而且别的车子都没有，因此我很喜欢。"

利斯开心得合不拢嘴，他们不只是在夸赞那部车，他们是在夸赞他本人。大道巡弋就是他的性格，他的雄心壮志。这样一部车，一条街外就可以认得出来了——就像第蒙市的小孩子在夏天午后最喜欢玩的游戏。

的确，这是一场大胜利。《底特律新闻》在头版大幅报道水星新车的发布会，篇幅甚至超过艾森豪威尔总统反对史蒂文生提议禁止原子弹试爆的新闻。虽然那天下午扬基棒球场在打世界职业棒球锦标赛，唐·拉森的完美投球压得布鲁克林道奇队无计可施，但是所有经销商的注意力都放在利斯和他的新车上面。大家认为几乎不可能的事情，他做到了。他身边的人一再要求给他们多一点时间，多一点时间做开发、多一点时间做设计、多一点时间招募更多的经销商、多一点时间准备生产设备，一切都需要多一点时间。他逼着大家、带着大家拼命向前冲，而现在他只要坐等收成，他已经清楚地看到成功就在眼前。这真是了不起的一年，在利斯眼中，也许没有任何一个人像他一样，在这么短的时间内达到这么大的成就，甚至连老福特二世也比不上他，通用的斯隆当然更别提了。

第19章

桑顿新纪元

告诉我我错了。

——查尔斯·桑顿

50年代的美国，社会的两大特征是“富足”与“焦虑”。在这以前，美国人从没享受过这么普遍的繁荣，也从来没有时时刻刻笼罩在核武器毁灭的阴影下。防空演习迫使学校里的小学生躲到桌子底下，辐射尘防护罩成为郊区房子的最新配备。

就在这两大时代特征中，利斯为富足的社会创造了梦想之船，而“德州佬”桑顿则是生产一些冷战冲突不可或缺的产品。这不是桑顿第一次从军事冲突中升官发财了，他在大战时期的华府崭露头角，挟第二次世界大战的资历而进入福特公司，又因为朝鲜战争使他在休斯飞机公司飞黄腾达。1953 年底的几个月，在他努力为自己的公司筹钱之际，他个人的事业再一次因为美国和苏联冷酷的军备竞赛，而柳暗花明。

寻找投资

桑顿斩断与霍华德·休斯的关系之后，找上休斯飞机公司的一个小供应商，他认为这应该是个成功的退路。这家小公司位于加州，负责人是个工程师，名叫查尔斯·利顿，他所供应的产品，是保卫美国防范核攻击的战斗喷射机里面一个不可或缺的零件。这个秘密产品是个磁控管，作用是导引战斗机的导弹能够瞄准目标。如果桑顿买下这家公司，就可以此为基础建立一个大企业。

这位一时失业的主管，只要有一笔钱就可以东山再起，偏偏他缺的就是钱。如果他找两个休斯的同事艾许和贾密森一起合伙，也许可以凑个 75 000 美元的现金，如果变卖老婆的珠宝首饰，再加上他们的房子和一些投资，也许可以凑到 20 万美元，这个数目距离利顿开价的 100 万美元实在差了一大截。

在一个偶然的机会里，桑顿结识了约瑟夫·肯尼迪；在那个年头，只要有胜算的生意，肯尼迪似乎随时都愿意出钱，而他手上的确也有大笔大笔的资金。桑顿本来并不认识肯尼迪，不过肯尼迪对这笔生意深感兴趣，就与桑顿展开了谈判。问题是，肯尼迪满心希望他的儿子能够替他一圆政治梦，往政坛上发展，因此他要桑顿不要接政府合约。

桑顿回答他："可是我就是得从政府合约起家，我不懂你的意思。"

肯尼迪告诉他："我有我的原因，国防工作会有很多问题，我就是不希望把事情搞得太复杂。”

后来肯尼迪提出他的条件，桑顿的公司他要百分之百的控制权，双方的谈判就告吹了。桑顿在福特公司和休斯飞机公司已经学到了不再为别人工作，他必须自己做老板，如果他不能掌控全局，那样的交易他宁可不要。

因此桑顿在华尔街气派豪华的办公室之间寻寻觅觅，被那些有财有势的投资者们当做一个粗鲁无礼的企业家，目标太大、要求太多。在 50 年代初期，华尔街是一个绅士银行家所组成的特权圈子，他们募集资金主要不是做金融投机，而是投资于美国工商业，投资策略谨慎而保守，通常只考虑自己的利益。

在这样的气氛中，来了一个桑顿，他公开宣称可以在五年之内把营业额 300 万美元、员工 250 名的利顿工业公司，扩大成为一亿美元的大企业。如果这还不够呛人，他还有一个条件，就是他坚持他和他的管理阶层必须拥有公司 60% 到 70% 的股份——可是他们自己并不准备投资一毛钱。

若不是桑顿在休斯飞机公司的成功闻名遐迩，加上他和罗维特的关系，他一定会被看成一个眼高手低的投机分子。当时罗维特是布朗兄弟哈瑞曼公司的投资银行家，桑顿凭着他的资历和背景，和艾许两个人从艾伦公司这些小规模的投资银行，到克拉克道奇、雷曼兄弟等知名的大公司，都一一拜访。艾伦公司负责人查尔斯·艾伦，听到桑顿坚持要拥有公司的控制权，几乎忍不住发笑，不想再跟他们两个多谈。他告诉桑顿：“我敢保证，你绝不可能拿到 50% 以上的股权。”

桑顿在别的地方也听到同样的回答，艾许回忆说：“没有人肯给我们 60% 到 70% 的公司股份。我们坚持这个要求，理由是我们能够提供的不只是管理而已，而是一种特别的管理方式，尤其这种管理方式已经证明可以达到不可思议的成绩。我们的专业，跟一笔有胜算的交易所需要的资金同样重要，我们这份贡献应该算进去。”

曙光乍现

最后，桑顿碰到了雷曼兄弟公司的托马斯，托马斯也是德州人，目前是雷曼公司第三代负责人罗伯特·雷曼的左右手。桑顿一年前认识他，彼此一见如故，当时桑顿想筹措3 000万美元的贷款，准备买下休斯飞机公司，此后托马斯对于桑顿的事业发展一直非常关注。除此之外，雷曼和托马斯也跟桑顿一样，对于先进科技的综合企业无比热衷。

雷曼公司有些人抱着怀疑的态度，桑顿夸下的海口真能兑现吗？公司主要的合伙人保罗·马助尔就认为，桑顿声称能够达到一亿美元的营运目标，但是能不能达到1/10都成问题，他要求150万美元的融资，到时候雷曼公司的投资人恐怕都会被套牢。毕竟，一个只有300万营业额的小小公司，在新兴的电子业界如何去跟休斯、通用电气和RCA这些大企业竞争呢？

对于这些问题，桑顿当然胸有成竹。他的说法是，先进的电子科技还是一个发展中的新领域，成功的关键不在于规模和资金，更重要的是人才。电子业的竞争，基本上就是人才之争，他说，很多顶尖的科学家和工程师，宁可选择小公司密切合作的工作环境。有艾许做财务总管，贾密森做执行工程师，他就组成了管理铁三角，拥有成功的基础。

那是1953年的10月、11月间，谈判进展迅速，桑顿大部分的时间都在赶夜班飞机，奔波于东西两岸之间。为了使谈判更加顺利，他把格伦·麦克丹尼尔找来帮忙，麦克丹尼尔在华尔街当律师，桑顿还在休斯飞机公司的时候就认识他了。利顿和桑顿签下合约，授予桑顿收购利顿工业公司的顶让权，之后麦克丹尼尔就草拟了公司章程和法规。到这个时候麦克丹尼尔才发现，桑顿连公司名字都还没决定。

“你想把公司叫做什么名字？”

（上图）1957 年，桑顿迅速成长的利顿工业公司在纽约证券交易所上市，桑顿和纽约交易所主席基斯 · 范斯顿交谈甚欢。

（下图）桑顿在纽约证券交易所里，和证交所主席范斯顿一起看第一张从行情自动指示器印出来的利顿工业公司股价，另一位不知名人士是负责这只股票的场内专家。

桑顿回答他："说真的，我不知道。"

麦克丹尼尔建议说："就叫桑顿工业公司怎么样？"

桑顿对这个名字没有多大兴趣，他深信公司如果要成功，一大关键就是要能够吸引优秀的管理人才。他认为，如果公司挂上个人的名字，完全不符合他的信念。主张平民主义的桑顿，的确是坚守着从群体角度看待人事的习惯。

他们参考现有的电子和科技公司，想了一长串的名字，最后决定采用"电子动力公司"。这个名字有点拗口，但是桑顿很喜欢，因为一听就知道是一家科技公司。于是，在 1953 年 10 月 2 日，桑顿花了 1 000 美元的手续费，正式登记成立"电子动力公司"，也就是他辞职离开休斯的第二天。电子动力公司现在只不过是一个空壳，等着收购利顿的企业之后才算是真的诞生。

谈判高手

他和雷曼公司原本顺利的谈判，开始走下坡路，尤其是雷曼的合伙人发现桑顿收购利顿工业公司的顶让权，有效期限只剩两个月。如果把谈判拖到逼近选择权失效的日子，就可能迫使桑顿做更大的让步，他们可以保留更大的股份——至少他们是打着这样的算盘。麦丹尔回忆说："突然之间，所有的事情都碰到困难，问题愈来愈多，随着合约期限愈来愈近，谈判也愈来愈困难。而且谈判一直拖下去，我们也没有时间再找其他的投资渠道了。"

桑顿逐渐失去耐性，他决定把谈判暂停，飞回加州再找利顿谈一谈。利顿也有他自己的困扰，他和桑顿的合约眼看就快到期，纽约的国际电话电报公司（ITT）不断向他施加压力，因为对方也有意收购利顿工业公司。

艾许回忆说："交易眼看就要吹了，桑顿回头去找利顿，重新说服他。桑顿说得他回心转意，因为那就是他的作风，他会让人相信他的决心、计划、目标和动机。他把重点都集中在未来，让人跳开日常的世俗琐事，强迫别人展望未来的远景。"

桑顿告诉利顿："在我们手里，你的公司会发展成一个大企业，你所有的员工都会有很好的待遇，很多人还会变成百万富翁。如果在ITT，你就只是巨轮中的一个小齿轮而已。"

桑顿不只让利顿打消把公司卖给ITT的念头，而且还说服他修改合约，同意让他以分期付款的方式买下利顿，这样利顿出售公司的税金，有一部分也可以延后缴纳。如此一来，桑顿只需要30万美元的头款就可以买下利顿企业，而不是他跟雷曼公司所谈的150万。接下来桑顿匆匆赶去找美国信托公司总裁雷森·库克，看到利顿工业公司的现金收入，库克同意贷款30万美元给桑顿。

这些细节都打点妥当之后，桑顿终于飞回纽约跟雷曼公司进行最后的谈判。双方一出现歧见，他就把雷曼的律师请到另外一个房间。

他说："各位，如果我们条件谈不拢，我只好另外找别人，反正我已经行使过顶让权了。"这着棋下得高明，生意成交了。桑顿和他的合伙人没有拿出一毛钱，却保留了完完整整的经营管理权。对于桑顿来说，他决定性的一举在于为管理阶层争取到将近80%的股份，而不只是60%到70%。雷曼公司通过私人募集的方式筹措资金，出售桑顿公司的52个单位，每单位价格是29 200美元现金，包括可转换债券和股票的组合。

12月的一天晚上，天气清冷，星空灿烂，桑顿走出坐落在威廉街一号、意大利文艺复兴风格的雷曼公司大楼，身上带着他这辈子见过的最大一张支票：150万美元。他的律师麦克丹尼尔陪着他穿过华尔街狭长的巷道，走到两条街外的花旗银行，他们已经事先约好要把支票存进去。事情办妥之后他们跳上一辆计程车，直奔长庆餐厅，桑顿叫了一份洋葱炖猪肝，好好庆祝了一下。

再起炉灶

现在，他终于拥有自己的公司，以及他的自由。桑顿从来就无意直接管理利顿的企业，他的计划是以利顿工业公司为基础，利用公司带来的现金收入扩展其他科技领域，而且，公司原本已有一批优秀的管理人才。因此桑顿相信，“电子动力公司”的总部没有必要设在旧金山，那么接近圣卡罗的利顿工业公司。最初他是在洛杉矶蒙大拿街上租了一个车库做办公室，他们对未来的计划就是在这里诞生的。到 1954 年初，他把公司迁到比弗利山庄山脚路的一家缝纫机工厂，占地 2 000 坪，紧邻工厂的是公有垃圾掩埋场和焚化炉，只有街头的一家面包店会传来比较好闻的气味。

麦克丹尼尔是头一批加入桑顿新公司的元老之一，没有几个月他就接到通用动力公司总裁的电话，抗议他们使用“电子动力”这个名称。他说通用动力在新泽西州有一个三十多年历史的分支机构，专门生产电动马达，虽然知道的人并不多，但是名字就叫做电子动力。他打电话给桑顿，告诉他这件事情，说：“你知道吗，英国政府最近才公布一项调查结果，比较全球各国生产的磁控管，结论是利顿的磁控管品质最好。我想，我们不可能再找到比利顿更理想的名字。”桑顿赶紧回去找利顿，付给他一小笔费用，让他同意公司沿用旧有的名字。1954 年 8 月 16 日，电子动力有限公司就变成了利顿工业股份有限公司。

不过更重要的是，桑顿采取他一贯的策略，集合了一批顶尖的经理人、工程师和科学家。他再一次动用过去的关系，从统计管制处、福特公司和休斯飞机公司的老同事当中网罗了一群年轻优秀的人才。他把梅斯找来做副总裁，想当年他们两个在哈佛商学院院长杜南的办公室头一次见面时，梅斯还是个年轻的讲师。麦克丹尼尔出任公司的法律顾问。桑顿还把北美航空的福特二世·辛格顿博士挖了过来，辛格顿才华横溢，本来是麻省理工学院的教授，桑顿是在休斯飞机公司的时候认识他的。艾许在哈佛商学院培训班的同期同学摩尔·柯兹美茨基，也放弃了休斯飞机公司的助理审计主任职位，投效利顿工业公司。灰狗巴士的主管哈瑞·葛瑞，也是个聪明绝顶的人，他是后期才加入利顿的管理核心的。

而在这所有人之上，桑顿是一致公认的大老板。艾许和贾密森都对他非常敬重，因为是他带头跟利顿和雷曼公司谈成了交易，他们才有今天的机会，尤其是桑顿并不因为这层关系而自命不凡。如果说桑顿笑容可掬、讲话慢条斯理，像一个热情洋溢的推销员，那么头发微秃的艾许就是他另一个自我。艾许个性沉着理性，对于有关数字和财务的一切事情，简直就是麦克纳马拉的翻版。桑顿常常跟朋友说，他一生中只认识两个天才，一个是麦克纳马拉，另外一个就是艾许。虽然他无缘跟麦克纳马拉共事，但艾许可不只是一个能干的替身而已。

他们三个人组成的核心圈子通常聚在工厂一角的桑顿办公室里，听他提出各种点子，关于组织或产品或购并的种种构想，一边还写在三尺宽的海报纸上。梅斯回忆说：“我们并没有策略计划，所有的计划都在他一个人的脑袋里，他把构想说出来，然后我们才针对他的构想提出意见。他是一个梦想家，有满脑的点子，他如果想出一个观念，就能说出一大堆有力的理由来支持它。”

对于这个核心圈子，桑顿很鼓励他们提出不同的意见。他说，他反对委员会式的管理方式，他认为集体领导只会保护那些没有能力的主管，让他们不必承担风险。他说：“以前我有一个老板做错了决定，我坦白地指出来，结果他说，他是根据属下对于他的错误决定是否照样服从，来考验他们的忠心与否。至于我对于属下的忠心与否，是看他们能不能坦诚指出我的错误。”

此外，他也要看他们投入多少心力和时间为他的梦想而努力。《财富》杂志对于这三人行曾有这样的描述：“他们都超时工作，个性合群，他们的梦想是一种理性的梦想，而且他们都希望赚大钱。”的确，公司刚起步的时候桑顿就警告过其他合伙人，他们的脚步会非常非常的快。他问他们：“你们以为你们知道什么叫工作是不是？你们以为你们都很清楚一天工作十几个小时、全力冲刺是什么样子是不是？我告诉你们，你们还没有见识到真正的工作呢。大伙要有心理准备，我们现在要尽快上轨道，要打一场和平时期的战争。”

起飞

桑顿和艾许同在休斯的时候，就是很亲密的工作伙伴，现在他们更是一起筑梦，畅谈利顿工业公司未来的发展，一聊就是几个小时。艾许还记得：“我们想得到的目标，是无穷无限的，那时候我们都太自以为是，敢夸口说没有任何事情能够难得倒我们。”

利顿工业公司是拓展事业的绝佳基础，又遇上美国国防经费急剧扩张的大好时机。面对着共产主义这个可怕的敌人，艾森豪威尔总统任内的政府总预算，一半以上都用在国防，利顿工业公司正好占尽天时人和之利。利顿工业公司的营业额是 300 万美元，税前盈余 120 万美元，但是税后盈余只剩下 10 万美元左右。桑顿在经营上的挑战，就是要想办法把查尔斯·利顿每年缴回政府的利润能够保留下来。

他们以五项研发计划做赌注，希望其中如果有一两项产品能研发成功，他们就能回本赚钱了。因此桑顿需要课税的部分利润投入研发工作，以磁控管的生产为中心，扩大为电子零部件业务，由葛瑞负责主持；另外柯兹美茨基主导国防电脑的研发专案，辛格顿则是带领六个科学家和工程师进行惯性制导装置的研发，这个导向装置应用于航空系统中，也是冷战焦虑下出现的另一个战争玩具。

辛格顿在北美航空的时候，已经参与这样的研究，而以他们在休斯的经验，他们也很清楚这个制导装置对军方的重要性。靠着这样的装置，导弹可以“无声”地接近目标，不需要依靠定向雷达系统的辐射信号，也就不会泄漏自己的位置。辛格顿的研究小组必须做到三项革命性的要求：第一，制导装置必须突破雷达的限制，完全不需与地面指挥中心联络；第二体积要小；第三重量要轻。

后来他开始采用一个新技术，当时全球的惯性导航权威道格拉斯·吉瑞普，却认为他的技术根本不正确，使得研究工作出现争议，不过辛格顿坚持他的方法没有错。艾许回想当时的情况说：“我们没有多少成果可以证明辛格顿的研究值得投下几百万美元，到了这样的地步，大家都很担心。”1958 年的一次董事会议上，唯一具有科技背景的董事贾密森主张结束这项计划，不要再拨款，但是桑顿和艾许坚持让辛格顿继续他的研究专案。董事会投票之后不久，桑顿争取到国防部的一笔研发合约，金额超过 100 万美元，合约内容是利顿工业公司必须在一年之内把辛格顿的理论落实成为可行的产品。（后来利顿工业公司如期交货，产品也发挥了功能，更因为他们的装置应用完全不同的技术，使利顿工业遥遥领先所有可能的竞争对手。）

梅斯还记得，当时他和辛格顿的研究小组一起跟国防部洽谈这笔生意。星期一一大早，他三步并作两步跑到桑顿的办公室告诉他这个好消息。他说：“我们是搭夜班飞机从华盛顿赶回来的，大家已经三天没睡觉了，每个人都睡眼惺忪，胡子也没刮，真的是累垮了。桑顿当然是很高兴，可是我们起身准备要离开的时候，桑顿却突如其来地把我们拦下来，口气很不客气。桑顿问我：‘梅斯，你要上哪儿去？’我很客气地提醒他说我们大家都还没有吃早饭，我们也需要冲个热水澡、补上 24 个小时的觉，还要回家看看老婆孩子还记不记得我们。桑顿瞪着我，好像我神志不清似的，他责备我说：‘这是什么节骨眼了，你竟然想休一天假？我们现在就该开始动手干活了！这个东西还没有人做出来过，而我们只有一年的时间。’我想，有几秒钟的时间我们都很痛恨桑顿这种干劲。可是像他这样的人，你不可能恨他很久的，因为你立刻就会想到，他对自己的要求还要比这严格两倍。”

兼并奇才

除了投下大笔经费进行重要领域的研发工作之外，桑顿也立刻展开一连串的兼并行动，他锁定的对象，都是一些生产印刷电路、变压器、伺服器，或是在电脑方面拥有关键性专利权的名不见经传的小型公司。1954 年他兼并两家公司，1955 年三家，1956 年两家，1957 年又有三家。这十笔生意都是桑顿一个人谈成的，而且过程顺利，往往是握个手就敲定了。第一次的兼并对象是个濒临倒闭的小规模企业，负责人是桑顿在陆军航空队时代的一个朋友。那家企业包括三家生产电阻器的小公司，生意做得不好，眼看就得关门大吉了。桑顿的朋友不希望走上还不起债务的丢脸下场，所以以 163 美元的总价把三家公司顶让给桑顿，当然还包括公司的负债。

从一开始桑顿就认定利顿工业公司必须快速成长，必须抢在其他大公司能够进军明日市场以前快速茁壮地成长起来。桑顿向利顿股东提出的第一份年度报告——在那个时候，利顿的股东只不过是一群自己人而已——就指出他的目标是要使利顿工业成为“军事、工业和商业电子领域的一大公司”。他准备采取的方法就是兼并，他没有时间去慢慢熟悉新产业、培养人力资源，然后拓展市场，兼并是在最短时间内达到目标的一条捷径。在他看来，兼并对利顿的意义不在于多一两家公司，更重要的是争取时间、市场、产品、工厂，以及研究和业务人才。

桑顿正在创造一个企业新典范，他买下一家又一家的公司，使得原本规模并不算大的利顿工业公司成功地发展成一个大集团。在公司刚起步的那些年，桑顿兼并的对象都是他认为能够融入整体的公司。葛瑞回忆说："我们所有的业务都有一个共同点，就是高科技。"有朝一日，兼并的策略会被新一代的企业谋士奉为万灵丹。

桑顿一举接收了利顿的厂房和员工，而在另外一笔收购交易中，他为利顿网罗了一位电脑天才摩尔·斯蒂尔。斯蒂尔自己开了一家小公司叫"数字化控制"，可是他已经厌倦老板的角色，非常希望重回实验室。斯蒂尔是个十足的怪人，他可以整晚在海边散步，一连三天不上班，但是他对电脑的未来看得清清楚楚，他还发明了好几项产品，为利顿工业公司赢得军方的重大合约。

这些收购行动，也反映出桑顿自己不断向上爬的野心，他整个人都投入工作，正如利斯在福特公司的情况。不过对于桑顿，他要证明的似乎更多，不只是对他自己，还要做给亨利·福特二世和霍华德·休斯看。从小他母亲就不断告诉他，他是一个特别的人，他有能力做好大事业，而他也下定决心要证明自己，他变成为成长而追求成长。早年在利顿的一个同事克洛斯比·凯利回忆说："那个时候，桑顿因为公司的规模太小而觉得非常挫折，就好像一个指挥手上拿着八十人大乐团的完整乐谱，却只有七八个音乐家在为他演奏。"

桑顿一谈到利顿工业公司，就像天文学家梦想着发现新银河系一样狂热。他说，利顿一定要变成大公司，因为"唯有大公司才有能力把美国带入科技的新纪元，如果我们要进步，明天、后天和未来就必须不同于今天，不同于昨天”。

不到四年的时间，利顿工业公司的营业额就逼近一亿美元，桑顿的成就即将赢得华尔街和金融媒体的盛赞。1958 年初《财富》杂志刊登一篇报道，对利顿大表肯定，标题是“利顿飞天摘月”。文中指出，利顿工业公司内部享有奖励股的一百多位高层主管，平均年龄还不到 37 岁。报道的记者问道：“企业应该鼓励新生代的参与，这是当然的，不过平均 37 岁，岂不是太过分了点？”

以小搏大

长久以来一直屈居在福特、休斯这些人阴影中的桑顿，现在可以尽情享受他的每一个角色、每一项挑战了，他的事业超越了他们的计划，甚至超越了他自己的预定目标。艾许、贾密森和梅斯有时觉得，他逼得太紧、冲得太快了。1958 年初，桑顿买下蒙洛计算机械公司，那是公司成立以来最大的一笔收购行动。那是蒙洛家族的企业，专门生产机械式计算机，但是不懂得应用电子科技把产品升级，只能在原地踏步，如今他们打算拍卖。

桑顿邀请蒙洛家人到西岸去，由他、艾许、贾密森和梅斯分头各招待一个人，用三五天的时间，告诉他们利顿对蒙洛的未来有些什么伟大的计划，把他们各个击破。桑顿的风采很快就赢得了蒙洛家人的好感，他说蒙洛计算机是一个设计精密而复杂的杰作，是蒙洛家族之光，如果再加上利顿的电子技术，一定能够让蒙洛的名字流传几十年。等到吃喝游览结束的时候，生意也成交了——而且捡了个大便宜！

桑顿以市价 1 700 万美元，但是面额总共只有 140 万的利顿股票，吞下了净值保守估计将近 1 600 万的大企业。蒙洛一年的利润就高达 200 万，营业额几乎是利顿工业公司的两倍。这笔交易使得利顿 1958 年的收入提高到

8 300 万，一年以前还只有 2 800 万。虽然蒙洛在营运上出了一点问题，这次购并仍然是以小吃大的一个典型例子。

蒙洛这笔交易，也点出利顿未来的发展方向，这是桑顿第一次真正有规模的收购行动，支付的不是现金而是利顿的股票，而且跟他一向努力拓展的军事电子业务没有什么关联。对于其他有心兼并的企业家，这个例子显示更大的交易都是可能的。事实上，市场的确愿意让小公司吃下大公司。

不过这笔生意也让人开始质疑，利顿工业公司是否偏离了尖端电子科技的大方向。桑顿买下这么一个无趣的机械式计算机制造商要做什么呢？有些人认为这次的收购纯粹是投机，只是为了扩大企业规模，快速获得成长、利润和市场。桑顿当时表示："有些人打电话来说：'我们还以为你们是做电子的，你们怎么会跟一个办公室机械公司扯上关系？'我很想回答他们：'不然你以为电子是什么东西？我们又不卖一个个看不见的电子，我们卖的是产品。'"

在桑顿的观念中，利顿工业公司为这个技术突破的时代带来了电子知识，目前所有的机械式产品，以后都会被速度更快、更有效率的电子产品取代。这也成为利顿的一大策略：先决定新科技会在什么领域造成最大的影响，然后在科技进步打破业界秩序以前，买下有利的市场地位。艾许说："我们的策略就是推出你自己的新技术，在混乱的情势当中取得主导地位。一般人普遍的想法都是制造一个更好的捕鼠器，全世界都会自动找上门来。我们的做法刚好相反，重要的是先把市场买下来，然后再提供产品。"

蒙洛和利顿的合并，意义远大于两家公司的资产总和，因为双方都有特别的贡献。蒙洛带给利顿现成的市场，而利顿则是提供技术使蒙洛能够生产改良的新产品，维持领先的地位——至少桑顿是这样的看法。但是，就在桑顿买下蒙洛之后，桑顿的主管班底愈来愈觉得不安，这些年他们一直没日没夜地工作，他们担心买下了比利顿自己还大的公司以后，情况只会更加恶化。他们认为，桑顿应该多花点时间和心力好好整合利顿现有的产业，而不是再增加更多的公司。在他们看来，桑顿现在必须放慢脚步，否则利顿一定会大到完全失去控制。梅斯回忆说："我和贾密森、艾许都觉得，我们在太短的时间内买了太多的公司了。"因此这三个最资深的工作伙伴决定一起去找桑顿，劝他稍微喘息一下。

梅斯说："我想我们暂时不应该再买别的公司了。我们的业绩已经加倍了，而且最要紧的是一定得把公司好好整合起来，收购的事情先停一停吧。"

梅斯说，桑顿靠在桌子上，身体向前倾，显然不同意他三个副总裁的看法。如果不靠兼并，怎么可能在这么短的时间内达到现在的规模呢？这么管用的一个策略，他可不打算放弃。

桑顿笑着说："你们几个脑筋短路了，现在可不是放慢脚步的时候，现在才更应该加紧脚步买下更多的公司，这就是我们的目标！"

第 20 章

闺怨

控制社会科技的这群人是世界的新教士，他们的宗教是企业的成功，他们的道德考验就是成长与利润。

——约翰·肯尼斯·加尔布雷斯

“这些人都是修道士，只是把祷告的经文换成了生产线”，一位传教士对《财富》杂志的记者这样表示。“看他们工作的态度，我有时会觉得他们是要用汽车把上帝淹没。我这么说也许很奇怪，但是我自己对教会都不像他们很多人对通用汽车、福特和其他那些公司那样的牺牲奉献。”

50 年代底特律迅速爬升的主管，个个都是为工作做牛做马、牺牲奉献。如果他们觉得自己是超人，福特公司则更加强化了他们这个观念，公司给他们丰厚的待遇、认股权、气派豪华的办公室、免费的新车，而且让他们管理几千名员工。他们的家庭几乎成了公司的附属品，随时要待命参加福特的社交活动，还要全力支持工作狂式的丈夫。

鞠躬尽瘁

连他们应该住在什么地方，也要听公司的意见，绝大部分都是在布隆菲山庄的都铎式豪邸、法国式别墅或是殖民时期风格的庄园。这个高级住宅区距离市区有三四十公里，其间经过纷代尔、柏克利、洛伊橡园和伯明翰几个中层主管聚集的社区。从市中心一路到布隆菲山庄，其实就是一步步往上层社会爬的阶梯，每一个“等候区”就代表一个汽车人目前的地位，等到搬进布隆菲山庄，就是大家公认的功成名就了，就像利斯、莱特和米尔斯他们，现在都住在这个圈子。

1961年《财富》杂志下了一个结论，认为美国的汽车主管可能是全世界工作最卖力的经理人，不过大部分身受其害的主管家庭早就有这样的体认了。布隆菲山庄的一个医生说：“叫他们放慢脚步，简直就像告诉一只狗看到消火栓不可以抬起腿来一样。他们为新车出厂的最后期限赶工的时候，新车就成了上帝，这些人再也不是正常人了，他们只为那个期限而活。”

对他们的妻儿子女来说，最后的期限似乎一个又一个，永远也赶不完。非人的长时间工作、几百万几百万美元的成本、对家人无可衡量的疏忽冷落，为的往往却只是很少有人会多加注意的一些细节。有一次玛克辛的父亲到家里来玩，利斯很晚才回来，见到他岳父他解释说，为了“巡弋”的启动开关该放在哪里，他们讨论了一整天。他岳父笑他说：“我可以帮你省下很多时间和金钱，放在右边就对了。”还有一次，利斯说他的手下花了四天的时间，设法把行李箱垫子的成本减少三毛钱。玛克辛的爸爸觉得不可思议，最后利斯才解释说，三毛钱乘上一百万辆车子就是一笔可观的大数目了。

这些不胜繁琐的小细节，使底特律变成一个汽车城，心脏病发作的比例也居高不下。1953 年的《商业周刊》有一篇报导说："据说很多葬礼都排在接近中午的时间，这样亲戚朋友参加完葬礼之后可以顺便去吃午饭，而不需要离开办公室两次。在这个地方，男人还在努力遵守着一些老旧的格言，例如'困难的事我们立刻做到，不可能的事只需要多一点的时间'。"

他们在权力的金字塔上爬得愈高，距离平凡家庭的平凡生活就愈远，有些人满脑子只有汽车业的琐碎细节，连真实生活的喜怒哀乐都麻木了。结婚十年之后，利斯和玛克辛只剩下两个共同的话题：他们的孩子和福特公司。在其他方面，他们几乎形同陌路，玛克辛无法理解利斯对工作的狂热，也无法理解他对家人的疏忽。

玛克辛抱怨说："如果你是在战争时期生产军事配备，那我可以理解，可是我不懂你为什么要花这样多的时间在车子上面。你回家都这么晚，我们什么事也不能做了。"

利斯告诉她："你得要白天出门，把你想办的事情都办好，因为晚上我太累了，哪里都不想去。如果你不想做饭，那我每天吃玉米片也没有关系。你自己找人帮忙，白天出去把你想做的事都做好，可是我要待在家里。"

利斯的同事都相信，他对工作的关心远超过对家庭，如果要他在工作与家庭之间做一个选择，他可能不会有一丝一毫的迟疑。公司的经理餐厅每天晚上都供应晚餐，而利斯部门的人出现在餐厅里的机会，高得不成比例。兰迪的一个财务助理福瑞德·赛克瑞斯特回忆说："晚上八点钟你还会碰到利斯，这是他标准的生活作息，不是例外。"

有的时候，玛克辛坦白表示她很羡慕米尔斯的太太海伦，因为米尔斯不管怎么样，总是把工作时间维持在合理的范围内。

玛克辛问过利斯："你和米尔斯都做同样的工作，为什么他能六点半下班回家呢？"

米尔斯不像利斯那样，为了往上爬几乎不计一切代价。他不但乐于把职责授权给部属，同时也非常重视属下能充分发挥所长。他很少在晚上或周末加班，只有碰到关键性的期限或是真正的危机，他才会把工作带回家里；该休的假他也都会休，而且坚持部属要跟他一样。他大幅削减加班费，要求员工在上班时间内把事情做完，他说："工作整天整夜之后，效率不可能不受影响的。时间花得多没有用，重要的是要看你的脑子有没有效率。如果超过疲劳的限度，你以为你还在工作，可是你其实只会把事情愈搞愈乱，因为你已经头脑不清了。"

活寡人

在一片制造汽车的狂热当中，很多人都头脑不清——尤其是在家庭生活方面。有很多时间，利斯其实可以跟玛克辛分享他的想法和心情，但是他却把话都留在自己内心。有一天，玛克辛的母亲从俄克拉荷马州打电话来，说要找利斯。玛克辛的父母都退休了，她心里一阵着急，她觉得她爸爸或妈妈一定出了什么事了。

玛克辛问她："怎么回事？"

她妈妈一再说："没事，我只是想跟利斯讲句话。"

"可是他现在不在，你吓死我了，一定有什么事情。"

玛克辛母亲问她："你不知道吗？"

"我不知道！"

"今大他派人送了一辆新车给我当礼物，他都没告诉你吗？"

"没有，妈妈，他没告诉我。"

（上图）大多数男人的工作时间极长，经常忘了家人，但是在庆祝时，他们又快乐地聚在一起。这个团体加入福特公司十年后，在米勒位于安阿伯的家里聚会，庆祝十周年纪念，每个人应该都穿美国空军制服到场，但是，只有麦克纳马拉穿了全套的大礼服出席。
（下图）十杰和妻子在十周年庆祝会上合影。

“哦，这边的经销商通知我们说我们有一辆新车，叫我们去领回来。”

玛克辛这才想起，两三天前她无意间提到她母亲那辆破旧的老爷车，到现在还在开。他们并没有多谈，但是利斯显然记住了这件事，还想到送他岳母一辆新的水星。偶尔他就会做出这样体贴的事情，使得玛克辛更没办法责备他疏忽了家人。后来她问利斯决定送车怎么没告诉她一声，他的回答只是：“哦，我想让他们惊喜一下，而且老实说，我根本没想到要告诉你。”

丈夫不在身边，这些太太就彼此照应。她们都经历过第二次世界大战，准备重建新的生活，在底特律都是人生地不熟，而且所嫁的丈夫都在福特公司工作。这些共同点拉近了她们的距离，慢慢建立起浓厚的友谊，大家常会聚在一起打打扑克牌、玩玩比手画脚的游戏。玛克辛还记得：“我们大部分都在谈我们的生活，谈别人对我们的期望。我们的生活方式跟以前比起来，愈来愈奇特了，而且大家期望我们扮演一个支持者的角色，好让我们的丈夫没有任何后顾之忧，全心全力投入工作。”

随着这些人达到更大的成就、更高的地位，太太的角色也愈来愈难做。她们必须给她们的主管丈夫更大的支持，而一个称职的企业主管夫人，也要遵守一定的游戏规则。诚如《组织人》的作者威廉·怀特在书中所说，对于50年代训练有素的好太太，这些规范应该变成第二天性。

○ 勿与闺中密友飞短流长，尤其是丈夫在同一部门上班的人。

○ 不可邀请上司，应由上司采取主动。

○ 除非迫不得已，否则不可出现在办公室。

○ 对于你丈夫在升迁之路上可能超越的同事，勿与他们的妻子太过亲密。

○ 对公司的任何人都不可留下不好的印象，也许有一天……

○ 要懂得装扮，主管的成功与妻子的容貌有非常密切的关联。

○ 要经常与你丈夫的秘书通通电话、聊聊天。

○ 切勿——谨记，谨记——切勿在公司聚会中喝醉。这可能会留下不良记录。

在社交场合上，有些福特公司的太太们在拍照以前，一定要把手上的烟熄掉，桌上的鸡尾酒也一定要藏到椅子后面去，不愿意这些东西出现在镜头上。新车发布会、商展中的汽车促销活动、经销商的聚会，都有数不尽的社交义务，欢迎茶会、鸡尾酒会、午宴、盛大的晚宴，使这些组织人的贤内助应接不暇。

很多时候，这些部门主管跟经销商谈着正事，他们的妻子就得负责招待其他的夫人小姐，带她们去看服装表演、吃午饭、逛街。有时候利斯会打电话给玛克辛说："我今天晚上需要一个太太。"这就代表又一次的生意上的应酬，每个人都在聊车子、公司和竞争。聚会中会碰面的客人，利斯会先把照片带回家，玛克辛就得坐下来把每个人的面孔和姓名背起来。这方面米尔斯完全仰仗海伦的好记性，她很容易就能把每个人跟名字对上号，在社交场合上轻声提醒她丈夫那些经销商和生意上的朋友姓甚名谁，为米尔斯避免了很多尴尬的场面。

对有些太太来说，这些送往迎来带给她们的焦虑，不亚于她们的主管丈夫在委员会上作报告的紧张。企业主管的夫人最害怕的是做了什么可能令她丈夫没面子的事情，影响了他的升官机会。在迈阿密的水星新车发布会上，玛克辛一袭灰色的蓬裙礼服，裙摆上还饰有马鬃，她走过鸡尾酒长桌的时候，不小心碰翻了四杯酒，有两杯刚好洒在克罗素身上，虽然克罗素笑着说没关系，玛克辛却是吓得说不出话来。

避开底特律的舞台中心，躲到安阿伯市去住的玛姬·麦克纳马拉，大概是最离经叛道的福特主管夫人了。她不像许许多多的企业主管夫人一样打高尔夫，或是参加一些没什么匡正社会意义的妇女组织和俱乐部。汽车人太太每星期都会光顾的布隆菲中心十四球道的保龄球馆，她也从不去露面。其他的贵妇人都定期在这里聚会，个个争奇斗艳，比发型、比名牌服饰，顺便打打球、喝杯可乐，有说有笑。其他福特主管夫人对来访的太太小姐，总是招待她们看服装表演，玛姬却是带客人到密歇根大学去看物理系上的回旋加速器，一种使原子核分裂的大型装置。她还加入底特律的联合国组织以及“妇女选民联盟”，对三个孩子玛格丽特、凯瑟琳和克瑞格更是宠爱有加，在一个几乎没有家庭存在的地方，建立起她的家庭。

推动成功的手

麦克纳马拉在许多方面，也是跟他的子女形同陌路。他总是早出晚归，开车到迪波恩有一段路，往往天还没大亮他就出门，下班回到家天已经黑了。多年以后他的儿子克瑞格告诉一位访问者说：“我父亲从来没有跟我们分享过他真正的生活。”

米勒的太太法兰真正属于自己的时间，是她参加唯一一个团体“安阿伯周一俱乐部”的时候。周一俱乐部约有20名家庭主妇参加，每星期一轮流在各人家里聚会，聊一聊佣人的问题、丈夫的问题，或是打打桥牌。除此之外，法兰的生活几乎完全都是绕着米勒和肯尼斯、小安这两个孩子打转。米勒难得有几个晚上不从公文包里拿出公文来看的，他女儿小安把这个无所不在的手提箱叫做“爸爸的皮包”。米勒说：“做太太的被忽略了，孩子也被忽略了，这是真的。但是她很体谅，对我非常支持，我太太一直没有回去工作，我不希望她上班。”

他们这群人的婚姻，在许多方面都像维多利亚时代典型的家庭关系，家庭的幸福美满，不管是在感情上、心理上和日常生活方面，几乎完全都是太太的责任。玛克辛说："上班时间你不能打电话找你先生，告诉他说水管不通了，你得自己找人来把它修好。"企业主管夫人有责任竭尽所能维持夫妻两人世界的美满和谐，她们完全是为丈夫而活，在这个游戏规则下，她们自己的兴趣、喜好往往都是次要的。

她们所过的日子，是充实的生活或只是丈夫的影子？有绝大部分，太太们也难脱关系。弗洛拉在大战期间嫁给了桑顿，但是当时她对他其实并不了解。她说："不管是好是坏，嫁鸡随鸡、嫁狗随狗，如果我不能维持婚姻的幸福，我会觉得是我的失败。我还记得，以前我担心过自己的丈夫会被别的女人勾引，我就告诉自己：'这种问题我可以应付得了。'结果桑顿是一个从一而终的男人，但是他的情妇就是他的工作，这样一个对手比起另外一个活生生的女人，更难对付。"

弗洛拉也跟玛克辛一样，很希望能够在她丈夫的事业上多参与一点点。但是，不管是哪个工作都全力以赴的桑顿，却从不让她分担工作上的成败。他说他一个人承受工作的压力就够了，他不希望弗洛拉也为他工作上的琐碎枝节而烦心，但是她宁可多了解一些细节，这样她反而会好过一点，因为她也会感受到他的压力。她说："如果他有压力，我也会有压力，可是他以为他是在保护我，或者说他当时的确是如此想的。"

安德森夫妻两个一起去上过"倾听的艺术"这门课，研讨会的老师曾经警告做妻子的，她们的主管丈夫给家人的时间会少得可怜，另外老师也教导做丈夫的要对妻子的生活适度表现出他们的关心和兴趣。

安德森的太太珍，还记得老师告诉男性学员说："我要你们养成一个习惯，下班回到家的时候跟太太讲几句话，问她白天过得怎么样。她的生活也许不像你那么有意思，但是对她来说是很有意思的，或是她也有她的烦恼。你一整天做了些什么，也要跟太太说一说。"

受到这个课程的启发，安德森家里养成了一个有趣的习惯，他一回到家就会倒两杯饮料，跟珍两个人坐下来单独聊一会，谈谈他们白天的情形。珍说："我们都觉得这样非常好，他到家以前我会把晚饭准备好，莎莉多半是在写功课或是在玩。如果我还在厨房里，他就会到厨房来，我们就坐下来，边喝饮料边聊天。我觉得很好，因为他会告诉我他在忙些什么。而且他也说，这样做对他也有帮助，因为他把我当做他的回音板。他说：'我开始把事情的经过告诉你的时候，我自己心里就很清楚应该怎么做了。'"

在安德森加入贝金斯公司一年多以后，有一天他回家告诉珍一个消息，说公司准备升他当审计主任，不过要等他有所表现以后才会给他正式的头衔和薪水。他说："我得把公司的会计系统整个重新弄过，因此你要有心理准备，未来两年你可能不会常常看到我了。"

珍说："我很了解他，我知道他工作上一定需要更多的时间，而且我很高兴他事先告诉我。那个时候的女人一切都是为了丈夫，总是尽一切的努力来帮他。我们不是现代的新女性，我们以丈夫的成就为荣，而他都会让我觉得有参与感。"

安德森升上副总裁的时候，有一次他请珍帮忙计划贝金斯家族团聚的活动，珍在所有房间里都安排了鲜花和一篮水果迎接客人，这也是企业夫人应该要做的事情。

安德森是个细心体贴的男人。1952 年 6 月他女儿结婚，在一个乡村俱乐部举行盛大的婚礼。婚礼过后，安德森夫妻邀请了 30 个近亲好友到家里去，到凌晨两点半左右，客人开始散了，后来新娘的朋友也来了，家里又热闹起来。他们一直待到清晨五点钟，听唱片、演奏乐器、婆娑起舞。珍说："安德森跟我说：'既然我们整个晚上都没睡，从现在开始我们得重新开始我们的生活，我想你跟我应该到海边去看日出，作为新生活的开始。'"因此他们就到海边去迎接日出了。

安德森在贝金斯公司能够这样兼顾工作与家庭，但是在福特公司的麦克纳马拉、利斯或米勒，或是利顿工业公司的桑顿，却是不可能的。早些年弗洛拉常常担心桑顿工作这么辛苦、压力这么大，恐怕会活不久。后来她在青商会这些场合见识到更多桑顿的同行，才发现事情正好相反，反而是很多做太太的人没有过度活跃的丈夫这么长命，而在老婆死后，那些丈夫当然很快又再娶。她猜想，那些太太大概是因为嫁了个工作狂丈夫，“无形”压力太大而死的。

这些工作过度的企业修道士——不论在底特律或是其他地方——不但不会折损寿命，似乎反而更能延年益寿。说来真是奇怪，这样的矛盾普遍存在而又是多么的不公平。

第21章

兵败如山倒

标新立异，大概算得上低级品味的典型代表。

——尤金·波迪纳

迈阿密豪华铺张的新车发布会过后，利斯立刻栽进一连串的问题当中。

他回到迪波恩不到一个星期，布里奇就宣布斯达贝克—派克公司的前任总裁詹姆斯·南斯即将加入福特公司担任副总裁，负责公司整体行销业务。“十杰”班子对这个消息当然都不是很高兴，这样的演变奇怪又反常，徒然使他们和布里奇之间又多出一个人来。两个星期以后，利斯在密歇根州韦恩市的水星装配厂，又面临一场激烈的会议，克罗素也在现场，面色凝重地和30位高层主管讨论着新车严重的品质问题。

错误百出

利斯的新车系，需要成型精确的金属薄板包覆在庞大的水星车架上，但是公司的金属模压部门生产的车门不合规格，其他许多零部件也一样，有些车门关上以后留了一个大缝，连手掌都塞得进去。在芝加哥的模压工厂，有 13 500 个水星车门堆在库房里等着修改，而在圣路易的装配厂，将近两百名工人放着正事没办法做，个个忙着修改刚出生产线的东西。

仪表板、挡泥板、行李箱盖、底盘和车顶、挡风玻璃柱、车门，甚至触控式排挡，都有品质不良的问题。福特公司内部的调查很快就发现，触控式排挡的新设计，在车子上市后三个月内，故障率高达 50%。这些新款水星才刚出厂，就陆续开回保养厂送修。每个部门都说错不在自己，工程设计人员说他们的规格正确无误，生产线说送来的规格不对，装配厂的经理说他们拿到的金属薄板根本没办法好好组装起来。

品质不良不是什么新鲜事，也不是只有福特车才有的问题。不过在 50 年代，顾客还没有本田的车子可买，福特因为品质问题而失去的每一个顾客，就会被通用、克莱斯勒或是美国汽车公司抢走；通用失去的每一个顾客，也会被福特或是其他公司抢过来。失望的消费者只能在这几个选择当中换来换去，甚至连桑顿也因为品质问题，对美国汽车大失所望。在利斯接管水星部门之后不久，桑顿拜托他帮忙选一部车给弗洛拉，利斯于是亲自指定一部 1956 年度的水星蒙特克莱新车。但是弗洛拉立刻就发现，连汽车部门总经理特别挑选的车子，也是问题一箩筐。桑顿写信告诉利斯："引擎的润滑好像有问题，才三四百公里，车子开起来就响得像救护车一样。还有，右后车门的开口太大，车门太小，我想除了车门以外，经销商已经把所有的问题都解决了，不用说，我们不可能把车门变大，或是把开口变小。我们也不在意，只要车门不会自己打开，把孩子掉出去就好。"有一段时间，1956 年度的水星出毛病的比例超过 10%，在保修期间内送修的案子高达 13 500 件，公司为此付出将近 50 万美元的成本。

汽车品质几乎到了无法管理的地步，有位加州经销商卖出过一部水星，连名字都写错，Mercury 变成 Meccury。甚至公司配给主管的座车也挑不出一部十全十美的，汽车品质之差可见一斑。布里奇有一次开着米尔斯的新林肯到旧金山出差，一路上驾驶座吱吱作响，事后公司做了全面的检查，报告和记录传遍了好几个部门，后来查出原因是一个隔音垫走了位，导致弹簧摩擦到坐椅底架。布里奇也抱怨大道巡弋的椅子曲线不对，坐起来不舒服，于是工程人员又做了修改。送给戴斯的一辆水星敞篷车车顶会漏水，麦克纳马拉配到的水星也有问题。

(上图) 利斯负责推出的 1957 年水星大道巡弋车型，其中有多少巧思和多少愚蠢？大众认为愚蠢多于巧思，巡弋车型大败亏输，利斯在福特公司的事业也付诸流水。
(下图) 如果巡弋车型是利斯毕生梦想和野心的化身，那么福特猎鹰就像麦克纳马拉。猎鹰是功利主义者，巡弋则是梦想火花，二者不同之处是：猎鹰大获全胜。

问题并非利斯对品管不够注意，他一再要求手下提高品质，告诉他们一定要注意“车门吻合”这一类的细节，他不厌其烦地强调，顾客判断一辆车的品质，就是看车门打开的时候有没有声音，关起来顺不顺手，关上以后跟车身是不是完全吻合。通用电气在设计洗衣烘衣两用的新机种时，曾经做过市场研究，他们发现，如果一件家用电器“操作开关或是机器的盖子，在感觉上或外观上显得品质不良，那么顾客会认为内部的机械一样不好。”利斯以通用电气为借鉴，提醒部属要随时谨记通用电气的调查结果，格外注意顾客看得到、摸得到、操作得到的所有部分，从烟灰盒到手套箱，每一个设计都必须“让人看起来觉得坚固、耐用、品质精良”。

这里所谓的品质精良有不同的定义，他们要求的不是绝对的品质，而是品质的“外表”。很多年以后，底特律就因为这样的态度付出昂贵的代价，美国消费者开始转向日本车。但是，利斯的问题是连品质的外表都做不到，大家普遍都认为，利斯的1957年度专案，罪魁祸首在于时间。他们坚称利斯不肯延后向通用挑战的大计划，迫使各部门必须在太短的时间内完成太多的工作。

坦诚建言

在韦恩市的危机会议当天早上，克罗素接到米尔斯一封信，令他大为吃惊。米尔斯的林肯部门生产进度不断延期，令他愈来愈觉得受挫。信是打印出来的，写了整整四页，克罗素吃惊的是信中的坦率，以及米尔斯对利斯铺张的水星发布活动提出的批评，虽然他的批评非常间接委婉。米尔斯独力负责林肯部门，但是他的林肯车系却必须依赖其他部门的工厂进行生产，他的部门也必须与福特、水星还有现在的艾德瑟部门竞争公司的资源。米尔斯这封信写了好几天，写完之后又一直犹豫着该不该把信寄给克罗素，或是锁进自己的档案里。最后，他在10月25日决定把信交给公司内部的收发。

米尔斯写道："在过去这几个星期当中，福特公司的高层主管了解到1957年度推出的新车并不成功，而且成本惊人。理所当然地，管理阶层对于事情的前因后果提出了非常尖锐，但是也非常公平的质疑。为什么我们的进度会落后这么多？为什么早就清楚这些计划有问题的负责人员，没有把实情告诉管理阶层？"

在这一段戏剧性的开场白之后，米尔斯说他身为一个部门主管，却没有足够的授权让他把工作做好。莱特、利斯和包士华提出分层负责的原则，公司也宣示要致力于权力下放，但是八年过去了，公司还是没有达到分权的目标。米尔斯告诉克罗素，公司是"走了一半的路，停在集中管理和分层负责的中间。这就导致责任分散而权力有所冲突，等到摊牌的时候，无可避免地就会把责任推到别人头上去"。

如果对一项业务没有充分的控制权，却必须为结果负责任，这对士气是莫大的打击。米尔斯承认他为福特工作的热情和动机都在衰退。"成就感是最强烈的一个动机。一个人要实现成就感，必须：第一，获得做事的充分授权；第二，结果不论是好是坏，都必须负起完全的责任……我心里出现了'随波逐流'的想法，'希望在这么大的企业里面，失败的责任可以推到别的地方''算算我的收入、待遇的确很不错，这样也勉强可以安慰了'以及种种类似的念头，而这样的态度，只会慢慢腐蚀掉最根本、最重要的'成就感'。我脑海里出现这样无关宏旨的想法不仅使我感到非常不安，而且也使我深信，我部门里面的其他人甚至抱着更消极的工作态度，'我只是为了一份薪水在做事'……如果我有任何一点好名声，我相信那是基于我有能力把手下组织成一个认真而有效率的工作团队。他们的认真是因为他们享有放手做事的自由，而且必须为他们所达成的成果负责，我真诚地认为，福特公司有些地方并没有遵守这个原则，以致正确的信息不能传达到最高层的主管；重要主管也不能对他们的结果负起责任，因为根本上授权并不完整；重要主管也不能全心全力为福特公司的共同利益而奉献，反而汲汲于保护一己的部门，伤害了公司目标和其他部门。”米尔斯这封信显然没有得到任何回音，公司的品质问题，以及利斯的新车在市场上反应如此冷淡，已经带给克罗素莫大的压力，这些日子以来他在办公室都提不起精神。接到米尔斯的信之后的第二天，克罗素就心脏病突发，情况相当严重，立刻被送到福特二世福特医院去急救。

顿失靠山

即使利斯对工作上的困难开始觉得紧张，至少他表面上并不动声色。10 月 27 日星期六早上，他带着玛克辛和其他朋友，到印第安纳州南弯市去看俄克拉荷马对圣母院大学的橄榄球赛。那次又是利斯的典型作风，不受任何事情约束，精确到令人难以忍受。

他身上带着一份行程表，从早上 8 点 12 分开着手工打造的大道巡弋原型车去接朋友，一直到预计抵达南弯的时间，每件事情都巨细靡遗，写了满满两页。利斯一坐上他那辆气派的大车，就从伯明翰绕小路到安阿伯火车站，巡弋预定还要一两个月才会正式上市，在展示中心公开亮相，因此他不希望太多人提早看到车子。到了安阿伯，他把车子按照事先的安排寄放在关栈，转搭密歇根中央铁路公司的火车到南弯。那场球赛他们正好坐在圣母院大学校长隔壁的包厢。圣母院的爱尔兰战士队把俄克拉荷马的快车手队打得溃不成军，赛后一位体育记者描述说爱尔兰战士队“沉着冷静、慢条斯理地痛宰对手，好像面对女子精修学校的低年级代表队”。四十比零的悬殊比分，看得俄克拉荷马出生的玛克辛实在高兴不起来，但是那天仍然不失为秋高气爽的好天气，一次值得回忆的出游。

看完球赛以后他们没有直接回家，又到奥克兰山庄乡村俱乐部去，一直待到凌晨两点钟俱乐部打烊。等到那天深夜利斯进了家门，才知道克罗素心脏病发的消息。他看了留言便条，回头告诉玛克辛说："我们要有麻烦了。"转眼之间他失去了"12楼的保护"，在公司的新总部大楼，福特、布里奇和麦克纳马拉的办公室都在12楼，现在却少了一向支持利斯的克罗素。美国汽车业有个惯例，每隔十天就统计销售情形，这是通用汽车公司的斯隆在20年代中期建立起来的传统。这些十天销售报告，掌控着汽车人的生与死，是成功失败最直接的温度计。而现在，报告中很快就浮现出利斯的问题。

报告结果引起很大的焦虑，每隔十天，各地区的业务中心都会把报告送回自己的部门，统计出销售总数。随后每一份报告都会盖上红色的"机密"印章，送到审计部门，由米勒的手下做进一步的分析，最后由专人亲自送到行政委员会每一位委员的手上。秘书只要一看到业绩报告出来，立刻会中断眼前所有的事情，把最近十天的成绩送进去给每一位主管。办公室的传闻是真是假，看业绩报告就知道。只要瞄一眼销售成绩，就足以使部门主管沾沾自喜，或是从心底打起冷战。只要一个百分点的差距，就足以影响到整个公司，改变几百个决策、左右钢铁的进货和生产进度、通知工厂加班赶工或是暂时遣散工人。因为只要一个百分点的改变，公司的利润和营业额就有几百万美元的出入。走廊上贴着标语说："成功就是一份漂亮的十天销售报告。"一连串不好看的销售报告，有人可能就得准备卷铺盖了。

销售报告显示出来的结果是，一年前因为过分强调安全设计而人人喊打的麦克纳马拉的福特部门，市场反应非常热烈，反而是利斯的水星部门反应不如预期。福特部门的10月份平均单日销售成绩，比9月份上升了

54%，水星却下降了 25%。到 11 月初，水星的销售量比前一年下跌了 55%，消费者不能接受利斯的车子，因为那些车太过极端，而且经济也开始进入不景气时期；麦克纳马拉 1957 年度的飞羚慢慢抢走了中价位车的市场。

到 11 月中旬，利斯失去了克罗素这个靠山，工作上开始处处碰壁。在一次高层主管会议上，布里奇对于他自己和其他人一年半前亲自核准的一项计划，表现得兴趣缺乏。然而这项计划的一些主要部分，现在就必须开始进行了，其中一个备受争议的措施就是把林肯—水星的经销商拆开成为两个体系。根据这项计划，经销商必须放弃林肯，全力只卖水星，以使利斯能够更快速地扩大经销网；经销商如果有意继续卖林肯，必须先取得公司的同意，而且另外设置林肯车的展示中心。这项计划原本期望米尔斯招募到一百家新的林肯经销商，而新成立的艾德瑟部门也能够招募到足够的经销商，愿意同时兼卖艾德瑟和林肯；如此一来，米尔斯的林肯部门大体上就会拥有自己的经销网络，完全独立于水星部门。

地位动摇

这个问题也导致利斯和米尔斯的关系愈来愈紧张，米尔斯招募新经销商的速度，比不上现有的经销商放弃林肯的速度，而且他也担心艾德瑟的双代理构想也许不会成功。克罗素心脏病发以前把马隆尼调到手下做助理，现在马隆尼却得扮演一个尴尬的角色，奉命居中协调细节。他记得有一天晚上，利斯和米尔斯一起到他办公室里，讨论了几个小时，还是谈不拢双方都能接受的条件。两边的歧见太大，而且事关两个人的名声和未来前途。

利斯说：“米尔斯，这是我们已经同意的事，我们就该照计划行事。我们现在不能喊停，如果你明年的业绩因此受到影响，那也是我们必须付出的代价。”

米尔斯反驳说："如果照这个计划，我们绝对不可能达到营业目标，我们找不到一百家新的林肯经销商，而且艾德瑟的双代理制度是不是会成功谁也不知道。"

两个主管都在为自己辩护。利斯知道如果事情不照他的计划做，他就没有机会达到目标，拿下7.7%的汽车市场。米尔斯也很清楚如果他不能把计划往后延，他对1958年度林肯新车的大笔投资，恐怕就会完全白费了，他不可能找到足够的经销商来促销他的新车。1956年11月11日马隆尼写信给他父亲，信上提到说："从晚上七点到凌晨一点钟，利斯和米尔斯都在我办公室里，为了经销商的问题争得面红耳赤。要找到一个他们两边都满意的妥协办法实在太难了，事情关系到几百万美元，和东岸到西岸几千家经销商的命运。"

布里奇告诉利斯："我觉得你这个计划行不通。如果我是个经销商，你跑来问我这个问题，我会把你踢出去。"福特二世在会议上，也像一尊佛像似的一言不发，脸上流露出厌烦、不耐、怀疑的神情。布里奇开始对利斯的计划保持距离了。1957年的印第安纳波利斯赛车，已经指定利斯的大道巡弋做引导车，由利斯亲自驾车揭开比赛的序幕。就在赛前一个星期，福特二世任命麦克纳马拉接替克罗素汽车卡车部门副总裁的职位，福特汽车部门的出缺由莱特递补。事情很明显，克罗素不会再回福特公司了，另外利斯也很清楚，他的位子已经岌岌可危。现在利斯、米尔斯和莱特，都直接受麦克纳马拉的管辖。

水星的问题逐渐占满了麦克纳马拉的上班时间，他就任副总裁的头一个月当中，跟米勒开会讨论过水星的销售情况，以及关闭一家水星工厂的可能性；跟福特二世开会检讨水星部门的生产问题；跟利斯开过的会更是不计其数，讨论品质、降低成本、提高利润的方案、改变经销网的计划、广告与设计。麦克纳马拉开始主导一切，重新评估利斯提案中的每一个环节、每一个细节。他也开始提出严厉的问题，这些质问明明白白反映出公事比他们的私交更重要，在这之前他们的友谊并没有遇到过真正的考验。利斯对麦克纳马拉的尊敬没有减少，但是他也很清楚他的威胁，他告诉马隆尼：“我们对他得小心一点，他会把我们打下来。”

如果麦克纳马拉对利斯完全坦诚的话，他也许会承认从一开始他对利斯个人就没有太大的好感，对他的工作表现评价也不高。他们刚进福特不到半年，麦克纳马拉就开始写信给桑顿，批评利斯刚开始做报告就太铺张浪费。利斯舍弃公司手册的简单装订不用，选了十八孔的烫金封页，内文则用灰色底色，加上三色套色的图表。布里奇为了这笔印刷开支，把克罗素痛责了一顿。这次利斯对公司的预算又准备做一次昂贵的报告，麦克纳马拉告诉桑顿：“他的报告并没有获得你或我的批准，而且印刷费用显然要花上几千美元，我估计要七八千美元。”

好大喜功

比起福特公司当时的种种浪费，这点钱根本微不足道。但是令麦克纳马拉不快的是，这件事可以看出利斯这个人做事全依他自己的游戏规则。从一开始，他就迫不及待想求表现，而且他觉得不需要事事向长官报告。

他从巴黎回国以后大力推动的扩充大计，麦克纳马拉和其他人都深不以为然，他们都认为整件事太快、太过头。然后是1957年度新车的发布和促销，利斯又花了大笔费用，远超过麦克纳马拉和米尔斯认为合理的范围，他们两个也都写信给克罗素表白他们的看法。水星接二连三的问题，似乎只更加证明他们的看法没有错。

麦克纳马拉私下跟别人说过，利斯做事只看表面，他却是要求更全面、更深入的分析。利斯不足以胜任专业的经理人，专业的经理人是根据事实做决策，不是根据个人的意见或直觉。利斯的野心和乐观模糊了他的判断力，使他变得盲目，他的工作狂热把自己封闭在自己建立起来的城堡愈陷愈深，距离现实愈来愈远。

饮酒过度会伤身，同样的，过度的野心也会削弱或毁灭一个人。利斯醉心于他的雄心壮志，他似乎永远都过度乐观，他一接手水星部门目标就已经偏差，一再宣称 1956 年的营业额可以提高 8.4%。结果，头七个月中销售成绩重跌了 21%，后来虽然略有起色，但是从来没有接近过他的预期目标。

他说服布里奇挹注大笔资金给水星部门，但他的根据却是预估水星可以卖到 42.3 万辆，使市场占有率从 5% 提高到 7.7%。现在每个人都在质疑这些目标的可能性，而且理由很充分，市场上根本看不到利斯所预测的结果。

大权旁落

类似的问题会一再地出现，办公室里的利斯，变得郁郁寡欢，如果说他以前绷得太紧，那他现在似乎绷得更紧了。同事发现他比以前更紧张、更没耐性，又出现以前咬铅笔的老毛病，开完会以后他的座位上总是留下一桌子的橡皮屑和木头碎片。

在他细读销售报告的时候，心情一定就像排名倒数第一的球队经理，坐在椅子上眼睁睁看着比数愈拉愈大而一筹莫展。利斯还在推销他的计划，但是刚开始他浑身散发的说服力，现在已经看不到了，他的压力愈来愈大，他的手下也是光芒尽失，被打入了冷宫。而麦克纳马拉的人马则是向权力核心、向亨利·福特二世更靠近了一步。

布里奇开始盯紧利斯，每件事他都要过问，连利斯应该选择哪些杂志刊登水星的广告他都有意见。他认为利斯不应该在《纽约客》上面打广告，他觉得《纽约客》的读者群不够大。利斯有时候把 1957 年度的水星叫做

“时装车”，布里奇觉得他应该瞄准以妇女和时装为诉求的杂志。

有个星期天晚上，布里奇在林肯和水星共同赞助的苏乐文秀节目里，听到一则水星的广告，宣称他们的键盘式控制是汽车工业的创举，布里奇简直怒不可遏。一年前克莱斯勒推出的车子，早已经配备了键盘式控制。布里奇不久以前才在演说中公开谴责误导消费者的广告。看过这则广告之后，星期一早上他立刻写了一封短笺责备利斯：“我听到我们在广告里面对一个配备有不实的讲法，我的脸有一点红。在我看来，值得大力宣传的似乎应该是你的避震装置、更宽敞的车子、你的马达、水星的自动排挡，还有你的性能，而不是大肆吹嘘什么键盘式控制之类的小玩意。”

利斯所有的计划，现在布里奇几乎都有意见。利斯提议加大引擎马力，布里奇抱怨说更大的引擎会引起过多的噪声，在保修期间要求理赔的案子也会增加。后来布里奇在主管车库里，看到一辆水星新车铺着红色的地毯，也觉得错愕不已，认为粗俗又难看。利斯急忙递上备忘签，说红色的地毯是不小心铺错了的，其实并不是。

布里奇和利斯之间爆发了一场战争，责备和辩护说明的备忘笺你来我往。布里奇的批评像连珠炮一样，轰得利斯和他的手下几乎无力招架。这当然是一场一面倒的战争，因为利斯得罪不起福特二世的左右手，所以他的答复并不是回敬布里奇的火力，只是尽量转移或抵挡他的攻击。面对愈来愈多的批评，利斯尽可能强调正面的地方。

利斯战战兢兢，努力保住他在公司的前途。传到高层的消息必须是好消息，这是克罗素早年教给他的金科玉律，他一直谨记在心。即使他有任何疑虑，显然也是压在自己心里。他又出现了堡垒心态，十多年前公司对他们十个人的测试中，“客观倾向”的得分利斯就垫底，当时分析结果的心理学家就说，这“显示他比较没有能力客观地评断自己”。

在利斯身边，各种问题如排山倒海而来，每个人都在质疑他是否太大胆、太鲁莽。然而下一款新车的推出，他又一次构想出真正的大场面，打算在密歇根州罗密欧市的福特公司测试车道上，用水星新车跟喷射机做比赛。利斯告诉他的行销经理哈奇特："我们的新车，加速的时候可以超过国内所有的飞机。我们可以把车子和飞机一起并排在直线车道上，让它们同时发动，到弯道的时候，我们的车子一定就看不见了！"他就好像活在自己的小世界里，完全无视身边的现实情况已经对他愈来愈不利。

当他坐在旧行政大楼的办公室里，眺望窗外的景致，只会更强化他积极正面的想法，尤其是他的乐观。偌大的平面玻璃窗，框出一幅工业实力的壮观画面——远方赫然耸立的鲁治河工厂及其腹地。面对这样的工业规模，即使不可能的事情至少也显得有那么点真实性。在迈阿密的发布会之后不久，利斯就搬进这间老亨利·福特和他的孙子都用过的办公室，福特二世那时候已经搬到新的总部大楼，外表看来一片钢铁和玻璃，众人都叫它"玻璃宫"，福特二世和其他高层主管的办公室都位于十二楼。但是，生性俭朴的老亨利·福特，一定认不得他以前的办公室了，现在办公室里挂着绣金线的窗帘，铺着华丽的地毯，再加上白色的皮椅和沙发。一面墙上挂着大幅的世界地图，地图上一个个的小圆点，标示出福特帝国的主要据点。这样一个办公室，几乎可以配得上号称"太阳王"的路易十四。

有关利斯的一切，似乎愈来愈铺张、充满希望而遥不可及。他身穿天鹅绒领子的羊毛长大衣。开的是标准的月朦胧黄色巡弋敞篷车。他送给玛克辛的是一辆法国米色的双门巡弋，白色和金色的饰条，以及形形色色的配备，从电动车窗到手套箱的化妆镜，一应俱全。而尽管麦克纳马拉对安全问题如此注重，利斯还是特别吩咐手下他的车上不要装安全带。

因此，即使面对愈演愈烈的问题，从利斯办公室里发出去的备忘笺仍然是一片乐观。他写给麦克纳马拉的一个备忘笺上，附有19个州的汽车牌照发照情形，他指出水星在6个州的销售量超过所有的竞争对手。"我们在

13个州胜过别克，在12个州胜过奥斯摩比，在7个州胜过庞帝克。这绝对是水星在完全竞争的市场上最佳的成绩。”但是，这只是大局当中的一小部分观点，利斯非常谨慎地选择他的事实，避开所有不利的消息，端出一本误导别人的业绩评估。

如果水星的销售量乏善可陈，他就强调水星部门的生产情形。1月下旬他告诉布里奇：“水星的产量比去年同时期提高了39%，通用汽车所有的中价位车系都在减产。”但是面对着1957年严重的经济衰退，利斯只是不断在增加库存，而通用的主管却有先见之明，减少生产以回应市场的低迷。

不切实际

因为即使在50年代的繁荣当中，经济盛景也无法永远持续下去。1953年朝鲜战争结束之后，经济就出现了明显的衰退期，而现在，美国经济开始步入更严重的衰退期，就在利斯将所有的一切孤注一掷的同一年。销售量持续看好的，不是水星这一类的大型豪华轿车，而是麦克纳马拉在福特部门推出的阳春型房车。事实上，《商业周刊》在这段衰退期针对汽车经销商做了一项调查，结果只有一个经销商表示他的业务“蒸蒸日上”，他代理的车子是：国民车。经销商骄傲地说：“如果你今天走进来，把车款一次付现，你也得等上六十天才能拿到车。”他还说：“底特律走错方向了。”可惜当时还没有人意识到，这个迹象已经显示出汽车城生产的东西，并不符合美国民众真正的需要。利斯没有料到环境的演变竟会使他达不到他过度乐观的估计目标，他也没有察觉市场已经开始朝向小型车发展。而与此同时，利斯不切实际的评估只会让布里奇更加生气。

利斯的大道巡弋在一切的风光和排场之后，市场反应却是彻底的失败。1957年第一季结束时，利斯生产了101 322辆水星，比起前一年的63 848

辆，增加了将近一倍。然而在麦克纳马拉的福特汽车部门销售量稳定爬升之际，水星却一直表现平平。福特汽车部门最后超越了雪佛兰，使福特公司自推出 T 型车以来第一次获得领先。利斯累积了庞大的库存，唯一的根据却只有他自己的乐观。到 3 月底，他下令部分工厂每星期只开机四天，圣路易厂也遣散了 1 700 名员工。

但是这一切的坏消息，仍然阻止不了利斯实现他生平的一大梦想：在印第安纳波利斯五百里赛车大赛中，亲自驾驶他的梦幻车作为引导车（亦即大会指定的一辆车，在比赛开始时领驶一圈但是本身不参赛）。这件事使他把水星日益严重的问题完全抛在脑后，也进一步证明利斯愈来愈把自己封闭在想象世界里，与现实世界脱了节。在一个薄雾笼罩的温暖清晨，印第安纳波利斯赛车场的大门天一亮就开了，赛车迷涌进跑道内的运动场地，抢一个最好的位子，准备欣赏五百里赛车。这一天将是利斯一生中最刺激难忘的一天，不过这时候他还没起床，正因为一个可怕的噩梦而睡不安稳。

利斯后来告诉朋友，他梦到他开着那辆黄色巡弋敞篷车，在阳光下映得闪闪发亮，赛车队伍沿着车道排在他后面蓄势待发，观众的欢呼声震耳欲聋。他正开着 1957 年度的指定引导车，就在大道巡弋一马当先绕过弯以后，到了直线车道车子突然停了下来，紧随在后的赛车手个个紧急刹车，把车道塞了满满一片。最糟的是，现场有别克的人，他们看到利斯的窘况几乎笑掉了大牙，利斯担心的不是他自己的安危，而是担心丢了福特二世和福特公司的脸。

当然，这只是一个噩梦，而且不太可能发生。因为在正式比赛以前，利斯已经演练了数个星期，每逢周末利斯都带着大儿子弗瑞兹，搭公司的飞机到印第安纳波利斯，在赛车道上一圈又一圈地练习。水星获选为引导车，是绝佳的促销机会，必然能够引起像利斯一样的爱车族的注意。利斯花很多时间在赛车道旁的检修加油站，跟赛车手打成一片，聊赛车、车速纪录、汽车科技和设计。有些顶尖的赛车手给他一些宝贵的意见，包括山姆·韩克斯和吉米·布莱恩。韩克斯在大战期间和利斯一起在派特森基地待过，是他在陆军航空队的旧识，布莱恩在许多赛车比赛中囊括各项锦标，他开的就是水星。

引导车

利斯坐上巡弋在跑道上飞奔的时候，只有9岁出头的弗瑞兹就托其他赛车手照顾。利斯瞄准了正确的车道，沿着椭圆形场地在大弯道上飞进飞出，仪表板上的时速指针已经逼近180公里，在直线车道上他可以跑到210公里。套用利斯的话说，大道巡弋是“阵亡将士纪念日传统大赛中，最强有力的一部引导车”。

到了比赛当天早上，利斯一切都准备就绪，敞篷巡弋的黑色车顶已经放下来，上过蜡的铬挡泥板擦得光可鉴人。在开赛前十五分钟，大都会歌剧团的男低音杰洛米·海因斯，依照惯例高唱《重回印第安纳家乡》，随后赛车场主席安胜·郝尔曼二世宣布：“各位先生，发动引擎吧。”就在引擎声隆隆响起之际，成千上万的彩色气球从加油站后面的新看台上飞向蓝天。

我们可以想象利斯双手握紧了方向盘，参加比赛的33辆车陆续开上跑道，接在利斯的水星后面准备缓缓绕场一周的情景。走完全程2.5英里的一圈之后，利斯立刻加大油门，但是有个头一次参赛的新手撞上前面一辆车的车尾，撞破了油箱，结果两辆车都被迫出局，也使得利斯必须再跑一圈。他呼啸着绕过南边的弯道，通过高尔夫球场旁边长长的直线道，再绕过北边的变道，最后进入终点的直线道，一路上都维持领先。他把巡弋加速到160公里，在正式比赛的绿旗挥下之后，漂亮地开到回车场上停下来。

对一个非职业赛车手来说，利斯虽然没有体验到全程参与500英里大赛的刺激，但是也相去不远了。这个经验深深烙在他心里，是他一生中最兴奋难忘的一天，这是赛车中的赛车，利斯满面笑容地走下车来。他来到看台前座，在玛克辛旁边坐下来，双手还在兴奋地发抖，米尔斯和福特公司的人都来恭喜他的表现。这个贵宾区有 80 个座位，3 小时又 41 分钟之后，汉克斯冲过大看台，赢得了比赛。

败战苦果

1957 年度的水星牌照登记结果终于出炉，利斯只卖出 136 162 辆，比他最初预估的 423 000 辆差了十万八千里，也是水星部门从 1947 年以来最惨的业绩。后来的财务分析发现，水星每卖一辆双门巡弋，就倒赔 726 美元。利斯原以为巡弋是只美丽的天鹅，现在却逐渐被人批评成丑小鸭，在福特二世和布里奇眼中，巡弋是个毛病百出的粗俗产品，搞了太多的花招噱头。利斯的设计师朋友波迪纳后来形容这款车“标新立异，大概算得上低级品味的典型代表”。

巡弋设计之初，是要成为“四轮的贾利·库柏”，后来却变成骆威强烈批评的“四轮的投币式自动点唱机”，成为荒谬、过度的象征。二三十年后《生活》杂志邀请一批汽车专家，票选美国汽车设计中最好和最差的十大代表，巡弋当选美国汽车史上第六大失败的例子。《生活》杂志编辑写道：“一部笨拙的大车，加上一个奇丑无比的噱头，就是向前倾斜的后车窗。更糟的是，后座坐着顽皮的孩子，车窗却可以摇下来。”在最不光彩的十大失败例子当中，高居第一位的是艾德瑟，也是利斯向通用汽车公司挑战的伟大计划产物。麦克纳马拉在他不带感情的公司备忘录中，提到利斯的设计风格只说是“颇有争议”，但是很快他就会开始每个月开会，重新检讨水星所有的设计，确保情况不会再失控。

布里奇这种主管，对于哄他做出错误决策的人最是深恶痛绝。波迪纳后来说："利斯在工作上的表现非常不错，但是为了达到他的目的，他的确也会编造一些数字。他太自信自己所做的一切都是对的，所以他会毫不犹豫地歪曲一点事实，让他的计划早日实现，因为他认为最后的结果会证明他是对的。这就有点像一个士兵违抗了命令，后来攻下了山头，结果获得表扬。但是反过来说，违抗军令又没有攻下山头的话，就会被枪毙。利斯就是被枪毙了，他的不实造假反弹回来，而且布里奇也会紧抓着他这个辫子不放。'我，布里奇，并没有判断错误，我，布里奇，是被混蛋信息给骗了。'他说'我不能信任他'。"

麦克纳马拉也一样，到6月底，他逼着利斯同意取消1959年度的大道巡弋，1958年度的新车已经来不及取消了。7月中旬，他开始在水星部门实施福特部门的品管检查制度，希望能解决品管的问题，在一份机密备忘笺中，他还要求米尔斯必须亲自过目利斯未来的产品计划。到8月1日，水星的品管经理被炒了鱿鱼，两个星期以后，麦克纳马拉更进一步下令利斯、米尔斯和莱特除非收到经销商明确的订单，否则装配任何车辆之前都必须获得他的亲笔核准。

麦克纳马拉过滤水星的文件之后，深深觉得利斯在水星的管理工作，简直惨不忍睹。他估计，如果水星的开销能够削减到福特汽车部门的水准，一年就能省下两千万美元的制造成本。如果把利斯要求分家的林肯和水星部门重新合并，他估计公司每年还可以再省下六百万到八百万美元。此外他也发现，自从利斯接管水星以来，每辆车的设计成本增加了125美元。他在备忘笺中写道："尤有甚者，设计成本的增加大部分都用在几乎没有什么卖点的配备上。"

麦克纳马拉开始严格监督利斯的部门，坚持利斯每星期都必须跟他和其他主要幕僚开会讨论每一个细节。麦克纳马拉的工作日历，甚至都反映出他对利斯的态度改变，每次他和利斯订下开会的时间，他都在工作日历上写下“一点三十分利斯”。随着问题逐渐升高，麦克纳马拉只写下“F.C. 利斯”，这表示他已经不把利斯当朋友看待，跟他保持着距离。

有一次，布里奇打电话给利斯的产品经理比尔·葛莱姆斯，质问他水星的产品和品质。“你对大道巡弋的设计有什么看法？”“对不起，问我这个问题我觉得很奇怪。你是不是应该去问利斯先生比较好？”布里奇回答他说：“我不想知道利斯先生的意见。”葛莱姆斯不愿意背叛他的老板，说：“我还是希望你能去找他谈。”布里奇说：“十分钟以后到设计室来见我们。”然后就把电话挂掉了。葛莱姆斯连忙赶到利斯办公室，告诉他这通奇怪的电话。葛莱姆斯问他：“到底怎么回事？我才不要过去。”利斯说：“听我说，你最好还是去。”

葛莱姆斯到了设计室，布里奇提出一连串的问题，他尽可能地避重就轻，但是他和其他所有的人都看得出来，利斯的麻烦可大了。有些人开始耳语，说空降的行销副总裁詹姆斯·南斯可能会接管水星部门。事实上，7 月中旬布里奇就探问过南斯的意愿，他告诉南斯，公司也许会把林肯和水星重新整合，因为两个部门独立的成本太高，以目前的市场情形公司实在无法负担。

布里奇告诉他：“南斯，我不要你这一两天回答我，不过福特二世和我都有同样的看法，希望你能考虑接管整合的工作。”过了一个星期，布里奇上教会做过礼拜以后亲自到南斯家里找他，南斯同意接受新的职务。身为福特汽车卡车部门副总裁的麦克纳马拉，将负责完成交接事宜。

利斯一直到星期五，也就是 8 月 23 日，才知道这个消息。当时他正在地下室的理发厅理发，理发师傅毕提平易近人，在福特公司已经待了很多年了，福特的主管只要花美金一块半，头发就能理得整整齐齐，刮脸只要七毛五，理发的时候，还有小弟帮他们擦皮鞋。利斯头发才理了一半，就有人来传话说福特二世找他，要他立刻到福特二世办公室去。

利斯离开理发厅，开车到玻璃宫去，从主管专用的地下停车场搭电梯直达十二楼，直接到福特二世的办公室报到。会谈很快就结束了，福特二世只是告诉他："事情并不成功。"这些年来有太多的主管都听过同样这句话，福特二世告诉利斯，他们已经决定重新合并林肯和水星，由南斯担任新主管。公司的艾德瑟新车再过几天就要发布了，因此正式的人事命令要等一个星期之后才会发布。

当时的确也没有什么好说的了。

利斯回到办公室，觉得颜面尽失。福特二世要他写了一份详尽的备忘录给南斯和麦克纳马拉，说明水星部门各主要计划的最新进展。他不但被开除，还必须协助继任的人交接业务。在各楼层走廊上，公司同事从种种蛛丝马迹和片片断断的闲话拼凑出事实，他们所知的其实非常有限，而且是二手消息，但也足以让他们知道人事的大地震了。有一个同事回忆说："我们在饮水机旁边听说利斯被叫到公司总部去，心里就知道那个混蛋大概要被炒鱿鱼了。"

英雄末路

孤独而沮丧的利斯，没有向任何人说出心事，反而一天比一天更加孤立。马隆尼说："我可以了解他那个时候为什么不能找任何人吐露心声，没有一个人是他的朋友，就算他去找任何人，他们大概也都会躲开。他们觉得他是票房毒药，人人都知道他现在是个失败者，谁会愿意被人看到跟他在一起呢？英国之役的时候，又有谁站在张伯伦身边？每个人都认为他必须为慕尼黑协议负责。利斯的情况也一样。"

那天晚上，利斯在回家途中走进伯明翰护林街上的一家时髦餐厅"狐狸与猎狗"，找了一个角落的位子，在一架弹子台前面坐下来。他叫了一杯饮料放在机器上头，埋头猛打，一直打个不停。有一两个福特公司的人看到他，不懂利斯为什么会浪费时间玩这么没有意义的游戏，他们觉得最好别去打扰他。利斯面对着新奇的弹子台灯光闪烁、铃声不断，自己一个人想着心事。盖尔·沃纳克回忆说："我们在那里晚餐都吃完了，他还是打个不停。"沃纳克自己也是一心挂念着艾德瑟的发布活动，他说："利斯整个晚上盯着机器目不转睛。"

利斯最后回到家里，对于公司的事情只字未提，一直到周末玛克辛才接到一个朋友的电话，说她先生可能不会继续留在福特公司。像这样的事情不是第一次了，偏执是最自私的一种情绪，而利斯的情感都是那么带强迫性，那么全神贯注，对他自己的太太，他也关上了心门。

早些时候，有个朋友告诉玛克辛水星出了问题。那个朋友问她："这件事你应该知道吧？"

"我不知道。"

"哦，他们部门里出了些大问题。"

最后玛克辛忍不住开口问利斯这件事，利斯一口回答她说："问题什么时候没有？根本没事，你不用担心。"

她告诉他："我听说你要离开公司了。"

"你听谁说的？"

"我答应人家不能讲出来。是真的吗？"

"对，是真的。"

利斯说他丢了水星主管的工作，但是事情的前因后果他还是不肯多讲。玛克辛唯一想到的，是她两天后必须参加艾德瑟新车发布的记者会。所有的福特副总裁夫人，都必须负责招待一桌来宾，玛克辛也包括在内。坦白地说，她丈夫才刚被公司扫地出门，她实在无法想象自己如何去扮演笑脸迎人的福特公司主管夫人。

她问利斯说："我应该不用去参加记者会接待来宾了吧？"

“我当然希望你能去。”

玛克辛那天还是参加了记者的午宴，假装情况与过去的宴客应酬没有两样，因为人人都认为这是称职的企业夫人应有的表现。福特设计中心“圆楼”的中央，为了发布会而布置成露天花园，波光照人的游泳池畔摆起了一张张圆桌，铺着白色的桌巾。一支小提琴乐队奏起音乐，二百四十位来宾欣赏着身材窈窕的模特儿在雪白的伸展台上摇曳生姿，展示纽约最新的时装设计。

被挚友封杀

玛克辛在午宴上赔着笑脸的时候，麦克纳马拉也走进高耸的玻璃宫，参加两点半的主管委员会会议。他手上准备了一份26页的机密报告，包括各项建议、备忘笺、新闻稿和组织图。写公司备忘笺，麦克纳马拉是个中高手，简明扼要，就事论事到令人觉得乏味。他在备忘笺上，只挑对自己的建议有利的信息，其他绝对不多说，而他的措词也不带任何感情色彩。在今天这份厚厚的报告当中，他建议委员会免除利斯和米尔斯的部门总经理职位。

报告中还有麦克纳马拉草拟的一封辞呈，准备让利斯签字。辞呈是致福特二世和布里奇的，内容只有不痛不痒的短短两句话：“为配合公司目前对林肯及水星部门的改组，以及我随后的职务调动，我谨辞去公司副总裁之职。我同时也辞去行政、产品规划、技术评估和进度委员会的委员身份。”

这份备忘笺不仅免除了利斯的职务，更剥夺了他的副总裁地位和各委员会的权责，使他此后对于公司事务再也没有发言权，这样的惩罚不可谓不重。

不过，委员会不愿意做得这么绝情，甚至连福特二世显然都不像麦克纳马拉这么无情，丢掉水星的工作，打击已经够大的了。麦克纳马拉在他草拟的辞呈右下角记下："同意辞去副总裁，其他不需要。"

福特二世最后安排利斯出掌加拿大福特分公司，但是这份工作比起他原有的职位简直是天壤之别，加拿大分公司充其量只是一个业务分支据点，没有任何的生产设备。利斯认为他应该离开福特，他和桑顿已经开始讨论利顿工业公司收购营运不良的美国汽车公司的可能性。利顿工业公司现在已经是成功的大企业，1958年的营业额很快就会突破一亿美元，而4年前只不过是300万美元。桑顿到处在找更大的机会，以满足他扩充公司的雄心，在这个时候，他根本不知道水星的惨败，更不知道这样的结果利斯难辞其咎。利斯心想，如果利顿工业公司接收了美国汽车公司，桑顿可以给他一个机会，让这个亏损连连的公司起死回生。

前途茫茫

9月初利斯和桑顿之间电话、电报和信件来来回回，讨论着这件兼并案的可能性。利斯联络上美国汽车公司的负责人摩尔·罗姆尼，探询他的意愿，然后飞到纽约与桑顿面商大计。桑顿甚至私下想着，如果利顿所有的子公司都买美国汽车公司的车子，使美国汽车公司站稳市场，说不定立刻就能反赔为赚了。不过，利斯结果是白忙了一场，因为罗姆尼对于兼并毫无兴趣，在连续几年的亏损之后，他预计公司1958年就会转亏为盈，此时此刻他不打算把公司卖掉。

还有其他相当看好的机会等着利斯，家乡第蒙市有一个老朋友从报纸上得知利斯被公司降职的消息，立刻打电话给他，告诉他艾维可实业公司有一个工作机会。

艾维可实业是一家多角经营的公司，一共有七个部门，营业额3.15亿美元。他们想聘请利斯出任辛辛那提市克罗斯利部门的负责人，这份工作当然没有汽车工业的刺激和吸引力。克罗斯利部门生产的是家电用品，使艾维可成为50年代美国主要的家电厂商之一。但是经济的不景气，导致家电部门的冰箱、电视、炉灶和冷冻库，都变成毫无希望的赔钱货，因此艾维可退出家电市场，克罗斯利部门就改而承包国防工程，制造射击控制系统、飞机零部件和雷达配备。利斯的任务是要扩大克罗斯利部门的商业和工业市场，如果他能够成功，就有机会成为总公司的总裁。

要做决定并不容易，因为一些朋友一直劝他应该接受降职，出任福特二世给他的象征性的工作，继续留在福特。他们认为，他一定能度过这次的挫折，东山再起。“十杰”头一次与福特二世见面时对他们大表质疑的巴格斯，以及福特的首席法律顾问高赛特，甚至打电话给玛克辛，要她劝利斯留下来。

巴格斯告诉她：“别让利斯辞职，这只是很轻的处罚而已。叫他要接下加拿大的工作，一切都会没问题的。”

玛克辛也尽力劝利斯接受福特的工作。

有天晚上她哀求利斯说：“拜托嘛，你为什么不接受呢，我正好也一直想到加拿大去住。”利斯说：“你听我说，我已经42了，这是我最后一次机会。我这辈子只待过两个公司，这是我的最后一个机会，以后我就不可能再换工作了。”

玛克辛对于搬家的事一点也不期待，孩子们也是一样。弗瑞兹已经10岁，多娜8岁，两个孩子都大了，都表示他们不愿意被这样连根拔起，小儿子查尔斯才3岁3个月。他们在迪波恩住得那么愉快，交了那么多朋友，实在不愿意一切都得从头来过。利斯丢饭碗的事与布里奇的关系，玛克辛一无所知，1957年10月30日她亲笔写了一封信给布里奇，信中充满了她对公司的感情——

亲爱的布里奇先生，在我正式卸下“福特公司夫人”的身份之前，我一定要告诉您，能够成为福特夫人，我分分秒秒都乐在其中。我深信，福特一定比美国其他的任何公司更能激起员工妻子对公司的忠诚。虽然我对利斯的新工作万分兴奋，但是一想到我们（希望这样说不会太冒昧）从此就中断了跟福特公司的关系，心里还是很难过。不管一个做太太的跟她先生的公司关系多么模糊，断了这层关系还是令我很伤心。我和利斯都觉得，我对于公司一定怀有一种父亲的形象——如果真是这样，那是因为我一直都感受到公司对员工妻子的照顾和体贴。

能够认识您和您的夫人，是我三生有幸，我也获益良多。我谨在此向您表达最深的谢意——还有，除了福特的产品，别的车子我绝不开。

敬祝

安好

玛克辛·利斯

一个星期之后，玛克辛收到布里奇的回信，信是打印的，玛克辛这封信显然令他深感意外。

我告诉过利斯，我也要告诉你，利斯的事情没有能够像我想象、计划的那样顺利进行，我觉得万分遗憾。我也很高兴你们两个心里对于我们或公司都没有记恨。这一类的事情总是在所难免的，我们心胸一定要宽、要想得开，对这些事情泰然接受。

我知道我和利斯在福特公司的其他朋友，都祝福他在新的事业上大大成功，我们也祝福你和利斯两个人幸福美满。

第22章
滑铁卢

这就是艾德瑟……一部前所未有的房车……唯有它能正视你的双眼，告诉你，这是你前所未有的经验。

——福特公司1958年汽车广告

利斯退出了底特律的舞台，但是却没有被遗忘，很长一段日子大家都会记得，由于他的大力推销，福特才会成立艾德瑟部门。即使是苏联威胁要用核弹把美国夷为平地的头条新闻，也丝毫减低不了底特律对艾德瑟的狂热激情。

1957年8月28日，底特律《自由报》除了有关苏联的头条报道之外，也以大字标题刊登一则当地大事：艾德瑟的发布会，众人却不知道，这是一场大灾难的开始。这款以老亨利·福特儿子命名的新车，是福特公司十九年来推出的第一个新车系，在为期两天的超大手笔促销活动中首度公开亮相。福特公司招待新闻记者携伴携眷参加这场盛会，宾客多达600人，一切活动完全免费，丰盛的午宴、时装表演、盛大的晚宴加舞会，还请来葛兰米勒交响乐团到场演奏，一切的排场应有尽有。

再次挫败

麦克纳马拉夫妇两人就坐在舞池边的桌子旁，正是这种华而不实的大闹剧，让麦克纳马拉眼前浮现一笔一笔的赤字——而这种铺张的排场，最符合利斯的口味。艾德瑟这次的发布会和促销活动，委托福特公司代理。负责人菲尔费克斯·柯恩与麦克纳马拉坐在同一桌，他眉飞色舞地大谈新车的优点，可是麦克纳马拉似乎不为所动。后来柯恩问麦克纳马拉有什么看法，他断然说："我已经想好把它逐步淘汰的计划了。"柯恩一时瞠目结舌，等着麦克纳马拉的解释，麦克纳马拉却不再继续这个话题。他并不知道麦克纳马拉一直都不支持利斯的计划，他更不会知道麦克纳马拉认为只要提升福特车系的等级，就足以满足不同的消费群。

但是麦克纳马拉当场的一句话，却预示着艾德瑟多舛的命运，不出多久，艾德瑟就变成令人难堪的挫败。在上市之后的头十天，艾德瑟平均每天只卖出683辆——以福特当时如此浩大的促销声势，这样的成绩实在是难看。第二期的十天报告中，每日销售量跌到440辆，如果要达到预估的年度业绩20万辆以上，每天就必须卖出六七百辆车。

到9月底，销售情形更糟，跌到每天350辆左右，麦克纳马拉找来艾德瑟部门主管埋查·柯瑞福，以及柯瑞福手下十多个主要的干部到他的办公室。他的心情可不算好，很不耐烦地发给在场每个人一张纸，然后说：

十杰之一的米尔斯和利斯一同被降级，后来受命收拾艾德瑟车型造成的困境。

“我要你们写下你们自己觉得艾德瑟部门今年会有多少亏损。”

他们拿出笔来，在麦克纳马拉的注视下默默写出各自的估计。最后，他把计算纸收回去，一张一张地念出上面的数字。每个主管的答案差别很大，但是他们都预计艾德瑟会有惨重的亏损，正如麦克纳马拉所料。

麦克纳马拉说他不会再容忍更多的重大损失，他开始把艾德瑟拿到显微镜下来开刀，一寸一寸地挑剔，他说触控式排挡——就是利斯加装在大道巡弋的配置——是个毫无意义的设计，其他的“小玩意、小东西”也是一样，从车子的拨动开关到仪表板上的罗盘，他都觉得中看不中用。车子的外形设计也被他批评得一无是处，有个作家把车头水箱护罩的形状比喻成马桶座,《时代》杂志也说艾德瑟的车头看起来就像“一部奥兹汽车在吸柠檬”。艾德瑟产品规划经理贾吉回忆说:“他用我们估计的亏损数目当证据,来证明这个计划不应该再继续。我们有些人,包括我自己,都辩护说整个计划也许有些地方设计不当,我们可能做错了很多事情,例如中价位市场还需要一款新车的前提就错了,车名也取得不好。但是我仍然认为应该削减经费,然后采取一个缓和的成长策略。麦克纳马拉听都不肯听,他有时候会这个样子,可以看得出来他先入为主的观念有多强。到他的办公室开会是很有意思的事情,我们大家都坐下来,名义上是开会,然后就听到他开口说我们的计划是如何如何,谢谢大家,散会。”

强势作风

麦克纳马拉在极短的时间内,就设计出一套品管系统来统计新车的瑕疵情形,他的构想是,一辆车如果瑕疵点数超过35点,就不应该出厂送到经销商手上,缺一个零部件等于20点,烤漆的轻微瑕疵算0.1点。检查人员在生产线上抽验装配完成的新车,如果一连七八辆车的平均瑕疵点数超过35点,整批新车就会被打进“废车厂”,全部整修之后才能送出厂给经销商。在这样的抽验方式下,有些车子的瑕疵点数可能远超过35点,但是只要同一批新车的平均点数不超过预定目标,就找不出这些漏网之鱼。这样的品管系统,仍然避免不了一部分问题车流入市面,消费者买到这些车子,开离经销商的展示中心之后,很快就会发现许多意想不到的问题。正如大道巡弋的车主一样,艾德瑟车主也发现触控式排挡的故障率,在前三个月就高达50%;有些出厂的车子椅套花色不同,有些是轮轴盖、车门的螺丝没有拧紧——这一切都是生产线过度赶工,工人被过度剥削的结果,有时经销商甚至会收到方向盘上贴着送修单的车子。

艾德瑟如此低劣的品质，对于新车每况愈下的销售情形当然没有帮助。10月13日艾德瑟在电视上大打广告，请来大牌红星平・克劳斯贝和法兰克・辛纳屈联袂演出，仍然无法挽回颓势。1957年11月，亦即艾德瑟上市之后两个月，销售量跌落到每天222辆车，艾德瑟部门开始紧张了。（到年底最后十天的业绩报告，销售量跌到谷底，创下每天113辆的新低纪录。）柯瑞福想出一个促销计划，准备提交到公司的规划委员会，但是麦克纳马拉得知之后，坚持要柯瑞福先向他报告计划内容。

麦克纳马拉一走进会议室，就把夹克脱掉，在长条会议桌的尽头坐下来，一副准备大吵一架的架势。他说："首先，我要你们都暂时忘掉我的身份，告诉我你们现在在搞的促销计划，是不是真能让艾德瑟有机会翻身。我会一个一个问你们，让你们每个人都有机会把心里的想法讲出来。希望你们都能坦白。"

麦克纳马拉先从柯瑞福问起，柯瑞福认为只要品质问题能够解决，他的促销计划就能挽救艾德瑟。艾德瑟的行销经理杜尔抱怨说："福特厂到现在已经生产好几千辆艾德瑟了，但是最新出厂的一辆比起第一辆也好不到哪里去。"

麦克纳马拉立刻按铃叫秘书把他亲访经销商的一份报告拿进来。资料一拿到手，他开始把笔记一条一条念出来。一份报告念完之后，他就啪一声摔在桌上，然后从档案袋里拿出下一份来继续念，愈念速度愈快。根据他的访问记录，没有一个经销商提到艾德瑟品质问题，反而有好几个经销商批评艾德瑟的广告和促销手法不当。

杜尔试图告诉麦克纳马拉情况其实正好相反，但是徒劳无功，满桌的同事也没有人声援他。他们跟公司里其他许多主管一样，无意在麦克纳马拉的盛怒之下跟他唱反调。虽然他们不敢说出来，但是好些艾德瑟主管心里都认为，麦克纳马拉亲自在福特部门待过，现在又是他的朋友莱特在负责，批评福特部门生产的车子品质低劣，这种话他根本听不进去。

雷厉风行

麦克纳马拉已经不是头一次把问题锁定在艾德瑟的广告活动上了。早先总部开过一次会，艾德瑟的行销主管一走进会议室都被吓了一大跳，他们看到墙上贴满了艾德瑟和其他竞争对手的报纸和杂志广告。那是个下雨天，一大早开会，麦克纳马拉连鞋套都没脱，立刻长篇大论地批评艾德瑟广告多不理想、多没效果。他一边讲一边指着墙上的广告，碰到贴得太高他指不到的广告，他竟然一脚踏上墙边的白色真皮椅子，湿漉漉的鞋套踩出一个个脚印，看得在场主管都目瞪口呆。

在福特公司内部，他们都知道麦克纳马拉强硬起来的时候有多难应付，即使对他的“十杰”朋友也一样。有一次米尔斯与麦克纳马拉一起开会，米尔斯准备向麦克纳马拉提出广告预算，但是麦克纳马拉很快地打断他，要米尔斯先听他把话讲完。

“米尔斯，我知道你准备提出一个 2 900 万的广告计划，但是我们没有这么多钱，我绝对不可能支持你那个计划的。我们的比较研究发现你的计划费用实在太高了。”

米尔斯插嘴说：“嗯，可是……”

“米尔斯，我只是在告诉你，事情就是这样。我今天来开这个会就是要告诉你，我会批准 2 240 万给你做广告费，我想这个数目还算合理。因此我想你不应该再浪费我的时间要我看你的计划内容，我绝对不可能同意你的计划。我只能说，如果以后你还想跟我谈这个计划，以后再谈，可是我认为是浪费时间。现在我们谈其他事情吧。”

市场研究发现艾德瑟的形象实在太差，需要很长一段时间才能改变。除此之外，从 1957 年 8 月开始的经济不景气，一直到第二年 4 月才逐渐好转，汽车销售量因此降到六年来的最低点。到 1957 年 12 月 4 日，艾德瑟上市刚满三个月零几天，麦克纳马拉就写了一份机密备忘笺，建议公司的营运委员会尽快放弃这个车系。1 月 15 日，艾德瑟被并入新成立的林肯—水星部门，由空降的行销副总裁南斯负责。南斯加入福特之初就有一个念头，如果他在副总裁任内表现良好，就有机会升任总裁——如此一来，他立刻变成麦克纳马拉的竞争对手，现在他却必须受辖于麦克纳马拉。

南斯肩负着相当大的压力，解散艾德瑟部门，遣散了 3 000 名员工。他的个性热情豪爽，做起规划来仔细谨慎、一丝不苟，但是作为行政主管，却是优柔寡断。有的时候，他还会做出不理智的决定。有一次他到纽约出差，向采访他的报社记者表示除非小型车的销售情形达到一定的水准，否则福特公司没有兴趣进军小型车市场，但是公司并没有授权他对媒体发表任何言论。麦克纳马拉和莱特一直在默默研发一款小型车，已经进行几个月了，只是公司上上下下都不愿意消息曝光，以免竞争对手得知他们的计划。第二天福特二世、布里奇和麦克纳马拉在报纸上看到南斯的谈话，对于他这种违反公司政策的发言都深感气愤。

除此之外，他所负责的三个车系，水星、艾德瑟和林肯，一直不见有什么显著的改善。到七八月间，三个部门的整合已经大致完成，南斯就到密歇根州北部火炬湖畔的小木屋度假去了。没有多久，他的朋友打电话警告他说麦克纳马拉准备要把他搞下台，迪波恩盛传麦克纳马拉已经向福特二世下了最后通牒，要南斯滚蛋，否则他和其他的“十杰”同事就一起辞职。这个谣言根本是无稽之谈，但却凸显出“十杰”这班人举足轻重的神秘色彩。

即使如此，南斯待在福特公司的日子的确也是所剩无多。他还在度假的时候，福特二世和布里奇把米尔斯找到总部去，要他接掌水星—艾德瑟—林肯部门。

东山再起

米尔斯天真地问道："那南斯呢？"

福特二世回答他："我们准备开除他。你们那边情况到底怎么样？"

"嗯，南斯的确是有优柔寡断的问题，而且不是很受欢迎。"米尔斯斟酌着他的措词，到最后布里奇问他："这些事情你以前为什么都没有告诉我们？"

"布里奇先生，你要我担任南斯的助手，我就应该对他忠心，我也绝对不会越级报告。他做的事情，很多我都不同意，但是我还是他的助手。"

布里奇说："现在我们准备开除他，部门就由你来接管。"

米尔斯同意了，不过在他点头以前，他提出两个相当大胆的条件。

我希望先确定一件事，就是你们两位都认为我是全公司最能胜任这个职位的人选，如果认为我不是，那就请你们另请高明。

第二，我要你们保证最少让我做五年，因为在五年以内，任何人都不可能让一个部门起死回生。

福特二世和布里奇同意米尔斯的条件，当初他跟着利斯一起被降职，现在却得到比他丢掉的职位更好的工作。他不像利斯，不会让失败把自己击垮，他的期望比较实际，也从不会自陷于孤立无援、没有朋友或家人支持的地步。他知道要想成功必须先能够忍受许多的失败，丢掉工作以后，他没有怨天尤人，人生不如意事常八九，他知道自己必须撑过这个难关。

在他等待之际，他专注在自己的新工作上，心无旁骛。他告诉自己："我今天的工作就是世界上最好的工作。不要多问，不做比较，因为这是我目前拥有的工作。如果我只是坐在那里，浪费时间担心以后会怎么样，我自己就永远做不好基本的事情。”这样的态度不仅是简化的工作哲学，更使他的生活能够达到平衡，米尔斯无意争取福特公司总裁的位子，但是他会多留些时间做其他的事情——从参加社区教会的唱诗班到陪陪他的太太，他眼里不会只有工作。多年以后他回忆说：“在我的事业生涯里，有太多时候事情并不是尽如我的希望或是我的计划，但是我想，我总不可能要求每件事都称心如意。人一定会遇到挫折，而在一个大公司里，生存比什么都更重要，因此我就是逆来顺受。我告诉自己：‘我会生存下来，也许哪一天我会变成这家伙的上司也说不定。’结果，我的话真的应验了。”

1958 年 9 月初，南斯终于回来了，他也被叫到福特二世的办公室。布里奇仍然是董事会主席，但是却不在场，麦克纳马拉则是面无表情地坐在一旁，不发一语。

福特二世告诉南斯：“抱歉，老詹，事情并不成功。”

至于南斯什么地方做得不好，福特二世并没有解释，他也没有说明当初引介南斯进福特公司的布里奇，为什么没有出席。不过，南斯也不需要什么解释就是了，福特二世已经不需要布里奇，布里奇自己很快也会离开公司。就在同一天，福特二世宣布南斯已经辞职，由米尔斯接替他的职位。现在，米尔斯得开始收拾艾德瑟棘手的烂摊子了。米尔斯知道麦克纳马拉心里认为艾德瑟只是另一个大道巡弋，一个大而无当的愚蠢错误。麦克纳马拉听说他的邻居安杰尔准备换车的时候，非常好奇他会选什么车。安杰尔是密歇根大学社会系主任，也是麦克纳马拉的读书会成员，他告诉麦克纳马拉他以前一直都开庞帝克，不过这次他打算买辆雪佛兰，因为庞帝克愈来愈大，他的车库都放不下了。安杰尔回忆说，麦克纳马拉对他这句话似乎吃了一惊，说不知道福特的车子能不能放得进安杰尔的车库，还要求安杰尔开着他的福特车去试试看。事实上，有些福特车子已经大得像艘船了。

小而美

对于底特律的汽车愈做愈大，麦克纳马拉觉得很担心——尤其是德国大众公司推出一款小巧的甲壳虫汽车，在美国的市场占有率一年比一年高。50年代初期，大众公司每年出口到美国的甲壳虫汽车将近20 000辆，底特律普遍都认为，只有那些买不起福特或是雪佛兰的大笨蛋，才会去买便宜又难看的甲壳虫汽车。麦克纳马拉对这个看法可不敢这么肯定，因此指派福特部门的市场研究小组去调查一下，到底都是些什么人在买甲壳虫汽车。

麦克纳马拉回忆说，调查“把我吓了个半死”。买甲壳虫汽车的都是些律师、医生、大学教授，不是没见识的人。他自己也找了一辆甲壳虫汽车来开了开，觉得实在非常满意，甚至叫莱特和其他的福特主管也亲自试试看。他们真的试开了一下，不过却不像麦克纳马拉那样热衷，这令他非常懊恼。但他仍然相信，甲壳虫汽车之所以成功，在于大众公司能够看准汽车业中尚未开发的新市场，不像利斯所主张的策略，继续在已经饱和的中型车市场跟对手一较高低。

1958年，外形奇怪的德国甲壳虫汽车在北美地区卖出了104 000辆，日本的丰田汽车也首度打进美国市场。同一年福特公司做了一项内部调查，预测“进口国民车”如果没有遭遇底特律的竞争，到1961年销售量可能达到36万辆，约占汽车市场的6%。不利的趋势还不止这些，从1954年到1959年，福特阳春车款的价位上涨了450美元，国外进口车的价格却能够维持不变，原因在于国外的工资成本较低、销售量逐年上升，还有国外厂商维持车款不多做改变的策略。平民化价位的美国车与进口小型车的价格差距愈拉愈大，消费者考量自己的钱包之后，愈来愈多的人转向进口车。

一年多以来，麦克纳马拉和莱特一直在提倡小型车，但是遭到相当大的阻力，克罗素在公司的时候，一向都坚持福特公司不可能靠小型车赚钱。

不过麦克纳马拉在四年内下令进行了十四次市场研究，终于搜集到足够的事实和数据，能够说服决策阶层，在1958年3月19日批准他和莱特生产一款小型车。如果说巡弋是利斯的化身，反映了利斯不顾后果的盲目乐观，那么麦克纳马拉的国民车“猎鹰”就是一款十足只求实用的代步工具，反映出麦克纳马拉谨慎的个性。猎鹰是一部概念车，设计构想多半来自麦克纳马拉针对外国车买主、经销商和消费者所做的市场研究结果。福特公司上上下下甚至叫它“纸上汽车”，因为整部车可以说是福特汽车部门的设计师访问过成千上万美国民众之后，从研究报告里堆砌出来的成果。他们调查民众对汽车的各种意见，从汽缸数目、车身长度、乘客人数到耗油量，再根据所得的事实来做决策，而不再凭借直觉，研究结果也非常符合麦克纳马拉的经济观念。

他认为买车子的目的，就是要以最低的成本把人从一个地方送到另一个地方，车子就是没有任何无用装饰的经济型代步工具。猎鹰使他的观念得以落实，他希望创造一款朴素、干净、实用又经济的车子，价位则介于典型的福特车和中级车之间，不超过2 000美元。换句话说，这款车的一切都将与利斯的“钢铁卡通”形成强烈的对比。

捷报

这样的一款车，对正统汽车迷绝对不具备吸引力，亨利·福特二世也不会觉得兴奋。跟着麦克纳马拉参与猎鹰设计、生产每一个细节的莱特回忆说：“我相信福特二世从来就不喜欢猎鹰，他觉得那不像一款福特车，我们不知道费了多大的力气，才让他接受只要是我们部门生产的车，每一辆都是福特车。”许多汽车设计人员更是公开表示看不起只求实用的汽车设计观念，莱特回忆说：“当时所有的设计师都告诉我们，他们设计不出又小又好看的东西。”

在整个设计和生产过程中，麦克纳马拉与莱特并肩作战，想尽办法把价格维持在 2 000 美元以内。麦克纳马拉像老鹰瞄准猎物一样紧盯着这个价位，说什么也要让这款车做到轻巧，去除各种无用的配置、尾翼和那个时代典型的毫无价值的设计。他要求车子只要实实在在的单色，绝不要什么乱七八糟的双色甚至三色，也坚持车身不要任何多余的饰边，连一条铬边都没有。车身整体线条和水箱护罩力求简单，耗油量至少要比标准车型节省 50%，至于机械零件的设计，他的要求是必须让一般的技工利用家用工具都能把车子拆卸开来。正如麦克纳马拉所说：“最低的成本，最大的功用。”

1959 年秋天，猎鹰正式问世，车子总重量只有 1 074 公斤，比标准的福特车少了将近 700 公斤，车身也比中型的福特车短了一尺多，任何人都不必担心车库会放不下。麦克纳马拉也守住了价位上限，双门轿车只要 1912 美元。猎鹰推出之后一炮而红，成为 1959 年三大汽车公司推出的经济车当中最畅销的车款，单是在第一年猎鹰就卖出 417 000 辆，每辆车的利润高达 209 美元。

至少有一段时间，猎鹰的成功暂时阻挡了来势汹汹的进口车，它受欢迎的程度与利斯的大道巡弋或是艾德瑟形成强烈的对比。1957 年的巡弋平均每辆车亏损 700 美元，1958 年的艾德瑟每辆车亏损更高达 1 117 美元。猎鹰如此辉煌的成绩，就连福特二世也不能多说什么。

麦克纳马拉最后终于在 1959 年 11 月 19 日终止艾德瑟所有的生产活动，美国汽车工业史上最惨的失败例子，就此画上句号。从 1957 年到 1960 年间，艾德瑟一共只卖出 109 466 辆。原先生产艾德瑟的生产线，现在出厂的是一辆辆的猎鹰。米尔斯和兰迪仔细统计艾德瑟的财务资料之后，发现艾德瑟一共造成 2.5 亿美元的亏损——在当时，那是美国企业有史以来最惨重的失败之一——而且还不包括 1 200 个艾德瑟经销商血本无归的巨额投资。

麦克纳马拉一步一步征服了底特律，1957 年利斯的水星惨遭滑铁卢之际，他的福特汽车部门总销售量却超越了雪佛兰，这是福特公司自从推出 T 型车以来第一次打败雪佛兰，1959 年福特汽车部门再一次摘下胜利的果实。他结束了利斯一手造成的大灾难，而且虽然没有人认为他是个汽车人，现在他却创造了一款真正属于自己的车子，在市场上大受欢迎。麦克纳马拉唯一的失败经验是一款后伸缩式硬顶小客车，市场反应觉得它太过复杂，售价又高，等到 1960 年度的新车上市之后，硬顶小客车就被悄悄地放弃了。

对于麦克纳马拉的成功，利斯当然是又妒又恨，他已成了“十杰”的弃儿，现在正努力设法另起炉灶。

第23章

生辰忌日

如此的行动，乃成形于内心的静默中，一如伟大的艺术作品。

——利斯

利斯进了艾维可公司之后，他的任务是要重建克罗斯利部门，希望除了原有的国防合约之外，能够将业务扩大到商业和工业领域。公司的想法是，凭着利斯与底特律的关系，应该有助于早日打开他们在工商界的市场。结果证明，他们的想法错了。

利斯来到辛辛那提之初，众人对他的认识并非是一个在福特公司吃不开的主管，而是如一个消息不确实的地方记者所说，是“全国数一数二的企业救星，振衰起敝的高手”。他对记者表示：“这对我是另一个挑战，艾维可公司是有些问题，但是仍然大有可为，我实在无法拒绝这样的机会。年龄也是我考虑的因素，我现在还应付得了目前的工作，但是再过个十年可能就没办法了，如果我要找个公司跟它一起成长，这大概是最后的一次机会了。”

一蹶不振

他接受了这份工作，不过还是看得出来缺乏冲劲。他在公司总部设了五间理发厅——就跟他以前常去的福特公司的理发厅差不多——理由是他和其他高层主管都可以节省时间。他在董事会和军购代理商面前畅谈他的计划，讲得口若悬河，他加入公司才三个月的时候，就公开宣称要在五年内使产量和员工人数增加一倍，更要在六十天内使克罗斯利打进商业市场。

然而克罗斯利的规模、挑战和吸引力，当然比不上汽车工业。在汽车业，市场占有率如果改变一个小数点，利润就会激增，一辆车的设计成本如果减少几块钱，结果也会立刻反映在利润上。而在克罗斯利，利斯主要是接一些军方的成本加费用合约，各项成本一律实报实销，因此降低生产成本根本无利可图。他所接触的同事，也不是爱车成痴、谈起车子像是说起绝世美女的汽车迷，他们多半都是具有博士学位的科学家，专门做军方的生意。

辛辛那提的生意并不是那么好做，利斯发现他拉不到足够的商业合约，工厂有时还被迫闲置。竞争非常激烈，整个经济尚未恢复元气，而他的工厂当中，有一部分又太欠缺弹性，无法应付各种不同的产品。到 1959 年底，利斯加入公司也有两年了，却发现他与公司总裁的宝座已经绝缘。艾维可公司的主席兼最高执行长维克多·艾曼纽已经 62 岁，不久就要退休，总裁坎吉瑞克·威尔森很可能接替艾曼纽的职位，总裁之职就会出缺，那是利斯一直垂涎的目标。然而到 1959 年底，获选加入董事会的却是莱康部门副总裁詹姆斯·柯尔。莱康部门专精于精密的国防产品，所生产的军用和民用飞机引擎前途看好，一直是艾维可公司的支柱，公司在家电部门不断失血，都是靠莱康维持盈亏的平衡。

公司延揽柯尔进入董事会，算是给他的报酬，这也等于告诉利斯，这场总裁宝座之争他已经出局了。他手下有些工厂过去负责生产家电用品，到现在还时做时停，因为他一直无法争取到其他的商业生意，让工厂能起死回生。更惨的是，军方的订单也不断减少，迫使利斯在 4 月中旬不得不遣散三百名员工。艾维可纽约市总部的首席法律顾问戈登·塔托回忆说："我们知道他当时面临非常大的压力，但是我想谁都不觉得情况有那么糟，事情显然是很不顺利。"事情到底有多不顺利，在查尔斯·克罗素的生日当天就会揭晓了。查尔斯·克罗素是利斯的小儿子，利斯特地用他在福特公司的老东家克罗素的名字为儿子命名。1960 年的 7 月 3 日，利斯家里本来准备开个盛大的生日庆祝会，玛克辛选了一只超级大火鸡等着烘烤，还有插了七支蜡烛的生日蛋糕，以及多得数不完的生日礼物。

归于尘土

玛克辛踩着拖鞋，啪啦啪啦爬上了二楼的主卧室，她喊着说："利斯，该起来了，一整天的时间都快被你睡掉了！"

玛克辛等了一会儿，利斯还是没有应声，时间已经很晚了，可是利斯现在养成了星期天赖床的习惯。在艾维可公司辛苦工作一个星期之后，他需要好好充电一下，虽然远离了福特公司，他对工作还是全心全意地投入。早上他儿子叫过他一次，发现爸爸还在睡大觉。

但是现在已经是下午两点钟了，玛克辛急着要叫他起床。她推开主卧室的房间，却无法相信自己的眼睛；她看到利斯穿着睡衣仰躺在床上，两脚垂在床边，胸口满是鲜血，流到雪白的床单上。他的左手肘边上有一把柯尔特左轮手枪，弹膛里有两个已经击发的弹夹，他的黑边眼镜还戴在脸上，手上的结婚戒指和镶着黑宝石的金戒指也还在。在这林木蓊郁、一向平静的西乌木街住宅区看到这样一幅景象，实在是令人触目惊心。

玛克辛一把抓起电话，拨给住在附近的一个医生朋友埃得蒙·施韦策，几分钟后，医生夫妻两个都来了。医生太太连忙把三个孩子带离一片混乱的利斯家，医生则赶快检查利斯的情况，但是他一抓起利斯的手，就发现利斯早已经没有体温也没有脉搏了。时间应该是在半夜里，利斯坐在床上，对准自己胸口右上方开了两枪，就在心脏上面一点的地方，他的右手上还留着弹药的痕迹。他才 45 岁，那天的生日庆祝会也没有了。整个下午，施韦策太太尽量不让三个孩子接近收音机，免得孩子们从新闻当中听到他们父亲的死讯。

玛克辛并没有听到枪声，那天夜里下起了大雷雨，风雨交加，她自己又得了重感冒咳个不停，因此到客房去睡了。大概晚上十一点左右她跟利斯道了晚安，之前没多久他还跟孩子们在后院里玩得好高兴，父子四个人用铁罐放冲天炮，放得半天高。第二天，一辆警车停在这座位于山顶的石墙豪宅前面，有些邻居还以为是利斯家放鞭炮吵到了别人，有人去报警的。

利斯并没有留下遗书，玛克辛深信利斯如果真的是自杀，以他的个性他一定会留下遗书，把他要她做的事情交代得清清楚楚。她在房间里努力地找，希望能找到这个悲剧的任何蛛丝马迹，但却一无所获，只有一本《时代》杂志放在床头柜上。有人说过，如果两手闲着无事可干，你就点上一支烟，如果脑筋闲着不知道做什么好，你就找本《时代》来看。

利斯那把枪是几个月前才带回家的，玛克辛后来想起来，公司里有个被利斯开除的人曾经威胁过要杀害他，因此安全部门才给了他一把枪。

多年以后玛克辛回想起来，那个人威胁利斯说："我一定不会放过你的。我要宰了你和你全家。"

利斯叫来安全警卫，把那个人带离办公室。玛克辛还通知学校老师放学不能让孩子自己回家，一定要等她或是利斯去接。她甚至把书房的玻璃门都钉上了帘子，免得有人在外面偷看他们的作息。利斯对于那个人的威胁虽然没有表现得太担心，但还是每天把枪放在公文包里带着上班。

隐藏的炸弹

玛克辛觉得，利斯的确是有情绪低潮的时候，但是情况并不会比别人更严重。不过有的时候，他也会一时冲动。那年复活节的前一天，利斯因为玛克辛不愿意陪他到佛罗里达州出差，跟她大吵了一架，玛克辛觉得孩子们放春假，她应该留在家里多陪他们。利斯在盛怒之下拿出了手枪，扣着扳机说："我就让你看看这把枪是做什么用的。"

他的意思不是在威胁玛克辛，他的举动就跟抓起烟灰缸或是其他伸手可及的任何东西，一把摔出去发泄情绪没有两样。过了一会儿，自己就会觉得自己的行为太幼稚、太愚蠢。利斯拿出手枪也是一样的心情，只不过在家里开枪当然是要比摔东西严重得多了，子弹擦过浴室的瓷砖飞出窗外，并没有造成任何伤害，那发子弹如果有任何作用的话，就是抒发了利斯紧绷的脆弱的心。

但是，玛克辛还是无法相信她的丈夫真的蓄意结束了自己的生命。他从来没有提过自杀的事，在他生前看不出明显的沮丧迹象，也没有生病。唯一看得出来的问题是他有点担心自己的近视度数已经离不开眼镜了，而且还可能继续加深，这显然不是什么了不起的大问题。他甚至还谈起退休

利斯和他梦想中的汽车——水星大道巡弋，这款车型推出后不久，他就失去了工作，离开福特公司和“十杰”这个团体，寻找第二个机会，希望在另一家公司升到顶层的位置，但是他没有成功。

以后想开一家五金行，他半开玩笑说，要让两个儿子和女婿都一起到五金行上班，而且店面要开在圣地亚哥海边，这样他才能常常去打高尔夫球。

就在他自杀前一天，亦即星期六，他还跟朋友去海德公园乡村俱乐部打了几杆。大家都没发现他有什么特别的地方，更看不出他有结束自己生命的打算。而在星期五下午，他还在公司里安排到费城出差的行程，连他在古老的沃里克饭店要住什么样的房间都交代得清清楚楚。

自从离开迪波恩之后，利斯的生活形态与过去大不相同。他们搬进新家之后，利斯甚至亲口告诉玛克辛他自己的转变，有一天他不经意地对她说："你知道吗，我以后再也不可能像在福特公司那么卖命工作了。"对于一向难得吐露心声的利斯来说，这番话像是他内心的告解，许多年后玛克辛仍然觉得言犹在耳。当然利斯也不可能完全脱胎换骨，大部分时候他还是绝口不提内心的想法、感受。有一次玛克辛随口提到克罗斯利的冰箱一天到晚出毛病，实在很麻烦，没想到利斯立刻吼她说："那就把那台该死的东西扔了，随你高兴换什么牌子。"玛克辛被他的反应吓了一跳。一直到晚上她才知道，工会在利斯的工厂发动罢工，整晚都有人打电话进来说这件事情。罢工的工人还查到利斯家的号码，骚扰的电话一直响个不停，甚至利斯把听筒拿起来以后，他们还是有办法要接线生把电话接通。最后利斯实在不胜其扰，用枕头、毯子把电话密密实实地裹起来，跑去睡觉去了。玛克辛对他说："如果你事前把罢工的事告诉我，我就不会抱怨冰箱的问题了。"跟罢工比起来，冰箱的问题实在太微不足道，但是在电话进来以前，他一个字也不提。他还是老样子，一点都没有改变，自我封闭，自我隔离。

利斯再一次隐藏着他的失败，不让别人知道。但是他内心里一定开始怀疑自己的价值，他面对自己灵魂深处的那一刻，就如作家费兹杰罗所说，总是在凌晨三点钟。几乎没有人能够了解一个人在自杀之前，内心经历怎样的挣扎，但是利斯对自己的要求太高，野心又太大，完全超乎常情，最后才会遭遇严重的挫折和失落感。

他的梦幻车已不复存在，他对美国工业巨人的大规模改组也恢复了旧观，他的竞争对手——一度曾是他的朋友兼同仁——个个功成名就，超越了他。甚至在艾维可，规模不到福特公司十分之一的小公司，他也比不过别人。对于一个曾经有希望当上第二大工业公司总裁的人来说，这无疑是个毁灭性的打击。他一直全心全力在追求企业上的前途和发展，福特公司让他见识到企业惊人的实力，只是没想到他的权力来得快、去得更快，让他措手不及。不知道为什么，企业辜负了他。

利斯床头柜上的《时代》杂志，当期的封面故事是小型车大发利市的专题报道。底特律在 6 月间生产了 100 万辆小型车，比原订进度提早两个星期，因为市场反应奇佳，厂商甚至供不应求。麦克纳马拉的猎鹰大为成功，很多新车还是在利斯原先的水星工厂和艾德瑟生产线上制造出来的。利斯预测中型车市场会日益重要，现在证明是大错特错。

在迪波恩，利斯昔日的朋友和敌人是在底特律《自由报》上看到他自杀的消息，报纸头条标题写着："前福特红人 F.C. 利斯自杀，得年 45 岁。"众人对这个新闻议论纷纷，一两个月都还讲不完，福特公司有些人表示对他的自杀毫不意外，他们猜测到利斯一向平步青云，因此遇到挫折就受不了打击。

心死

莱特事后回想，才记起他跟利斯通过的电话，他和利斯的生日都是 9 月 4 日，亨利·福特二世的生日也是同一天，因此每年的 9 月 4 日，他一定会打电话给利斯，天南地北地聊一聊。莱特后来才想到，他们最后一次通电话的时候，利斯听起来就有点不对劲，当时他也说不上来哪里不对，但是在利斯死后，他终于想到，利斯从来没有像那次在电话里听起来那么脆弱、那么深受伤害。莱特回忆说："他听起来就是不像以前的利斯，少了那股活力，我想他对现况一定很不满意。"

利斯也许很后悔没有接受福特的降职，继续留在公司。在他死前几个月，他打电话给福特的首席法律顾问高赛特，当初高赛特就一直劝他应该接受加拿大的工作。高赛特说："他非常、非常地不快乐。他打电话给我，要我帮他去问问福特二世能不能让他回来，他在艾维可待得很烦，已经快受不了了。我告诉他只怕不太可能，一定会有人强烈反对的。"

利斯在福特公司的一些老朋友，也注意到他的改变，他比以前发福，脸上都看得出来，双下巴也出现了。过去他不管走到那里，都会激起一阵火花，现在却光芒尽失，他内心似乎有着莫大的冲突挣扎，但在外表上他又要努力掩饰。水星部门的一个设计师约翰·库西欧，在利斯死前三天跟他一起吃午饭，他回忆说："利斯把我介绍给他的辛辛那提的几个经理，我记得他很安静，对于艾维可的工作好像不想多说，那边不像汽车业那么刺激、那么有吸引力。干过汽车业以后，其他的事情你都看不上眼，地位、规模、金钱都比不上。他跟以前相比像变了一个人。"

不过，这些都只是大谜题当中的枝节片断，仍然不足以揭开谜底。他为何选择结束自己的生命，真正的动机大家还是不得而知。利斯也许是以别人对他的评价来衡量自己的价值，以他设定的标准来看，他的生活已经没有意义了。离开了他所深爱的一个世界，他一部分的自我已经被否定，他的自尊心受了伤害。他所面对的未来，也不可能满足他过去的雄心壮志。

不知道是不是命运的安排，当年一封电报把利斯他们一起带往底特律，现在利斯确定的死讯也是由一封电报传到其他九个朋友手上。两封电报相隔十四年，却是同样简短直接。在利斯死后第二天，桑顿、摩尔他们收到艾维可总裁发出的消息，上面写着："谨此告知阁下与同业，F. C. 利斯已于周日逝世，我们深感哀悼……追思弥撒定于 7 月 6 日星期三上午十时三十分，在辛辛那提艾瑞街二八五一号圣玛丽教堂举行。"

那天早上，一群身心俱疲、面色凝重的朋友来到辛辛那提，向利斯致最后的敬意。莱特出面安排了公司的飞机，送麦克纳马拉、米尔斯、米勒、兰迪、包士华、他自己和另外几个朋友来参加葬礼，专机上一片死寂，大家一路都没有多说什么。利斯的一个朋友却兹·莫锡回忆说："我们都还处在震惊状态。"摩尔从华盛顿搭机赶过来。在加州的桑顿和安德森因为工作走不开，不能前来参加弥撒和葬礼。

死亡之约

教会同意为利斯举行弥撒，对玛克辛来说是一个胜利，因为依天主教规定，自杀的人不能在教堂举行弥撒。起初教会也不同意，最后是一个邻居托马斯·克拉克说服了教区神父，教会才同意举行弥撒。克拉克告诉神父，谁都不能肯定利斯到底是不是自杀，既然无法确定，就不应该剥夺了利斯的权利。不过在葬礼当天，辛辛那提警方的暴力犯罪小组和汉米顿郡验尸官，都已经认定利斯是自杀身亡。验尸官表示，利斯没有留下遗书并不是不寻常的事情，自杀的人只有五分之一留下遗书。

福特公司也派了一个公开人员到辛辛那提，表面上是避免外界认为利斯之死与他在福特所受的待遇有关，其实是去调查利斯身亡的种种细节。福特为高层主管投保了相当高额的寿险，如果意外身故可以有两倍的理赔。利斯虽已离职，保单仍然有效。调查人员向邓涵回报利斯是自杀，他认为利斯当时不可能是清理手枪而意外走火，因为他的房间里找不到清洁剂或是碎布块。

丧家的护棺队伍把利斯的棺木抬下黑色的福特汽车，走上七级石阶，沿着走道进入英格兰式的圣玛丽教堂，众人也默默鱼贯而入。那是一个热得令人发昏的 7 月天，谁都不会愿意待在教堂里，既不能减轻身体上的热，也无法安慰心灵上的痛苦。这群朋友聚在这里，也许是大家最后一次碰面了，这些年来他们一起经历过那么多的成功和挫败，对彼此的长处弱点都非常清楚。也许正因为如此，他们才更难以理解，以利斯的敏锐聪明，为什么会走上这么可怕的极端，前途充满光明的生命，为什么会结束于自我毁灭。

对利斯的死讯最感到震惊的，莫过于包士华。“十杰”当中他最早与利斯共事而成为朋友，也像其他的军人一样，一起上纽约找乐子，加入福特公司以后两人还是很好的朋友，一直到利斯被派去巴黎，回国后又全心忙着水星的工作，两人的交情才逐渐疏远。利斯加入克罗斯利之后，包士华还和他聊过几次，都没发现任何不寻常的地方。他也和利斯其他所有的朋友一样，一直告诉自己利斯不是自杀，但是内心深处的另一个声音告诉他，实情只怕真是如此。

利斯的灵柩停放在圣玛丽教堂纯白的大理石祭坛前面，四下一片死寂，压得人喘不过气来，只听到神父的祷告文和大风琴大声弹奏的安魂曲。教堂屋顶上架着橡木桁梁，祷告文和赞美诗传到屋顶上又反射回来，回荡在偌大的教堂里。没有人为利斯准备悼文，弥撒又是以拉丁文进行，燠热难当加上没有人听得懂的语言，使得丧礼显得永无止境。有些人开始拿出手帕，频频擦拭额头的汗珠，摩尔已经坐立不安了，其他人也都一样。即使麦克纳马拉对于他和利斯的竞争感到一些遗憾不安，在他脸上也看不出来。整个弥撒仪式中，他一直翻着手上一叠三乘五的资料卡，说是在准备隔天一个会议的内容。玛克辛带着三个孩子坐成一排，就在麦克纳马拉前面不远的地方。多年以后，麦克纳马拉承认开除一个朋友的职务是他一生中最痛苦的决定之一，击败通用汽车的计划失败了，利斯也是一个受害者。然而，许多年之后另外一位记者因为一本有关亨利·福特二世的书去访问麦克纳马拉，他却突然问道：“利斯最近过得怎么样？”他的问题让记者大吃一惊，麦克纳马拉参加了利斯的葬礼，但是多年后他却完完全全忘了这回事。而他坐在教堂的橡木椅子上，不停翻着手上卡片的时候，几乎看不出丝毫同情或悔恨。

无解的谜

到了天国墓园，神父主持了简短的仪式，随后众人就相继散去，默默走向停在路边的车子。工人一直等到所有悼客都离开以后，才把利斯的棺木降到地下所挖的大洞里去。墓园里绿油油的草地平坦而一成不变，四周种满高大的树木。每座坟墓前面都没有墓碑，而是镶了一块两尺长、一尺宽的水平铜片代替。轿车一辆辆开走的时候，包士华回头从后车窗看了墓园最后一眼，多年以后他回忆说："我永远也忘不了开车离开墓园的时候，令人伤心的那一幕，只剩棺木孤零零地躺在那里，不应该这样子的。"

他们开车回到玛克辛家，向她表示慰问之意。他们都为玛克辛感到伤心，尤其是利斯留下的三个孩子。玛克辛非常镇静，他们一个个上前拥抱她，每个朋友都告诉她要节哀顺变。"有没有什么事需要帮忙的？"这句话她听了几十遍了，他们当然都很知道分寸，没有追问任何问题，不过玛克辛倒是提出了解释，为了不让利斯蒙上自杀的丑名，她告诉在场的朋友说她丈夫的死是一个意外，他是擦枪的时候突然走火。利斯在福特公司的一个同事莫锡说："这些话我想连她自己都不相信，可是这就是她让人佩服的地方，她不愿意说任何一句对利斯不利的话。"

有些朋友认为，利斯只是外表上表现得很乐观，实际上他是吝于表达自己内心想法的那种人，他对自己的妻子就是这种态度，连他丢了工作或是准备送给岳母一辆新车，他都没有告诉玛克辛。很少有人能够知道那天晚上利斯内心经历了什么样的想法，也许世上没有一个人知道。苏联诺贝尔文学奖得主、《日瓦戈医生》的作者帕斯捷尔·纳克，对于自杀曾有一段精辟的论述，他解释说："一个决定自杀的人，是对自己的存在画下了句号，否认自己的过去，宣布自己已经破产，记忆也不再真实。他的过去、他的回忆再也不能帮助他或解救他，他把自己流放于记忆之外，他内在生命的连贯性已然中断，他的人格已然结束。而最终使一个人真正动手结束生命的，也许不是求死的决心，而是这种令人无法承受的痛苦煎熬。受苦的对象已经不在，徒剩空虚的等待，然而生命已经停止，即使等待也不可能有结果。”

就像自杀的真正受害者，玛克辛思索过无数的借口和理由，但是却找不到一个满意的答案能够解释利斯的死亡之谜，其他人也都一样。归根究底，真正的悲剧还不在于他结束了自己的生命，而是他如此全心全意只为企业而活，一旦他失去了野心，他也一无所剩了，即使是小儿子的生日也留不住他。

第24章
冷血总裁

> 正如现在的学生觉得技巧比内容更重要，那些受训的人也认为管理本身就是目的，就是一项专业，与管理的对象并无多大关联。
>
> ——威廉·怀特

1960年11月9日，两个新领袖站在台上仔细端详着他们的信徒。他们两个可以说是同一类的人，各自掌握了不同的世界舞台，一个在企业界，另外一个在政坛。

在近五十年来竞争最激烈的选战中，43岁的约翰·肯尼迪在海恩尼思面对着支持他的民众，感谢他们把他送上了美国总统的宝座，使他成为有史以来第一位信奉罗马天主教的总统，也是最年轻的一位总统。

就在同一天，亨利·福特二世和麦克纳马拉在福特公司圆楼的小礼堂召开记者会，两人一起在台上，会议桌铺着青绿色的天鹅绒。福特二世当众宣布任命 41 岁的麦克纳马拉担任他的新总裁，汽车卡车部门副总裁的遗缺由莱特接任。

少年得志

自从 7 月间布里奇辞去董事会主席之后，公司上下都认为麦克纳马拉总有一天会接替布里奇的位子，现在福特二世正式宣布了这项人事变动。麦克纳马拉以其理性主义作风使福特公司上下心悦诚服，也证明了在所有的部门都亏损连连之际，只有他能够为公司赚进大把大把的钞票。这一次的晋升，是福特二世给他的报酬，福特二世自己担任主席兼最高执行长，而麦克纳马拉也成为 1906 年以来第一个当上总裁的非福特家族成员。

福特二世对底特律的记者解释说："麦克纳马拉先生所有的知识和数据，都记在头脑里面，其他人却得去翻书查资料才会知道。"

就任总裁之后不到两个星期，麦克纳马拉在公司高层主管的内部会议上，再一次展现他惊人的管理才能。每年福特公司都会包下火车，专车接送数百名主管、经理到西弗吉尼亚州的绿蔷薇饭店出席内部的检讨会。

麦克纳马拉正处于事业的巅峰，福特二世梦寐以求的高瞻远瞩的领导人，也不过如此。麦克纳马拉做了两个小时的演说，莱特和米尔斯则在一旁协助。他语重心长地警告说，美国的物价和工资不断上涨，必然会遭到国外厂商更大的竞争。他提出世界车的观念，将来一辆汽车的零部件，会分散在全球各地不同的国家生产，以利用各地较低的生产成本——在无人开始正视外国的竞争，或是预见到外国车未来影响的底特律，这的确是一个突破性的观念。

在台上雄辩滔滔的麦克纳马拉，洋溢着自信的光芒。他引述哈佛商学院教授勒维特和福斯汽车负责人的谈话，对汽车业做了一番权威而前瞻性的剖析，他的论点充满了先见之明，对未来提出了警讯。甚至在二三十年后，许多福特主管都还会说，如果麦克纳马拉继续留在福特，今天的福特公司不知会有多大的不同。

麦克纳马拉以他一贯的作风，在演讲中提出无数的统计资料、数据和图表：单位劳力成本、每人每小时平均产能、工业生产和价格指数。这些数字不是与日本的情形做比较，而是西德。事实上关于日本的威胁他只字未提，当年日本车在美国市场还没有什么进展，例如丰田汽车最早在50年代中期进军美国，但是设计不良，性能又平凡无奇。麦克纳马拉认为更大的威胁来自欧洲的汽车厂商，他相信欧洲厂商“会比目前大部分的海外竞争对手更大、更积极、更有效率”。

麦克纳马拉最忧心的，似乎在于外国比较低廉的劳动力成本。1952年西德的劳动力成本高于美国1/3，但是到1959年，西德的生产力大幅度提升，工资水准也比美国稳定，使得西德的劳动力成本比美国减低了18%。麦克纳马拉预测到1970年，西德的劳动力成本将会比美国低30%。

他警告说：“如果这样的趋势维持不变，国内的小客车市场必然会面临国外厂商第二波的侵略，而且第二波的侵略不会只限于福斯一类的产品。”为了防患于未然，避免市场占有率进一步滑落，麦克纳马拉呼吁福特汽车必须降低生产成本和售价，才能跟外国车竞争。他自己的猎鹰就是很好的例子，虽然说大众的甲壳虫价位还是比猎鹰低了三百美元。他也相信美国汽车业必须考虑从海外进口价格低于美国国内的零部件；事实上，他已经在规划一部更小、价位更经济的新车，当时他称之为卡迪诺，准备采用西德制造的引擎和变速箱，更直接地向大众挑战。

此外，麦克纳马拉认为福特除了必须重新检讨售价之外，也必须重新评估消费者如何计算单车的总成本，他相信，单车成本应该包含服务和维修。有鉴于未来的服务成本必然增加，“汽车制造厂商更应该在车子的设计和生产方面，提升汽车的稳定性与耐用性，以降低消费者单车的总成本”。当然，在未来的一二十年当中，日本汽车厂商在品质方面的努力将独步全球。虽然麦克纳马拉率先在底特律提出这个观点，但他不计一切压低成本的做法，却与他的说法背道而驰，甚至连维持福特汽车基本品质的必要成本他也要砍。

他对利斯失败的计划做了最后一次攻击，宣称汽车象征身份地位的重要性已经日渐减低，汽车只是个人的代步工具，如此而已，这也是他一向的主张。“对于自己的交通工具，以及与功能无关的价值方面，消费者愿意从钱包里拿出多少钱来，是愈来愈精打细算了。目前，消费者首要的要求显然日渐重视真正在功能方面的价值，产品的稳定性和耐用性、保养维修的成本，以及方便性。”那场演讲的确是精彩绝伦。事实上，任何人如果看过麦克纳马拉长达23页的分析，对他提出的警讯不可能不感到震惊。麦克纳马拉不仅是统计专家，他还会预测未来。他之所以能够看出汽车业不利的前景和重要问题，并非他对汽车业的研究比别人透彻，而是因为他能够跳出来，因为他能够独排众议，在利斯和其他人猛加铬边饰条的时候，看出小型车的重要性。现在，时势对他大为有利，他提出的解决之道是基于他对数字的绝对信心，也是正确的回应之道——至少看起来是如此。

新贵

亨利·福特二世选择麦克纳马拉作为总裁，也许他心里打的算盘是觉得他找到了一个能够保障他与公司未来的最佳人选。对这个消息最兴奋的，莫过于最初将麦克纳马拉带进福特公司的桑顿。1960年12月2日桑顿写了一封信给摩尔，信中说："麦克纳马拉获选为福特公司总裁，不仅是实至名归，对于福特公司也会如虎添翼。我相信在他的领导下，福特公司未来一定会成为工业管理效率的表率，一如过去在斯隆领导下的通用汽车公司一样。"

然而，麦克纳马拉不是斯隆第二，他在福特的高升，只是顺应了席卷美国企业界的一波新趋势。在全美许多的大企业中，财务部门的人才一个又一个爬上最高层的职位。就在两年前，通用汽车公司的柯蒂斯，亦即利斯最崇拜的英雄退休后，公司拔擢了拘谨寡言的会计弗瑞德·窦纳出任总裁。柯蒂斯成为通用汽车公司最后一位强有力的领导人，离开通用自立门户的约翰·狄洛伦日后甚至说柯蒂斯是"最后一任管事的通用总裁"。

麦克纳马拉、通用汽车公司的窦纳或是利顿工业公司的桑顿，都属于新品种的主管；他们对资产负债表要比对产品蓝图在行，对生产单位成本可能也比设计细节更加清楚，而且生性对市场预估就比产品品质更感兴趣。麦克纳马拉以他媲美电脑的头脑，从会计迅速爬升到总裁，证明具有财务背景的主管，亦即兰迪和米勒在过去十五年来辛苦网罗进来的企管硕士，如今在福特公司已经大权在握。诚如一位汽车人所说，像麦克纳马拉这样的主管，亨利·福特二世的祖父一定会认为是"非常不切实际的书呆子"。

但在60年代初期，麦克纳马拉与其他的"十杰"同事却成为新一派管理理论的典范，重用握有文凭、信任事实与数据甚于直觉和个人判断的专业人士。这些新一代的主管，鲜少有制造业的背景，反而都是财政、会计专业出身，他们钻研的不是企业的产品，而是企业的相关数字。尽管麦克纳马拉在绿蔷薇饭店勾画出一幅远大的前景，但是在福特公司，大部分人所认识的麦克纳马拉却是只知压低成本、不问对品质或人员有何影响的主管。

福特公司内部的改变真实而明显，就在利斯与艾德瑟被淘汰出局之后，公司似乎也顿失活力。亨利·福特二世以他父亲命名的新车竟然一败涂地，对他个人来说实在不光彩，因此他对钱包看得愈来愈紧，对投资的风险愈来愈保守。就在如此保守的新环境下，事事反对的财务部门趁势崛起，权力大增。

现在，如果想在福特公司出人头地，必须是麦克纳马拉过去掌管的财务部门的人，否则至少也要在财务部门待过。这个掌管数字的地方，成了福特公司新的权力中心，公司的超级训练班。在身兼审计长与副总裁的米勒领导下，财务部门成为三足鼎立的组织，包括会计、财务分析规划以及人事行政三个单位。这个三层分工的观念，最早出自“十杰”，福特的财务组织因此迥异于其他的企业。

其中握有最大权力的，当然是财务分析部，财务分析部是麦克纳马拉所创设，现在则是由“十杰”同党兰迪严密监督。这个部门无所不管，对于公司的每一个活动都要加以诠释、评估甚至批评，定期提出报告。他们改变了过去财务部门只知计算数字的角色，摇身一变进入全面掌控的权力巅峰。兰迪自己就说，财务部门最重要的功能，不在于审计、会计、现金管理等传统领域，而是持续不断地评估福特汽车的成本、价格和利润；远程规划、重大的资本投资、福特经销与维修制度的数字模拟，都必须倚重财务分析。《纽约时报》的一位记者就曾夸大地报道兰迪手下“太空时代的管理方法”。

多年以来兰迪手握人事聘用、训练、叙薪、升迁大权，看过数百位大学会计、财政系毕业生在福特进进出出；在这个过程中，他为自己建立起一个帝国，集结了无数精英人才。现在这个精英帝国中有人坐上福特总裁的位子，整个团体在福特公司的控制地位，更是无人能出其右。

兰迪征召的为福特公司效命的人才，正是威廉·怀特 1956 年出版的经典之作《组织人》一书中所描述的类型——个个年轻、高学历，全心全力为兰迪效命。桑顿在建立管理阶层的典范时，抱持着一个观念，认为人的存在是作为社会的一个单元，福特的财务精英也深信桑顿这个主张。怀特说："就个人而言，个人是孤立而毫无意义的，唯有与其他人合作，个人才具有价值，个人因为在团体中贡献一己之力而得以升华，也使完整的大我能够大于各部分的总和。"

"十杰"个个矢口否认怀特的结论，认为他的说法太侮辱他们，但事实上他们大部分人的确在演讲中提到："那本书只是个讽刺作品的敏锐观察，但是对于专业人士在大企业中真正的行为，书中却未能提出合理的通则。"

企业新宠儿

然而，麦克纳马拉一手建立、米勒和兰迪费心守成的企业核心，往往却又凌驾于大我之上，就像公司中的太上公司，而不只是个别的主管。福特的设计中心、行销业务部门，以及无数的工厂，其主管完全迥异于财务部门。除了财务部门以外，当上主管的人大概都有一箩筐有关汽车的故事，譬如小时候父亲会把整部雪佛兰拆解开来，教他们把零件一个一个装回去；他们对汽车业元老打开汽车市场的奋斗过程如数家珍，也会在酒吧里为零件、订单和经销权争执不下，动口之外有时还得动手。他们对车子都有一分狂热，正如利斯一心一意要追求童年的梦想，他也希望创造一辆他自己的车。

然而财务部门的青年主管，都像麦克纳马拉一样，对汽车本身没什么特别的感情。当然，他们有些人也很高兴在汽车公司上班，而不是在枪支工厂或是玉米片工厂工作。但他们不像许多没有企管硕士学位甚至没上过大学的老一辈员工，并不是爱车族，如果他们碰到车子突然在路上抛锚，也只能站在一边干瞪眼。第二次世界大战期间凯勒从生产线基层一路爬上克莱斯勒公司总裁的位子，成为汽车界的传奇，现在福特公司这批财务人员绝不可能改写凯勒的历史。大战期间美国大幅扩张军事，连民间工业也投入军备生产，凯勒曾经从数百件迫切需要的军备零件中，挑出他的工厂能够生产的零件，前后只花了十五分钟。他说利用一种特别的过程生产，他能够生产其中四种零件。工厂经理说："真是太神了，第二天我花了一整天的时间研究那几百个零件，结果发现我们真的只能够生产那四种零件，其他的都没办法。"

诚然，财务部门的主管无法了解汽车工业的具体细节，兰迪自己也都承认，他一踏进福特的设计室就觉得丈二金刚摸不着头脑。他带进福特的人是负责"管理"和分析的。怀特在《组织人》一书中说得好："正如现在的学生觉得技巧比内容更重要，那些受训的人也认为管理本身就是目的，就是一项专业，与管理的对象并无多大关联。"

兰迪招募的人马，是中产阶级的产物，手握一流名校的研究所文凭，套句福特人的话说，他们"没血没肉、平淡无趣又一无可取"。但他们却也是聪明绝顶、口若悬河，永远都能为自己做最有利的辩论。福特的工程师，后来离职出任贝尔—豪伟公司最高执行长的达诺·福瑞回忆说："他们的人是公司最优秀、最聪明的人才，管营运的人，包括业务、生产和设计部门，都被认为是笨蛋，不会讲话、脑筋又不好。就智商来说，我想财务部门的每一个人都比公司其他的人至少高上五分以上。兰迪对这一点神气得不得了。"

他们知道自己很强，很特别，有些人把他们那批人叫做"兰迪经济学院"派。到60年代末，福特公司的企管硕士大约有1 200人，大学商学系毕业的还有2 000人，企管硕士起薪比大学毕业生高出25%，更重要的是他们的调薪幅度比大学生高出一半。詹姆斯·柯利在宾州大学念完经济研究所之后，也加入福特公司，他回忆说："在福特的审计部门工作，就像在达拉斯牛仔队上打球，每个位子都是一流的人才。”

他们最拿手的，就是阻挠。任何人要申请经费，不论是汽车零部件或是工厂设备，都必须先经过财务部门核准，但是生产部门一次一次被驳回。当年“十杰”建立的财务监控制度，将福特公司从倒闭边缘挽救回来，但是战后初期振兴的良药，现在却开始窒息公司的活力。财务部门不仅扼杀许多产品创意，更严重的是形成一种绑手脚的企业文化，许多人干脆放弃了。财务部门闪亮的明星与麦克纳马拉如出一辙，利用他们的聪明才智和控制大权打压设计与行销人员。

这种一分一毛都要节省的政策，导致福特汽车不断在品质上妥协打折扣，从车门把手到汽车烤漆无一幸免。在50年代后期，福特位于宾州雀斯特的一家大型装配厂一直向总公司要求更新烤漆设备，但是任凭工厂主管说破了嘴，还是争取不到必需的经费。雀斯特厂已经非常老旧，大部分设备也都已过时，喷漆烘烤炉又旧又干，里面的绝缘层甚至开始硬化变成粉尘掉下来，汽车的烤漆还来不及烤干，粉尘已经落得到处都是。许多年来，从雀斯特厂出厂的新车，烤漆里面都含有一片片的粉尘。

一连三年，李纳克的申请一而再、再而三地被驳回。尤有甚者，李纳克以前本来在亚瑟—安德森公司做会计，进了福特之后也是从财务部门起家，因此他很清楚财务部门的游戏规则，但是连他也争取不到迫切需要的新设备。

到后来，许多人半带认真地开玩笑说，福特公司一定是准备结束营业了，在他们看来，这是唯一合理的解释，因此财务部门才会驳回这么多对长期营运影响重大的投资计划。福特工程师福瑞打过的仗、赢得的胜利比大部分人都要多，他常常愤愤不平地告诉部属说：“各位，我们一定是快要关门大吉了，这次一定是最后的一批货，大家通通不干吧，谁在乎？”

这是结束的开始，这个转变最后终于导致美国市场之门大开，外国进口车趁势源源涌入。麦克纳马拉在年度主管大会上引述了无数的事实、数据，但是却未能认识到攸关未来竞争的一大关键，就是财务部门在福特公司的地位和权力愈爬愈高，已经动摇了福特公司的根基，致使公司愈来愈难以招架别人的竞争攻势。其他的公司都深深了解，良好的设计、行销和生产有多重要——单凭财务制度不可能成功。但是这一切，麦克纳马拉总裁都不会为之烦恼伤神。

另有高就

麦克纳马拉未能实现他对福特公司的理想，主要都是因为罗维特。第二次世界大战期间，罗维特对桑顿照顾提携有加，桑顿也视他如师父。1946年他向亨利·福特二世的大力推荐，使桑顿和麦克纳马拉等人如愿进入福特公司，现在也是因为他的一句话，促使麦克纳马拉突然跟福特二世拆伙。总统当选人约翰·肯尼迪正在筹组新内阁，他在考虑财政部长、国防部长和国务卿这三个最重要的人事时，第一个想到的名字就是罗维特。

12月1日肯尼迪约见罗维特，表示这三个职位由他挑选，不过罗维特因为健康问题而婉拒入阁。但他向肯尼迪建议了三四个国防部长人选，麦克纳马拉也榜上有名。从统计管制处时代开始，罗维特就对麦克纳马拉有很好的印象，眼看着他在桑顿离开福特之后一路扶摇直上。当然罗维特对桑顿的评价也很高，不过他认为利顿工业公司承担了太多的国防合约，很可能产生一些利益冲突而影响桑顿的表现。

肯尼迪与罗维特会谈之后不久，就派姻亲萨金·徐瑞佛到纽约，继续与罗维特讨论国防部长的人选。罗维特仍然告诉徐瑞佛，在将近十个人选当中，他认为麦克纳马拉最为杰出。他记得他对徐瑞佛说："麦克纳马拉的优点之一是他对任何机构几乎都抱着挑战传统的批判态度。我说，这样的态度必须有

（上图）麦克纳马拉和新老板肯尼迪总统在白宫合影。
（下图）麦克纳马拉（图左）和福特二世合影，时间为 1960 年 11 月 9 日，在福特宣布任命麦克纳马拉担任福特公司总裁后不久。

所节制，才会变成一个优点，但是他凡事讲求事实的个性，对国防部却是大为有利的，而这样一个讲求事实的人，必然也有超强的分析能力。”

麦克纳马拉上任新职位才满一个月，有天他吃完午饭回到办公室，照例询问秘书说：“我们看一下电话的留言，有什么看起来是真的很重要的？”

秘书回答说："有一位肯尼迪先生打电话来。"

麦克纳马拉并不认识姓肯尼迪的人，不过他还是回了电话，接电话的是罗伯特·肯尼迪。

"我哥哥，也就是总统当选人，希望你能跟他的助理徐瑞佛见个面。"他并没有说明是什么事情，坚持说还是等徐瑞佛亲自跟他谈比较好。

麦克纳马拉说："好吧，那我们约下个星期好了。"

罗伯特说："不，我是说今天下午。他今天就会搭飞机到底特律，三点钟就会到了。你什么时间方便？"

那天下午四点钟左右，徐瑞佛依约来到麦克纳马拉的办公室，说他受总统当选人肯尼迪之托，专诚来敦请他加入新内阁。

麦克纳马拉说他刚接任公司总裁，就这样弃福特二世而去，实在有负他的赏识和重托。肯尼迪的敦请令他非常意外，因为他虽然投了肯尼迪一票，也捐款作为他的竞争经费，但是一般人都认为麦克纳马拉是共和党。

不过，徐瑞佛继续与他细谈，希望对他多一点认识。他和肯尼迪都对麦克纳马拉非常好奇，因为他们探问过其他人的意见，结果都跟罗维特一样对麦克纳马拉赞赏有加。局外人对他的评价，大多认为他是一个聪明绝顶的主管，拥有哈佛企管硕士学位，是个真才实学的青年才俊，更是 60 年代初理性现代主管的典范。除此之外，他还有一些与众不同的地方，让人觉得耳目一新，例如他舍弃布隆菲山庄不住，偏要搬到安阿伯与大学的知识分子为邻，一向看不起汽车公司领导阶层的劳工领袖，跟他也处得不错，他甚至还支持"美国民权联盟"。

不为所动

徐瑞佛问他对财政部长是否有兴趣。

麦克纳马拉说："没兴趣，也不够资格。"

徐瑞佛说："我们也认为你可能会这样回答。如果这样的话，我们希望能聘请你做国防部长。"

麦克纳马拉笑了出来，徐瑞佛回忆说，麦克纳马拉对这个职位似乎并不意外也不妄自尊大。事实上，他还开始就事论事地讨论起这几个工作，好像在讨论福特公司内部的业务，他很快地指出财政部的三四个主要问题，国防部也有三四个主要的问题。后来他往椅背上一靠，告诉徐瑞佛说如果他答应肯尼迪，他就得放弃福特所有的股票和买卖选择权，那可是价值数百万美元的。此外他也得放弃福特的高薪，1959 年他的年薪是 410 833 美元，这还是他出任总裁以前的数目，而政府公职一年的薪水总共只有 25 000 美元。

他接着说："你知道，我现在的钱一辈子也用不完。"

麦克纳马拉这句话的意思其实是说，他并不在乎钱的问题。事实上他的确不在乎，福特丰厚的薪资和股份红利，已经够他做好几个百万富翁了。

不过，麦克纳马拉尽管想了这么多，最后还是拒绝徐瑞佛。徐瑞佛奉命说服麦克纳马拉接受这个工作，但是如果说服不了，肯尼迪希望麦克纳马拉能够跟他见个面。麦克纳马拉无意改变决定，但是基于礼貌他同意跟肯尼迪碰面。

徐瑞佛离开以后，麦克纳马拉到福特二世的办公室找他，但是福特二世刚动身到东岸去了。麦克纳马拉立刻打电话订机票，赶到东岸去找到亨利·福特二世，告诉他未来几天他不管听到什么新闻报道都不要当回事，因为他绝对不会加入肯尼迪内阁，他觉得受宠若惊，但是并不感兴趣。

不过，第二天他就动身到华盛顿，私下与约翰·肯尼迪会面。麦克纳马拉不打算离开公司的决定并没有改变，理由是他欠缺经验。他回忆说：

“肯尼迪总统对我说，他可不知道有哪个学校是专门训练内阁阁员或是总统的，因此没有经验并不是一个很充分的借口。于是我换一个说法，我承认当过国防部长的人的确没有几个，有国防专业经验的人也不多，但是我相信一定有很多人比我更有经验。我举出几个可能的人选，但是都被他一个一个淘汰，而且他所提出的理由我不得不同意。”

在福特公司一向咄咄逼人、质问别人像连珠炮的麦克纳马拉，在他与肯尼迪的第一次见面当中，只问了肯尼迪一个问题：《勇者的画像》是不是他亲笔写的。麦克纳马拉事后回想，他实在是问得太过冒昧，然而这句话看似一时失礼，却是一个诚实的问题，他在底特律已经看够了肤浅的人物，不希望在华盛顿又碰上一个。《勇者的画像》1956 年初版时，麦克纳马拉就已经拜读过，对于书中的内容以及他所谓的“文采之美”深为折服。他听过无数的人传说书其实是由别人代为捉刀，并非肯尼迪的亲笔，因此他对这件事一直很好奇。麦克纳马拉回忆说：“我在 50 年代读过的书当中，《勇者的画像》最令我感动，因为书上讨论的是我们的一大问题，就是原则与权宜的分际，而且我觉得，他写得非常好。”

肯尼迪对这个突如其来的问题觉得很意外，他说书当然是他自己写的。他继续与麦克纳马拉讨论着入阁的可能性，愈谈麦克纳马拉愈觉得他开始被肯尼迪打动了，肯尼迪具有无与伦比的说服力，这就是不久之后人人所谓的肯尼迪的“领袖魅力”。

肯尼迪说：“这个周末你考虑一下，星期一再跟我谈好不好？我们星期一再碰个面。”

想到可能进入华盛顿政坛，麦克纳马拉兴奋得难以入眠。第二次世界大战期间他和桑顿一伙人在五角大楼工作时，就开始建立管理的技巧和控制。但是三军之间的对立和分赃酬佣的政治风气，致使他的管理制度无法生根。现在机会来了，他可以重回华盛顿完成未竟之功，将整个国防部制度化，从核子武器到未来的武器系统都纳入理性的管理。

除此之外，麦克纳马拉在福特虽然称得上功成名就，但是公司也被他变成一种抽象的智力游戏。他对福特生产的车子从不觉得有什么强烈的感情，除了他一些“十杰”朋友以外，与公司同事和员工也没有什么特别的关系，尽管他爬上福特帝国的顶尖地位，他在底特律仍然是一个反常的特例。然而，他在福特内部打了一场漂亮的胜仗也是毋庸置疑的，统计班子现在统治着福特帝国，在他击败群雄出任总裁之后，这个胜利也许就足以促使他渴望全新的挑战了。

权衡

从周六到周一，他找了安阿伯的几个朋友讨论这件事。有天晚上他去找邓涵，“十杰”圈子已经把邓涵看做自己人了。他喝了两三杯“尊尼获加”，正好有聊天的心情，两个人就坐在客厅里，一直聊到凌晨两点钟，邓涵非常惊讶于麦克纳马拉竟然认真在考虑接受这个职位。

“你听我说，麦克纳马拉，你刚刚接任福特公司的总裁，福特可是全世界最大的公司之一，你就是公司最需要的人才！”

“你到华盛顿去，那些该死的政客………你会被叫到一大堆委员会面前，他们还没有你一半聪明，但是却会把你批驳得体无完肤。因为他们清楚华盛顿的内幕，而你不知道，你不会是他们的对手的。”

麦克纳马拉说：“也许你是这么想，但是我想我在那边不会有问题的。”

“我认为你如果接受这个工作，是大错特错。”

“我要怎么拒绝总统呢？”

邓涵说：“就像你拒绝其他人一样，就说不要就好了。”

但是，麦克纳马拉并不想说不要。他也去找了密歇根当时的全国委员会委员尼尔·史戴勒，请教他的意见。史戴勒回忆说："麦克纳马拉就好像在问：'我为什么要聘用麦克纳马拉做这个职务？'好像他希望以总统看他的角度来认识他自己，就好像他要写一份有关他自己的报告给自己看。他能胜任这个工作吗？他能让五角大楼所有相关的人都同意他的看法吗？国防部真的能够团结统一吗？麦克纳马拉在福特公司看够了你争我夺、相互倾轧，五角大楼已经吓不倒他了，但是真有什么人有足够的权力把五角大楼统合起来吗？最后，我不记得他确实的话，不过意思是说，也许没有人做得到，也许他撑不了六个月，也许谁都没有足够的条件。不过再怎么说，总统既然开口问他了，他就做做看。"

在公司，麦克纳马拉把肯尼迪的提议告诉米勒和莱特。最初麦克纳马拉把事情告诉莱特，是因为他要请莱特代替他去麻省理工的商学院演讲。

莱特说："我的天，只剩两天的时间。"

麦克纳马拉告诉他："哦，你没问题的。"

"你到底要上哪儿去？"

"我要到华盛顿去一趟。"

接下来的细节就不用多说了。莱特回忆说："那真是意外中的意外，我想不出他有什么办法拒绝。那是他的决定，我也能了解他为什么想要接受，而他一旦下定了决心，就不必再多谈了，他固执起来也是够固执的。"

莱特刚接替麦克纳马拉的遗缺，成为汽车卡车部门副总裁，可想而知他现在当然很关心自己在福特的前途。"我知道这对亨利·福特二世和整个公司都会是很大的震撼，事实上也是。我也知道我以后的日子可不好过了，第一，我有相当的理由相信我不会接替他的位子，我自己才上任一个半月而已，他做过很久的副总裁，因此他比我高了一级。我做副总裁才一个半月，如果就让我接替他的位子，是很奇怪的，因此我很好奇谁会中选。当然，继任他的人对于我以后的工作影响会非常大。"

弃商从政

星期二那天，莱特暂时把他个人的考虑放在一边，代替麦克纳马拉飞到波士顿去做预定的演讲。就在同一天，麦克纳马拉也飞到华盛顿，特工处派人到机场去接他，带他悄悄绕到摩尔城N街上的肯尼迪住所，从后面进去。新闻圈盛传麦克纳马拉已经接受国防部长的任命，因此肯尼迪住处前面聚集了大批记者苦苦等候。特工处人员让麦克纳马拉下了车之后，他爬上狭窄的阶梯进了后门，看到肯尼迪和他弟弟罗伯特一起坐在小沙发上。

他说："总统先生，我写了这封信。"他重申他认为自己条件不够，但是如果他信里要求的条件都能够做到，他愿意全力以赴。

肯尼迪说："那我们先看看吧。"

肯尼迪拆了信来看，如果他对麦克纳马拉还存有任何疑虑，看过信之后也涣然冰释了。麦克纳马拉对这个问题的态度之坚决，令他相当佩服，他看得出来麦克纳马拉不希望政治利害或人情介入国防部的动作。他们初步接触时，肯尼迪就告诉麦克纳马拉，他们考虑要任命罗斯福总统的儿子出任海军总司令，麦克纳马拉当时就表示反对。

肯尼迪把信递给他弟弟，罗伯特礼貌性地看了一下，然后递回给肯尼迪。

肯尼迪问他："你觉得怎么样？"

他弟弟说："很好呀。"

肯尼迪说："那还等什么，我们到前面去对外宣布吧。"

麦克纳马拉当天就回到安阿伯收拾行李。就他个人而言，在底特律的任务已经完成。对底特律的汽车人来说，麦克纳马拉的离开显得非常突兀，甚至奇怪。他的朋友几乎还来不及恭喜他在福特的高升，他又要转任新职，也许是更杰出的成就。在那些老死于汽车业的人眼中，麦克纳马拉简直是难以理解，他才赢得福特公司里人人梦寐以求的工作；被新政府延揽入阁当然是很不错，虽然说在民主党政府远不如在共和党政府那么光彩；但是底特律普遍的共识是，任何一个神智清楚的人，都不会为了一个部长而放弃福特总裁的位子。

福特二世对麦克纳马拉的决定感到又生气又烦恼。他对麦克纳马拉可说是倚重有加，升他做公司总裁，他却一转眼说走就走，使福特二世相当难堪。福特二世请公司的一位董事席尼·温柏格去找麦克纳马拉，希望说服他回心转意，但是麦克纳马拉已经下定决心，不会再改变了。麦克纳马拉说，他赚的钱已经远超过麦氏家族的列祖列宗，现在该是他回报社会、为国效力的时候了。

麦克纳马拉的辞职正式宣布的那一天，福特二世万分沮丧地坐在书房里。福特家的一个朋友刚好到他们家里去，发现福特二世一边喝着酒，一边难过得哭了。他告诉客人说："这大概是我这辈子最难过的一天，我实在不敢相信会发生这样的事情，麦克纳马拉的事你听说了吧？我花了多少年在训练他，福特家族以外的人当上总裁，他是头一个。在我训练了他这么多年以后，他却要走了，我真不敢相信。现在我怎么办？"

第25章

分庭抗礼

综效：唯一能使二加二超过四的办法。

——商业周刊

麦克纳马拉与桑顿差不多在同一时间达到人生的巅峰，这两个朋友一直走在平行线上，各自重建统计管制处的公式，网罗志同道合的优秀人才，将数字与事实应用于企业，成为“十杰”当中最出名的两个人。麦克纳马拉在福特公司的爬升，是基于他能够控制成本，以及根据理性的分析来做决策。桑顿在利顿工业公司的成功也是基于相同的原因，但他还有另外一些不同的特质，就是他的理想和领导能力。

桑顿花了二十年的岁月为利顿工业公司做准备，历经福特和休斯飞机公司一连串的挫折，最后他还是赢家，而且他可不会轻易放手。他之所以脱颖而出，成为成功的现代企业领袖，秘诀就在于他知道如何快速成长。正如50年代的底特律汽车日益庞大而沉重，美国最成功的一些公司同样也是取决于规模。桑顿手下小小的利顿，正迅速变成一个大巨人，几乎没有人想到也许有一天它也会像利斯的大道巡弋一样惨败。

蚕食鲸吞

尽管有些同事警告过桑顿不应该成长得太快，他还是继续收购一家又一家的公司。他变成美国的大兼并家，使利顿工业公司成为纽约股市上市公司当中成长最迅速的企业。到1961年，经过25次的收购行动，利顿旗下公司包括九个国家的48家工厂，年度营业额2.45亿美元，普通股每股涨到140美元。

桑顿利用科技创造了他的企业。早在“利基市场”这个说法出现以前，他已经利用科技产品占领了许多优势市场。他最拿手的可以说是智慧的中介，他会跟科学家、工程师聊上几个小时，看他们能够做出什么东西，然后他再观察市场，看市场上需要什么东西。桑顿的合作伙伴艾许说：“桑顿站在那里做中间人，根据他对市场需求的了解以及科学家的能力，巧妙安排这一切而建立一个企业。”

麦克纳马拉出任福特公司总裁之前的几个星期，桑顿又完成一笔重大的收购，买下密西西比州帕斯卡古拉市的英格斯造船公司。英格斯就像桑顿收购的许多公司一样，一直在赔钱，因此桑顿才能以价值800万美元的利顿股份，买下营业额6 000万美元的英格斯，但是也要承继900万美元的债务。

不过桑顿对英格斯打的算盘，却是又一个因为冷战而受惠的市场。占美国造船市场第三位的是攻击潜艇，由于苏联对海底战争的重视，美国海军也急着要增购攻击潜艇作为回应。桑顿考虑这笔收购案时，注意到潜艇必须大量应用复杂的电子仪器和装置，其中有一些是利顿旗下的公司已经在生产的。如果海军开始将整个武器系统委托民间制造，利顿正好可以分得一块市场大饼。不久之后，桑顿和艾许就提出了“综效作用”，这个名词日后一再出现于企业词汇中，几乎被奉为神圣不可侵犯的金科玉律。艾许最初是在化学家兼发明家阿诺德·贝克曼的实验室听到“综效作用”，所谓综效是指两种以上的成分共同作用的效果，会大于个别作用的总和。或者如桑顿和艾许的引申意义，就是整个利顿企业的价值，大于旗下个别公司的总和。的确，利顿早期收购的许多公司都能够相辅相成，使利顿工业公司赢得一笔又一笔重大的国防合约。然而，最后桑顿却公开利用“综效”的理论，作为继续不断兼并的理由，远离了早期的科技核心。

桑顿这个观念，带动了企业集团运动。正如当时的其他大企业集团，桑顿也主张多角经营的公司比较容易度过景气循环的低档期，单一产品的产业则容易受到不景气的影响而一蹶不振。华尔街不久后接受这个观念，使得企业集团的股票开始飙涨，超过典型的工业公司，而那些价格高估的股份，又可以用来兼并更多的公司。

多角经营并非一个全新的观念。早在30年代，有些专业的公司，尤其是生产资本货物的公司，发现他们深受经济大萧条的打击，就已提出多角经营的主张。不过到50年代，大部分的工业公司仍然专注于单一或相关的产品，极少涉足不相关、不熟悉的产业。石油公司不会去兼并百货公司，经营消费商品的公司也不会买下电视台或是华尔街的证券交易所。

桑顿的利顿工业公司，却是全然不同的企业产物，他利用早期承制军方电子装备的成功做基础，一步步迈入与国防或电子完全扯不上关系的领域。他挑选可能的收购对象时，有几个主要的原则，第一是避免那些必须依赖经济景气才能成长的公司或产业，他所考虑的是，这些公司或产业本身必须具有成长的潜力。他说他所寻求的公司必须具有一定的关键性的规模，不宜过大，以免太受经济景气的影响，但是也不能过小而无法生存。不过，他最主要的还是在收购机会，正如这次他买下英格斯造船公司一样。

他纵情想象各种的可能性，有些平凡无奇，有些却是非常异想天开。他曾经认真考虑过要买下西屋电气和洛克希德，就是他还在休斯飞机公司时有意收购的休斯的洛克希德。但在各个可能的生意当中，最出人意表的莫过于沃尔特·迪斯尼公司。在60年代初期利顿股票飙涨时，迪斯尼显然是迫切需要财务周转，桑顿结识了迪斯尼，对他敬仰有加。利顿工业公司当时的一个主管哈瑞·葛瑞回忆说："他们变成好朋友，桑顿看上了娱乐业的市场，也很喜欢迪斯尼的创意。但是迪斯尼认为利顿的股票无法出售变现，不可能帮他筹措到他迫切需要的资金。"这笔生意因此没有谈成，迪斯尼也在1966年过世了。

不过桑顿对迪斯尼的兴趣，足以证明他已经不是在建立科技公司，他的目标是建立一个大企业集团。将经营各种不同产业的公司称之为企业集团，这个说法最初的出处如今已不可考。但"企业集团"一词在60年代中期开始流行，而蒸蒸日上的利顿工业就成为企业集团的典型。

不论这个名词出自何处，利顿是最早被称为企业集团的公司之一，利顿工业与桑顿也成为众人争相研究的例子。在哈佛商学院，经济学者将利顿视为当代最时髦的典范，一连数年企管硕士班的课程都以利顿作为个案研究，学生分成三组互相讨论，根据这三组个案研究，学生再选出利顿帝国的四个部门深入剖析。桑顿自己的两个儿子进了哈佛，同样也分析过利顿工业。对于连大学文凭都没有的桑顿而言，二十年前还必须依靠哈佛为他的航空队军官身份取得合法性，这种奉为圭臬的研究实在是最高的恭维。

钱钱钱

不过，桑顿和艾许最初都抗议外人将利顿称为企业集团，而自称“多公司产业”。艾许认为企业集团的英文字源是“线球”(Conglomerate)，含有“一片混乱”的意思。但是这个说法其实具有完全不同的意思，指的是终极数字公司，企业集团当然是数字公司，因为企业集团的出现，就是基于只问数字的心态；企业的买进卖出大概都取决于一个数字：本益比。企业集团中的各个不同的部门分支，唯一的关联只有财务，打字机与收银机无甚关系，核潜艇和办公文具更扯不上关联，计算机与微波晶体管、扩大器和雷达天线也都一样，更遑论迪斯尼的卡通和电影了。

这些天南地北、毫不相干的产业，唯一的关联只有数字：资产报酬率、营运利润、营业额。在桑顿旗下的公司，各级主管很快就会发现，除了能够计算度量的盈亏效率之外，其他的一切都不准相信。一切的行为，都必须遵循各项规定和分析的专业控制，各部门所产生的现金，每天都要电汇到总公司，每一分钱都必须受总公司的严格控制。三万美元以上的薪水，必须先经过桑顿或艾许的批准，通常他们会要求一个部门的毛资产必须有20%的报酬率。部门经理原本应该各有所司，管好自己的部门，但是他们却常常感受到上级监督的眼光。利顿帝国各个部分的共同之处，就是满足一个往往只问利润、其他一切都看不见的人——在当代媒体一致的称颂炒作下，没有人看得出这个事实。

利顿工业公司成为第一个宣扬管理控制理论的企业集团。桑顿旗下这么多各不相同的产业，他不可能具备足够的经验或专业背景来评量每个子公司的业绩，因此他愈来愈依赖财务资料、实地报告与组织化的信息。每个部门都必须拟订详尽的年度财务计划，并由各部门主管飞到洛杉矶的利顿总部，在吞云吐雾、啜着可乐的桑顿面前提出说明。

（上图）桑顿成为《商业周刊》的封面人物，他和麦克纳马拉的影子罗伊·艾许在利顿工业董事会会议室合影。
（下图）《商业周刊》称赞利顿工业公司不但是一家成功的公司，而且可能是现代企业的成功典范，体现了创造性资本主义的最高形式。

在企业集团中，任何一个主管都不可能对各部门有深入的了解。远在加州总部的桑顿，不可能清楚新泽西州的蒙洛计算机公司日常的运作，也不可能了解密西西比州的造船厂有什么样的人事更迭。桑顿对自己旗下企业的产品和服务的不了解，可能更甚于福特和美国其他许许多多公司的财务部门。

对于桑顿这样没有科技背景的专业经理人来说，这是最完美的企业形式。他对公司生产的分压器、天线切换开关没什么了解，但是他却了解数字的共通语言。企业集团的形式，使他能够将数字应用到极致，完全客观公平地评估各部门的营运，正如麦克纳马拉准备利用数字来改造国防部的文化。

管理控制有其确实而严重的负面影响，只是在桑顿、麦克纳马拉等人大力倡导之初，一代又一代的经理人莫不奉为圭臬，一时还看不出来它的负面影响。诚如企管宗师福特二世·明茨伯格所说，“在利顿和其他的企业集团，管理阶层与被管理的对象关系非常疏远而肤浅，就好像在移动棋盘上的棋子，丝毫未曾费心想去影响一颗颗棋子真正在做些什么，或甚至每颗棋子彼此之间有什么关系。管理阶层并不需要深入了解一个行业，也不清楚一个行业的需求、过程和相关的工作人员。因此无从将这一切要素结合成一个顺利运作的整体，无从以关怀和了解的态度为市场提供服务”。

这一切，都减少不了利顿工业公司在华尔街的魅力，利顿的快速成长蒙蔽了投资人的眼睛，大家都看不见企业集团的固有弱点。就在美国企业界迫切需要重新投资新设备与生产技术之际，投资大众对企业绩优股却兴趣寥寥，人人争相追逐当时的明星公司股票。公司股票若要成为投资人眼中的抢手货，必须要有快速成长的最新产品，譬如拍立得相机或是施乐复印机，否则也必须有远大的扩展计划，譬如利顿工业或是国际电话电报公司。

桑顿甚至对经营企业集团的弱点巧为辩解，声称唯有最优秀的经理人才能够将这样复杂的一个公司管理得当。他旗下的企业家，当然是最优秀、最聪明的上乘之选。许多传统的经理人，都觉得管理一个庞大而多样化的企业帝国，是无比艰巨的工作。杜邦总裁赖蒙特·杜邦·柯普兰曾经说：“经营企业集团是管理天才才能够胜任的工作，我们在杜邦的这些凡夫俗子是做不来的。”而大家第一个想到的天才，就是桑顿。

企业预校

他将利顿工业公司改造成企业集团运动中众所瞩目的先锋，这一波运动还包括泰克斯、国际电话电报公司、湾区西部集团这些赫赫有名的公司。到 60 年代中期，利顿工业公司更是脱颖而出、独领风骚，这都必须归功于桑顿的宣传包装与能言善道。结果，利顿的股票遥遥领先于其他各企业集团，股价飙涨至年收益的 33 倍。泰克斯的比例只有 11 倍，湾区西部集团 16 倍，美国钢铁公司 13 倍，国际电话电报公司略低于 17 倍，也就是利顿工业公司的一半。利顿工业公司可不只是另一个成功的公司，更迅速成为最成功的企业典范，创造性资本主义的最极致表现。成功本身就是一块强力磁铁，吸引许多顶尖的优秀人才加入公司，桑顿发给主要干部的优先认股权，也是最佳的号召。哈瑞·葛瑞是利顿工业公司最重要的主管之一，加入利顿之前他是灰狗巴士一家子公司的执行副总裁，年薪 2 万美元。1954 年他决定跳槽，看上的就是桑顿提出的优先认股权，虽然他在利顿的起薪只有 1.2 万美元，但是公司股票最后却使他摇身变成百万富豪。

随着利顿股票不断飙涨，媒体对桑顿及其手下的青年才俊又有数不清的正面报道，其他人也都想加入利顿，分享它的成功。1962 年从洛克希德被挖角担任部门主管的弗瑞德·欧格林回忆说：“在 60 年代，利顿是个奇迹，人人都感受得到。我们真的是突飞猛进、一跃千里。那是一个自由的环境，走在生产线上，随便找个工人聊天，他可能就有哲学或是其他的学位，他们真的是素质非常高的一群人，他们都是被利顿的魅力吸引进来的。”

兼并造就了利顿神话，但是白日梦式的理论与晦涩难懂的术语，也是利顿神话不可或缺的一部分，“综效”变成一个流行名词，只不过是其中一个例子。利顿主管口中说的是企业新思想的神奇语言，高唱“企业家精神”“思想、技术交流”这一类的说法，将它们带入新一代经理人的词汇中。

事实上，正如通用电气和宝洁公司，利顿工业公司也变成美国企业的预备队，离开利顿的人甚至开玩笑说他们自己是“利顿企业退训生”。有些主管离职是另有高就，有些是出去自立门户，其中许多人自己也建立了企业集团。“利顿退训生”包括1958年辞职的工程师贾密森，他求去的一部分原因是桑顿不肯放慢脚步让公司有整合的机会，另外在1960年，科学家辛格顿与柯兹美茨基也离开利顿自行创业，成立泰登股份有限公司。由于公司核心干部离职人数之多，《商业周刊》甚至将利顿称为“企业集团培养所”，报道十多名高层主管“在利顿学会盈亏损益的计算之后”另谋高就。高层主管这么高的流动率，对大部分公司而言都是很不好的现象，桑顿却将它说成一个好现象，宣称如此才能使“组织常保活力”，人事的流动可为新生代创造更多的晋升机会。

然而事实上，利顿工业公司之所以流失一些最宝贵的人才，原因在于桑顿未能信守他对许多主管的承诺，而且对公司的股票愈来愈吝啬。他告诉辛格顿与柯兹美茨基，只要他们的部门业绩达到500万美元，他们就可以当家做主、独立经营。辛格顿拥有麻省理工的博士学位，柯兹美茨基是哈佛博士，两人原本就是休斯飞机公司的科学家，加入利顿之后，为公司完成了两项重大的研发专案：惰性导航系统和航海数字化电脑。500万美元的业绩目标很快就达到，甚至超越，但是桑顿却迟迟不肯给予他们更大的自主权；他们认为自己应得的优先认股权，也没有下文，最后他们告诉桑顿，他们要出去自己创业。柯兹美茨基记得桑顿的一个反应是：“该死，你们一定会把股票价格给拉下来！你们会用同样一批人、用同样的科技，跟我抢同样的合约。”

他们一再向他保证他们不会这么做，他们绝不会毁掉他们在利顿一手建立的基础，此时此刻的桑顿却像个专制的暴君，不肯批准他们的辞呈。柯兹美茨基说：“在我们离开以后，他写信威胁我们，找人去带走我们的垃圾，窃听我们的电话，我们真是搞不懂他到底怎么回事。我们还在利顿的时候，连泰登的规划都没有谈，一直等到离开了我们才进行的。”

有位高层主管应桑顿之邀，到他新买的南加州农场去玩，他们一起在附近山上骑马，整个下午都骑得很高兴。后来桑顿还向客人挑战，要比比看谁先跑回农场，结果客人赢了，他注意到桑顿的态度突然变得冷淡而无礼，此后再也没有邀请那位主管到家里去玩。

包装大师

桑顿虽然高谈阔论，倡导建立新的企业文化，但是在陌生人面前他也会觉得紧张不自在。他喜欢小型的会议，可以跟每一个人仔细讨论，而不喜欢大型的员工大会。而且有时候，他似乎无法清楚地表达自己的想法，说起话来吞吞吐吐，不知该如何措词才能让听众接受他的观念。克洛斯比·凯利后来变成了他的翻译，凯利是个公关专家，桑顿在福特公司与他认识，后来将他带进利顿工业公司。凯利说：“桑顿讲话非常有说服力，但是他不擅长言辞。因此我必须了解他，帮助他把想法表达出来。有些人认为公司的哲学是我提出来的，有些人说：‘利顿是克洛斯比·凯利凭空想象出来的东西。’但是其实我是太了解桑顿了，所以我可以替他讲话。”

凯利在各方面都与桑顿成反比，正如凯利一向坚持说："事实决不会造就一个人，是人创造事实。光有事实没有用，必须有人去做，除非你能进入人的头脑，不用跟我说什么事实。"凯利是形象创造大师，他规划了福特 1949 年度新车的发布会，而利顿神话的创造，他与桑顿、艾许一样功不可没。就是他推动了一波波强劲的宣传攻势，为利顿赢得新闻媒体和华尔街的正面报道。

桑顿即使不完全了解这一点，至少也知道宣传的重要性，因为他留给凯利相当大的自主空间放手去营造利顿的胜利光环，使他能够谈成一笔又一笔的生意。就是凯利说服他花下大笔经费制作华而不实的公司年报，他也同意了。有一位评论家批评利顿的年报"不像大企业的年度账目报告，倒比较像第一流的拍卖品目录。"每年的报告都有不同的主题。1965 年收录的是艺术经典作品，封面则是 16 世纪大画家霍尔班的一幅肖像画，报告中说明之所以选择一位实业家的画像作封面，是因为他代表了"攸关利顿工业发展的企业家精神"。第二年的报告主题是曾获普利策奖的美国历史学家艾伦·内文斯的论文《概念的管理》，加上全美顶尖的摄影师作品，针对论文主旨做影像的阐释。1967 年是以彩色玻璃的艺术和技术为主题，同样也附有全版的彩色插图。

桑顿相信，利顿精美的年度报告给人的印象，远比报告的内容更重要；报告所用的纸张及印刷的品质，比实际的数字更有影响力。凯利常爱讲一个故事，有一次利顿工业公司收购了一家新的工厂，桑顿第一次到工厂视察时，一眼就看见外面草坪上的草太长。他对总经理说："在我跟你进一步讨论以前，我要你先跟我到里面找个割草机，然后我们一起把那个该死的草坪整理整理。如果连草长得太长都不剪，别人对我们的产品或是员工怎么会有信心呢？"

推销能力，切合时机的交易，高明的形象包装，这一切都是桑顿能够变成现代炼金术士的关键，他似乎有点石成金的本事，更使自己摇身变成企业巨子。他与弗洛拉出价 25 万美元，买下法兰克・辛纳屈前妻南茜位于洛杉矶高级住宅区红碧山庄的农场。红碧山庄是好莱坞盛名远播的一个地区，络绎不绝的观光客不远千里来到这里，瞻仰沃尔特・迪斯尼、克劳斯贝这些名人巨星。然而桑顿开的车却是福特猎鹰和车龄已经三年的林肯。

扶摇直上

桑顿身上散发出一股英雄气概，一部分也许是因为他实现了生平的梦想，另外也因为他善于利用仅有的一点点休闲时间，努力营造他的英雄形象。外界盛传他喜欢在天亮以前骑上一匹田纳西州乘用马“王子”到山里去，身上只带着饭盒、水壶和简单的急救箱，加上一把左轮手枪，应付可能出没的响尾蛇。

这个牛仔资本家，正在攀登美国企业的高峰。1963 年 10 月 4 日的《时代》杂志刊登一篇对他推崇备至的专题报道，将他的崛起与成功变成家喻户晓的故事。报道标题是“科技工业：一个杰出青年的成功之道”，封面还有画家福特二世・路斯特地为桑顿画的肖像。结果这幅彩色画像立刻引起兰迪来信，他开玩笑说桑顿应该告路斯破坏他的形象，还挖苦桑顿说：“就算得天花，你也没有那么丑嘛。”

即使桑顿不喜欢他的封面画像，他对图文并茂的报道内容可不能再有什么不满意的了。《时代》杂志称他是“全球最杰出的主管……一位高瞻远瞩的梦想家……领导着一个活力充沛的大企业，夙夜不懈地致力追求未来。”文章最后总结说：“政坛与工商界都有许多人认为，桑顿是美国今日最优秀的主管。”

桑顿成为《时代》杂志的封面人物，并非偶然。制作这篇专题的记者，在派驻底特律的时候结识了麦克纳马拉，后来他调派到洛杉矶，动身以前他去找麦克纳马拉，问他："加州最聪明的人物有哪些？"麦克纳马拉不假思索就回答说："在你的名单里面，能够排第一的非'德州佬'桑顿莫属。"

桑顿昔日在美国资本主义的两大巨人亨利·福特二世和霍华德·休斯手下做事，现在他自己也成为工商界的新巨人。自他接手查尔斯·利顿的小公司十年以来，他创造出当代最可观的成长机器之一，收购将近 40 家公司，使利顿工业公司的营业额增加了 18 570%，利润增加 10 175%。疯狂兼并的结果，使得利顿在 1963 年就突破五亿美元的营业额，跻身全美的前一百大企业。

股市投资人对利顿工业的情有独钟，使桑顿的财富足以做 40 个百万富翁，利顿的另外二十位主管也因此累积了百万美元的身价。不久之后桑顿将紧邻市立掩埋场的简朴总部，迁到比弗利山庄圣塔玛尼卡大道的一幢豪华大楼，也算是比较配得上利顿在美国企业界的新地位。大楼原本是好莱坞的经纪人尤利斯·斯坦恩兴建的，设计典雅，其中有一座回旋梯还充当过《乱世佳人》的拍片场景。

桑顿身兼利顿工业公司的创始人、推销员和最高决策人，适逢一切欣欣向荣的 60 年代，在企业集团的黄金时代中迅速成为一名企业金童。而在与加州遥遥相望的东岸，麦克纳马拉也正以其独一无二的方式，发动一场不同的革命。

第 26 章
计算机战士

> 统计是量化方法的胜利，量化方法则是生机尽失与死亡的胜利。
>
> ——英国作家雷尔·贝拉克

1961 年 1 月 21 日，卸下福特公司总裁大任的麦克纳马拉，以及另外十一位新阁员，在白宫同时宣誓就任新职。由最高法院首席法官厄尔·沃伦监誓，十二名阁员站成半圆形，他们的亲友在场观礼，包括麦克纳马拉的妻子玛姬与三名子女。

麦克纳马拉站在罗伯特·肯尼迪与道格拉斯·狄龙之间，随着沃伦法官念出誓词："本人宣誓效忠美国宪法，抵抗国内外一切的敌人，对宪法绝对忠贞不贰。本人之宣誓乃出于自由意志，内心绝无保留或存有规避意图。

对于本人即将就任的新职，本人必全力以赴、尽忠职守。”

宣誓典礼结束后，在场亲友响起一片掌声。肯尼迪总统建议所有的孩子与新内阁一起合影留念，随后第一夫人杰奎琳与宾客一一握手，麦克纳马拉正式成为美国国防部长。麦克纳马拉接受肯尼迪提名之后的第二天，就搬进华府雪韩饭店的福特套房。他在饭店住了一个多月，从圣诞节之前三个星期一直住到 1 月上旬，几乎每天都窝在房间里打电话，一天可以讲上十二到十四个小时。他到处找朋友旧识征询他们的意见或推荐可用的人才，为他的新工作紧急恶补。他找过刚卸任的国防部长托马斯·盖茨，也到纽约皮耶饭店罗维特的住处亲自登门向他请益。罗维特还记得，麦克纳马拉手上带着笔记本，针对国防与人事安排提出了一连串“深入而敏锐的问题”。

招兵买马

麦克纳马拉沿用桑顿那套几乎所向无敌的法宝，建立他自己的“十杰”集团，一批忠心、理性、志同道合，能够让他完全信任的伙伴。军方高层将领把他们叫做“头脑不清的学院派”，《时代》杂志说他们是“肌肉后面的大脑”，参议员巴瑞·戈德华特更嘲笑他们是“计算机战士”。

麦克纳马拉网罗的第一个人才是罗斯韦尔·吉尔帕特里克。吉尔帕特里克是耶鲁毕业，做过律师，后来在国防部担任过次长。他是肯尼迪总统郑重推荐的人选，肯尼迪认为麦克纳马拉需要一个熟悉五角大楼的副手，来协助他应付政治方面的纵横捭阖。因此，有个星期六一大早才六点过一刻，麦克纳马拉就从饭店打电话到吉尔帕特里克家里，结果先吵醒了吉尔帕特里克的太太。他与吉尔帕特里克约好当天见面谈一谈，两人在巴尔的摩机场碰头，就在 一片冰天雪地中坐在车上共商国防大计。

麦克纳马拉甚至在与吉尔帕特里克见面之前，就已经认定他是国防部次长的最佳人选，他的根据是他所谓的“极其深入的调查”。肯尼迪正式宣布任命麦克纳马拉出任国防部长还不到一个星期，但他已经做好了该做的功课，看过了该看的书和报告，访谈了关键的人物，因此他对国防事务的了解，早已超过任何人的预期。麦克纳马拉的“有备而来”令吉尔帕特里克既惊讶又佩服，他告诉吉尔帕特里克，他希望以最高层的核心小组来管理整个国防部的运作，透过一个规划管制系统，以理性逻辑的方式来作成所有的重大决策。

吉尔帕特里克回忆说：“我们谈了两个小时，而他对国防的了解令我万分惊讶。他也预测了我们未来的关系，而我发现自己百分之百能够赞同。我比他年长 9 岁，在国防部待过两次，我的个性显然也是很有主见，可是在我的立场我却必须完全听命于他，而他也是个主观意识很强的人，这些都可能造成我们两个相处上的一些问题。不过，这些问题从一开始就都解决了。”

吉尔帕特里克第二次跟麦克纳马拉见面是在四天以后，他看到麦克纳马拉衬衫口袋里大概塞了七八十张三乘五的资料卡，每张卡片上各有一个职位的人选姓名、背景与优缺点。在麦克纳马拉带进五角大楼的人才当中，有两个人与他一样具有数字头脑，日后成为他推动国防部数字革命的左右手，就是米勒与兰迪的子弟兵查尔斯·希屈与艾伦·殷索文。

希屈现年 50 岁，曾经获得罗德奖学金赴牛津深造，后来进入加州的政府智囊团兰德公司，担任首席经济学家。就在一年前，希屈出版了一本骇人巨著《核时代的国防经济》，书中的观念对一般读者来说简直像天书，什么同位量子、汇兑曲线、最佳最低化——“最佳最低化”是希屈自己创造的名词，指的是如何将敌人的最佳表现减到最低程度。麦克纳马拉征召他出任审计主任，建立起五角大楼的“规划预算系统”，对军方所有的决策都握有生杀大权。殷索文也是兰德公司的经济学家，刚到而立之年，就已经拿到斯坦福、牛津和麻省理工的学位，前一年春天加入国防部担任一个外围的工作。希屈立刻将殷索文网罗到他手下，但不久之后殷索文就出掌新成立的“系统分析处”，那是五角大楼内部的一个文人智囊团，针对武器系统与战略进行独立的分析，有些地方可说是桑顿当年“统计管制处”的现代版。

殷索文最初是因为希屈得了肺炎住院，因此才有机会与麦拉纳马拉直接接触。他回忆说：“那就像一见钟情，一见如故。当然，一番严厉的盘问是少不了的，但是如果你能提出好的点子和结论，而且都能说得出道理，很快就能赢得他的尊重，我是有备而去的。”

殷索文在兰德公司刚写了一本有关热核战争与战略的最高机密著作，他像麦克纳马拉一样绝顶聪明、专注，也同样不为别人留情面。被麦克纳马拉延聘为助理国防部长的保罗·尼采曾经说：“殷索文的聪明如果要算第二特质，那么排第一的只有他的傲慢了。军方将领一个个都吃过他的苦头，几近羞辱的地步，至少也常常在绝望气结的边缘。”从一上任，麦克纳马拉部长就有一个令属下很不自在的习惯，他将部属叫进办公室的时候，总是坐在威严的“潘兴将军”书桌后面，专注地看公文，一直到部属快走到他面前了，他才会抬起头来跟他说话，连一两秒钟都不愿意浪费。同样的，事情如果谈完了，他头一低又开始看起公文来，属下就知道他可以离开了。不久大家就把从办公室走到办公桌前以及退回门口这段尴尬的时间，称为“那段路”。

上任三把火

几乎所有的人，都讶异于这个国防部新生带来的速度与自信。大家必须承认，麦克纳马拉的自信并非来自他对国防事务的了解，他对国防的认识绝不会超过福特人眼中他对汽车的认识；他的自信是因为军方令他不满意，他们的立场经不起逻辑的考验。麦克纳马拉任内的空军总司令尤金·祖克特回忆说："军方的推理并不周密，太多时候他们讲不出理由，就丢下一句'纯军事要求'，他们的思考没有办法让麦克纳马拉满意。"

麦克纳马拉的自信心愈来愈高涨，不全然是基于经验或甚至是知识，而是因为他能够使身边那些不习惯理性思考的人心生敬畏。过去国防部长走马上任时，军方惯例会联合举行一次大规模的简报，让新长官对于重大问题能够有所了解。麦克纳马拉可不一样，他不会被动地坐在会议室里听简报，吉尔帕特里克说："他不要听简报，他不喜欢一张张的图表，不喜欢穿着制服的人拿着准备好的文件照本宣科。他会提出自己的问题，而且不接受千篇一律的制式的回答，这就让他们不知道如何接招了。还有，他对待他们并不讲究圆滑、手腕。"

军方将领很快就了解到——一如福特所有的人都很清楚的——他们面对的是一种截然不同的动物。麦克纳马拉提出尖锐、困难的问题，要求进行深入地分析，而且他，麦克纳马拉，会亲自决定重大的国防与预算决策。他可不会坐视参谋长联席会议与各军种透过政治分赃，瓜分掉预算的大饼，他会亲自决定预算的分配，而且要尽可能依照最合理、最有效益的方式来做决定。

麦克纳马拉在宣誓就任之后三四个星期内，就拟订了96个问题，准备在参谋长联席会议的国防需求评估会议上提出来。他还创设了四个任务编组，负责调查军方的战略核武器及常规战力。美国打常规战争的能力究竟如何，是一个关键性的问题；过去艾森豪威尔的国防策略，完全只依赖于核武器，如今这个策略已经破产，因为苏联不相信美国对次要的侵略行动也会动用核武器。肯尼迪与麦克纳马拉希望改变国防策略，从完全依赖大规模的核武器报复，转变为有限的、弹性的回应。他要求相关部门限期提出答案与说明，有些问题必须在30天内回复，最长决不超过3个月。

这些必然引发一场混乱局面，联席会议没有足够的人力在限期内搜集到所有的答案。他们从欧洲、太平洋及其他地区调回负责规划的军官，进行麦克纳马拉所要求的研究与调查。当时的联席会议主席厄尔·惠勒回忆说："我的手下每天上班16个小时，有时候甚至18个小时，一个星期工作7天，才弄出那些资料。"许多幕僚人员不习惯进行麦克纳马拉所要求的那种深入的分析工作，因此提出来的报告他也不满意，这更迫使他日益倚重自己挑选的文人幕僚为他搜集所需的资料。

他愈挖愈深，才发现国防部与当年的陆军航空队以及后来的福特公司如出一辙，一片混乱、毫无章法。各项决策主要的考量不是根据国防的最高利益，而是陆、海、空三军各自的利害关系，或是国会议员的政治利益，人人只想为自己人多捞一些国防生意。麦克纳马拉的调查发现，人员与配备、军火的供应和需求，完全不相配合；无巧不成书，这些事情正是第二次世界大战期间统计管制处努力的目标——致力于使人员配备、武器供需能够均衡。空军实际拥有的空对空导弹，只达需求数目的四分之一，而大部分的空对地武器又老旧不堪，根本不适用于现有的机种。事实上，麦克纳马拉发现，万一爆发非核武的局部战争，空军根本无力为陆军提供足够的战术空中支援；有一次支援战斗部队的军事演习中，空军甚至还得向海军调借所需的军火。

秀才遇到兵

麦克纳马拉就任后不久，发生过一件事，三军的补给军官带着形形色色的腰带扣环与迷彩装到他办公室，请他裁示他们应该采购什么样的扣环与迷彩装。麦克纳马拉简直无法相信，这样一件小事竟然也需要国防部长来做决定，但是陆、海、空三军的采购权限实在太过分散，甚至连个腰带扣环都无法确定一个统一的标准。当时的助理部长萨利斯·霍维兹认为，这件 事只会更让麦克纳马拉相信，应该将更多的权力集中在他五角大楼的部长办公室中。

果不其然，麦克纳马拉聘用更多的分析与规划人员为他效力，又增设国防情报局，在三军与中央情报局之外，独立提供最高机密的顾问咨商。他还建立国防补给局，统筹控制各军种成千上万的采购需求。

当然，中央集权必然导致幕僚人数的急剧膨胀，到 1965 年中，五角大楼的副助理国防部长多达 27 人，而 1960 年只有 7 人。部长办公室的幕僚总数增加了三成，达到 2 300 多人，占五角大楼所有员额的 1/10，单是殷索文的系统分析处，就有近 200 名分析师，其中 120 人拥有企管硕士或博士学位。

这些人完全不同于过去主导国防思考的高阶将领，这批“青年才俊”多半少年得志，质疑权威，而且大多欠缺军事经验。海军中将海曼·瑞克欧尔将他们比作“江湖术士、社会学家”，批评他们是“扮演上帝的角色，却忽略了身为凡人的责任；他们的研究通常都是抽象的观念，看起来倒比较像是逻辑课的游戏规则，而不是对真实世界中真实事件的分析”。曾任空军参谋总长的托马斯·怀特将军，不相信这些“过度自信，有时候甚至目中无人的年轻教授、数学家和其他的理论专家，具有足够的人生历练与动机去对抗我们所面对的那种敌人”。柯蒂斯·李梅将军管他们叫做“摇椅策略家”。

他们在五角大楼所做的分析，正如福特公司中央财务部门所做的控制，各层主管不论是扩建工厂、增购机器或是淘汰老旧的烤漆设备，都必须先通过财务部门。麦克纳马拉在国防部坚持这样的分析，几乎是空前绝后的，因为他试图在一个非营利性机构建立起量化的目标。公家单位对利益并没有公认的衡量标准，没有投资报酬率，没有利润，因此成本效益分析在非营利性机构中比较难以发挥作用。但即使如此，麦克纳马拉仍然坚持每一个计划都必须符合理性分析的考验。

麦克纳马拉与军方将领的“战争”不计其数，其中最激烈的争议之一是海军要求建造核动力的航空母舰。在 60 年代初期，许多军方官员相信这是理所当然的决定，海军已经开始建造一支核潜艇舰队，以及一艘航空母舰、一艘巡洋舰和一艘核能驱逐舰。海军、原子能委员会以及国会原子能联合委员会，一致支持建造核动力的航空母舰。但是麦克纳马拉仍然不为所动，坚称相关的事实并不支持核动力航空母舰的巨额成本。

海军总司令弗瑞德・柯斯也曾提出研究报告，建议建造核动力航空母舰，结果麦克纳马拉回了他一封简函说：“你说核能驱动可以大幅提高一定的成本所能产生的军事利益，你又说这些利益可能来自航空母舰特遣队的减少，或是作战效能的提升，但是你却没有具体说出效能提升的程度，或是特遣队减少的幅度。由此，你要求我考虑的这项行动，别的不说，单是经费就会使五年造船计划增加至少六亿美元，然而这些花费最终的成效如何，我却一无所知。”柯斯并未能说服麦克纳马拉，1963 年底麦克纳马拉决定着手建造一艘传统动力的航空母舰，几天之后柯斯就递出了辞呈。形容词绝不能取代数字，至少在麦克纳马拉的理性世界是如此。

系统分析一切

几乎每一个决策，都必须根据五角大楼那些藏身幕后的分析专家所汇集的“事实”来制定。他们变成一批信徒，将“系统分析”变成一个时尚、一个新的宗教，长达六七年的时间。“系统分析”这个名词成了一句秘诀、魔咒，而求助于“系统分析”的人，更是秉持着一股宗教般的狂热，好像在追求一个别人都无法了解的真理。艾文・瑟林 28 岁进入国防部担任分析师，拥有双博士学位，他回忆说：“开创一个新的宗教时，一定都会有点过度狂热。谁都不可能给系统分析下一个简单的定义，一部分是因为我们应用到的理论涵盖了好几个学科，包括经济学、数学和统计学；另外也因为系统分析非常接近营运研究，营运研究是 50 年代工商界争相采用的另外一个理性工具，用来解决复杂的问题。”

有些批评家认为系统分析有如一个玄奥神秘的艺术，但其原因往往是因为应用系统分析的幕僚报告，通篇都是专业的名词与术语，除了专家以外根本无人能懂。不过一般来说，系统思考认为每一个决定都应该尽可能从最广泛的背景来考量，例如战略轰炸机、机场、飞行员、燃料和炸弹，都包含在单一的武器系统中。殷索文解释说：“任何一个部分的要求，都必须考虑到整个系统，考虑到其他的相关部分，才会有意义。”分析强调的是将一个复杂的问题分解成一个个小部分，以求得更深入的了解。有关事实的问题，必须经过实际证据的验证，利用量化的经济分析来寻求解答。

在麦克纳马拉眼中，系统分析只不过是“量化的常识”，但是在军官将领眼中，系统分析根本毫无意义。他们相信，抽象的分析不可能考虑到攸关战争胜败但却无法计量的因素，例如士气、纪律、领导能力、品德和勇气。五角大楼过去重视阶级、经验与直觉的文化，如今已不复见，取而代之的是重视事实和数字胜于一切的新文化。

分析师研究军方提案时，总会努力挑出麦克纳马拉所谓的“金表”，一个个砍掉。福特过去有一个惯例，年资 40 年以上的员工退休时，公司都会赠送一枚金表以资纪念，但是麦克纳马拉在一次部门预算中，砍掉了金表的经费，还因此引发员工强烈的抗议。因为这个缘故，麦克纳马拉的手下都把不经济或只重表面功夫的提案称为“金表提案”，这些都是应该驳回的。

麦克纳马拉在工作上，绝对坚守客观，他认为情绪会破坏他条理分明的理性管理，而理性管理正是他最引以为傲的。为了空军问题与麦克纳马拉争执不下的祖克特说：“他不管你有什么问题，组织与行政的关系是非常无情的。他对别人的关心，几乎都要等到下班以后或是放假的时间才会看得到。”

活电脑

部队中观察力比较敏锐的人，很快也同样会对麦克纳马拉的博学强记佩服得五体投地，他学得愈多，他的表现就愈加耀眼慑人。有一次肯尼迪在棕榈滩的度假别墅召开会议，检讨国防预算，李梅将军要求肯尼迪恢复一项空军计划，他说麦克纳马拉删掉了这项计划的经费。麦克纳马拉平静地回说李梅将军弄错了，他并没有删掉那项计划，李梅当场尴尬得不发一言。他的助理则连忙回头去查阅厚厚的一本预算书，但是他们还来不及翻到，麦克纳马拉已经说出正确的页码。

几年以后，在约翰逊总统面前他又一次表现出惊人的记忆力。那次是铁路员工即将发动罢工，约翰逊在白宫召开会议。他询问工会的加薪要求会导致铁路业增加多大的成本，麦克纳马拉在心里默算了一下，不到五秒钟就说出了答案。而劳工部的好几位专家花了整整五分钟，才用纸和笔计算出他们的答案，结果证明麦克纳马拉的估计完全正确。

麦克纳马拉一次又一次的惊人表现，使他“活电脑”的形象更加牢不可破。不过他最叫人目瞪口呆的一次表现，莫过于检讨越南军备的一次会议。那天他一连坐了 8 个小时，看了数百张幻灯片，以了解美国在越南有多少军备补给，还有多少正在运送途中。看了 7 个小时之后，麦克纳马拉说：“暂停一下，这张幻灯片，869 号，跟第 11 张有冲突。”放幻灯片的助理立刻回头找出第 11 张幻灯片，果不其然，麦克纳马拉说的一点都没错，在场的每一个人都觉得实在不可思议。

麦克纳马拉所记得的事情，仿佛储存在数十片电脑磁碟上，弹指之间就能说出来。不过，他不只是记得这些事实而已，他还能够把事实消化，说出它们的意义，至少在他援引事实证明他的论点时是如此。曾经在五角大楼待过，在麦克纳马拉手下做事的哈佛商学院教授罗伯特·安东尼回忆说，麦克纳马拉能够“把他从各个不同来源听到、看到的所有事实和数字都放在一起，加以比较，然后整理出彼此的关系、弱点、矛盾和新的见地，即使是对细节了如指掌的专家，也不见得想到过那样的见地”。一位观察家称他是“首屈一指的数学人”。

他倚仗着他的聪明才智凌驾于其他人之上，凭着他丰富的知识，吓得别人俯首称臣。推崇他的人因其聪明才智而盲目，批评他的人因其聪明才智而噤若寒蝉。当时的副国务卿摩尔·包尔非常佩服麦克纳马拉“绝无仅有的自信心，而且他的信心不是来自夸口吹牛，而是来自他对客观事实的深入了解。他给人的印象是，国防部庞大的运作中每一个细节他都了如指掌，而且对任何一个问题他都有具体而深刻的看法，能提出大量的统计数字来证明他的论点，他引述明确的数字，而不是光会下达命令”。

就连国会议员对他也佩服得五体投地。前国防部长盖茨在国会所做的最后一次年度报告，一共是 33 页，而且是隔行打字，他很快地报一下，回答几个问题，然后就离开了，其他问题就交由技术专家来接手。麦克纳马拉的第一次报告就有 122 页，而且不空行打字，外加 44 页详尽的图表。他的最后一次报告是 256 页，不空行打字，再加上 24 页详尽的图表，以及 5 本一寸厚的补充资料。国防部长接受议员质询时，都会有一个幕僚负责查阅文件，找出相关的资料。安东尼回忆说：“刚开始的时候我还真的努力去查资料，不过第一年以后我就放弃了，因为他根本不需要我的协助，答案都在他的脑子里。”

他的耐力也同样令人惊讶，有一次国会的听证会从早上10点持续到下午一点，午餐休息一个小时后，又从两点进行到6点。一如往常，质询的参议员来来去去。但是麦克纳马拉在答询席上前后坐了7个小时，轻轻松松地回答了所有的问题，额头上没有冒过一粒汗珠，脸上没有露过一丝倦容。

革命家

在两年之内，麦克纳马拉彻底改变了五角大楼。而正如福特公司一般，五角大楼确实非常需要他所带来的规划、效率与制度化的预算编列。《财富》杂志盛赞这些改革，特地做了一篇专题报道，题目是《麦克纳马拉的管理革命》。报道总结说：“显而易见，麦克纳马拉主义已经延伸到国防部以外。五角大楼的青年才俊，有些已经离开国防部转到预算局与财政部，麦克纳马拉的许多助手都认为，他们正躬逢一场管理革命，这场管理革命最后将使美国政府的运作方式完全改观。”

他们说得没错——不过这场革命是桑顿多年以前早就开始推动的，现在只是逐渐受到各界广泛的接受与肯定。麦克纳马拉在五角大楼的努力，就是桑顿在利顿工业公司的作为，也是米勒与兰迪在福特继续推动的工作。他们在各自的工作岗位上所研究的数字不同，但是达到的效果都一样，不论是福特的汽车、利顿的分压器或是国防部庞大的资源，都因为他们的研究而便于管理，即使没有生产制造经验、没有上过战场发射过导弹的人，也能够胜任。数字非常复杂，但却微妙；可以说明许多事实，但往往也会误导；可以引发各种联想，而且永远是强而有力。

如果没有数字，麦克纳马拉不可能在短短的时间内掌控福特公司或是五角大楼。尽管各界对他毁誉参半，迭有争议，但是媒体对他领导这场革命却是推崇有加，甚至连肯尼迪总统都深表赞许。的确，麦克纳马拉从底特律转移到华盛顿，调适过程轻松自如。麦克纳马拉也加入罗伯特·肯尼迪创设的希克里山庄研讨会，研讨会是以罗伯特·肯尼迪的住处命名，麦克纳马拉在研讨会上一向活跃敢言。罗伯特·肯尼迪说麦克纳马拉是“内阁当中最危险的一个人，因为他口才太好、太有说服力”。而在白宫，他与第一夫人杰奎琳跳扭摆舞，一些小报专栏作家还说，肯尼迪夫人认为麦克纳马拉是内阁阁员中最性感的男人。

肯尼迪总统对麦克纳马拉欣赏之余，甚至开始考虑要为他争取1968年的民主党总统候选人提名，而不是提拔他的副总统约翰逊。倒不是因为麦克纳马拉的工作表现十全十美，在入侵猪湾的行动中，亦即中情局主导古巴的流亡人士企图推翻卡斯特罗政权时，麦克纳马拉表示强烈支持。但那却是肯尼迪最难堪的一次政策错误，虽然肯尼迪表示他应该为这次事件负起全部的责任，但是麦克纳马拉立刻表示，错不在肯尼迪，而是在总统的三个高层顾问，尤其是他自己。

他太轻易相信参谋长联席会议与中情局的建议，与国务卿腊斯克、中情局长约翰·麦肯同声力主入侵猪湾的行动，此时距肯尼迪上任还不到一个月。这次事件使麦克纳马拉再一次体验到一个教训：做好自己的工作，自己的分析。麦克纳马拉说：“我以前已经学了很多次乖，现在又再学了一次教训，就是绝对不能依赖任何人给我的任何忠告。”

1962年10月发生第二次古巴危机时，麦克纳马拉就遵循这个逻辑。肯尼迪的军事将领都建议美国发动空战，将古巴的苏联导弹炸个粉碎。但是麦克纳马拉独排众议，强烈主张以海军封锁古巴，并且说服其他的重要顾问支持他的看法。吉尔帕特里克回忆说：“他从不改变他的立场，他从不会显示他有任何保留，我想这一点很容易把别人的一些极端立场拉回来。”

临危不乱

安然度过古巴危机，是肯尼迪总统最重要的胜利，他对麦克纳马拉冷静客观的表现大为叹服，罗伯特·肯尼迪后来接受访问时表示：“对麦克纳马拉的评价最高，尤其是古巴危机让我们看到一个国家可能面临的危险，看到一个特定的个人对整个国家的影响有多大。因此在古巴危机之后，我更加相信国家就是应该尽可能交在最优秀的人才手中。而且我们认为，麦克纳马拉就是那个最优秀的人才。”

除此之外，肯尼迪总统对麦克纳马拉如此欣赏，是因为他可以完全信任麦克纳马拉，正如桑顿在许多年前就有的体认。他们并不是对每一件事情的看法都一致，但是从没有任何人听过麦克纳马拉批评肯尼迪的任何决定，或甚至有一点批评的口气，不只是在幕僚会议上，就是在私下的谈话中也一样。事实上，私底下他也不允许任何人批评肯尼迪，一旦肯尼迪作出决定，即使他并不赞成，他仍会全盘接受，忠实地执行。

1963 年 11 月 22 日，星期五，麦克纳马拉在五角大楼 E 栋大楼召开预算会议，在场的有麦摩尔·邦迪、预算局的科密特·戈登，以及白宫常驻科学顾问杰瑞·魏斯纳，他们一起讨论 500 亿美元预算的细节。整个星期麦克纳马拉都忙得不可开交，星期三飞到檀香山出席一个越南战略会议，当时美国已经派出 16 500 名军事顾问进驻越南。麦克纳马拉在太平洋军事总部开完会后表示，对抗越共的战争形势已有决定性的进展，他甚至重申 1963 年底以前会撤回 1 000 名驻越军事顾问。星期四一大早他才飞回华盛顿。

现在，预算会议开了一半，麦克纳马拉的一位助理突然急急忙忙跑进办公室，时间是刚过下午一点半。助理几乎面无血色，不发一言，快步走到麦克纳马拉面前，交给他一张五角大楼信息中心收到的合众国际社新闻稿。麦克纳马拉在看新闻稿的时候，魏斯纳的第一个念头是“美苏开打了”。

新闻稿上写着："达拉斯，11 月 22 日《合众国际社》——肯尼迪总统的车队今天在达拉斯市中心遭人射击三枪。"麦克纳马拉保持着一贯的冷静，默默地把新闻稿传给其他人看，然后宣布散会。

半小时内，麦克纳马拉与华盛顿的其他高层官员从国防部情报局得知，总统已经不治身亡，被暗杀时他坐的是一辆特别定制的蓝色林肯，也就是米尔斯生产出来的车子。当天下午，麦克纳马拉接到副总统约翰逊的通知，要他到安德鲁空军基地等候，他们立刻会飞回华盛顿。天黑之后不久，罗伯特·肯尼迪来到五角大楼跟麦克纳马拉碰面，然后与麦斯威尔·泰勒三个人一起走到五角大楼的南机坪，搭乘直升机飞往安德鲁基地。总统遗体专机在晚上六点零五分降落，棺木搬下来以后，约翰逊随后慢慢走下飞机，麦克纳马拉是第一个向新总统致意的内阁官员。他对约翰逊认识并不深，也不知道他的工作习惯与肯尼迪有多大的差异，他甚至不知道约翰逊是否要他继续担任国防部长。

最信任的人

然而，麦克纳马拉的欢迎却令约翰逊大为感动，他要麦克纳马拉与邦迪、包尔一起陪他飞回白宫。在直升机上，麦克纳马拉就坐在约翰逊旁边，约翰逊看起来几乎濒临惊吓状态。包尔事后回忆说，约翰逊的举动看起来很不稳定，脸上表情也因为紧张而扭曲。在十分钟的航程中，约翰逊告诉他们肯尼迪夫人表现得无比勇敢，虽然她的丝袜沾满血迹，她却不肯换掉，因为那是她丈夫的鲜血，甚至在她看着约翰逊宣誓接任总统时，她仍然穿着那双沾血的丝袜。

而后约翰逊转头对麦克纳马拉、邦迪和包尔说："你们是我最信任的人，你们一定要留在我身边，我需要你们。肯尼迪总统网罗了最杰出的人才，靠我自己绝不可能找得到的。你们是我见过最能干的人，不只是因为你们是肯尼迪总统的朋友，不论走到那里，你们都是最优秀的人才，你们一定要留下来，我希望你们能跟我一起共渡这个难关。”

包尔还记得，直升机在白宫南机坪降落时，椭圆形办公室近在眼前，然而一切事物看起来都不一样了，显得很悲伤，甚至令人毛骨悚然。他与麦克纳马拉从内阁厅进去，他们都认为，肯尼迪在大选中仅以微小差距险胜对手，使他觉得上台以后的施政空间大受限制，确是非常不幸的事情。他们相信，如果肯尼迪在 1964 年竞选连任，必然能够赢得绝大多数的民意支持，领导美国开创有史以来最富有革新精神的时代。部分政坛核心人士相信，肯尼迪连任之后，麦克纳马拉将会出任国务卿领导整个内阁。

他们分手以后，麦克纳马拉回到家里，不久就接到罗伯特·肯尼迪的电话。几分钟内他又赶往肯尼迪总统中弹后送医的毕士大海军医院，这次还有玛姬跟他一起去。麦克纳马拉自己开着一辆深蓝色的福特银河，车子还是他辞去福特总裁之后从迪波恩运过来的。军方将领对于麦克纳马拉自己开车都惊恐不已，认为他应该乘坐高级轿车，并且要有安全人员随行。

麦克纳马拉以为他只会待上几分钟，因此让玛姬留在车上等他，自己上楼到了医院的贵宾休息室，看到肯尼迪家人都在那里。一如他在福特的每一场业务会议或是在白宫的每一场内阁会议都扮演着主导的角色，他一走进贵宾室，每个人都注意到他，尤其是肯尼迪夫人。她到现在仍然没有换掉在达拉斯所穿的一袭粉红色羊毛套装，以及沾满血迹的丝袜。麦克纳马拉告诉作家威廉·曼彻斯特说：“我觉得我必须让她保持冷静，听她吐露心声。我们坐在厨房里，杰奎琳坐在凳子上，我坐在地上，聊了两三个小时。我的精神完全只放在她身上，因为她需要我，而且我觉得，其他人管他们的呢，让他们自己照顾自己吧。”

（上图）麦克纳马拉是杰出的降低成本专家，他在 1965 年某次国防部的记者会上，详细说明他如何压低国防费用。

（下图）麦克纳马拉出任国防部长后不久，就把管理革命带进政府，并且广受关注，包括成为《时代》杂志和《新闻周刊》两大新闻刊物的封面人物。

肯尼迪夫人回想起这一整天可怕的经过，谈着点点滴滴的细节，最后她才突然意识到，如今她已经不是第一夫人了，往后她要住在哪里呢？他们夫妻在搬进白宫之后就卖掉了摩尔城的房子，因此她现在已经没有自己的房子可住了。她觉得如果能搬回摩尔城最好，甚至若是能搬回同一栋房子，那就更好了。

麦克纳马拉主动提议说："我帮你把房子买回来。"

患难见真情

一个晚上下来，一向惯于发号施令的麦克纳马拉，甚至连肯尼迪总统丧礼的细节都参与了讨论。众人讨论到总统应该长眠于何处时，肯尼迪在波士顿的一些朋友认为应该将他安葬于麻省，但麦克纳马拉坚持总统应该安葬于国家公墓。后来他又主张总统的棺木应该打开，肯尼迪夫人则希望将棺木盖上，让她能够保持她对亡夫的记忆。麦克纳马拉说："不可能的，杰奎琳，人人都希望见国家元首的最后一面。"

他们是在贵宾室的小厨房里讨论这一切细节的。麦克纳马拉坐在水槽上，肯尼迪夫人坐在地上，总统的弟弟罗伯特·肯尼迪坐在一台小冰箱上面，一直聊到凌晨三点半，才将肯尼迪的遗体运回白宫。麦克纳马拉与罗伯特·肯尼迪的太太伊瑟同车，紧跟在救护车后面。到了白宫，棺木暂时停放在东厅的灵柩台上，只有八个人细看了躺在棺木内的肯尼迪遗体，以决定棺木应不应该盖上，麦克纳马拉也是其中之一。最后他还是输了。

天亮时分他回到家里，阖了一会儿眼之后又起身冲澡换衣服，八点钟就来到五角大楼的办公室，研究将总统安葬于国家公墓的各项细节，安排与阿灵顿公墓园长会面。园长建议三处地点，麦克纳马拉没多久就选定其中一处墓地，然后赶回白宫参加十点钟为近亲好友举行的弥撒。

麦克纳马拉因为在滂沱大雨中来来回回于阿灵顿公墓和白宫之间，脸上都起了红斑。晚饭后，这个从来不知疲倦的巨人甚至跟着大伙胡闹了一阵，抒发一整天的紧绷情绪。伊瑟·肯尼迪是戴了假发去参加餐会的，因为她腾不出时间去做头发，结果有个客人扯下她的假发，传过每个人的头顶，最后停在麦克纳马拉头上。这个几乎人人畏惧的前任福特公司总裁，全世界最有权力的人之一，现在却顶着女人的假发坐在那里。

这就是麦克纳马拉的另外一面，热情、风趣，对待朋友毫无保留，对悲痛欲绝的寡妇他能给予安慰，也能够成为患难见真情的最好的朋友。这也是桑顿、兰迪、米勒和米尔斯所认识的麦克纳马拉，从这些年来的交情他们知道，麦克纳马拉不是只会发号施令，更不是福特公司或五角大楼绝大部分同事所熟悉的麦克纳马拉。在他们的朋友眼中，这一天的经过再次证明，他绝不只是外人经常指责的一部 IBM 活电脑。

第27章

兄弟反目

有太多我们所谓的管理意在使大家难以工作。

——彼得·德鲁克

场景依稀像1960年11月的某一天，让人不由得想起麦克纳马拉任福特公司总裁时的情形。极为现代化的公司总部里布置相同，目的也一样，就是要在一大早的记者会上，介绍福特公司的新总裁。

福特二世再度露面，散发着愉悦和自信，就像两年半前一样，他旁边坐的那位经理人头发光洁，留着大家常见的往后梳的发型，戴着金边眼镜，这种装束是麦克纳马拉的注册商标。但是1963年4月这一天的此刻，主角是平易近人而又纯朴的米勒，他是“十杰”中的第二位成为福特公司总裁的人。

他谦逊地接受这个职位，并没有全心期待，也不相信他特别有资格得到这个职位。但是从另一方面来说，47 岁的米勒虽然从来不会让人觉得野心勃勃，也从来不真正地追求升级，却跟巴格斯和“十杰”中的朋友莱特，悄悄竞争这个顶尖工作有一阵子了。巴格斯是他们 1945 年初次会见福特二世后刁难他们的人，莱特则真心相信他比朋友更有资格坐这个位置。天机大约在一个月前泄漏出来，米勒比莱特多得到 5 000 美元奖金，才知道自己占了优势，但是福特二世一直到真正宣布前五天才告诉他。

斗争失利

50 岁的莱特深深觉得这一切应该属于他。他担任福特汽车部门的首脑，对于福特公司从推出 T 型车以来，到 1957 年才再度打败雪佛兰汽车，他居功厥伟，而他在 1959 年又再度做到这一点，他自认这是他在福特公司最重大的成就。米勒一直担任幕僚工作，连他自己都真心相信会获得总裁职位的人是莱特，而不是自己。莱特一直伴随着麦克纳马拉高升，每一次都紧跟在麦克纳马拉后面升官，一直到麦克纳马拉离开，到五角大楼为止。莱特了解福特二世不可能在麦克纳马拉离开时，任命他当总裁，他那时接任汽车卡车多元化副总裁只有几个星期（年轻的行销王牌艾科卡接任莱特在福特汽车部门副总裁的旧职），因此总裁的职位由约翰·戴斯特拉（John Dykstra）得到。但是在戴斯特拉退休的时刻逐渐来临时，莱特期望达到自己在福特公司事业生涯中的顶峰，成为十杰中第二位爬到最高职位的人。毕竟，他是公司里的第三号人物，只比福特和戴斯特拉低，而且几年前，他已经拒绝了到克莱斯勒汽车公司任总裁的机会。

福特二世在所有的人当中，偏偏选定了米勒时，莱特整个人被摧毁了。好多天里，他都大惑不解，为这个出乎意料的转折，怪罪戴斯特拉，他想到要是麦克纳马拉留在福特公司就好了，自从麦克纳马拉离开，戴斯特拉接任后，他似乎没有一件事情顺利。戴斯特拉和麦克纳马拉极端相反，是个旧式的人，言谈严厉，好勇斗狠，没有大学文凭；父亲是熟练的铜匠，带着 4 岁的他，从荷兰移民到底特律，他 16 岁时成为模具学徒，此后一生都待在汽车工业；最先是在过去的哈德逊汽车公司，接着到通用汽车公司的奥斯摩比部门，1947 年加入福特公司，担任一般生产助理，在生产部门节节上升，能升为总裁，主要是因为公司推动提高产品品质运动。莱特猜想，麦克纳马拉突然辞职使福特二世挑选戴斯特拉，原因之一是戴斯特拉属于另一个极端。莱特想，或许福特二世已经受够知识分子了。

从一开始，莱特对戴斯特拉就怀着强烈的厌恶。“我对这个人绝对没有半点尊敬，一点都没有，”他说，“他会掩饰真相，欺上瞒下，你不和他同流合污，就是他的敌人，你要是听他的话，和他就会处得非常好。”他认为戴斯特拉是个骗子，说谎话极为高明，靠机会得到太多利益，他手拿指挥棒，领导大家对抗缺陷，但缺陷很少是他自己的错误，责任似乎总是落在别的部门。另一方面，戴斯特拉认为莱特是个性情激动的人，早在福特二世任命戴斯特拉当总裁前，他们两个就争执、斗争开了。的确如此，福特来找莱特，把决定告诉他，说除非他和戴斯特拉和好，否则公司就运作不下去，他向福特二世保证会跟戴斯特拉和好。

但是戴斯特拉来找他，抱怨汽车的品质时，麻烦开始了。莱特试着表现出并非替自己辩护的样子，设法解释说没办法光是挥着一支魔棒，就把缺陷通通扫清，戴斯特拉却不听这一套。戴斯特拉想插手他自己所知极少的领域，例如在销售或计划方面做决定，也让莱特痛恨不已。戴斯特拉想放弃麦克纳马拉的实用性猎鹰车型时，莱特特别生气。

莱特回忆说："他不喜欢那种车，认为那不是福特公司的产品。"

"为什么我们不把福特的产品做得好一点？为什么我们不多卖一些标准型的福特车？"

"你他妈的怎么能希望我们卖大车给不要大车的人？"莱特反驳说，"你自己试过吗？"

他们两个人之间有长远的不和记录，莱特并不掩饰自己的不悦。

"我们交手过，"莱特说，"我尽力做好工作，他完全不懂经销商、销售或计划，却想什么都管。"

落井下石

可是有关麦克纳马拉的猎鹰车型的争执蔓延开来，公开展现在产品计划人员和财务幕僚之前。猎鹰车型是一种结合式结构的汽车，是把主要的组件焊在一起，形成一律相同的车厢，和一般以车架为基础开始制造的方法相比，这种改变可以大大地降低了生产成本。但是戴斯特拉相信如果用老方法制造，猎鹰车型应该会更坚固，莱特力争说这样只会增加成本。

"我认为这样是愚不可及。"莱特回忆说，"我说：'听着，戴斯特拉，通用汽车公司有三种单一车体的车型，我们有一种，你这样会让这种车型的成本增加不少，我们能够取胜，是因为我们压低成本。'要说服他简直不可能，如果我径自做下去的话，情形有可能不同，但是我没有这样做，我就是没有坚持。"

他和戴斯特拉的不和达到了决裂的程度，以致莱特考虑过，如果福特延长戴斯特拉的总裁任期，他就要辞职。莱特认为，福特未挽留戴斯特拉，使得这位即将去职的总裁决心尽力搞得莱特没有机会接任。"他狠狠修理我。"莱特坚持说，"我知道这一点，他抹黑我，让我在那里再也没有前途，他跟亨利·福特二世说我的坏话，主要的原因就是我跟他不和。”

他注意到福特二世对他的态度有了变化，“那一阵子他处在压力下，我认为麦克纳马拉离开仍然让他愤慨。”莱特说，“至少他总是对我抱怨和发牢骚。”其实福特是和他保持距离，准备做出决定，不把莱特极为企望、而且自认应该得到的职位给他。

莱特从来没有真正了解福特二世。他当部门副总裁时，若想跟福特报告，得先通过麦克纳马拉，后来又要通过戴斯特拉，总是隔了一级。福特二世变得越来越遥不可及，他虽然可以见到福特，却是在高级经理人餐厅和重要经理人的会议上，不过就只有这样子而已。福特从来没喜欢过莱特这个人，从来没有把福特汽车部门的成就归功于莱特，而是归功于麦克纳马拉。

除了错失总裁职位的侮辱外，莱特现任的汽车卡车部门首脑的职位也废除了，他实际上被贬为信用及保险部门的副总裁。对期望得到最终擢升的人来说，这是相当严重的降级，让他失望得说不出话来。米勒来找他，说希望他留下来。但新职宣布几天后，莱特抱着一堆档案和书籍，到新的工作单位去，“我看着那里，说这个位置不适合我，我能够应付数字，但那不是我想做的工作”。

“那时我才觉得自己受够了，我回到家，拿出自己的文件，计算财务状况，写好了辞呈。太太陪伴我走过每一步路，非常赞成我辞职，‘如果你再留在这里两三年，我们很可能就要埋葬你了’。她说得对，压力太大了。”

第二天，也就是福特二世和米勒在记者会面对镜头微笑还不到一星期，莱特跨进福特二世在十二楼的办公室，把辞呈交给福特。十七年来，他一直是对福特忠心不贰的经理人，也是第一个成为福特汽车部门首脑的人。1949 年他制定蓝图，为创立福特汽车部门催生，而且参与过公司战后期间很多最重要的决定。可是福特二世对于跳过他，选别人当总裁，没有作出任何解释或道歉。

“我没有想到你会辞职。”福特告诉他。

这种回答让他震惊，很多年以后，这句话仍然留在他的脑海里，“他确确实实是这样说的，我很失望，生气不是很好的辞职原因。我相当失望，得到这样的对待真的对我有很大的伤害，我没有办法和米勒谈，他刚刚被任命为总裁，我没有跟这些好友里的任何一个人谈。请您注意，不过是一年前，米勒才跟我说：‘莱特，我们都知道你是下一个升上去的人。’他说了这种话，而且我肯定他到今天还会这样告诉你。但这是福特的决定，根本没有人知道福特会做什么样的决定，我们全都有这种问题”。

他辞职的消息传开后，很多老朋友都深为震惊，巴格斯冲进他的办公室，来回踱步，事情的转折连他也深受震撼，“真是浪费！”他喃喃说道，“真他妈的浪费人才。”

他辞职的消息在报上刊出来那天，桑顿就打电话给他。在桑顿带去福特公司的所有人当中，他认识莱特最久，认为他是最好的朋友。

“和我谈完之前，你什么都别做。”桑顿说。

“我不急着做任何事情。”莱特告诉他。

“我希望你来这里，跟我谈谈在利顿工业公司的一个工作。”桑顿命令道。

因此莱特就飞到洛杉矶，和老友见面，他们谈起旧日时光和福特公司，谈到莱特不确定的未来计划，“我觉得他可能希望我加入利顿工业公司。”莱特回忆说，“于是我说：‘你听我说，你建立了这家公司，帮你建立这家公司的是艾许，我不知道自己应该放在什么位置，因此我们别谈这件事。’”

桑顿一向都不停地动脑筋，他并不打算放弃，“你不应该无所事事”，他教训莱特。

莱特回底特律前，已经被桑顿聘定担任顾问，负责检讨利顿工业公司旗下门罗部门的行销计划，桑顿至少暂时设法把一个旧手下弄回来了。莱特离开后，原来的十杰只剩下四个人还留在福特公司，一位是仍然担任林肯水星汽车部门总经理的米尔斯，一位是仍然担任福特汽车部门采购主管的包士华，一位是米勒，一位是兰迪，后面这两位是公司里最有权势的经理人。

亲密战友

福特二世决定选用米勒当总裁，不选莱特，最终的原因是出于喜好。福特二世喜欢米勒，喜欢和他在一起，喜爱他的建议，尊敬他明智和理智的做事方式，这种方式和麦克纳马拉的方式一样，在技术上都很有效率，不像莱特的魅力来自谦逊。这是福特二世要米勒参与很多国际业务的原因，因为国际业务是福特二世本人构思出来的杰作；这也是福特看到桑顿的利顿工业公司日渐成功，赞叹之余，也叫米勒负责公司的多元化经营的原因。福特二世有意把公司的触角伸到汽车业务之外，他告诉米勒的同事贝克说："看看桑顿的成就，老天，过不了多久，他就会拥有一切。"

利顿工业公司用多元化经营获得成长，深受福特赞赏。这促使福特公司在 1961 年，出资 8 300 万美元，买下从事航空航天、收音机和电视制造的飞歌公司（Philco）。兼并案完成的第一天，桑顿就打电话给米勒。

"米勒，"他说，"你到底为什么买这家鬼公司？我认为没有哪个傻瓜会笨到去买这种公司。"

"桑顿，我可不想买"，米勒反驳，他解释说是福特和布里奇为了飞歌的航空航天部门，才买下这家公司。

桑顿很快就想从福特公司手中，买下飞歌公司的家电产品部门，米勒虽然乐意卖，福特却不同意。通用汽车公司靠旗下的富及第公司（Frigidaire），在家电产品上赚了很多钱，福特想福特公司也可以这样做。

“桑顿能给我们的只是钱，而我们有很多钱。”福特说，“我们看看能不能做点成果出来。”（但是福特公司后来在这家公司上亏损数千万美元，使得米勒后来说：“我们应该把飞歌公司送给桑顿的。”）

但米勒是永远忠于福特王子的仆人，他没有和福特力争这一点。他接受自己只是福特手下代理人的事实，所有最后的决定都由福特做。的确如此，他乐于承认除非福特想到或接受了什么构想，否则福特公司里根本不存在任何构想，从这方面来看，他缺少桑顿、麦克纳马拉和利斯所拥有的性格力量。“福特是老板，”米勒说过，“虽然他说：‘你是老板，米勒，你做决定。’他的本意并非如此，我看得出来。”

米勒在福特公司工作这么多年，福特只批评过他一次。当时米勒是公司的主计长，有一天，福特把他叫到办公室，米勒发现自己的个人支出报告摊在桌子上，大为吃惊。

“米勒，”福特严厉地说，“我想跟你谈谈你的支出报告。”

米勒呆住了，以为自己在计算支出时，不小心犯了小错误，福特要抓住这种事让他难堪。

“你的支出太低了。”福特说，“你让我们大家显得很不像话，你也没有挑第三辆车。”

因此米勒替家里订购了另一辆福特车，开始多花点公司的钱。

米勒能赢得福特的信任，还有另一个原因是兰迪。就像莱特跟在麦克纳马拉后面，在公司里逐级上升一样，兰迪总是跟随着米勒的脚步，总是支持他这位好友，总是向别人宣扬米勒。这种转变有点怪异，因为在大战期间，最先把莱特引进桑顿在华盛顿统计管制处的人，正是兰迪，不过在他们服务福特公司期间，兰迪经常都是直接向米勒报告。

他们有很多共通的地方，米勒在内布拉斯加州出生，兰迪在爱荷华州出生。米勒和兰迪就像麦克纳马拉一样，事业生涯之初是当大学讲师。到福特公司以后，他们在财务部门同甘共苦，善于使用老式的富莱登（Friden）计算机处理数字，他们总是担任幕僚工作，从来没有像麦克纳马拉、利斯、米尔斯或莱特一样，进入营业领域。他们的友谊在十杰中，最后变得最亲密、最持久。兰迪在福特公司里最后虽然没有升到像米勒那样高，却以一种静悄悄的方式，在福特公司和美国工业里留下更持久的影响。

大家说兰迪一生只有两个最爱，一个是福特公司，一个是天主教，很多人没有提到他把两个最爱结合起来，几乎使他们变成一体。他的教民是他在福特公司的手下，他到他们的家去巡视，和他们讨论问题，甚至赦免他们的错误。而且他在公司里，把理性主义和计量方法变成一种世俗的宗教，也像在讲道坛上宣扬圣训一样宣扬其重要性。

兰迪在财务部门的权势和控制力量越来越大，最后变成福特公司里的传奇人物，而且和十杰里的其他人相比，他最后变成了亨利·福特二世的心腹。有一个人谈到兰迪时所说的话的确是真的："他在他的领域里是神，在领域外有点像神。"福特公司里发生的事，他没有一件不知道的。

福特公司财务部门在麦克纳马拉领导时开始崛起，时间是 50 年代初，50 年代后期在米勒领导下继续茁壮，到了 60 年代初期和其后的岁月里，兰迪使财务部门变得几乎无所不能。他在好几十年里，把所能找到的最优秀、最聪明的大学毕业生引进财务部门，结果财务人员变成公司里最有才能的经理人。行销、销售、工程或制造部门里，都没有像兰迪这里的人，能够年复一年，有系统地在人力市场上招募最优秀的人才。这些部门里，也没有近乎神的人充当这么多人的良师，而且即使其他部门知道需要录用最好的人才，也必须在财务部门制定的所有基本规定的文化里，争取最优秀的人。

很多年以后，到了 70 年代，其他部门开始招募企管硕士时，一位福特公司的行销经理人到斯坦福大学，进行征才活动，这时米勒已经成为这所大学的商学院院长。"他很讶异我们要招募企管硕士从事销售和行销，"一位经理人回忆说，"米勒问道：'你们要企管硕士干这个吗？你们可以招高中女生做这些事。'"

锱铢必较

因此工程师和行销人员对抗兰迪高傲的财务奇才军团时，势必无法打动他们的心。福特公司过度重视成本控制，其他一切，包括产品品质，都成了次要的。从零件成本里砍掉一分或一角，就是胜利或大胜，因为节省立刻会表现在财务报表上。增加一辆汽车的成本，变成了禁例，即使这样是为了克服一个重要的品质问题，也都在禁止之列。60 年代初期，有一位经理警觉到有无数的顾客抱怨，敦促林肯轿车部门，把一种可靠性极差的机械式整流器，改换为电子整流器。他的要求遭到拒绝，因为这种改变会使汽车成本增加 4 美元，电子整流器在各方面都很优异，但是当权的人是财务部门控制成本的魔鬼。

当然，这种心态大部分是由麦克纳马拉建立的。有一次，他想到是否能够拿掉每一部汽车里的备用胎，他在福特公司经理人的会议上问："你们当中，有多少人过去一年换过轮胎？"大家都回答说没有。麦克纳马拉很快地想到一个方法，可以让公司的利润增加千百万美元，这个构想一直在激荡。一直到有一位经理人提醒他，高级经理人根本不需要备用胎，因为他们使用新车的时间很少超过六个月，而且他们的轮胎是在高级经理人的修车厂换的。

兰迪手下众多，也在福特公司形成另一种影响，他们代表一层又一层的幕僚人员，他们所有精力不是放在生产更好的汽车上，而是拿来管制、欺压和操纵他们的组织。这种现象开始在一家又一家美国公司里发生。到

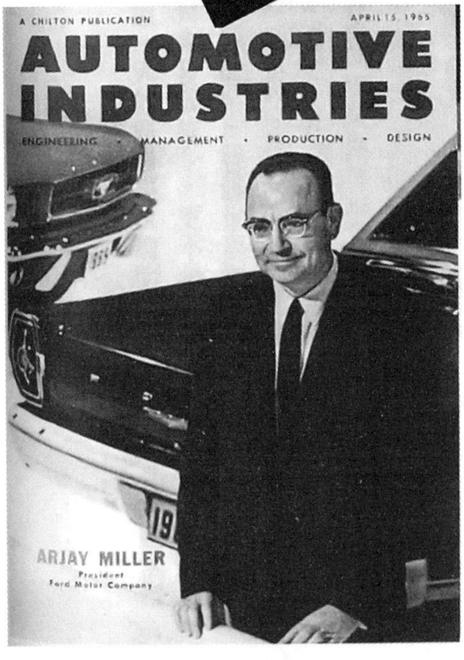

（上图）米勒（右）缺少麦克纳马拉那种冷静的自信，但是在十杰中，仍然成为第二位担任福特公司总裁的人。（图为米勒升任公司总裁后不久与福特二世合影。）

（左上图）十杰中的兰迪总是站在幕后，避免曝光，他在福特公司拥有庞大的权势，他录用了数千企管硕士，并把他们训练成严格的财务管理人员。

（左图）麦克纳马拉和桑顿成为重要杂志的封面人物时，米勒在 1965 年也出现在《汽车工业》杂志封面上。

了 1979 年兰迪退休时，福特公司的财务人员超过 1 300 人，规模可以和很多美国公司的员工总数比美，他们把大部分时间花在树立障碍、妨害新计划和新构想上。

在福特公司里，唯一能出头的就是潜心做计量分析的人。成功的经理都急着把系统思考和作业研究化为实际运用，产生一系列难以了解的缩写词、术语和大量图表、曲线图和表格，他们在一个接一个的任务里，追逐一大堆的知识之谜。

福特公司里热爱汽车的人和兰迪手下的财务怪才不同，不能了解这种强调数字几近疯狂的情形。就像一位设计师说的一样，福特现在是“由数豆子的人、不是由爱车的人控制”的汽车公司。在福特公司设计室工作超过二十五年的肯尼斯・斯宾塞（Kenneth Spencer）解释说：“爱车人知道自己要什么，多多少少可以达成目标。但是数豆子的人从头到尾只想知道这个要多少钱、那个要多少钱，甚至在事情的先后次序还没有整理好、还没诞生前，他们就想知道每一个零件的成本。但是你不能这样子去思考，因此你所做的事情就是说谎、造假，尽可能地把事情隐藏在黑板后面，这样子实在是没有好处。关于数豆子的人还有一件事，就是他们总是可以证明他们是对的，他们在纸上证明，他们表面是对的，事实上却是错的，你不能把创造性拿出来，放在数量分析里面，这就是他们一直试图要做好的事。”

这个系统的精神蔓延到公司大大小小的决策中，甚至波及新车设计的细节。福特公司甚至开始进行顾客集体访谈，只根据蓝图，问他们对新车的反应。要是有一位顾客给一种保险杠很高的评价，这种保险杠可能就成了另一种车型的保险杠，诸如此类的事情不胜枚举。“他们把所有好的零件统统放在一辆车上，然后奇怪这辆车怎么这么丑。”斯宾塞回忆说，“有一阵子，专家说这样是对的，而我们应该这样做。你知道吗？对这种现象有个极完美的比喻，就好比说，有个人主投一场棒球赛，他每投一球，都要看看球员休息室，而球队教练就看着观众说：‘我们应该投什么球？’这样会变得愚不可及。他们不把（市场）调查当做工具……他们视之为信仰！我不喜欢这样子，因为我懂的比某个城市的家庭主妇多。第一，在这样的调查里，你找到的受访者想的是目前，他们不会想到四年以后。他们想的是他们现在觉得安心、觉得习惯的东西，他们想到的是以今天的车价来衡量，车子该有什么设计。你不能这样子做计划，这批财务人员这样做，就像是如果托雷多市的 187 位主妇不告诉他们该做什么，他们就不能做决定似的。”

虽然理性主义渗透福特公司的每一个部门，但是兰迪的财务部门对这种行事方法最热衷。他的财务人员分布在整个组织里，是无所不能的否定者，监视着一角一分的花法。在福特公司的组织图里，每一个代表部门财务主管的方格用实线和这个部门的总经理连起来，和兰迪在公司总部的办公室则是用虚线连接。在组织图上，实线和虚线之间有着哲学上的和实际上的两种差异。实线连接你和你的上司，他可以雇用、开除、擢升你，并且派工作给你；虚线代表力量比较小的关系，虚线上级对于你的工作有一些不特定的发言力量。

地下总司令

从表上画的线来看，兰迪的人好像是完全向总经理负责，但实际上，信息经常透过另一个指挥线流向兰迪，速度比透过作业部门的管道还快。一位先在福特公司财务部门工作，后来到国际电话电报公司，在简宁（Geneen）手下工作的人，就对这种制度大为赞叹。简宁是个独裁的人，公司里最微小的财务细节都要管到，他跟财务人员的关系和福特公司里的情况相反，国际电话电报公司所有的财务人员，都用实线和公司的财务部门连接。这个人说："国际电话电报公司和福特公司的差别就是清楚、公开，如果你是财务部门的人，你很明确地属于另一边，只对纽约的人负责，纽约那边关心的完全是财务方面的事；在福特公司里，你仍然是要向作业部门的首脑报告，但是和兰迪相连的虚线远比简宁用实线相连的关系强多了。因此，财务部门在福特公司的角色复杂多了，也有势力多了。"

有很多非正式的通信经由这种虚线关系流通，使兰迪和他手下对公司的其他人拥有惊人的影响力。当时另一位著名的福特公司高级经理人回忆说："那种虚线中断之处极少。"部门的首脑几乎完全依靠兰迪的财务部门，因为他对各个部门发生的事情，所知的内幕消息往往比部门的首脑还多。

很多批评兰迪的人认为他温和、谨慎、守法重纪，原因就在这里。他透过自己的信念和招募的财务人员，把公司的数字目标提高到神圣戒律般的地位，即使是福特公司以外的人，也不能不注意到福特公司的财务人员在公司里变得多么有势力。华尔街有一位认识兰迪、米勒和桑顿的财务经理人，对于他们在公司里的主宰地位，对于他们完全沉迷在数字中，几乎都大为吃惊，"我发现他们不完全是人类，"他说，"他们是早期的计量派人士，数字代表一切，福特公司不是什么工作场所，而是一张薪资表。他们很少讨论人，从来不讨论汽车的设计。要是福特公司在生产汽车方面，像控制成本一样在行，一定会变成美国最好的公司。"

但是他仍然喜欢兰迪，认为他有魅力而可亲，建立了美国企业中令人印象最深刻的财务幕僚，"远比通用汽车公司和美国许多其他大公司高明多了。"他说，"你可以问兰迪原料成本，或问劳动合约对福特的影响，他能够引经据典，说给你听，你会感觉到这些家伙绝对了解事情。"

兰迪在创造和培养财务帝国方面担任的角色，到了神话般的地步。一位熟识他的人回忆说："跟兰迪坐在一起就像听教宗谈话一样。"兰迪身材健壮，肩膀宽阔，好似足球员，可是他没有运动天分。他留着平头，头发总是剪得很短，短到像军人，鹰钩鼻上架着深色塑胶镜框的眼镜，使他增添一份严肃的模样。他的西装款式保守，却是由替英国菲力普亲王制装的伦敦裁缝做的，衬衫是在巴黎定制的，他坚持决不像某些人的臆测，不是在布鲁克兄弟公司买的，但仍然合乎他的沉默风格和隐身幕后的个性；兰迪和他的人马从来不愿招人注意。

他喜欢精美而具有特殊价值的东西，像书籍、衣服、国外假期和美食，但对虚饰招摇的事情没有兴趣。在十杰中，他是最后搬出福特基金公会公寓的人，就算搬出来，也只是搬到对街的东美社区（Fairlane East development），住在一条死巷的一幢朴素的砖造房子里。房子和大多数汽车人的住家不同，不是坐落在大片土地上的巨型建筑物，没有游泳池和高尔夫练习场，朴素得就像他自己的生活方式。

但是到了60年代中期，他是底特律薪酬最高的经理人之一。担任财务部门副总裁，一年收入40万美元，他跟麦克纳马拉和米勒一样，不符合底特律的企业形象。他不打高尔夫，酒喝得不多，从来不玩牌，不管是桥牌或扑克都不打。除公事之外，他的兴趣包括园艺、戏剧、电影和美食［多年以来，他和米勒的太太成为一家毁誉参半的餐厅投资人，这家餐厅叫作家餐厅（les Auteurs），位于皇家橡树，离底特律约半小时车程。］他偶尔看看足球和篮球，特别是找和密歇根队对抗的球队看。

玫瑰与剑

对兰迪来说，教堂重要多了。念大学期间，兰迪一直都修拉丁文，因为那时他曾认真地考虑要当牧师。他最好的朋友是迪波恩约瑟教堂的牧师卜伦南（Gerrd S.Brennan），这座朴素的小教堂坐落在圆楼大道，由耐火砖和砖块建成，屋梁还是裸露在外的，兰迪家离这里走路只要十分钟。卜伦南 1952 年开创这个教堂时，兰迪就认识他了。卜伦南住在教堂里，兰迪经常去，两个人一起吃意大利面晚餐。圣约瑟教堂花园的花木都是由兰迪负责种植和照顾。

兰迪不但每星期天都参加弥撒，平常的日子也上教堂去，因此福特公司有些人喜欢叫他“平民教皇”。他慷慨地捐钱给很多和教堂有关的活动，福特每年提供一辆新的林肯轿车给红衣主教私人使用，主要也是兰迪居间促成。

他的兴趣和在教会的影响力更增添了他在福特公司的光环。有人问一位只是在迪波恩外、还不是福特公司财务人员的人对兰迪有什么看法，他说：“他足够当上帝以下的第二人，我不容许自己对他有任何看法。”兰迪是个慈善的上帝，他真心地关怀手下，对于真正忠于他的人，他总是用他自己的方法证明他的感激。对一些在公司高级经理人餐厅里当帮手的人，他曾经给他们的孙子奖学金，而且这么多年里，在他手下人的身上，花费了很多钱、提供了很多建议。50 年代时，柯里（James Kerley）在兰迪手下工作，当时兰迪是助理稽核，负责财务分析。柯里发现才 30 岁的太太得了癌症，兰迪把他叫进办公室，“柯里，我了解尊夫人很不幸要进行一次彻底的乳房切除术，”他告诉伤心痛苦的柯里说，“嗯，别担心，有这几位医生，还有某某几位医生可以依靠。”

兰迪交给柯里一张空白支票。

“你应该填上你需要的数字，确保她得到最好的治疗。”

然后兰迪告诉麦克纳马拉，由麦克纳马拉安排密歇根大学放射系医学主任，替柯里太太做手术后所必需的六星期钴照射治疗。麦克纳马拉和兰迪谈话后不久，把柯里叫进办公室，坚持要他每天下午带太太去安阿伯做放射治疗，“如果你带她去做，她会好过多了。”麦克纳马拉说，“这是你婚姻生活里最重要的六星期，也是你今后六星期最重要的任务。”

麦克纳马拉对于自己的手下，连最微小的关怀都不善于表达，这是他少见的几次表现人性关怀的一次。这件事的起因还是兰迪的安排，类似的事情是大家对兰迪这么忠心不贰的原因，他把你当成自己的家人一样，照顾你和你的家庭。柯里回忆说："你要是替他工作过，他就把你当成他的人。"

但是如果你招惹兰迪生气的话，他的利剑也很迅捷，这是身为这个团体一分子的恐惧和力量的一部分。不了解自己属于哪一边的人，会突然发现自己的事业中断、告吹。他的一位手下回忆说："你必须非常非常聪明、灵巧，也必须对他忠心耿耿，不能心向外人，因为他不是心向外人的人。能够往上升的人都相当有纪律，他们并不是缺乏幽默感，而是要求一致性，从服装到所有的一切，都要求一致。虽然他独身，但对他来说，家庭和生活形态很重要，如果你有婚姻困难或离婚，会成为不利因素。"

兰迪很乐意知道这些事情，他的手下常常邀请他到家里，安详地吃一顿家庭式晚餐，让兰迪跟他们的妻子、儿女见面，后辈里很多人叫他"兰迪叔叔"。即使是这种场合，也有精确的仪式在，兰迪会在预定的时间到达和离开，他一定会刚好只喝一杯浓郁的威士忌，或十二年的巴兰亭酒。柯里回忆说："我们都有一瓶好威士忌，都存着等兰迪来家里。"某一次家庭访问时，兰迪注意到柯里 5 岁的儿子玩一部庞帝克汽车模型，庞帝克是通用汽车公司生产的一种汽车。

"吉米，"兰迪问小男孩说，"你有别的汽车玩具吗？"

小男孩走进房间，拿出一部国际收割机公司的拖拉机模型。

第二天早晨，兰迪看到柯里时，谢谢他邀请自己去吃晚饭，然后提起昨天跟小孩子的谈话，让柯里吃惊。

"柯里，"兰迪教训柯里说，"如果你要替福特公司工作，你的小孩至少应该玩福特汽车模型。"

行为规范

兰迪在他手下的财务人员之间，实施强迫性的秩序和规律。在福特公司里，做事有错误和正确的方法，兰迪通常会决定哪种方法是正确的，连保持铅笔芯尖锐都包括在内。曾在福特公司财务部门做过一年，后来成为美国汽车公司总裁的梅尔斯，记得有一次兰迪来到他身边，教训他怎么用铅笔。

最重要的是，兰迪坚持要用某些方式做报告，每份报告的文字资料本必须用黑纸和三个环子装订，强化纸张的环子必须贴在顶端和底部的孔上。报告的主要篇章必须用红色标签分隔开来，重要的章节必须用粉红色标签，附属的文件要用透明的标签。每次报告都是一场考验编好剧本的表演，最细致的细节都要事先做好，而且通常要在兰迪本人面前预演过，连广告小册子也要和兰迪一起构思和检讨。对兰迪来说，就是操作幻灯也很重要。他拒绝随便让任何人做这件事，要求只能派手下聪明的企管硕士，来更换幻灯片和在银幕上用箭头指出相关数字。的确如此，在一次重要的报告之后大约三十年，兰迪仍然记得替他操作幻灯机的副手叫什么名字，谈话时仍然特意提到这件事。

没有什么报告比福特公司的财务报告重要，米勒有一次说，这种报告直接起源于统计管制时代，起源于兰迪向阿诺德将军所做的进度分析报告。财务报告最先由兰迪手下最精明的人，向50到60位福特最高级人员组成的内部管理团体报告，再向董事会报告。每种报告都有一定的形态，完全由财务人员推动和主导。首先是整体经济评估报告，随后是市场、利润和公司现金计划的财务报告。有人发现市场绩效报告由兰迪的财务部门做，不是由福特的行销部门做，觉得有点奇怪，不过这也是财务部门有权势的一种迹象。兰迪的手下说明最新的获利能力数字时，必须和福特所有的主要竞争者比较，而且对每一个数字的每一种变化，都会详细解释。

兰迪亲自撰写财务报告好多年，才开始把其中一部分授权给手下人去做，最后兰迪完全退出这种事。但他总是对每份报告的内容和风格赋予明确的责任，他有一组手下几乎不做其他事，只负责做财务报告和分量可比得上博士论文的附属资料册。银幕上闪现一张幻灯片时，资料册翻开的两页上，对幻灯片上每一个可能引发质疑的问题，都准备了答案，目的是决不能让兰迪措手不及。

他也坚持每一份财务报告必须公正，必须不偏不倚。要是一位财务人员要攻击某一个部门，事前他必须把财务报告拿给那个部门的经理看，让他们至少有权利回答。兰迪也要求每一份财务报告必须是根本形态的业务报告，必须简明和一针见血。大多数离开福特公司到其他公司任职的财务人员都认同，他们离开福特以后，从未参加过更有组织、更让人透彻了解的财务报告会议。

兰迪不能忍受时间很长、很无聊的会议或演讲，他的手下席克理回忆说："他喜欢简单明了。我对自己的能力相当自傲，因为我不必花太多时间翻资料本就能回答外面董事的问题。我通常喜欢立刻回答问题，他们会问问题，我就不停地回答下去，自认为做得很成功。然后我看到兰迪在桌子的另一边，做出要我闭嘴的动作，这种事发生过不只一次。"

兰迪像顽固的校长一样，特别注意别人的文法和句子构造，因为他手下做报告，最后负责的人还是他。他坚持手下要照他规定的标准，使用正确的文法，句子的开头绝对不能用"然而"，员工（employee）的英文字尾一定只能有一个 e，这是小学时一些严格的文法老师灌输给他的。他桌上固定放一本《韦氏大字典》（他拒绝用比较新的版本，因为他认为后来的编辑对文字太随便）。有一次柯里到他办公室，报告福特汽车部门的状况，错误地说："福特汽车部门感觉……"

兰迪从椅子上跳起来，突然打断柯里的话，手伸到桌前，抓住柯里的西装翻领。

“柯里，”他说，“正如我感觉这个翻领，你报告里的字应该是相信，不是感觉！”

然后兰迪双手抱胸，请柯里离开办公室。

兰迪的手下经常接受评估，即使是经理人在餐厅吃早餐时也一样。每天早上七点半，兰迪会准时召集大约二十个人，来一次非正式的早餐聚会，大家谈些闲散、有趣的话题，看看日报，但是所有的人都知道，兰迪很重视这种事情。他很注重一个人在闲谈时应付聚餐的方式，他从他们怎么谈话和谈话的内容，判断他们的能力。一位财务人员说：“如果你是喝了第三杯咖啡才清醒的人，会发现在早餐桌上和兰迪谈天说地真的不好玩。”

兰迪的规矩

但是，兰迪对手下在外面的活动不很感兴趣，除非他们的活动很有争议性，已经吸引了太多的注意；这是兰迪的规矩和很多其他大公司的重要差别。在别的白领工厂里，一个努力往上爬的经理可能必须替共和党工作，或至少要捐出部分所得，他太太必须参加少年交响乐团委员会，因为这种事可以决定一个人事业的成败。在通用汽车公司里，有前途的经理申请参加布隆菲山庄乡村俱乐部是一件大事，但在福特公司里，兰迪手下不是这样。席克理回忆说：“兰迪对你的政治立场的关心程度再低不过了，他也不在意你参加哪个乡村俱乐部、你和夫人支持什么慈善事业，你在办公室以外的时间完全是你自己的。”

虽然兰迪在福特公司有这么大的权力，但他似乎总是对隐身幕后感到满意，他拒绝受邀演讲，认为那是浪费时间。福特公司委托艾伦·聂文思

（Allan Nevins）和法兰克·希尔（Frank Hill）为公司立传。接受他们访问的十杰中，就数兰迪说的话最少，希尔访谈兰迪的记录只有三页，只是访谈米尔斯和莱特记录的三分之一而已。兰迪对很多记者夸说他从来不同意接受访问，这点倒不是真的，但是他对媒体的不信任极深，深到让他相信自己从不同意接受访问的程度。实际上，他有一次接受《纽约时报》一位记者的访问，另外有一次，他同意接受《资本家》杂志一位记者的访问。但是记者来见他时，他拒绝让记者使用录音机，甚至不准记笔记。这次“访问”只历时五分钟，兰迪就打发这位大吃一惊的记者走路。他给的唯一信息是：战后使福特公司改头换面的是布里奇，不是十杰。

他说，他只有一次在报纸或杂志上看到有点价值的东西，是他刚被征召入伍，在新泽西州狄西堡当上等兵的时候。他拿了一份 1942 年 12 月 28 日的《生活》杂志，在冷冽的寒冬，坐在户外的厕所里，翻这本特别大的杂志，目光落在一篇文章和照片说明中。文章说迈阿密海滩众多休闲旅馆经过改造，变成了庞大的空军训练中心，照片显示军官培训学校的学员留在沙滩上、在豪华旅馆形状奇怪的游泳池里，或是在海浪中。不错，他要去迈阿密，就是这个饵把他吸引到桑顿的统计管制处去的。

有一次，《时代》杂志有一篇文章把兰迪叫做“怕出名的人”；兰迪回想起布里奇打电话到他的办公室来，告诉他说：“这就是我所喜爱的名字。”兰迪谈这件事时，眼里闪着光芒，因为他也责怪新闻界没有把福特公司成功的功劳，让福特二世充分地分享。兰迪认为新闻界太在意报纸销售的份数，以至于不关心事实真相，认为他们对福特的三个太太和福特喝酒的事比较有兴趣，对他的成就反倒比较没兴趣。兰迪同意接受本书作者访问时，的确很自傲地谈到他在后来的岁月，怎么说服福特不要像过去那样跟新闻界谈话。

兰迪的分析能力虽然不亚于麦克纳马拉，却从来没有麦克纳马拉那种过人的野心。他的确很满意自己在福特公司的权力，但是他不喜欢出头，而且从来不追求总裁的职位。的确如此，1960 年，麦克纳马拉被任命为总裁后，曾经试图把兰迪调离财务部门的幕僚工作，调到现场部门，可能是当某个部门的总经理，好让兰迪得到更多的经验。“这是有发展的调动，不是发配西伯利亚边疆地带。”福特公司一位高级经理人回忆说，“麦克纳马拉只是想拉他出来，让他有一天有资格当总裁，不过这是兰迪最不想要的事情，他希望留在现在的地方。麦克纳马拉努力推动这件事，最后米勒告诉他说：‘如果你坚持这样做，我就要辞职，而且我可以告诉你，兰迪也会辞职。’他的话是最后通牒，麦克纳马拉当然不希望有结果，因此就放弃了。”

有人猜测兰迪本人自认在现场做不好。留在总部、事后批评别人是一回事，到前线必须做困难的决策，比较容易遭遇危险，就是另一回事了。兰迪和十杰的其他人一样，从来没有上过战场，兰迪在福特公司服务这么多年，也从未上过现场。照生产部门人员的说法，兰迪从来没做过弄黑手的工作。

福特公司杰出的生产人员、后来被福特二世开除的艾科卡曾经嘲笑兰迪这一点。他对兰迪说：“兰迪，在财务部门最棒的事是不必担心十天一次的报告，不必担心销售、设计，不必担心生产中断，你们这些家伙到底做什么事情营生？”

兰迪在福特公司晋升到拥有庞大的权力，也跟他和福特二世的感情日增紧密相关。早年福特从来没有真正喜欢过兰迪，虽然除了麦克纳马拉外，兰迪的头脑不输于任何其他人，但早年他的发展却落在后面。的确，有一次福特二世问一位高级经理人，兰迪是不是同性恋，“我告诉他不是，我在兰迪身上从来不曾观察到这种事。就我所知，他从来没有过女朋友，但是女性喜欢有他做伴。有些同事出差时，他经常护送他们的妻子，或带她们去吃晚餐。”

兰迪自己相信他和福特二世的关系转机在1960年出现。当时他担任福特公司的会计长，福特要他在巴黎的一场会议上，发表最主要的演说。兰迪回忆说：“演说极为成功，福特二世走上来说：‘这是我听过的最好的报告。’这件事以后，福特二世和我就成了好朋友。”

不只是这样而已，兰迪还变成福特二世最喜欢的人。不到一年，福特二世就任命兰迪担任公司的副总裁兼主计长，而且在60年代和70年代，兰迪得到相当令人眩晕的新权力。1962年他成为财务副总裁；三年后，获选为公司董事，进入董事会；1967年，成为执行副总裁。他和麦克纳马拉甚至和米勒不同的性格特质，使他变得对福特二世来说极为可贵。他是彻底忠诚的人，对福特从来不会构成威胁，因为他从来不是想竞争最高职位的人。福特可以信任他的判断，因为他的意见不偏不倚，至少就野心这方面来说他是绝对的免疫。

培育英才

据说兰迪把福特的钱当成自己的钱一样保护，也有人说，福特二世没有问过兰迪的建议或意见前，不会做重大的决定。他们变成了私谊密切的朋友，福特常常要求兰迪做远超出专业关系以外的事情。某一个星期二，兰迪打电话给在华尔街的一位重要关系人，要求他星期四飞到迪波恩，参加一场重要的会议。华尔街这个人想不出兰迪有什么理由需要这么急匆匆地开会，生怕自己要失去福特公司这家客户了。

吃中饭时他们闲谈一些平常的事情，像美国经济、华尔街、福特公司的展望、兰迪热爱栽种玫瑰花的嗜好等等。他们什么事情都谈，就是不谈为什么紧急要求立刻会面的事。最后两个人叫了咖啡，华尔街这位仁兄变得更紧张，等待兰迪把他开除。

“我猜你一定奇怪我为什么要你来，”兰迪最后终于说，“对了，福特要我请你来，是因为托尼·傅斯曼（Tony Forstmann）想娶福特的女儿，请你告诉我傅斯曼不应该娶她的十个理由。”

认识傅斯曼的这个人吓了一大跳，但也放下心里的一块大石头，因为他并没有失去福特公司这个宝贵的客户。

这么多年里，兰迪和福特二世只有一件事看法不同，就是对人事的看法。要是有人离开福特公司，到别的地方高就，福特认为他们都忘恩负义。兰迪的看法不同，他认为如果你雇用的是人才，他们就会受到别人的欢迎。事实上，他希望雇用竞争者发现有价值和有吸引力的人，否则的话，他会认为所用非人。兰迪最得意的手下吉尔摩（Alan Gilmour）说：“他觉得要是有人离开福特，但在别的地方找不到工作，就显示我们自己的工作没有做得最好。”

兰迪说：“我们经营一所高水准的商学院，从我们的旧人所得到的工作，我相信这是一所一流的商学院。”他似乎常常以他的“毕业生”的成就自傲，就像他以其他事情为傲一样。他把财务部门变成一家公司里的学术机构，并且以供应最佳财务经理人给企业界著称。美国公司中，除了通用电气公司外，可能没有哪家公司能够夸称在吸引和训练财务人员方面，名声胜过福特公司。即使是通用汽车公司、IBM、宝洁公司或可口可乐之流的大公司也是一样。几十年后，到了 1991 年，《财务首脑》杂志（CFO）询问二百多位财务界观察家，问哪些公司在训练财务经理、储备财务首脑方面做得最好，结果发现，“实际上每一个人”都回答是福特公司和通用电气公司，这一点是兰迪留下的宝贵资产。

离开他的人有些成为教授和银行家，但大多数到其他产业担任重要职位。到 80 年代初期，兰迪估计有 250 位以上的福特公司旧人，在其他美国企业里，担任副总裁以上的职位。从50年代初期到80年代初期，多达16位福特公司的经理人受其他公司引诱，离开福特，直接当上其他公司的总裁。有一段时间，凡士通公司、洛克威尔国际、保德信保险公司、增你智电子公司、雷诺金属、纳威斯达国际、贝尔豪尔等大公司的董事长，都是出身于福特公司的财务人员。

他们把兰迪的影响散布到福特公司之外，及于全美国的企业界。他的人马协助改变了施乐、增你智和凡士通公司的企业文化，后来这些公司都遭到日本竞争者的蹂躏。原因之一是他们像福特公司一样，由只知道数字、完全不懂公司复印机、电视机和轮胎产品的人主控。因为不管兰迪的人马到什么地方去，他们都散布注重数字和分析的观念，把十杰带到福特的革命理念传播开来。

60年代中期到末期，有非常多兰迪手下的财务人员离开福特公司，到施乐公司去，以致据说兰迪禁止手下人使用施乐公司的复印机。施乐公司像利顿工业公司一样，是60年代的“奇迹股”。艾奇·麦卡德（Archie McCardell）替福特公司工作十七年后，在1966年离开兰迪和福特公司，成为施乐集团的财务与控制部门副总裁。梅尔文·霍华德（Melvin Howard）也加入施乐，担任首席财务主管。杰利·班奈特（Gerry Bennett）担任另一个重要的财务经理人之职。像麦克纳马拉一样咄咄逼人和严厉尖刻的吉姆·欧尼尔（Jim O′ Neil），则负责销售重任。五年内，抽雪茄的麦卡德被任命为首席营运主管。

施乐公司的老人嘲笑这些新经理，叫他们“福特帮”。麦卡特这帮人很快就动手改变这家极为成功、飞速成长的公司的文化，“施乐旧人认为与这些搞汽车的人没有相同的价值观。”后来成为施乐执行长的大卫·柯恩斯（David Kearns）回忆说：“这些急切的福特帮野心明显，不过他们不是搞复印机的人，他们懂得的是他们自以为可以管理任何公司的系统，不管公司是生产汽车、瓶盖或复印机，他们的语言是财务怪胎专用的胡言乱语。”

灵药失效

这些福特人在施乐的所作所为就像他们在福特公司的做法一样，在公司里制定秩序，引进严苛的财务控制，剥夺营运和行销部门的权力，把施乐公司改造成一家以节省成本为职业目标的企业。柯恩斯回忆说：“有一阵子，欧尼尔建议我们在复印机里用塑胶铰链，以便节省一些钱，他像搞汽车的人一样看事情，这里省一分，那里省一分。但是这样没有道理，事实上塑胶铰链会从机器上脱落，必须改回用原来的材料。”

“另一次，我们要为一种新的复印机兴建第二座工厂，所有的财务分析都显示我们需要这座工厂，但是行销部门每一个人都知道不需要。我告诉欧尼尔，说我们永远不会充分利用已经有的第一座工厂，但是他置之不理，并且轻蔑地说：‘不对，数字显示这样，你的证据说明又是在哪里？’”

“柯恩斯，我们不需要任何证据说明，”我回答说，“我们卖不掉那么多机器。”

“到最后，工厂没有效益，施乐公司既有的一座工厂好多年里都相当空。有一年我们还在里面开股东大会，因为这座工厂从来没有用过。”

但更要紧的是，福特人发展出来的一个电脑模式象征了施乐管理思维的改变，这个模式名叫“夏真”（Shazam）[1]，用来计算价格改变或新产品的影响。如果施乐的行销部门想改变一种产品的价格，就必须提供多达 3500 个事实和假定，交给财务部门，以便电脑在一定的涨幅下，可以预测涨价对销售和利润的影响，并且算到小数后三位。“最后，财务部门开始不相信

[1] 夏真：一个为计量经济学家、统计学家等设计的计算机程序。——编注

行销部门提供的假设。”柯恩斯回忆说，“财务部门会输入行销部门提供的数字，跑电脑模式，再用自己的假设跑一次，这一切都是为了争论一个针头上可以容下多少个天使跳舞。很多人认为这是人为极度操纵的无聊事情，这样说确实有几分道理，谁会知道每件事背后所有潜在未知的基本假设。”

像在福特公司，施乐最了解客户的行销经理在这场战争中，是怎样败给了拥有所有数字的财务人员。现在你去开会，腋下必须夹着电脑印出来的报表，施乐行销人员变得和财务部门作战较多，和市场作战较少。柯恩斯说：“这里从专注市场和自然的地方，变成极为复杂的和属于财务人员的地方。”

施乐公司像福特公司一样，失去了和客户的接触，地位急剧下坠。施乐在 70 年代初期，占有 80% 以上的复印机市场，后来市场占有率居然暴降到 50% 以下，连生存都成了问题，这就是福特来的财务人员的“杰作”。

不管是在利顿工业公司的桑顿，或担任国防部长的麦克纳马拉，或是在福特公司的米勒和兰迪，十杰这批人无意间成为主宰企业思考的管理神学宗师。这种转变的整体影响在 60 年代初期还不明显，那时美国仍然处在战后令人惊叹的繁荣浪潮中，这种情况一直持续到问题的初步迹象出现。

迹象之一在 1962 年 5 月一个工作日的早晨出现，兰迪坐在玻璃宫的经理人餐厅里，准备和其他早起的人一起吃早餐。如果他拿起底特律《自由新闻》，他会和其他美国人一样，看到麦克纳马拉第一次到一个叫做越南的地方视察。

麦克纳马拉巡视被战火蹂躏的丛林两天后，在西贡美国大使官邸客厅举行记者会。那天上午麦克纳马拉没有刮胡子，穿着发皱的卡其上衣、长裤和肮脏的徒步靴。“除了进展和未来有希望继续进展的迹象之外，我没有看到别的东西。”他告诉心存怀疑、不相信他这种乐观评估的记者。《纽约时报》一位记者不能相信麦克纳马拉的乐观，记者会结束后，冲到屋外，在麦克纳马拉这位国防部长要钻进汽车时，强留他谈话。

“我不会引用你的话。”他说，“这个问题不列入记录，因为我希望知道真相。你怎么能对我们刚刚开始打的一场战争这么乐观？”

麦克纳马拉没有一丝怀疑，也没有一刻迟疑，转向这位记者，说出类似他几年前对福特公司里很多敌人所说的话：“我们的每一个数量指标，都显示我们正在赢得这场战争。”

这位记者还来不及质问他的说辞，他就迅速跳进他的大轿车后座。车门砰的一声关起来，车子向机场疾驰而去，一架四引擎的喷气机会载他回华盛顿。麦克纳马拉变成了自负、自信和极度乐观的受害者，而过去利斯这样的心态却是他私下痛恨的。

第28章

麦克纳马拉的战争

麦克纳马拉恢复人性吧！

——反战游行示威标语

哈佛广场上树木光秃秃的，树叶洒满一地，充满生机的红色和黄色褪去，转成没有生气的褐色，寒冷赶走了校园里的飞盘和足球。1966年11月7日是星期一，就像哈佛学院任何一个上课的日子一样，不同的是麦克纳马拉这一天来校园访问。

他以新设的肯尼迪政治学院第一批荣誉院士身份，回哈佛学院来，这天他的行程大致被研讨会和演讲填满了。早上早些时候，这位国防部长闲步走过广场，走进布雷妥街（Brattle Street）一家书店，就像三十年前在商学院当讲师时一样，买了一本诗集。他在这里引来了一群温文有礼的群众，他们绝对不像现在聚集在昆西楼（Quincy House）外面的群众一样。他在这幢高大的摩尔亚式砖造大学部宿舍里，刚刚对他亲自挑选的 50 名学生进行演说。在这个凉冷的 11 月里，他的出现产生了一些热度。

反战示威

他在昆西楼的会场里，从头到尾都听得到街头传上来的抗议声音，宿舍大楼窗户垂下很多写了黑字或红字的白布标语，有些表示支持，有些反对美国参与越战。

“越南：美国外交政策的惨剧！”

“以杀戮换取和平！”

“杀死越共，支持麦克纳马拉！”

“烧死民主社会学生会！”

麦克纳马拉有理由认为他的哈佛之行可能因一件事故搞砸。一个多星期以前，他收到民主社会学生会的电报，邀请他和姑息主义杂志《兰巴兹》主编希尔辩论。这个团体认为不应该容许麦克纳马拉利用哈佛作为推销政府越战政策的论坛，却不必面对反对阵营的挑战。消息从华盛顿传回来，说麦克纳马拉婉拒邀请后，民主社会学生会领袖呼吁在他访问期间，举行一场“妨碍性示威”。他们计划在昆西楼外面，利用学生构成的人墙拦截麦克纳马拉，迫使他和希尔面对面做非正式的辩论。麦克纳马拉星期日晚上到达波士顿时，天气寒冷，细雨霏霏，他在这里遭遇第一次对抗，有一个团体交给他一份请愿书，上面有 1 600 名学生签名，呼吁举行他拒绝参与的辩论。

第二天，有300个青年聚集在昆西楼外，都是朝气蓬勃的年轻脸孔，头发剪得很短，看来和麦克纳马拉当学生时实在没有太多差别。这时还是反战运动的发轫期，是非暴力的时代，后来抗议才变得比较激愤，比较狠辣；这时政府甚至还没派秘密勤务局的干员保护麦克纳马拉，而且这群哈佛的群众里，支持者几乎和反对者一样多。示威的气氛相当融洽，有一个学生回忆说："相当像和耶鲁大学进行校际赛的拉拉队。"

不过，安排麦克纳马拉访问的单位不希望有冲突，警察安排了两组烟幕措施，另外导引麦克纳马拉穿过昆西楼的地下室，走到密尔街，冲进一辆大学校警的警车里，准备载他到哈佛商学院去。但是这辆车没走几英尺，就有25个示威者自行倒在前后轮下，迫使汽车停下来。

更多示威者迅速向汽车集中，有人紧握拳头敲击车窗，麦克纳马拉只和一位警员坐在车内，车窗升起，车门锁紧。示威者开始摇晃汽车，想把麦克纳马拉弄出来。鹰派示威者想把鸽派示威者拉开时，徒手冲突爆发了。麦克纳马拉起初试着不看车窗外，但是后来也忍不住了，叫声、辱骂声、车顶和车下的人体迫使他往外看。他看到了可怕的景象，他们在笑骂他，这些中上阶层的子女抓着车子，催促他出来辩论。

最后，经过漫长的五分钟，感觉上一定有一辈子这么久之后，麦克纳马拉突然推开车门，在喧哗声中跳到车外，好似小丑从藏身的魔术盒里跳出来一样。一位叫班尼森的学生说服麦克纳马拉，跳到停在麦金农大楼前路边一辆敞篷车的引擎盖上，接住连接移动演讲系统的麦克风，大家看得出他脸上肌肉紧张、表情严肃。

"我在柏克莱校园过了四年最快乐的时光，做的事情和你们此时此地的行为一样。"麦克纳马拉反击群众说，"但是其中有个重大差异，就是我比较坚强、比较有礼。"

向前移动的群众里嘘声大作。

“凶手！”

“法西斯！”

“我当时比较坚强，”麦克纳马拉的吼声盖过抗议声，说，“而且我现在也比你们坚强。”

重创人类电脑

这些话只是招来更多骚扰，甚至招来哈哈大笑，就像这场抗议打开了麦克纳马拉脑里的开关一样，使他从原本冷静、理性的神态中，展现出奇怪的男子气概。他似乎觉得有一种奇怪的需要，必须保护他的荣誉，反击群众的嘲笑。被某个观察家称为移动 IBM 电脑的麦克纳马拉变得头脑过热，而且变得言过其实了，因为他在柏克莱时，几乎不参加任何示威之类的事情。在旧金山大罢工时，有些加州大学的同学志愿在煮汤的厨房里，协助示威者，但是麦克纳马拉不在里面。

现在血液涌到他脸上，使他面色通红，很多学生在电视上的五角大楼记者会上，看过他戴着没有边的眼镜、头发往后梳的整洁面貌，听过他在电视上严肃有力的声音。他总是挺直他站在标示国防部的讲台后面，拿着长长的指示木杆，指着河内和海防。有些学生认为，他的脸比电视新闻看到的还胖、还肉多，示威的激昂程度和火气使他震撼，他已经失去了自制。

“你们听着，”他说，“你们安排一个非暴力的聚会，我会来参加。现在我在河对岸有一个会议，不能留下来。”

可是喧闹的群众越挤越紧，车子四周挤满了示威者，麦克纳马拉根本不可能离开。警察事实上已经无可奈何，麦克纳马拉刚刚从巡逻车上下来，这辆车现在被尖叫的群众推挤。一位警察无法接近麦克纳马拉，嘶喊着说：“我们必须留在你附近。”麦克纳马拉被困住了，被骚乱的人潮淹没了。

"好吧，朋友们，"他用试图安抚这些人的口气说，"我回答你们一两个问题。但是请记住两件事，第一是我们处在混乱的人群里，可能有人会受伤，我不希望任何一个人受伤；我在五分钟里，在河对岸也有个约会。"

哈佛大学民主社会学生会主席安萨拉抓起麦克风，从群众中喊叫着说了几个问题。

"你为什么没有告诉美国人，这场战争是以内部革命的形式，从 1957 年和 1958 年开始的？"

"这场战争不是 1957 年开始的，是从 1954 年到 1955 年，100 万北越人拥进南越时开始的。"麦克纳马拉说，但是他的声音很快就被群众淹没了。

"对，不过他们都是天主教徒！"一位示威者尖叫着说。

"国际管制委员会的一份报告说那是侵略."麦克纳马拉反驳说，有点奇怪地想导入严肃的辩论，"报告可不是我写的，你们该做的是读这份报告，你们没有读过，要是读过，你们显然不了解报告的内容！"

"我们看过。"另一个声音吼叫着。

麦克纳马拉气得面孔发红，吼着回答。

"你们这些家伙为什么不上来这里，因为你们似乎已经有了全部的答案。"

别的人吼叫其他问题，最后有一个问题传进他耳朵。

"有多少无辜的妇女和儿童被杀死了？"一位学生问。

麦克纳马拉复述了这个问题，说这是"公平的问题"，并且改说成"南越人死了多少？我们不知道。"

"你们为什么不知道？"群众里另一个声音叫道，"你们不在乎吗？"

这时，十个警察构成的楔形已经推进群众里，在麦克纳马拉四周形成警戒线，他们替他开道，让他匆匆进入赖佛瑞大楼餐厅。两个警察挡住了大楼的门，学生在后面推挤，试图跟着麦克纳马拉进去。但是有人带着这位国防部长，穿过大学的地下蒸气孔道，进入一辆哈佛学院的警车，从混乱中逃走了。

与众不同

对麦克纳马拉来说，这是一次痛苦的经验，特别是因为他长久以来自诩是前进分子，特别是因为这个地方是哈佛。他 16 岁在一艘货轮上工作时，就加入了工会，他很可能是第一位成为哈佛商学院教员的工会会员。1940 年威尔基和小罗斯福竞选总统时，哈佛商学院的《哈伯斯新闻》举办了一次投票，以便判定教员在总统选举中会怎么投票。结果唯一让人惊奇的是在大约一百位教授中，有两个人有勇气投给小罗斯福。

朱柯特（Eugene Zuckert）那时和麦克纳马拉同在哈佛任教，他记得这次投票，因为投票结果在教员俱乐部引发了一场奇异的猜测游戏。他说："资深教授像平常一样，坐在大沙发上，啜饮着咖啡，有一位教授说：'对了，你有没有注意到《哈伯斯新闻》的投票结果，九十八比二？'

"'你猜那两个人是谁？'

"我说：'噢，有一位是哈斯。'一位教授大叫说，'他是大笨蛋！他一定会投给小罗斯福，但第二个人是谁呢？'"

突然间，他们看见了朱柯特，因为他刚刚离开小罗斯福总统"新政"设立的机构证券管理委员会，来到哈佛学院。

"'朱柯特，一定是你。'一位教授指责说。

"我说不是我，我知道这不是秘密投票，但是我后来发现是麦克纳马拉，我们总是觉得他有点不同。"

麦克纳马拉也这样想，那时他是学生喜爱的老师，深受学生欢迎，可以踏进哈佛学院的教室，靠他的才华吸引每一个人的注意。传说他保有一堆适合每一种教学状况的笑话，就像他典型的行事作风一样。他会在三乘五的档案卡上，记下某个笑话试验的日期和引发的效果，记下像“羊——洋鬼子——大笑声”之类的文字。那时学生喜爱他，哈佛也喜欢他。

这一年稍早，他在安贺斯特学院和纽约大学曾经被学生围困过，但有什么关系呢？两次都是 6 月时麦克纳马拉参加毕业典礼，接受荣誉学位。在安贺斯特大约有 20 个学生嘘他，五天后在纽约大学，130 位学生和老师演出一场退席抗议。

哈佛跟安贺斯特学院或纽约大学不同，哈佛对他深具意义，他到剑桥的哈佛校园时，就像回家一样。他和玛姬在这个人口稀疏、费用低廉的地方，开始共同生活。要不是玛姬的身体不好，这里是他打算战后回来展开一生志向的地方，要不是桑顿说服他另谋发展，这里是 他要来的地方。现在他悲伤地发现自己在这里不再受欢迎。

抗议过后，哈佛学院院长门罗（John U.Monro）博士写了一封道歉函给麦克纳马拉，麦克纳马拉告诉他没有必要道歉，“偶尔我们都会让自己的热情逾越判断，”麦克纳马拉写道，“但是这种行为上的越轨不应该成为压制异议的基础——异议是各地自由人的特权和保障。”但麦克纳马拉的朋友回忆说，私底下，这次事件使麦克纳马拉深受伤害、深感困窘。很多年以后，到 80 年代中期，麦克纳马拉重新在公众场合露面时，曾经到过八九个大学的校园，他告诉一位记者说：“没有任何反对我的示威。”

哈佛这些学生不知道的一点是，他们的示威更加强了麦克纳马拉私下对越战的很多怀疑、恐惧和挫折。后来在韦斯特摩兰将军控告哥伦比亚广播公司诽谤的官司里，他作证说他“不到 1966 年中”，或“早在 1965 年下半年”，就产生了这场战争在军事上不可能打赢的看法。在公开场合里，麦克纳马拉不承认这种疑虑，私下和约翰逊总统在一起时，他仍然是鹰派。哈佛学院这场对抗前不到一个月，他再次视察越南后，还对越战发表了大致乐观的评估。

同一天，也就是 1966 年 10 月 14 日，他也写了一份严肃的备忘录给约翰逊总统，说："越战可以在今后两年完满结束的展望不佳，大部队作战很可能做不到这一点，谈判很可能也做不到。虽然我们应该继续遵循这些路线，设法在短期内求得解决，我们仍然应该承认这些方法只是可能成功，不是很可能成功。"

"解决之道在于公开准备打一场长期战争，并且立刻采取行动。在十二到十八个月内，用这种行动，清楚地向美国人民证明战事持续的费用和风险是在可以接受的范围内。证明成功的模式已经找到，而且战争结束只是时间问题而已。"

投入越战

越战已经变成折磨麦克纳马拉的困境，在 1961 年初，越南这个东南亚国家明显地只列为低级优先问题。事实上，他把越南交给副手吉尔帕特里克负责，但是在他担任国防部长的第一年里，随着越南危机升高，参谋长联席会议主席敦促麦克纳马拉派遣战斗部队去越南，到了 10 月，肯尼迪总统派了很多军事顾问，去越南进行考察事实的任务。

这些行动促成肯尼迪的特别军事代表泰勒的一份报告，改变了美国参与越战的方针。泰勒在 1961 年 11 月 3 日，建议派遣 8 000 名士兵去，他写道："没有这批部队，我不相信我们解救南越的计划会成功。"国务卿腊斯克（Dean Rusk）警告说，如果南越政府不同时改革，他反对派遣军队。五天后，麦克纳马拉呈给肯尼迪总统他第一份有关越南的备忘录，这份文件反映他对艾森豪威尔总统时代"骨牌效应"的信念，也就是南越陷落会导致整个东南亚地区情势严重恶化，而且美国如果不派战斗部队去，不太可能防止南越沦陷。麦克纳马拉显然认定需要的部队远超过最初建议的八千人，他写道："我相信我们可以安全地假设，在东南亚战场所需要的美军最多不会超过六个师，大约是 20.5 万千人。"

肯尼迪总统担心美军长期陷入他所谓的"越南人的战争"里，拒绝了这个建议。三天后，麦克纳马拉和国务卿腊斯克另外呈交了一份备忘录，反映了肯尼迪的希望。承诺除了艾森豪威尔时代已经派去的一小部分顾问人员外，美国要加派 1.5 万名支援人员和顾问到越南，但是肯尼迪总统不愿派美军到越南发动战争。

不过从那个时候起，麦克纳马拉迅速地带头负起越南问题的责任，他向肯尼迪自动请求，说要把越南问题当做他的特别专案。突然间，美国塑造越南政策的主要责任转到他身上，而不是国务卿腊斯克。

就像他的天性一样，麦克纳马拉接下责任，成为处理越南问题小组里的主导角色。吉尔帕特里克说："如果他参与什么事情，他不是总揽其责，就是把事情完全交给别人，他不乐意成为一个团队里的小角色。而且他第一次去越南时，花了很多时间接触吴庭艳，带回来非常好的印象。"

越南变成麦克纳马拉具有彻底信心的问题，"他自己觉得非常有把握，"吉尔帕特里克回忆说，"他觉得这是非常沉重的责任，因为他知道总统对整个行动很勉强。你把他和泰勒加在一起，就是相当强而有力的结合，国务院里没有人真正有胆识或能力能跟他们对抗。"

一直到 1965 年肯尼迪总统遇刺后，越共一直在削弱南越部队的情势才变得明显。这年 1 月，麦克纳马拉告诉约翰逊总统，说战事的进展恶劣，主张加强运用美国的军力，迫使共产党人改变政策，或得到通过谈判撤军的机会。1965 年 2 月 7 日，越共攻击美军在百里居的设施，杀死 7 位美国人后，约翰逊总统下令对北越实施报复性空中攻击，随后很快又开始日常的轰炸。3 月初，两营美国海军陆战队匆匆在岘港南方海滩登陆，表面上是说要防守那里的空军基地。

随着冲突升级，韦斯特摩兰要求加派 20 万美军到越南。当时的海军部长尼采视察越南回华盛顿后，对于美军在越南的状况持高度怀疑态度，认为需要加派的美军远超过 20 万。他告诉麦克纳马拉，说他怀疑越南是否值得美国投入这么多的人力和资源。

“部长惊讶地看着我，问我是否建议我们从越南撤退？”尼采回忆那次谈话说，“我回答说我当然认为不应该增派 20 万部队去，因此我的确是建议我们撤军。”

“他用锐利的黑眼睛紧盯着我，问道：‘如果我们从越南撤军，你相不相信共产党人会在其他地方试探我们？’”

“我回答说相信。”

“‘你能预测在哪里吗？’”

“我不情愿地回答说不能。”

“他说：‘好，在这种情形下，要在他们选择的下一个地区阻止他们，不会比在越南阻止他们还难，我想你根本不能确定。’”

“‘不，我不能确定。’我沮丧地说。”

“听到这句话，他眼睛发亮，同时对我失去了兴趣，他说：‘你没有提出替代方案。’我看得出来，就他而言，这个题目已经结束了。”

愈陷愈深

韦斯特摩兰的请示还放在桌上，麦克纳马拉决定在 1965 年 7 月中，到越南视察五天，亲自再评估一次。他在 7 月 21 日星期三回美国，这一天代表白宫开始一段令人困扰的漫长辩论，或许有人会不同意，不过这次或许是有关越战的讨论中最重要的一次对话。麦克纳马拉从西贡回美国的途中，写了一份备忘录，赞成韦斯特摩兰的要求，他写道：“美国舆论会支持这种行动方针，因为这是合理、勇敢的军事政治方案，用意是要促成越南政策成功，而且可能成功。”

那天下午在内阁会议室里，麦克纳马拉敦促约翰逊总统行动。对战事进展悲观的麦克纳马拉建议约翰逊，在 10 月 1 日前，额外部署十万部队，并准备在 1966 年加派十万人。他建议总统，寻求国会批准他召集 23.5 万名后备军人，使常备的武装部队增加为 37.5 万五千人，而且把空袭北越的次数从每月 2 500 次增为 4 000 次。

麦克纳马拉的立场并不是没有受到挑战。包尔在约翰逊和肯尼迪两任政府中担任助理国务卿时，就长期独力推动反对美国卷入越南的战争，这时他强烈反对再增兵。“我们不可能获胜，”他告诉大家说，“我们顶多只能希望有个糟糕的收场。”

他以前和麦克纳马拉对抗过，九个月前他送给麦克纳马拉一份很长的备忘录，质疑麦克纳马拉越南政策中的每一个重大假设。对于有人居然这么突兀地质疑他的立场，麦克纳马拉深感震惊，也暗示包尔把这种疑虑形诸文字失之轻率。在 2 月初包尔把备忘录交给约翰逊总统之前，这份备忘录毫无效用，等到总统和麦克纳马拉都知道了他的意见，包尔才把自己的立场再略述一遍。他回忆说，麦克纳马拉的回应是“举出令人目眩神摇的事实和统计，证明我夸大了我们目前所遭遇的困难，至少他用微妙的方式，暗示我不但是有偏见，而且信息错误”。麦克纳马拉赢得了胜利，会议结束了，包尔期望他的备忘录会引发重新检讨的希望落空。

现在在内阁会议中，约翰逊的主要顾问邦迪（McGeorge Bundy）、腊斯克、洛奇（Henry Cabot Lodge），接着是麦克纳马拉，一个接一个地质疑包尔对越战的悲观评估。“这和我们国家的荣誉息息相关，”麦克纳马拉坚持说，“我们撤退会促使共产党开始进一步的试探，我们会丧失整个东南亚。我觉得遵循我的方案的风险，包尔大大地夸大了。”第二天，辩论重新开始，这次是和赞成韦斯特摩兰要求的参谋长联席会议主席争辩，约翰逊总统显然被难以抉择所困，一度转向国防部长麦克纳马拉。

“韦斯特摩兰的请求表示我们陷入新的战争，”他说，“这样是从跳水板跳下去了。”

麦克纳马拉很快地回答了一段话，这些话是克利福德（Clark Clifford）以约翰逊的非正式顾问身份，和约翰逊聚会时，谈到他所听过的他认为最极端的“骨牌效应”。

“老挝、柬埔寨、泰国、缅甸、马来西亚都是最迫切的风险，”麦克纳马拉陈述说，“两三年内，共产党的控制就会到达这些地方。但是连锁效应在日本和印度会很大，我们势必要放弃一些我们的基地。巴基斯坦的阿尤布·汗（Ayub Khan）会向中共接近，希腊和土耳其的立场会转向中立主义，共产党在非洲的煽动会增加。”

克利福德在华盛顿长期担任很多总统的顾问，怀疑麦克纳马拉这种侵略性立场，当时他深深怀疑这场战争，正在等待适当的时间，发动他个人反对麦克纳马拉的攻势。时机在那个周末成熟，他和太太受到邀请，在戴维营和总统会面。7月25日星期六下午，克利福德夫妇和麦克纳马拉夫妇、麦克纳马拉的儿子柯雷搭同一架直升机，飞了五分钟，到总统的休闲特区戴维营。

一直到星期日很晚的时候，克利福德在戴维营众多建筑物中的白杨楼起居室里，跟约翰逊和麦克纳马拉聚在一起时，越南问题才拿到台面上来。他们围着一张长方形的餐桌坐定，两位菲律宾女佣送上一道饮品，克利福德慢慢地以外交官的风度，陈述他反对麦克纳马拉的立场。

“我不相信我们能赢，”他说，“如果我们加派十万军队去，北越会派同样多的人和我们对抗。如果我们赢了，我们会面临长期占领和不断的困扰；如果我们大量增加武力后不能取胜，就会变成天大的灾难，我们在越南可能损失五万人以上。这样会毁了我们……除了灾难外，我看不出我们国家会得到什么。”

约翰逊再转向麦克纳马拉，麦克纳马拉强有力地反驳说他不同意克利福德的意见，也不同意他对在越南成功机会的评估。他辩论说，如果不加派美军，南越会沦陷，这样会使美国在全世界受到伤害；麦克纳马拉说，如果美国要避免迅速的失败，势必要增派部队。

对约翰逊总统来说，这种争辩太熟悉了，他阻止了进一步的辩论，也没有透露他的立场。这个周末过后，会议继续在白宫召开，但是辩论的题目从越南政策，变成确切派兵人数和如何公之于众的细节。约翰逊总统表面上已经下定决心，7 月 28 日，约翰逊总统在记者会上透露了增兵的事情，一星期来令人困扰和严肃的辩论就此结束。虽然他秘密批准在年底前增兵十万，而且 1966 年可能再加派十万，但是他在记者会上只提到增兵五万，还坚称加派部队“不表示政策有任何改变”。

事实上，这个决定会成为美国介入越南的转折点，越战现在变成美国人的战争，而且信心超强的麦克纳马拉会领导这场战争。1964 年 10 月 3 日，当时美国在南越只有不到两万人的军事顾问，麦克纳马拉就公开预测，说美国在越南的主要军事任务可以在 1965 年底结束。但是，他在 1965 年主张大规模升级越战，最后使美国在越南的战斗部队增加到将近 40 万人。他还预测需要派遣更多的部队去，并且伤心地承认“我过去没有证明我做了最可靠的预测”。

草菅人命

身为国防部长，麦克纳马拉主导和主张派遣庞大的军队到一个遥远的地方，已经使他在华盛顿成为越战事务的领导人物，成为军方和总统之间的裁判。他经常视察越南，使他在电视上受到广泛的关注。高级将领总是引导他根据受到严密控制的行程表行动，做简报时总是推出演练熟练的年轻军官配合放在他前面的乐观评估。在麦克纳马拉这么多次的视察中，他看到他们要他看而且猜测是他想看的东西，因为他从来没有努力打破视察的形态，寻找越南最通晓情势的人。

每个月，战争的进展会用统计来衡量，死亡人数、杀敌比率、缴获武器、打通的河道和道路里程数、平定的乡村数字、政府控制的人口百分比、完成的后勤设施数字等等。包尔回忆说，每次有人要求麦克纳马拉评估在越南某项军事行动的成败时，他的回答会精确得令人难以置信，不只是回答幅度的大小而已，他会说某一行动应该有65%的机会，另一项行动有30%的机会。"有一次我试着取笑他，表示机会或许分别是64%和29%，"包尔说，"但这个笑话他不怎么接受。"

他想为这场战争建立衡量指标的希望广为人知，而且公开受到攻击。在早期的反战示威中，有一块标语牌写着"麦克纳马拉恢复人性吧！"麦克纳马拉后来解释说："统计不过是传达信息的工具，对信息的认识经常都不精确；能够得到越广泛的信息越好。"

韦斯特摩兰将军说，麦克纳马拉和助理"不断索求更多的统计"。麦克纳马拉对数字的信心让当时的国务卿腊斯克深感怀疑，"我和麦克纳马拉有个永远不同的地方，就是他对统计方法的深深依赖，"腊斯克在他的回忆录里写道，"有时候，他试图把我认为不能量化的若干因素和价值，都简化为数字。"

有一位麦克纳马拉的手下回到哈佛商学院，有时候，他在教室里解释"资金流量"时，会引用国防部里一个相同的工具。为了协助判断越南发生的事情，五角大楼有人使用一种叫做"人员流量"的图表，图表上有一栏叫做"兵员来源"，列出士兵从何而来，另一栏叫"兵员用途"，列出士兵到哪里去了，在“用途”的数量超过“来源”数量时，国防部就必须要求增加兵员，弥补差额。这整个概念让他的一些学生觉得恐怖，60年代在哈佛读书的柯恩（Peter Cohen）回忆说：“班上有一种大惑不解的感觉，为什么这么多人命只等于区区两栏而已？”

约翰逊总统喜欢在他的大衣口袋里，带着显示美国打赢战争的统计，如有关吨数、轰炸状况、敌人投诚数字和杀敌人数。所有从战场传来的数字中，杀敌人数是最有争议性的数字。在越战里，五角大楼无法用打胜的战役和取得的土地，来衡量战事的进展，因此杀敌人数成了奇怪的指标，变成衡量这场“消耗战”的统计。每天晚上，这种数字会像麦克纳马拉本人一样，成为这个时期电视上持久存在的影像，电视上新闻主播克朗凯和杀敌人数总是同时出现。

这种统计最初由战场上班或排的层级发出，再透过官僚体系往上送。每经过一关，数字通常会增加，一直到抵达麦克纳马拉在华盛顿的办公桌为止。然后他会花好多个小时，研究这些数字，设法用统计来量化战争。但是这些资料是管理大师明茨伯格所称的“稀薄”信息，具有加总、分析和分离的属性。这种资料缺少“厚实”资料更为珍贵的性质，厚实资料富含细节和生动色彩，根本不能量化，这种细节必须由亲自参与其事的人在现场发掘而来。明茨伯格写道：“在越南，资料来源是农民脸上的表情；在企业里，资料来源是顾客的意愿、工厂的气氛和种种复杂的科技变化。”

麦克纳马拉设法使杀敌人数尽量可靠，规定只有“战斗年龄的男性、确知带有武器的男性或女性”，才能够计入杀敌人数里。可是每一具敌人的尸体记录时，并没有由步兵在近距离检视过，而且每一具尸体也没有标记过，以防止重复计算。麦克纳马拉规定如果从空中计算合乎他的标准，那么在“合理的怀疑范围内，可以从空中计算杀敌人数”。

走入迷雾

总而言之，到了最后，这种统计从哪里起源已经变得不怎么要紧了。营级固定夸大从连级来的数字，团级再提高从营级来的数字，然后数字还会再提高，好涵盖炮火和空中支援所造成的死亡估计。计算错误很常见，原因包括重复计算、计入平民、坟墓，或根本忽略麦克纳马拉的精确规定，这一切都起因于战场上夸大敌人损失的压力。毕竟夸大的战果让每一个人都高兴，夸大敌人的伤亡不会有惩罚，低估却可能导致严厉的质疑。

如果你相信官方的数字，那么“杀敌比率”是 2.6，也就是每一个美国或南越士兵阵亡，相对地，就有 2.6 个越共或北越士兵被杀死。韦斯特摩兰将军的情报主管在 1967 年中报告，说他搜查了七十份被俘敌人的文件，证实 1966 年的杀敌人数误差在 1.8% 之内。麦克纳马拉的系统分析室检查同样的文件后，表示当年的杀敌人数至少夸大三成以上。

即使能够确保数字的精确性，仍然不会有什么差别。1966 年里，估计敌人的死亡人数是 5.5 万到 7.5 万千人，军方相信敌方不可能继续承受这样的损失；下一年，估计的敌人死亡人数倍增，敌方的进攻却没有明显减弱。到了 1968 年下半年，形势变得很清楚，北越可以承受每年高达 20 万人的损失很多年，因为北越可以只选择时机和地点对他们有利时才战斗，借此控制损失，美国绝不可能赢得这场消耗战。

慢慢地，麦克纳马拉变得越来越不信任军方的报告，就像他对福特公司现场传来的很多数字不信任一样。他开始了解，堆积如山的统计和对抗顽强对手的丛林游击战之间，关系相当薄弱。“你不可能把敌人的数目、渗透的人数、杀敌人数和结果的数字凑在一起。”他后来承认说，“根本就凑不到一块儿，我从来没有真正得到答案过，因为根本没有答案。”

在小小的核心同事范围之外，麦克纳马拉在五角大楼的很多手下才俊，都不知道他对这场战争的真正想法是怎样的。

在华盛顿之外，麦克纳马拉保守的十杰朋友大致都支持这场战争和他的努力。麦克纳马拉为了得到有关对越南不偏不倚的看法，向桑顿求助，问他能否在 1965 年圣诞节前不久访问越南，从事特别任务。美国在越南的重要工作之一，是推动大规模的安抚平民计划，意在争取乡村农民的支持。这个计划由国务院国际开发总署监督，约翰逊总统关心这个计划的进展，要求麦克纳马拉做一次不偏不倚的评估；于是桑顿和俄勒冈州波特兰的商人易奇纳（Emerson Itschner）一起走访越南，易奇纳曾经在陆军工兵部队当过 37 年的军官。

桑顿出发赴亚洲以前，先到华盛顿，参加国务院和白宫一系列的简报和任命。这时反对越战的声音才刚刚出现，民意调查没有显示任何广泛的不满。大多数美国人都相信反战团体主要是由逃避征兵的人组成，不然就是执行共产党计划的不满分子。每五个美国人当中，只有一个人认为美国应该在国际战斗部队介入前撤退。

钦差大人

桑顿和易奇纳在 1965 年 12 月 17 日抵达芽庄，开始一个星期的访问。首先在西贡的美国大使馆听简报，大使接当地一位法国女性打来的社交电话时，他们很快就看出，即便是在最高层级，事情的轻重缓急都有错误。这位法国女性邀请大使参加一个社交活动，大使和她言不及义地闲扯了五分钟，浑然不知易奇纳懂得法语，两位访客等得发火。

他们看到的越南是个贫穷、值得同情的国家，人口大部分是表情冷漠的农民。他们飞到南部鱼米之乡的中心城市、后江江边的芹苴市，去访问由美国安抚计划兴建的学校。他们坐车经过大片稻田中的一群农民时，国务院的陪员说：“你看他们，白天种水稻，晚上埋地雷。”

桑顿回美国前，对这场战争已经怀有恶感，他认为一旦美国决定支持南越政府，就应该火速派遣压倒性的部队，迅速结束战争。桑顿告诉他儿子恰克，说这场战争毫无希望，他儿子吓了一跳，因为桑顿始终是彻头彻尾的爱国者，强烈支持这场战争。“他有些地图，显示只有 15% 的领土受越共控制，”小桑顿回忆说，“美军一离开，越共就重新占领，家父说过：‘15% 的人相信可以打赢这场战争，15% 的人不相信会赢，其他人根本毫不理会，这就是越南的真相。’他相信没办法打有限战争，因此美国的策略毫无希望。”

桑顿遇到的人士气低落，他们追求的安抚目标错误的严重程度，特别使桑顿感到震惊。他在访问报告里写道：“我们用不着鼓励，就有多得惊人的工作人员，严厉抨击他们自己的组织，显示他们缺乏团队精神。没有这种精神，没有一个组织能够完全成功。”

桑顿认为，国际开发总署大规模的农村电气化计划是彻底的浪费，这个构想显然是在华盛顿规划出来，再强加在越南的国际开发总署官员身上。他指出，这个计划耗资 500 万美元，只能供电给 2 000 人，每一个顾客的成本是 2 500 美元，他认为这个计划要是有什么成就的话，就是正好提供足够的光明，让越共更容易辨认和攻击目标。桑顿写道：“顾客第一年平均消耗的电力，用 60 瓦的灯泡计算，每晚点不到四小时，对于作战的贡献应该是负面的。”

桑顿把他的想法告诉麦克纳马拉，并且很快就在写给当时约翰逊总统特别助理邦迪的信里，进一步探讨这件事，他说：“在赢得民心方面，我们硬把美国的标准套用在他们的需要上，这样如果不是使工作变得不可能，至少也会使工作变得困难。我们的组织过于庞大，计划过于大型，而且觉得如果没有大规模的成就，就会使我们的努力变成微不足道。要了解草根的越南人，就是要在他们的环境里协助他们，并且给他们信心，说我们了解他们。”

麦克纳马拉虽然工作勤奋，仍然和十杰中的好几位成员接触。的确如此，有一次在摩尔家里的晚餐聚会中，他的心情似乎很愉快，利斯的太太玛克辛从密歇根州来华盛顿参加聚会，桑顿夫妇、麦克纳马拉夫妇、当时的空军部长朱柯特和太太都到场。晚餐时，朱柯特和麦克纳马拉都大说笑话，计划打一场壁球，赌注是朱柯特所希望的好几万额外的部队。麦克纳马拉开玩笑说，如果朱柯特能够打败他，就可以得到额外的兵力。这只是桌上的闲谈，是轻松气氛下的俏皮话，玛克辛却感到困扰。事实上，朱柯特因为麦克纳马拉的缘故不能打壁球。他们起初在五角大楼共事时，会聚在一起打几局激烈的壁球。但是麦克纳马拉只会一种猛烈的速度，曾经和朱柯特互撞，撞断了他的足踝，使他拄着拐杖，跛了十二个星期，从此不能再打壁球。这种笑谈虽然温和，却是麦克纳马拉在不公开场合发泄因为越战所带来的郁闷的表现。

不过玛克辛仍然不能掩饰她的不赞成，她反对美国卷入这场战争，认为自己是个姑息主义者，而且她的长子傅利兹很快就会变成因为良心而拒绝被征召入伍的人，后来她还记得听到他连敲了三个晚上的打字机，写自己拒绝被征召入伍的声明。傅利兹最后在一家精神病院工作了两年，跟院里一些最顽强和最难缠的病人在一起。晚餐桌上这些笑谈确实使她厌恶。

民心向背

即使在越南悲剧吞没麦克纳马拉和美国时，和他同一代的企业领袖仍然极为尊重这位国防部长。他比美国任何其他高级经理人，都更能具体表现什么是现代专业经理人。1967 年，密歇根大学调查了四百多位经理人，发现麦克纳马拉和福特二世、保罗·盖帝（Paul Getty）、美国无线电公司的大卫·沙诺夫（David Sarnoff）和大亨霍华德·休斯（Howard Hughes），同列“当代美国最伟大的企业家”。

但是美国出现了一些变化，麦克纳马拉和很多体制内的人却不能清楚地看出来。战后时代抒情式的天真和乐观特征慢慢消逝了，他们那一代朝气蓬勃的音乐从收音机和唱机里消失，取而代之的音乐，十杰几乎都认为是噪声。不像山屋之舞（Casa Loma Stomp）或金玉其外（All That Glitters）那种欢庆的音调，而是关心社会的愤怒歌声、反对体制的歌声，麦克纳马拉甚至发现自己成为一首抗议歌曲的名字。这首歌是赛门和葛芬可二重唱组合所写的《麦克纳马拉如何让我屈服》（How I Was Robert McNamara'd Into Submission）。

越战不只开始拆散美国的社会结构，也开始侵入麦克纳马拉的私人生活。从一开始，越战就确实是他的战争，支持者提到被征召入伍的人时，说他们是“麦克纳马拉的人马”。早在 1964 年 3 月，就是东京湾事件导致国会通过决议，授权总统在越南部署军队前五个月，俄勒冈州参议员韦恩·莫斯（Wayne Morse）就开始把越战叫做“麦克纳马拉的战争”。随着战争持续下去，新闻界和国会山庄很多人都用起莫斯创造的名词，约翰逊总统对此深感困扰。在 1966 年初告诉内政顾问柯里法诺（Joseph A.Califano）说：“他们会摧毁这个人，这不是他的战争，如果要说这是谁的战争，应该说是我们的战争。我们该阻止他，要他别再大谈这场战争，而且我会为这场战争辩护，让我们把它变成总统的战争，而不是麦克纳马拉的战争。”

麦克纳马拉在公开场合里，坚持说这个别称并没有困扰他，起先他甚至运用一点幽默感，来减轻这种称呼带来的负担。他在华盛顿的一次化装晚会里，穿着一套盔甲，表示他可以冲淡自己持续受到的批评。在他五角大楼的办公室里，墙上挂着裱好的林肯总统的名言："如果我要看完所有对我的攻击，或许这个店应该干脆关门，另谋营生算了。我尽力就我所知道的，做出最好的表现，而且我打算这样做下去，到结束为止。"

对麦克纳马拉来说，结束越来越近了。很多时候，越战似乎极度折磨他，使他不能想其他的事情。国务卿腊斯克回忆说，"越战导致的死亡、破坏和痛苦就把他折磨殆尽，他为了这场战争备感痛苦"。这种痛苦影响他太太玛姬，玛姬的健康开始恶化。"玛姬和孩子们很难承受，"和麦克纳马拉同在哈佛教书、又在国防部共事的安东尼回忆说，"有一天，他真的告诉国会某个委员会，说这个委员会几位委员对他的批评伤害了他的家人，他说：'昨天晚上我回家，犬子正在为这些话痛哭。'"他儿子柯雷不久之后，就在自己的房间里把美国国旗倒挂。有一天，他承认他父亲看到他在看大卫·哈伯斯腾（David Halberstam）写的《最优秀聪明的人》（The Best and the Brightest），深感尴尬，这本书记述并且严厉批评麦克纳马拉在越战中的角色。到了70年代，柯雷变成加州和平运动的领袖之一。

濒临崩溃

麦克纳马拉身上的压力逐渐增加，他在美国众议院议坛上被讥评为"罗伯特·万事通·麦克纳马拉"。他的助理部长兼知交的约翰·麦诺顿（John McNaughton）因为飞机失事，和妻子儿女一起丧生。玛姬的溃疡出血变得极为严重，必须住院（麦克纳马拉告诉记者玛姬得了他该得的病）。1967年5月27日，在肯尼迪号航空母舰命名典礼上，麦克纳马拉情绪激动之至，几乎说不完一段短短的致词。在肯尼迪总统的遗孀和女儿在场的情况下，麦克纳马拉的声音哽咽，无法言语，最后转身离开了麦克风。在种种疑虑下，这位理性主义者接近崩溃，已开始不信任麦克纳马拉的约翰逊总统也不得不关心他的士气。1967 年夏季的某一个夜里，约翰逊打电话到医院给玛姬，表达慰问之意后，挂上电话，望着天花板。

“约翰，”他告诉助理约翰·卢奇（John P.Roche）说，“我们不能再有一位弗里斯泰尔。”

约翰逊提到的是第一位国防部长詹姆斯·弗里斯泰尔（James V.Forrestal），弗里斯泰尔在 1949 年去职后不久自杀。有一阵子，麦克纳马拉甚至考虑回福特公司，或许是担任福特基金会的董事长，福特首席法律顾问威廉·高塞特（William Gossett）有一次到白宫进行晚餐，麦克纳马拉找他探问工作的事情，麦克纳马拉问从来没有真正喜欢过他的高赛特，晚餐后是否能够顺便送高赛特回家。

高塞特回忆说，他告诉麦克纳马拉：“可是我有车和司机载我回家，不过我明天可以去看你。”

“不，我不能这样做，”麦克纳马拉回答说，“但是我真的想见你，你能不能遣走汽车和司机，跟我同坐一辆车。”

高塞特勉强答应，后来两个人在政府的黑色大轿车里独处时，麦克纳马拉告诉高塞特，说他想离开国防部，不知道亨利·福特二世愿不愿意让他回去。

“出了什么事吗？”高塞特问。

“没什么事，”麦克纳马拉回答说，“只是我有些建议没有贯彻，我不能告诉你细节，但是确有其事。”

高塞特本人反对这个构想，但还是把消息带回迪波恩。

“这倒很有意思，”福特二世告诉他说，“但是我不知道我们找不找得到一个配得上他的位置。”高塞特问福特二世这句语带嘲讽的话是什么意思，福特二世只是说麦克纳马拉离开汽车工业太久，已经没有效率了。“我可以请他当福特基金会的董事长，但那样就不再是福特基金会，就会变成麦克纳马拉基金会了。”这一来，轻松逃离华盛顿日增的麻烦的一条路就关闭了。

麦克纳马拉逐渐走向反对越战。1967 年 5 月，他告诉约翰逊总统，说美国不可能赢得这场战争，并且提议由他谈判谋和；韦斯特摩兰将军大声疾呼要求加派部队，麦克纳马拉却敦促总统，把他要求增加的人数抑制在三万以下，而且把对北越的轰炸限制为只轰炸向南越渗透的路径。1967 年 8 月，麦克纳马拉在参议院武装部队委员会的一个小组委员会上作证时，言辞坦白之至，以致参议员赛蒙德（Strom Thurmond）因为他发表“不求胜利声明”，把他叫做“姑息共产党的人”，还愤怒地表示，从麦克纳马拉的评估中，唯一能够得到的结论是美国应该“立刻退出”越南，不过这场听证是秘密听证会。

同一个月在另一场听证会上，麦克纳马拉和赞成加强轰炸北越的人公开决裂。他说，美国并非像军方将领所宣称的那样轰炸了北越的钢铁厂，而是轰炸冶炼铁砂的工厂。他还说，过去他身为福特公司总裁时，掌控的冶炼厂比整个北越所有的还多。约翰逊总统知道后非常生气，其实麦克纳马拉还可以说得更过分。麦克纳马拉私下已经告诉别的人，说美国根本已经没有目标可以轰炸了，继续轰炸一定会造成大量平民伤亡。这次听证会代表麦克纳马拉第一次公开和军方分道扬镳，过去麦克纳马拉和军方一向合作，并且为每一次战争升级辩护。

两个月后，在 1967 年 10 月 21 日，麦克纳马拉最悲惨的噩梦变成事实，大约五万名反战示威者向五角大楼进军，包括不少他手下人员的子女。新闻界捕捉到麦克纳马拉从他的五角大楼办公室窗户后面，愠怒、郁闷地看着这场庞大示威的镜头。那天几乎没有做什么工作，麦克纳马拉和国防部副部长尼采从他的办公室、从五角大楼屋顶的制高点、从国防部大门前肩并肩组成防线的部队后面，注视着愤怒的群众。

（上图）1968 年 2 月，约翰逊总统颁发自由勋章给下台的国防部长麦克纳马拉，麦克纳马拉含着泪光和约翰逊握手。
（下图）麦克纳马拉多次到越南视察，图中麦克纳马拉手持一个小男孩送给他的越南国旗。

大约十天后，麦克纳马拉再度试图说服总统，把美国在越南的军事行动稳定下来，并且把更多的战斗责任交给南越政府。他也敦促总统完全停止轰炸北越，好促使北越谈判解决战事。他告诉约翰逊总统，到 1969 年 1 月总统的任期结束前，可能有多达 3 万的美国人会被杀死。这时大约已经有 1.5 万名美国军人战死在越南的丛林里，在越南作战的美国军人越过 50 万人，投在北越和南越的炸弹已经超过 150 万吨。然而，战事仍然没有明显的进展，看不到结束的迹象。

约翰逊总统是接受麦克纳马拉的建议，才升级越战的，对于他心境的转变，他一时无法轻易地适应。过去约翰逊曾经描述麦克纳马拉是个“聪明、精力充沛、公开场合坚强，但私下敏锐、至爱国家的人，头脑里带的信息比一般百科全书还多”；现在别人偷听到他对一些顾问谈到麦克纳马拉时说：“我忘了他只当了一星期福特公司的总裁。”

到 11 月底时，约翰逊觉得麦克纳马拉已经成为负担，悄悄地安排他当世界银行总裁。自从 1966 年下半年玛姬生病以后，他几乎不讳言卸下国防部长沉重负担的愿望。他曾经模模糊糊地跟约翰逊说过，说他对世界银行略有兴趣，不过他也说得很清楚，如果总统要他再留一年，做到总统任期结束为止，他也会遵命。但是，世界银行的任命最后来到时，麦克纳马拉并不是从总统那里听来，而是得自 11 月 27 日新闻界披露的消息，麦克纳马拉的时代即将结束了。

冷血热泪

麦克纳马拉对越战的态度转变之大，使约翰逊总统很多最亲近的顾问都感到震惊。1968 年 2 月 27 日，距他离开约翰逊的内阁只剩两天，麦克纳马拉到国务卿的私人餐厅参加午宴，约翰逊总统的高级人员都在场，讨论约翰逊 3 月底将就越战发表的一篇演说。此时，军方又提出加派军队的请求，在已经派驻越南的 50 万大军之外，要求再派遣 20.5 万人。麦克纳马拉现在的态度已经不是悲观所能形容的了，他形容这个最新的请求为“疯狂”。

“该死的空军，”他吼着说，“他们在北越丢的炸弹，比我们在第二次世界大战最后一年丢在德国的还多，却没有一点成果！我们根本就必须终止这种事情，越战已经失去控制了。”

平常冷静、精确的麦克纳马拉崩溃了，每一个人对他情绪激动都感到震惊。即将接替他职位的克利福德回忆说，麦克纳马拉“声音哽咽，有一阵子说不出话来，我们都呆住了。但是基于共同的痛苦和尴尬，我们像没有发生任何不平常的事情一样，继续讨论。”柯里法诺回忆这件事，说是“我公职生涯中最难过的三小时”。

第二天，约翰逊总统在白宫颁给他平民最高荣誉的自由勋章时，麦克纳马拉再度失态。约翰逊总统致辞完，请麦克纳马拉上台说话时，这位即将离职的部长激动到无法控制。“总统先生，”他哽咽着说，“我找不到什么话表达我今天内心的感受，我想我最好在另一个场合再回答。”约翰逊走向他，手臂环着麦克纳马拉，带着他走出房间。

麦克纳马拉部长及时离开了五角大楼，但是还有一个最后的简短仪式，作为他担任国防部长七年的终结。2 月 29 日，约翰逊总统在正午前几分钟离开白宫，坐短短一程的轿车，到五角大楼去。总统的座车车窗上溅满雨滴，几乎正好在正午时分，开进五角大楼停车场。麦克纳马拉正在等待，他和约翰逊打招呼，然后伴随着他、几位助理和秘密勤务局人员，到一层楼上面的河畔大门参加仪式。一群人走进高级人员专用电梯，13 号电梯的门才关上没多久，就突然停住了，卡在一楼和二楼之间。

麦克纳马拉为了冲淡这种情况，转向约翰逊，开玩笑说：“这是 2 月份只有29天的问题，我们没有替电脑输入闰年的程序。”

“我从来不知道到五角大楼的顶端要这么久。”约翰逊也妙语回答。

可是约翰逊总统逐渐失去耐心，一位电梯操作员忙着处理机器，接着电梯冲过了两层楼，震动了一下，停在第四层楼下方两英尺，就再也不动了。替总统写了简短道别词的麦佛森伸手上去，想打开电梯顶上的安全盖，好让总统安心，不知道怎么回事，却弄熄了所有的灯。黑暗大约经历了十二分钟，才有人撬开门，一群人爬上去，走下楼梯，总统气坏了。

经过这个奇怪的事故后，约翰逊梳理头发，整理领带，再踏上五角大楼的阶梯。一位助理在倾盆大雨中，在协助他穿上一件大衣、戴上帽子，再和麦克纳马拉、尼采及参谋长联席会议主席走向大校场。陆军乐队开始演奏有气无力的崇戎乐，总统手伸进西装上衣里拿演讲稿，但是就在这个时候，公共广播系统坏掉了，参谋长联席会议主席惠勒（Earle Wheeler）将军摇晃麦克风，希望摇好，却没有用。

最后约翰逊在湿冷的雨中，开始简短的致辞，但是因为广播系统坏了，附近的华盛顿国家机场的喷气机又噪声不断，部队和高官几乎听不到他说的半个字。雨势太大了，空军和海军被迫取消了20架军方喷气机的空中列队表演。

这个场面让长期批评麦克纳马拉的总统助理卢奇想到“一出由悲剧作家尤里匹迪斯和喜剧作家阿里斯托芬合写的希腊戏剧”。他猜想约翰逊总统会邀他参加典礼，是因为约翰逊任性的幽默感。卢奇在近两年里，一直呈给他的总统上司“限总统过目”的备忘录，表示麦克纳马拉的越南策略会造成灾难，他说：“没有一件事比这个完结篇更怪异，更能象征麦克纳马拉在国防部时代的性质。”

大多数宾客到第二天早晨拿起《华盛顿邮报》时，才知道约翰逊说了什么。“我听说五角大楼这个地方被人叫做迷宫，”《华盛顿邮报》引述约翰逊的话说，“麦克纳马拉可能是唯一找到谜底的人，他现在也带走了谜底。”

典礼之后，一群人走回五角大楼，总统的座车正在等待，他转身跟麦克纳马拉热情地握手，并且说：

“麦克纳马拉，非常感谢。”

“谢谢你，总统先生。”麦克纳马拉回答。然后总统坐车离开。

麦克纳马拉筋疲力尽、声名狼藉地离开五角大楼。右派攻击他压制军方，“左派”抨击他是战争贩子，连他在五角大楼的一些同僚，包括和他同样相信逻辑无可超越的同事，都觉得对他不理解。

毁誉参半

艾斯伯格（Daniel Ellsberg）像麦克纳马拉一样数字至上，是另一位从兰德公司被挖角到国防部的人，他的哲学博士论文探讨主观可能性和统计推论。1965 年 7 月，美国宣布大幅度升级越战时，麦克纳马拉的演说词和新闻稿就是艾斯伯格帮忙草拟的。两年后，他开始从事美国介入越南的历史研究，他阅读了麦克纳马拉收集的 7 000 页电报和文件，这些东西收在麦克纳马拉办公室附近的一间房间里。后来这项研究以五角大楼文件著称，到了 1971 年，他把其中很多文件披露给媒体。

大致说来，他是麦克纳马拉的仰慕者，但是艾斯伯格在越战问题上和约翰逊政府决裂，开始公开谈论这个问题时，他不由自主地把麦克纳马拉和其他在内部决策圈里的人，想成是战犯。甚至把他以前的长官麦克纳马拉，和纳粹政权里有权有势的施佩尔（Albert Speer）相比。

斯贝尔在回忆录里，引用了伦敦《观察家报》1944 年的一篇文章，这篇文章描述纳粹的文字，和这么多年来很多人批评麦克纳马拉的话相似。说他们是“一种在所有好战国家都变得日渐重要的类型，是纯粹的技术人员，是没有阶级和背景的聪明青年。他们除了在世界上努力奋进之外，没有其他根本的目标；他们除了技术和管理能力外，没有别的手段。这种类型的人近来大行其道，是因为缺少心理和精神上的根基，且他们能轻松处理我们这个时代令人害怕的技术和组织。这是他们的时代；我们可以排除希特勒和希姆莱之类的人，但是像施佩尔这种特别又特殊的类型，无论发生什么事，他们都会跟我们长期相伴。”

艾斯伯格想，麦克纳马拉是60年代更新版的施佩尔。他们都具有技术背景，施佩尔离开建筑业，成为希特勒的军备部长，麦克纳马拉离开企业，成为国防部长。两个人都把工业技术和哲学改头换面，用来发动战争，两个人都同样追求效率和生产力，使他们因此不受道德问题所困。麦克纳马拉像施佩尔一样，只私下表达对战争的怀疑。

艾斯伯格想，麦克纳马拉还有一点像施佩尔，似乎缺少了强烈的个人责任感，这一点是艾斯伯格不能原谅的道德失败。虽然越战在整个尼克松总统任期内，一直悬而不决，到1975年4月30日正式惨痛结束为止，麦克纳马拉始终拒绝公开反对这场战争。确实如此，他完全拒绝每一个谈论越战的机会，尽管他或许有能力发挥影响力，促使这场战争提早结束，挽救数以千计的生命，但他始终不改其衷。他的朋友都知道他反对越战了，他似乎还不能促使自己自承错误。对艾斯伯格和其他反战抗议人士来说，麦克纳马拉自我规定的沉默只是更加重了他的罪恶。身为这场骇人听闻的人类悲剧的主要设计人，其罪行反不如他对自己承认“失控”的战争沉默多年的罪行重。

对其他人来说，例如对他手下担任系统分析主管的知识分子殷索文（Alain Enthoven）而言，麦克纳马拉是第一流的英雄，是美国所曾有过最好的国防部长。“每次我听到这个神奇的名字，或被人介绍说曾经和他共事，就觉得是莫大的光荣。”目前担任斯坦福大学商学院教授的殷索文说，“那样就好像说：‘他和英王福特二世在法国埃金克（Agincourt）并肩作战大胜一样。’”

殷索文认为，麦克纳马拉最惊人的成就是降低了军方对核武器的依赖，殷索文认为“这种依赖可能使我们陷入核战争，害死数千万人”。他相信麦克纳马拉借着使美国的核能力多元化，确保美国的武器可以幸存下来，对苏联发动毁灭性的第二击，或许已经使美国免于核战浩劫。

不管他留下了什么，很少人会怀疑麦克纳马拉在担任七年国防部长期间，是美国首都仅次于总统的第二号重要人物。在他道别之后好多天、好多周，多年来争先恐后批评他的媒体，大致都对他在职期间赞颂不已。政治评论家休·赛迪（Hugh Sidey）在《生活》杂志里写道：“上周在华盛顿，醒来得知麦克纳马拉离开内阁，就像某天早晨发现华盛顿纪念碑不见了一样。”专栏作家艾索普认为他“是自从美国建国以来，进入美国联邦政府行政部门最伟大的公仆”。

或许可以说他是个差劲的作战部长，但他亦或许是绝佳的国防部长，是美国历来最有效率的国防部长。精通数字、沉迷事实使他同时做得这么成功，也这么失败。量化技巧使他对于笨拙、官僚的国防体制，取得前所未有的控制，就像同样的技巧使他在真实的、无法量化的越战问题上，蒙蔽了双眼。麦克纳马拉未能认清数字只能让他发挥到这个地步——他的老东家却发现了这个简单的事实。

第29章

英才早逝

事情不扰人，扰人的是观点。

——艾皮科蒂塔

对麦克纳马拉来说，当国防部长的岁月犹如起风时的白驹过隙。他和玛姬坐着敞篷车，走在宾夕法尼亚大道上，向成千上万来华盛顿参加肯尼迪总统就职游行的民众挥手的情景，就像是昨天一样。那天天气严寒，又是个起风天，但是军队已经把大道上的积雪扫光。

摩尔和咪咪站在白宫对面的观礼台上瑟瑟发抖，拼命地向麦克纳马拉和他太太玛姬挥手。总统泡沫形车顶的林肯轿车刚刚开过，载着内阁官员夫妇的车队从他后面不远处驶来。摩尔夫妇第一眼看到他们的朋友坐在汽车上，就忘形地欢呼。车上用大字标明国防部长麦克纳马拉，玛姬和其他官太太不同，没有戴帽子，头发在寒风中飞扬。咪咪想，她连在总统的游行车队里，都自成一格。

摩尔夫妇来观礼台之前，已经到摩尔在附近的办公室，看过肯尼迪就职演说电视转播。麦克纳马拉的儿子柯雷在摩尔家里，趴在地板上，和他们的儿子一起看手提电视上播出的壮观景象。麦克纳马拉第一次来华盛顿和肯尼迪面谈时，就是住在摩尔家里。

肯尼迪正在组织内阁时，咪咪在家里接到了一通奇怪的电话。

一个声音庄严地宣称："这里是联邦调查局，你认识罗伯特·麦克纳马拉吗？"

"我们当然认识！"她回答说。

"好，你对他知道些什么？"那个声音简洁地问道。

"他是我们的好朋友，我们以前都在底特律一起待过。"

然后摩尔接过电话，证明麦克纳马拉的人格健全端谨；摩尔因为两位好友有希望在肯尼迪政府里担任要职——麦克纳马拉可能当国防部长，朱柯特可能当空军部长而觉得欣喜异常，突然间变成了民主党人了。总统就职前一天晚上，摩尔夫妇和朱柯特夫妇在各个金碧辉煌的庆祝会场之间赶场，吃着兰姆蛋糕，喝着香槟；麦克纳马拉夫妇和肯尼迪内阁的其他阁员坐着铺红地毯、开着暖气的巴士到各处去，随着莱斯特·蓝宁（Lester Lanin）的音乐欢庆。

败絮其内

这的确是光辉灿烂的时刻。摩尔和咪咪在游行里看过他们的朋友后，踏着积雪，回到他在康乃迩克大道的办公室去庆祝。几十位朋友和工人已经聚在那里，把那里用红、白、蓝三色装饰起来，准备自行庆祝总统就职。请来的外烩师父搬来堆积如山的食物，服务生恭敬地倒酒，摩尔在装饰华丽的展示间到处走动，招呼来宾。

但是豪华的宴会和装饰只是属于幻想的世界，摩尔的汽车经销商连锁事业已经陷入极度混乱。他和老朋友葛利尔（James Grear）的合伙关系已经结束，他新创的一个事业迫切需要资金，他债台高筑，个人的健康也出了问题。就像他一生里的许多事情一样，这场华丽的宴会只是一个巨大幻梦的一部分。

摩尔以前遭遇过艰苦的岁月，他创设汽车经销商事业后不久，就差一点破产，却设法生存了下来，事业还欣欣向荣。但是经济衰退对汽车业有严重的影响，也是促使利斯在 1957 年走极端的原因之一。摩尔 – 葛利尔公司这一年的利润减少了 20%，降为 16.3 万美元。等到利斯的水星新车型滞销，摩尔的连锁经销商的停车场上，堆积的库存用批发价格计算，高达 100 万美元。1958 年的新车型马上就要出来了，摩尔拼命出清这些库存汽车，卖最后的林肯车型只获得区区六美元利润，整个 1958 年的利润暴减到只有 6.45 万美元。

摩尔的公司原本是世界十大林肯水星汽车经销商之一，也是今天超大型经销商的前身，现在迅速地变成了一个幻影。摩尔关闭了五家经销商，使旗下的经销商总数在 1959 年降为 12 家。衰退对个人也构成沉重的打击，为了维持豪华的生活形态，摩尔用人寿保险单质借现金，并且拿自己的房子去办了两笔抵押贷款。“公司要花更多的精力、用更严密的控制才能生存，可是这家公司软弱了一点。”1951 年进入公司担任会计主任的汤玛森（George W Thomassen）说：“沟通线变得太长了。在摩尔和各经销商之间的经理人层级超过需要。”

（上图）乔治·摩尔夫妇在亚利桑那州科兹谷驼背客栈骑马。
（下图）摩尔在家园镇所摄全家福，时为 1966 年，可明显看出摩尔身体状况恶化。

迫切需要现金的摩尔找上桑顿求助，1958 年汽车业务形势艰苦时，桑顿告诉摩尔说可以帮助他。现在离麦克纳马拉来华盛顿当国防部长还有六个月，摩尔告诉桑顿，说摩尔—葛利尔的合作事业已经拆伙。“葛利尔、他弟弟和我分手，根本原因是有关组织上的理由，但多少也和个性有关。”摩尔写信跟桑顿说，“我坚决相信，没有一个组织可以用三个人投票或委员会的方式经营。”

此外，至少在纽黑文和巴尔的摩的两家经销商仍然有巨额亏损，另外好几家迫切需要资金，才能继续经营下去。摩尔建议丢铜板或抽签——或用任何方法，决定由谁留下来经营这家公司，但是葛利尔什么都不要，他想退出公司。因此摩尔决定买下他的合伙股权。摩尔要求桑顿出 60 万美元，这笔投资可以让桑顿占有公司 40% 的股权。摩尔预测这家汽车连锁经销商一年可以净赚 25 万美元，桑顿如果成为最大的小股东，应该可以分到十万美元利润。

另找生路

摩尔和葛利尔的合伙关系破裂是基于更严重的原因，这一点他并没有告诉桑顿。相对于摩尔比较奢华的角色，葛利尔总是扮演保守的会计人员。他刚入伙的时候，晚上确实曾把公司的支票本带回家，这样摩尔或他早年的合伙人戴伊就不能寅支卯粮，花他们未曾拥有的钱。摩尔很多次肆意挥霍，葛利尔总是苦口婆心，劝他开支上要节俭。在他们合伙的大多数年头里，两个合伙人互利互补，摩尔做销售和推广，葛利尔认真管理开支，葛利尔的律师弟弟在 1955 年，也就是公司创下最高盈余的那年，加入他们的业务，成为第三个合伙人。

摩尔和葛利尔不同，已经开始对汽车业抱着矛盾的看法，他喜爱成功的挑战，喜欢扩张业务、变成美国最大的经销商之一，公司让他赚了很多钱，这点对他很重要。“但是在认知上，他总是认为汽车业低他一等。”朱柯特说，“这是一种低级行业，有很多低级的汽车经销商，有很多低级的车子，他曾经卖给我一些最烂的车子。但是他在统计管制处时，所负的责任比他经营他所有的经销商时还多。”

朱柯特在统计管制处时初识摩尔，可是一直到战后摩尔回到华盛顿以后，他们才成为好朋友。他们的友谊逐渐滋长，是因为下午他们花很长的时间，耗在国会乡村俱乐部的高尔夫球场上。打了几小时高尔夫球后，他们会在俱乐部的酒吧里，灌下不少酒，玩一种用两副牌打的牌戏，他们也成为像兄弟一样亲密的酒友。1954 年 7 月，朱柯特刚刚交卸原子能委员会主任委员的职位，想找点事情做，摩尔对卖汽车已经生厌，也想脱身。

“你听我说，”他告诉朱柯特说，“我想做些汽车业以外的事情，你替我找机会，我会付钱给你。”

他对寻找新机会只定了几个条件，一个是这种事业跟汽车没有关系，一个是跟科技没有关系，他也不想搬离罗威尔巷的住处，他喜欢这幢住宅和这个地区。因此朱柯特能够找到的 新事业，必须设在华盛顿，或在华盛顿附近。

朱柯特注意了很多机会，但最后找到一个摩尔很有兴趣的私人小公司，这家公司的业务很少 ，专门印 1950 年以后美国所有的化学专利权目录，卖给杜邦、柯达和通用电气之流的大公司。这种目录是基本的东西，和电话簿没有多少差别，只是列出十万种专利权，而不是列出名字、地址和电话号码。最引起摩尔兴趣的是，这家公司有个计划，要建立电子文件储存系统，供公司编辑的所有资料使用，摩尔跟统计管制处的老友巴特理（Lynn Bartlett）和朱柯特付了钱，利斯也拥有这家公司 15% 的股份，他们把公司命名为“工业信息公司”。

从一开始，摩尔的新事业就使他和葛利尔的关系更为紧张，葛利尔发现自己在无意间，承担了这笔交易的部分资金。摩尔为了得到现金，买下工业信息公司，把在纽约州阳克斯经销商的一半股权，卖给葛利尔。卖断股权后，摩尔用他已经没有所有权的阳克斯经销商的支票，签了一张 2.5 万美元的支票，付给朱柯特，作为他代为寻找的费用，这笔钱直接由葛利尔支付。

葛利尔想，不知者不罪。但是，摩尔的新事业开始抽用汽车经销部门最优秀的人才，而这些人仍然支领摩尔—葛利尔公司的薪水。葛利尔想，其中有些人现在把五分之四的时间，花在工业信息公司上；和摩尔—葛利尔公司签有管理合约的经销商，得知摩尔对汽车业务已经失去兴趣，都比较不愿意跟他们续约。“有些经销商怀疑在汽车越来越难卖时，是否应该付管理费给摩尔。”摩尔的朋友兼同事费兹（Philip L.Fitts）回忆说：“他们设法解除合约，在某一次会议上，摩尔获知这种事马上要发生了，就说：‘好，你们这伙人想退出吗？现在立刻就可以滚出去。’这点使葛利尔恼火，他认为摩尔应该加强这些合约，因为有些经销商当场就走了出去。”

但是最后切断两人关系的是摩尔漫长耗时的喝酒午餐，这种情形愈来愈不是偶发事件，愈来愈变成了习惯。在葛利尔看来，这个习惯影响了公司最高层四五个人的表现。他们工作时不喝酒，但是摩尔几乎每天带一群人，到市区里最贵的餐厅去，一到了地头，摩尔会喝下多达六杯的烈性马丁尼酒，有时候中饭过后，没有一个人回来上班。

摩尔一向爱喝好酒，他也常常谈到喝酒，好像喝酒是一种工作之余的嗜好一样。第二次世界大战期间，他的情书上谈到他的梦想是这样的：在凛冽的 11 月天，拿着一瓶威士忌，看红人棒球队出赛，在休恩海边喝啤酒、吃生蚝，再回到他所说的“男性酒宴烂醉之夜”。在他从商的岁月里，他总是有很多深夜的会议，这时他会出去喝几杯酒，烂醉如泥。摩尔天生是个内向的人，和其他人相比，他对自己和未来比较不确定。他的小女出生时，摩尔来到朱柯特的家里时，为了庆祝女儿的诞生，喝得酩酊大醉。他喝酒是要让自己破除害羞，一直喝到不省人事为止。他的朋友相信他是在 50 年代末期，才跨越酒徒的门槛，变成酒鬼。

葛利尔愈来愈担心这件事，不光因为午餐酒徒里包括他自己的弟弟，最后，他决定跟他们了断这个问题。“我告诉他们，说他们是酒鬼，而且他们鼓励办公室里的其他人变成酒徒”，葛利尔回忆说，办公室里几乎要爆炸了，他们怒不可遏，像疯狗一样瞪着他。葛利尔说：“他们两个人气得都想杀了我，我从来没看见摩尔这么生气过，我弟弟准备把我头扭下来，我们以前从来没有争吵过，不过这时是考验胆识的时候。我可以看出生意快要完蛋了，我可以看到工业信息公司害我们流血到快死了，我们的公司被榨光了。”

葛利尔受够了，他们的决裂十分彻底，以致从吵架那天起，他几乎没再看过摩尔或弟弟，也没有再跟他们说过话。大约 30 年后，葛利尔都不知道他弟弟住在哪里，也不知道他是否还活在世上。“我很生气，也受到伤害，”他说，“我不能忍受这件事，而且我确实不想再跟公司有任何关系，要是当时我知道自己以前不知道的事，我一定会谢谢摩尔替我出机票钱，就回芝加哥去了。”

拔刀相助

桑顿虽然不知道这些事，却委婉地拒绝挽救这家公司的邀请，不过他愿意用别的方式帮忙。他写道：“我很高兴你想到我，把我当朋友，也当成可能的商业伙伴。能够再跟你密切地联合在一起，想来的确让人愉快，无论从个人或从商业关系观点来看，我都愿意这样。目前我负担沉重，从时间和财务来说都是如此，我把自己所能弄到手的东西，都放进利顿工业公司了。”

桑顿要投资的话，一定得出售利顿工业公司的股票，他绝对不愿意卖股票，公司高级经理人卖股票一定会公布。桑顿告诉摩尔说：“我如果做出任何抛售持股的动作，一定很不受公司董事、员工和我们的股东欢迎。”他说得对，股东会怀疑他抛售股票的动机，另一方面又好像他对利顿工业公司的未来不确定，如此一来也是拒绝朋友一个精明又体面的说法。

摩尔虽然身陷困境，又有很多事情让他分心，仍然告诉桑顿说想要再大肆扩展业务，增加 20 家经销商。他谈到要在自己的连锁网里，增加福特公司对手通用汽车公司的车型——可是当时从来没听过一家连锁经销公司，可以同时卖两家不同汽车厂的车。摩尔好像还不觉得自己已经过度膨胀了，甚至想到要写一本谈汽车零售业务管理的书，他的计划根本不合实际。“他不想面对真相，”葛利尔说，“他不想面对现实，不管他是否周转不灵，他从来没有真正长大过。”

但是他到加州看过桑顿后，桑顿打消了他扩张业务的计划。桑顿告诉摩尔，他首先要面对连锁汽车经销公司的问题，桑顿也希望麦克纳马拉参与摩尔重振公司的计划，毕竟麦克纳马拉对汽车业务的了解，远非桑顿所能比拟。1960 年 11 月，摩尔看过桑顿回来后，很快就打电话告诉麦克纳马拉，说桑顿同意帮忙，但先决条件是要遵照麦克纳马拉的建议；麦克纳马拉迅速派了一个手下和一位公正的企管顾问，从底特律来看摩尔，并且彻底检视这家经销商的财务，评估他和桑顿所提的业务建议。几周以后的 12 月 15 日，桑顿和麦克纳马拉在纽约一场宴请席尼·温柏格的晚宴上碰面，讨论了摩尔的困难。温柏格是华尔街的高级经理人兼福特公司董事，曾经协助亨利·福特二世把公司公开上市。

结果是由桑顿承诺一种罕见的协助，他同意由个人替摩尔担保，向华盛顿的利格国民银行（Riggs National Bank）贷款 25 万美元。这笔贷款要求桑顿把自己价值 50 万美元的利顿工业公司股票，质押在银行里，这样他可以替摩尔弄到一些钱，又不必在公开市场出售他的股票。这笔钱的一大部分，要用来弥补摩尔准备关闭几家经销商所预期的亏损，这些现金也可以让摩尔买断葛利尔的股权，清偿几笔贷款，并且用来重振旗鼓。

摩尔没有重振旗鼓，反而一步一步地卖掉经销权，并且把在华盛顿的主要经销公司卖掉，专注在工业信息公司上。他把钱和自己投注在这家公司里，以为可以像早年创建汽车经销业务一样，让新公司欣欣向荣。新事业的确有一丝希望，1961 年摩尔的汽车业务衰退时，他做到了只有桑顿办得到的事，让新公司公开上市，靠股票承销，筹到了 30 万美元。在这种过程中，增加了 500 多位股东，股票上市价格是每股 5 美元，半年内，股价上涨到 34 美元。

他和公司其他内部人员仍保留公司将近一半的股权，但是摩尔认为他需要额外的现金，投资发展他的电子检索系统。工业信息公司仍然是一家很小的新兴公司，年营业额 221 770 美元，纯利 57 400 美元。但是摩尔对公司的未来有个远大的幻想，这个幻想就像先前他的汽车经销业务快要解体时，他还计划扩张一样不切实际。

早在电脑梦想家谈论信息时代之前很久，摩尔就开始宣扬“印刷科学文件的爆炸性扩增”。科学文件的数目每十五年增加一倍，有一天，这些文件可以用他的虚拟电脑分类和检索。这些事实从他嘴里流利地说出来，就像当初他在停车场上畅谈水星汽车的优点一样。公元 1800 年时，大约印刷了 1 万份文件，1900 年印刷了 12 万份，1960 年增加到了 300 万份，除了科学文件外，美国工业界每一个员工平均生产了 2.5 万份文件，花费的人工成本达到 1 000 亿美元。

摩尔在公司的第一份年报里，在他所谓的“对数图表”里，详细说明了日渐增加的信息数量，这些图表只不过是简单的柱状图，描述信息的成长而已。解决信息爆炸之道很明显，就是一种能够分析、分类、检索和储存这些信息的精密工具。摩尔认为他的命令检索信息系统（Command Retrieval information System）就是解决之道。这种机器可以把他公司的专利权资料，制成130米长的微缩胶片，让客户检索需要的信息，并且按一下按钮，几秒钟内，就可以印一份文件出来。

落落寡合

摩尔虽然口若悬河地促销，这种机器却成为他最后财务崩溃的起因。他为了发展这种奇怪的机器，投下了数十万美元。桑顿也安排利顿工业公司旗下的一家子公司，承包制造这种机器。但是这个产品没有需求，机器制出微缩胶片的速度太快了，所产生的热度和压力会逐渐摧毁胶片。此外，他的顾客从印刷手册里取得专利权信息，跟用他人的机器一样容易。他的公司只卖出了一部系统，卖给弗吉尼亚州贝尔维德堡的美国陆军工兵团。

资金开始耗竭时，摩尔把机器部门的办公室从法拉格广场，搬到康乃逖克大道的汽车经销公司总部，然后把公司在那幢大楼十一楼的精美办公室，跟柯达公司在同楼层一间小很多的办公室交换。工业信息公司的信用度已经全花光，迫使摩尔设法靠公司的应收账款作保，借到更多的贷款，他甚至用公司未来的利润作保去借钱。业务代表欧科克记得急匆匆地跑去找客户收款，好帮忙付周薪给员工的情景。到1964年，摩尔被迫裁员，自己也不再支薪。

摩尔不知道根据什么，认为他可以在未来五年里，卖出500部机器，而不是他原先预测的2 000部。不过即使是降低了的数字，顶多也是乐观的想法而已。他的公司和他自己债台高筑，于是他设法把机器卖给别的公司。

他到的每一个地方，都遭到拒绝，不管是施乐公司、逖克公司（A.B.Dick）、明尼苏达矿业制造公司（3M）、国民制酒塑胶公司（U.S.Industries）、胜家公司（Singer）或雷明顿军火公司（Remington Arms）都一样，寻求外援的企图也失败了。利顿工业公司估计，根据他们承造机器原型和装置大量生产的机具来计算，光是他们就要损失 43 万美元。

摩尔再次悄悄地向桑顿求助，他要求利顿工业公司投资更多的钱，帮忙行销这种机器。这个奋斗目标毫无希望，利顿工业公司一位经理报告说，这种机器比市场提早三年，而且昂贵得过分，因此利顿工业公司不会再投钱进来了。

这是悲惨的转折。韦克斯回忆说："他那时把我叫进办公室，说我们或许得申请破产法第十一章保证。"韦克斯是少数几位还留在公司的业务代表之一。摩尔已经变成斗败的公鸡，变得不成人样了，"他抖得很厉害，显得畏缩迟疑，用低沉、缓慢的声音说话，我记得他的神情相当奇怪——脸色红得可怕"。

摩尔在混乱之中，仍然保持极端的温柔、大方。欧科克发现他 33 岁的妻子得了末期癌症，就问摩尔是否可以请假，因为没有希望治好，他想带太太到法国南部路尔戴的玛丽安神庙，希望能靠奇迹治好她的病。虽然公司在 1967 年初实际上已经破产，摩尔仍然立刻建议他和太太到英国和法国出差，由公司支付费用。欧科克的太太在那年稍后去世，没有等到摩尔最后资助她到路尔戴去医治。

在家里，生活也变得痛苦不堪。摩尔试图把自己的财务困境瞒过妻子，但是随着账单在他桌上越堆越高，可以想见她的担心逐渐增加。

"请让我知道出了什么事，"她坚持说，"让我处理家里的财务和金钱。"

摩尔很少跟咪咪讨论商业上的事，她从来不干涉他的工作，也从来不会自告奋勇，对他的决定提建议，这也是他希望的样子。1958 年汽车事业接近瓦解时，形势变得糟糕之至，他还瞒着太太，带着12岁的女儿玛丽卡去找房子。他想卖掉在罗威尔巷的漂亮大房子，搬到比较朴实、比较便宜的地方去，这种事情他不让太太知道。一直到30年后，女儿和咪咪闲谈时提到，咪咪才知道他出去想卖新房子的事。

摩尔和他的事业困境越深，他的家庭生活越紧张。虽然他常常谈到他的婚姻好像合伙关系，却缺少合伙关系的样子。因为摩尔的个性热情洋溢，从他们的关系一开始，他就主导了咪咪，他亲自处理家里所有财务事宜，咪咪甚至不知道怎么平衡家里的开支。因此她注意到家道中落时，摩尔就把这看成是一种干涉性的威胁；她突如而来的忧虑伤害了他的自尊，危害了他负责养家糊口的角色，但不只是这样，咪咪坚持要知道他长久以来不让她了解的细节，等于是不断地提醒他想到自己的失败，他把这件事看成信任问题。

“你不爱我吗？”他问说，“你不信任我吗？不相信我吗？”

“我当然爱你、信任你而且相信你，但是我想知道出了什么事情。”

“呃，别担心。”摩尔坚持说，“我会负责处理好。”

沉沦酒廊

他当然不能处理好任何事情，平常快活的摩尔陷入痛苦漫长的沮丧期。他的乐观主义和理想主义消失了，取代的是因为自己的天地不安定，而出现的郁闷和无望感觉，他愈来愈少到办公室，愈来愈退缩到醉乡去。这种情形让已经担任工业信息公司总裁的巴雷德极为震惊，他拒绝再和摩尔一起出去。他1941年在密西西比洛科西的基斯勒营地初识摩尔，当时两个人同时伸手去捡地上的同一支烟蒂。整个第二次世界大战期间，他跟摩尔都是统计管制处的同仁。从1948年他当轮胎业务员，加入摩尔的汽车经销公司起，他们一直是朋友，但是他不能相信他朋友会这样堕落。

“如果你要喝酒，我就不再跟你出去吃中饭了。”巴雷德坚持说。

“好吧，”摩尔不情愿地说，“我什么都不叫。”

两个人会到里维罗奇餐厅去，起初摩尔会遵守诺言，但是最后他会开始叫一杯淡马丁尼酒，这杯一起头，之后就是一杯又一杯。情况到了巴雷德要求他午餐不要喝酒时，他会直截了当拒绝的地步。

“好，我要去吃中饭了，而且不管你喜不喜欢，我都要喝一点酒。”他吼着回道。

想帮助他的朋友都觉得无从下手。“有时候，我因为要他停止喝酒的事实遭到埋怨，”巴雷德说，“所以你会想到，他跟别人在一起或许会快乐些。他不喜欢想到别的人正设法帮助他，他想自己解决，但是他做不到，最后他放弃了，情形变得更糟。”

健康恶化使他重振企业变得更难。50 年代末期，他就因为酗酒常见的疾病胰脏炎，出现腹部剧痛和反胃。到 1957 年，发展成糖尿病，必须每天注射胰岛素。他还有长年的胃病和心脏毛病，其他的毛病也时发时止。可是医生虽然坚持他戒酒，他却愈喝愈多。

巴雷德不是唯一请摩尔自律的人，摩尔所有的朋友都恳求他别再喝酒，他却经常否认他有任何跟酒有关的问题。“你提起时，他会嘲笑你。”朱柯特回忆说，“他真的不回应你，我想他知道他有问题，但是他否认有问题。他把人生搞糟以后，变得相当不快乐。他没有确定的雄心壮志，他想做很多事情，但是我认为他从来没有想过怎么把雄心化为事实，他没有目标，他知道自己想要有成就，但是从来不知道自己想变成什么样子。他的心在两件事之间摆荡，一件是想做出一点有价值的事情，另一件是需要赚钱维持奢华的生活状态。”

他不再领工业信息公司的薪水以后，没有拿钱回家，咪咪必须到子女上的私立学校去告诉学校说他先生财务困难，已经付不起学费，她设法替子女申请到奖学金。玛丽卡上大学时，她到餐厅端盘子工读，帮助自己把书念下去。对他们全家人来说，家道这样中落令人困窘伤心，为了取得奖学金，他们家必须放弃残存的俱乐部会员证。学校职员问到，她女儿参不参加少女的第一次舞会？当然不参加，他们的钱勉勉强强只够付水电费而已。

桑顿的忧心日深，就和在福特公司的兰迪谈到他们迅速没落的朋友。他们的友谊深厚，第二次世界大战期间，无数个夜里，兰迪和摩尔在五角大楼一起熬夜到天亮，这是一种长久的友情。兰迪要求福特公司的行销人员，通过和经销商之间关系，替摩尔寻找一些工作机会。摩尔告诉兰迪，说他可能在华盛顿的西联电信公司找到工作，但是实际上没有找到。莱特也和摩尔联络，希望从远地帮助他，最后情形变得太糟了，因此麦克纳马拉给了他一个国防部顾问的工作。

有时候，他不能起床去上班，他太太谈到有个工作她可做时，他就勃然大怒。她在华盛顿一家店里，有个销售壁纸的工作机会，但是太太必须工作的景况，使摩尔觉得羞辱到了极点。“他自己觉得深受侮辱，”他的小女萝拉回忆说，“他认为妈妈是在公开声明他没有能力养家糊口。”

他们离开晚餐桌，到厨房去争论这个问题，以免让小孩听到。但是萝拉耳朵紧贴着厨房门，听他们吵架，她听到的话吓坏了她，因为那些话只证实了他们家庭生活的争执日深。

“好，你想离婚吗？”咪咪问。

“不，当然不想，”摩尔说，“赚钱给你和家人很重要，这是我维持自尊的方法。”

尽管他有这一切承诺，最后证明摩尔只是一个相当渺小的人。他怨恨想帮助他的妻子和朋友，对自己悲惨的困境觉得惭愧，却没有能力或意愿去改变。战时情书里的纯真和情意早已消逝得无影无踪。“对我来说，就像偶像崩毁一样，”咪咪说，“眼前这个人毁灭了，这个人曾经是我的一切，是父亲、丈夫、情人和罗曼蒂克的英雄，看到他崩溃实在太痛苦了。对他来说，和我谈这件事实在太难了，他觉得他负了我，他不愿意谈我们的财务状况，因此我们就陷在地狱边缘。”

尽头

摩尔的朋友看着他成为废人都深感无奈，但是不管他们多么努力地想帮助他，他都一律拒绝。他非常想重新掌控自己的人生，但不管他怎么尝试，结果都失败了。他深深地陷入挫折、忧虑和消沉中，体重开始下降，财务问题也使他濒临个人破产的边缘。

就在 1967 年阵亡将士纪念日前的某天傍晚，摩尔和朱柯特开车出门，到一个俯视波多马克河的地方。两个人下了车，坐在一张长椅上，等待太阳下山。摩尔让朱柯特想起很多年前他在哈佛大学商学院时，一位老师告诉他的话，那位老师说，青年才俊的状态维持太久，是人生最悲惨的悲剧之一。朱柯特想，摩尔或许是碰到了这种事，从很多方面来看，他这个朋友可能因大战期间在统计管制处工作，才 25 岁时，就走到了人生的巅峰。乐天的摩尔从士兵干起，升成空军地勤人员里最年轻的中校——然后从成功人士变成破产和破灭的人。

他们坐在波多马克河上方，朱柯特再次试图说些道理给他苍白、病弱的朋友听。“天知道我多么努力地劝他戒酒，”他说，“我也设法劝他处理好财务问题，他面容憔悴，并跟我保证会有点行动，会把财务搞好。”

摩尔回到家就径自上床，天黑后不久，他最小的女儿在他卧房一面大镜子里看到他。“我看到他的餐盘放在化妆柜上，他在床上弓着身体，脸埋在双手里，”萝拉回忆说，“似乎全世界的重量都压在他肩上，他根本放弃了挣脱及一切希望。”

这是她最后一次看到他爸爸活着，半夜两点，她被妈妈的尖叫声惊醒。道格急忙爬上楼梯，到他爸爸的卧房，开始人工呼吸，试图救活他，却枉然无功。他去世时年仅47岁，糖尿病和酗酒合并在一起是潜在的病因，正式记载的死因是“胰岛素休克反应”。但是不管哪一年，因为注射胰岛素过量致死的病例不到六个。

因为越战进展觉得沮丧的麦克纳马拉告诉咪咪说摩尔是心碎而死。咪咪说：“他不能应付，他太沮丧了，而且他去世后，我们发现他欠了几十万美元的债，因此我们不但没有钱，还债台高筑。”桑顿在他这位朋友的葬礼上哽咽失声。如果不是热情洋溢的摩尔有一层关系，引导他们进入福特公司，这个世界可能永远不会有他们“十杰”的称号。桑顿、利斯、摩尔和米尔斯可能照原来的想法，在战后合伙买下一家汽车经销商，平凡无奇地过一生，他们就不会是福特公司开创先锋的重要人物，谁知道他们又会有什么不一样的境遇呢？

第30章 颓废的形象

成功向来都不是终结或结尾。总有些事会接下来……世界不会因为成功的人退出或停止而停止运转；他得到的是什么样的成功，以及他对成功的态度，是后续发展走向的重要因素。

——约翰·杜威

上市公司的年度股东大会通常即使不是特别的无聊，也是乏善可陈的事件。股东聚在一起，听公司经营者做一场敷衍了事的演讲，通常说了等于没说。股东会问一些问题，但似乎永远都不会得到答案。如果公司大到足以吸引“丐帮”（corporate gadfly）来找麻烦，或许还会发生一些有趣的事。但连这样的情况都很罕见。

不过，利顿工业公司的财运惊人，股东大会开得像联欢晚会。股东看着自己的财富随着利顿工业公司的股价上升，会对桑顿大声鼓掌欢呼，他们对桑顿的信心，甚至超过利顿工业公司内部的员工。投资人把他当做神话、传奇人物，把他看成一个前途光明的公司中充满远见的经理人。他白手起家，善于描绘伟大的概念、制度和明日科技。利顿工业公司的营业收入在十二年内达到十亿美元，成为美国企业史中成长最快速的公司，桑顿成为媒体风云人物和股东的仰慕对象。

急转直下

1967 年 12 月 2 日，股东拥入圣塔莫尼卡市民活动中心，参加利顿工业公司的股东大会，他们完全笼罩在梦幻里，他们的心情和股价一般高。1967 年股价已经高涨到每股 120 美元，本益比接近 50 倍，高股价使公司的股票总市值高达 27 亿美元，使利顿工业公司跟克莱斯勒、西屋、永备和固特异轮胎等历史悠久、规模又大得多的公司平起平坐。约翰·布鲁克斯（John Brooks）在他的《起飞的年代》（The Go-Go Years）一书中写道："到 1967 年时，利顿工业公司已经成为集团企业中的巨人，其名声无可挑剔。股价飞涨，公司的形象如此崇高，因此可以拿中世纪教堂用彩色玻璃构成的照片，来装饰那一年的年报，借以表彰对公司过去成就的尊敬和责任感。"

如果有任何值得关切的因素，不是对公司前途有任何的质疑，而是有谣言指桑顿可能会离开利顿工业公司，接任麦克纳马拉留下的国防部长职位。报纸猜测桑顿是国防部长的继任人选之一，而很少有人能够想象，成功的利顿工业公司可以没有这个脸色红润的人来掌舵。

（左图）1969 年 12 月 1 日，《福布斯》（Forbes）杂志的封面故事以利顿工业为主题，促使该公司分崩离析。
（下图）德州佬桑顿出席股东年会，一向能获得掌声，直到运营出现问题。

不过，在1967年的股东大会中，桑顿告诉给他热情掌声的听众，他可能辞职的传闻“毫无根据”。桑顿风趣地说：“只要你们这些股东不要求我走，不把我扫地出门，我就不会离开利顿工业公司。”

但不到两个月后，有些股东就已经很想把他扫地出门。1月22日，桑顿和艾许致函给股东，使股东的心情由笑闹和美好的感觉转变为失望；这份报告说，到1月底为止，利顿工业公司的获利将“大幅低于原定计划”。这项宣布结束了连续57个季度的营业收入增长，也是桑顿十五年前创立公司以来的第一次逆转。这个消息也震惊了股市，利顿的股价在一周内下跌了18美元，大约一个月内，股价和1967年的高峰相比，大约只剩下一半。

利顿工业公司的崩溃标示了集团企业时代衰败的起点，这也发生在美国生活结构解体的一年。利顿工业公司宣布这件令人惊讶的憾事的同一个月，也是麦克纳马拉任职国防部长的最后一个月。美国的军舰“普韦布罗”号被朝鲜扣留，这是对世界第一强国的羞辱事件，有关越战的抗议扩大，也变得更暴力化。麦克纳马拉离开白宫后才一个月，约翰逊总统随即宣布不竞选连任，马丁·路德在4月里被谋杀，罗伯特·肯尼迪6月间被暗杀，暴力使民主党8月间在芝加哥召开的全国代表大会黯然失色。

在社会陷入困惑之际，事实证明集团企业的魅力也不过如此。不管利顿工业公司怎么虚夸经营阶层多么高人一等，桑顿还是没有看出即将来临的灾祸。管理控制是桑顿从统计管制处时代以来赖以成功的法宝，现在却失效了。公司的管理是利顿工业公司的魔力之一，但是在桑顿写给股东的信里，他只是抽象地责怪“管理人员先前的一些缺失”。

桑顿和艾许为是否发出这封信辩论了几个小时，艾许回忆说，“这是认罪的表示，每个人都认为我们不会做错事，但我们错了。对此我们不想过度粉饰，但我们想说我们并不是绝对不会犯错，我们必须说出来，也许这是含糊地说‘现在不能再推卸责任’的方式”。但在未直接指责自己的情况下，桑顿和艾许似乎是在责怪别人。的确，这封信激怒了很多仍表现不错的利顿工业公司主管。

粉饰太平

问题出在办公机器和造船两大部门。办公机器部门由杂牌军构成，例如老爷牌（Royal）打字机、罗发牌（Royfax）复印机、门罗牌（Monroe）计算机和史威达牌（Sewda）收银机等，这方面的营业收入从来都不亮丽。IBM 在这一行的销售利润率是 12.6%，整个行业的销售利润率是 7%，而利顿工业公司的获利只有 3%。在最新的这一季中，利顿工业公司光是复印机就把每股收益削掉美金一毛钱，这一年，打字机的损失总额达 650 万美元。

办公机器部门的问题会累积到最后才突然暴发出来，是因为报到比弗利山公司总部的数字隐瞒了一些真正的基本问题。奉命出面收拾残局的葛瑞回忆说，办公机器部门先前曾预测，在那一年可以获利 5 000 万美元。但事实上，在他费了很大的工夫后，只赚到 100 万美元，中间落差 4 900 万美元，是桑顿根本没有料想到的。

他的策略是廉价收购有问题的公司，然后试图加以整顿，但这个策略有重大的缺陷。特别是在极端竞争的市场里，这种公司为了开发新产品，急需重大投资，但利顿工业公司并不是每次都很情愿做这种投资。施乐公司在整个复印机市场的占有率达到 60%，利顿工业公司只有 1%，利顿工业公司在电动打字机的市场节节败退，不愿投资也是重要原因。

震惊华尔街的这份声明，还多列了 800 万美元的损失，弥补英格斯造船厂建造载货商船合约带来的意外费用。这项损失显示专业经理人无法像桑顿长久以来宣称的那样，经营管理每一件事，涉足完全陌生的领域时尤其如此。

利顿工业公司对华尔街的打击会这么大，不是因为这些造成营业收入下挫的问题，而是利顿工业公司的股票实在是被大大地高估了。艾许说，在利顿工业公司崩溃前六个月他所作的估算即已显示，利顿的高股价根本就没有任何基本面的支撑。他回忆说："公司的营运在一定的轨道之上，不管我们怎么做，利润都不可能高到足以支撑股价的水准。投资人以高过实际价值数倍的股价买进，是因为他们以为公司会达成某种销售额和利润，但是他们的想象是不可能达到的。那时候的问题是要不要告诉股东，说股价根本不合理，我们决定不要那样做。"

在这件坏消息出现大约九个月之后，桑顿和艾许看到一个重拾些许神秘魅力的机会，《福布斯》杂志为了制作封面故事，要访问他们。他们不知道的是，这篇报道缘起于一个在波士顿国家街银行（State Street Bank）任职的人。这个人刚卖掉他手上的利顿工业公司股票，因为他发现利顿的财务报表中，隐藏了一些玄机。他向《福布斯》杂志的总编辑麦克斯（James W.?Michaels）透露说，他相信利顿工业公司要了一些巧妙的会计手法，在误导投资人。麦克斯从纽约飞到洛杉矶，和《福布斯》在当地的采访主任富拉尼根（James Flanigan）会合，一起到利顿工业公司设在比弗利山的总公司去采访桑顿。

这是典型的桑顿式会谈，桑顿夸大其词地大谈协同合作和科技，把微波炉和冷冻电视快餐联结在一起，谈论利顿工业公司是如何如何地在"协助推进科技领域，把科技变成有用的产品"。在一般认为家庭主妇不想再下厨房做苦差事的时代里，他预见科技会有无限伸展的可能。两位记者离开桑顿的办公室时，麦克斯问富拉尼根说："你觉得怎么样？"

"他不敢提出自己的看法。"富拉尼根答道。

"是啊，"麦克斯说，"但在他拥有一个神奇的炉子时，为什么他要谈什么改变厨房的本质呢？"

魔法失灵

此后，富拉尼根花了几个星期的时间，在全国各地查看利顿工业公司的各项厂房设施，此行的结果将会震惊桑顿和艾许两人，而《福布斯》的封面故事，则成为经典之作。封面是一片碎裂的镜子，上面的标题是“利顿工业碎裂的形象”。如果利顿工业公司在前一年的营业收入逆转后，还有一点神秘魅力的话，《福布斯》的报道会令它烟消云散。“利顿施展了神奇的催眠术，让很多人相信利顿的成长会近乎永远地持续下去，也相信利顿工业公司每一美元的利润，比任何较传统的公司所赚的价值更高，而且高得多。”富拉尼根写道，“突然之间，这个催眠术失效了，传奇故事破灭了……从近处仔细看，而不透过利顿工业公司令人炫目的七彩棱镜去看，这家庞大的公司更像是一大堆螺丝和螺帽摆在一起，不像是一个很神奇的协同组合。”

这位记者所发现的，只不过是利顿工业公司内部的人一直都知道的事：即该公司的魅力中，至少有一部分只是用高明的会计手法制造出来的。在 1968 年利顿工业公司首次受挫之后，1969 年该公司提出的营运报告指出，利润增长 35%，销售额则超过 20 亿美元。利顿工业公司印刷的精美营业收入报表指出，其收入包括了出售一家公司的资本所得的 2 320 万美元，不过，这项收入并未实现，因为被挪用去抵消两张造船合约产生的亏损。事实上，利顿工业公司是在堤内损失，但并未在财务报表中坦承这件事。

这份财务报告并未违法，但却笼统模糊到足以隐匿该公司持续不断的麻烦。更何况，很少有分析师或投资人会料想到桑顿有这种行为。该公司形象之清新，让人不会产生这种联想，利顿工业公司对集团企业的运作的定义作出贡献，利顿让这种运作受人尊敬。桑顿和他那些十杰朋友，已经拿他们的事业来为这些数字的真实性作掩饰。

即使是自己承认从利顿学习到很多东西的前任主管，也开始质疑桑顿和艾许。一位离职的经理人当时说："利顿工业公司今天的问题，是他们还在唱过去很流行的同一首老歌，但是，他们忘记了，现在流行的不再是披头士的歌，而是贾斯利（Arlo Guthrie）的歌。"

桑顿和艾许对这篇报道极感愤怒，艾希写好了一封怒气冲冲的信给《福布斯》发行人福布斯（Malcolm Forbes），但是因为内容过于狠毒，而决定不把信发出去。不过，公司核心人物知道《福布斯》的批评是正确的。"他们是创造形象的大师"，负责利顿工业公司微波炉部门的乔治（William W.George）回忆说，"所以在股价重挫时，他们才会这么沮丧。"

乔治本人就是形象塑造过程中的核心人物之一，他取得哈佛大学企管硕士学历后，先在国防部替麦克纳马拉工作一段时间。在 1969 年加入利顿工业公司，以 27 岁的年龄，担任远程计划主任的工作。很快地，他就成为利顿最红的主管，在哈佛大学商学院一系列的个案研究中，被称颂为利顿工业公司微波炉部门的"推动力量"。

雷松公司（Raytheon）在 1946 年生产出第一个微波炉，用磁电管来烹调食物。利顿工业公司运用本身拥有的生产磁电管的技术，再兼并一家克利夫兰的小型炉具公司，从 1965 年就推出了第一台自己生产的微波炉。这种微波炉样子有点丑，看起来像是超大型的烤面包机，但由于定价 1 000 美元，仅及既有机型的半价，因此在一年内，就攫获 80% 的市场占有率。问题是以医院、学校和餐厅为主的整个市场，年销售量只有 9 000 台左右。

由于成本有可能进一步下降，桑顿预见微波炉在一般家庭有很大的市场，他也想到，创造微波炉市场的方式是结合冷冻食品公司。他找到的是史道佛食品公司，这家公司由史道佛（Vern-on Stouffer）创设，号称拥有很畅销的冷冻食物品牌。在普普通通的餐厅和汽车旅馆也已建立销售网络，年销售额大约 9 500 万美元，但利润只有 140 万美元。桑顿刚提出兼并的要求时，史道佛拒绝了，为的是提高价码。最后桑顿在 1967 年买下了这家公司；但史道佛公司是桑顿手中最贵的一次兼并案，花了利顿工业公司近 1 亿美元，以股票作为价款。

从那时候开始，只要提到协同合作，微波炉和冷冻速食就成为桑顿和艾许两人会举出的案例。在公司外面，桑顿不断地提到供应微波炉和冷冻食品给钻油平台上的工人、给太空船上的太空人和派驻海外怀念美国食物的军人。不过在公司内部，他手下的主管对此有很强烈的质疑，而且相互之间拒绝做最低限度的合作。“艾许觉得微波炉和冷冻食品就好像是吉列刮胡刀和刀片一样，”当时史道佛冷冻食品部门副总裁毕嘉（James Biggar）说，“但事实上这更像汽车和汽油，任何公司的汽油都可以加到车子的油箱里，会有什么差别吗？其中哪有什么协同合作，在兼并案之后，根本就没有几次认真地去尝试做一点整合。”

负责微波炉部门的乔治尝试说服史道佛的主管，把冷冻食品放在纸盒包装里，以便用在微波炉里，但冷冻食品部门的主管拒绝了。乔治说：“根本没办法叫史道佛换掉铝盒包装，史道佛跟我说：‘如果我的客户里面有五成拥有微波炉，我就换成纸盒包装。’情况真的令人绝望。”

在兼并后的前三年，史道佛一直想说服桑顿把这家公司卖掉。被桑顿说动而把公司卖给他的史道佛已经对桑顿失望，史道佛本来对桑顿的利顿和他的公司可以合作感到荣幸，到他看清楚桑顿的说法也只是说说而已时，他才感到心灰意冷。况且，史道佛已经用利顿工业公司的股票质押，贷到巨款，买下克利夫兰红人棒球队。在利顿工业公司股价下挫后，他必须拿出更多的财产，补给银行作抵押。他与桑顿签约时，利顿工业公司的股价是每股 106 元，到史道佛最后退股时，股价下跌到每股 38 元。到 1973 年，也就是利顿工业公司兼并史道佛公司五年出头之后，利顿终于把史道佛卖给雀巢食品公司。史道佛的女婿毕嘉说：“史道佛终于看到兼并者与他的公司之间有某种业务上的关联，他感到满意。”桑顿的协同合作就这样完了。

不务正业

奇怪的是，利顿工业公司内部很多人并没有把大部分的罪过怪在桑顿身上，而是怪罪比较不受人喜欢的艾许。持此论者没有注意到的是，桑顿这几年间，在利顿工业公司的经营上大部分扮演较消极的角色。较早时有传言指他可能接任国防部长，这不只是传言而已，桑顿本人当然考虑过这种可能性。而利顿工业公司股东不知道的是，桑顿大致上变成了有点置身事外的看守者，他参加了至少另外八家公司和两家学院的董事会。他私下和朋友谈到想要弄一个大使来当，而且，在麦克纳马拉牵线下，他还列席在一堆政府的委员会和专案小组名单上。

桑顿有一次到越南出特别任务，调查过空军学院的作弊丑闻，也是约翰逊总统的市民秩序国家顾问委员会（National Advisory Commission on Civil Disorders）成员。为了这个工作，他必须花好几个月的时间，坐很久的飞机在洛杉矶和华盛顿之间飞来飞去。桑顿不像很多公司高级主管，只是在各种单位列名，市民秩序顾问委员会的45次会议中，他参加了44次。

“他在华盛顿的工作，确实使他和利顿工业公司分开，”葛瑞回顾说，“他想要透过电话线来管理公司，艾许则是尽其可能地让公司运作下去。有些人迷上游艇，而把公司搞垮，有人则是迷上女人，而让公司垮掉。桑顿在华盛顿的工作是很光荣的，但其冲击是一样的。”

成功使桑顿的角色变得太大，成功也使他的心远离了家庭和公司，他成为《时代》杂志和美国每一家主要商业杂志的封面人物。他的声名让他更分心，每一次参加仪式性的任务和其他公司的董事会，他就慢慢地把愈来愈多的权力放给艾许。但桑顿对放掉权力并不是真的很安心。“爸爸有一次告诉我，”他的儿子恰克回忆说，“‘你知道吗，我已经计划把业务交给艾许，但是随着找我的电话变少，找他的电话变多，我还是觉得怪怪的，但那仍然是我应该做的’。”

不过，公司突然崩溃，迫使他结束半退休状态，而且很快地就使他追求政府职位的野心化为泡影，这对桑顿的自尊是一次严重的打击。“他遭受了很大的压力，而且他也很自责，”他的妻子弗洛拉回忆说，“他已经逐渐把公司的大权交给艾许，而且在其他全国性的委员会变得比较活跃，他对那一段人生感觉很愉悦，而且那真的是我们的婚姻当中最好的一段时间。他终于感觉到自己比较放松，而且也终于享受到他辛苦的果实。我那时以为，我们将会一起多做一些以前没有时间做的事。然后就发生了这种事。桑顿的名声受到质疑，因此他再度上阵。他说：‘除非我把这个公司救回来，不然我绝不退休。’他又开始像狗一样地努力工作，一直这样做，这对我来说是非常辛苦、非常艰难的事。这是一种精神上的压迫，光是这个压力，就影响了我的健康，我没有预料到会再度遭受这种压力，这真的是要命。”

公司的崩溃，对利顿工业公司内外都造成戏剧性的影响。很多被桑顿兼并的公司的原始拥有者，那时已经退休了，利顿的股票直线下挫时，他们只能无助、愤怒地看着。就在几年前，他们放弃了自己的公司，换取利顿工业公司的梦幻，现在这些都完了。“起因于对公司说法盲目信仰的神奇数字时代，”《福布斯》这样写道，“已经结束了，投资人自己去打听打字机、工具机和冷冻食品市况的时代已经回来，投资人不再只是被成长数字所迷惑。”

诉讼缠身

在利顿工业公司的惨剧之外，桑顿深受生活中的其他事情困扰。虽然他被《时代》杂志抬举为美国企业最佳经理人，他的名声却在洛杉矶一场奇异的法院混战中，遭到严厉的质疑。利顿工业公司早年的员工斯蒂尔在1959年10月21日，控告桑顿，宣称他是利顿工业公司的创办人，应该得到公司价值达1 000万美元的股票。斯蒂尔坚持说，他在说服利顿出售公司给桑顿这件事情上，担任了举足轻重的角色，但是桑顿的律师宣称，斯蒂尔只不过是利顿工业公司业务酒会上负责倒酒的侍者而已。

这场诉讼只是证实和增加了桑顿对法律不信任的根本态度，这种态度是多年以前谋杀他父亲的凶手无罪释放时形成的。他父亲这件案子的审判后来促使得州作家杜伦写作了一本畅销书，也促成了一部看了可以忘掉的电影，这两项作品的名字都叫《黯然的荣耀》(Twilight of Honor)，这个名词本身就反映律师替犯罪辩护会遭遇一种困境，就是要摧毁罪行的受害者。杜伦的书在1961年出版，只用粗糙的假托形式，记录这件刑案，这个名词就注定要困扰桑顿了。几年以后，在斯蒂尔这件讼案中替桑顿诉讼的律师马斯特森回忆说，他有一次在洛杉矶法院和桑顿一起坐电扶梯，闲谈到法律。马斯特森告诉桑顿说："诉讼时，一切都是灰蒙蒙的，这是很坏的生存方式，有时候你发现自己处在一种以往成就都变作黯然的荣耀的境地。"马斯特森说，他一提到这个名词，桑顿就抬起头默不作声地瞪着他看，"他的脸色变成苍白，我马上说：'噢，天啊，桑顿，对不起，我一下子糊涂了，我不是有意要让你想起什么事情。'他对法律和司法制度根本不信任。"

他很快就会碰到发生在他父亲身上的事情，在这场诉讼中，斯蒂尔的律师特别挖掘桑顿的往事，以便公开地让他难堪。他们找到霍华德·休斯已经退休的亲信迪斯奇作证，当时73岁的迪斯奇在1962年底作证说，桑顿曾经不当地提议送他500万美元，希望他协助桑顿买断休斯飞机公司；迪斯奇还告诉法庭，桑顿因为在多项合约中，多收空军好几百万美元，被迫辞职离开休斯飞机公司。

迪斯奇宣称："他提议说，如果我劝诱霍华德·休斯出售飞机部门，他就给我500万美元，我告诉他说，身为休斯的合伙人和员工，他提出这种建议很不恰当，也告诉他我不能考虑做这种事。"迪斯奇说，桑顿获得纽约投资银行雷曼兄弟公司的财务支持后，初步出价8 500万美元，要兼并休斯飞机公司。

迪斯奇坚称，那时一群会计师已经威胁说，除非桑顿改变休斯飞机公司的会计准则，否则他们都要辞掉替休斯飞机公司签证的工作，迪斯奇宣称，这种会计准则造成约30%的利润率，而政府合约规定只能有11%的利润。"我命令他立刻签发一张500万美元的支票，送给空军。"迪斯奇说，"我不满意，就发通知告诉桑顿他即将被撤职。"

1962年12月20日，桑顿看到《洛杉矶时报》用头条新闻刊出迪斯奇的指控时，大发雷霆。他立刻发布新闻稿，否认这些指控，并且说迪斯奇是蓄意说谎话的人。同一天里，他不顾他的律师的劝阻，提出要求迪斯奇、斯蒂尔和斯蒂尔的律师罗登三人赔偿4 000万美元的诽谤控诉，桑顿指控他们的声明"虚假、损毁名誉"。不到一星期后，这三个人用一种讽刺性的行动回应桑顿，提出一个骚扰性质的诉讼，要求四毛美金的实际损害和100万美元的惩罚性损害赔偿。诉状宣称："迪斯奇受到某种程度的忧虑和焦虑伤害，鉴于个人的品格、声誉及提出诽谤案者的商人地位，反诉人迪斯奇估计，此种忧虑所造成的损害为40先令。"桑顿的诽谤控诉最后被撤销，因为迪斯奇的说辞是司法程序中的陈述，因此被认为有免责权，但是桑顿仍然向地区上述法院和州最高法院上诉，结果都没被受理。

斯蒂尔的原始控诉花了五年时间，才开始司法审判。对桑顿来说，每次到洛杉矶区法院听自己的名声被人诋毁，的确是痛苦的事情。他坐在北丘街的21号法庭，万分苦闷，时而自怨自艾，时而生气。他的律师求他庭外和解这个案子，但是他拒绝这样做，要求他们更积极地代表他诉讼。最先承办这个案子的律师韩普顿说："在某一方面，他是个暴君。"韩普顿在简密森控告桑顿的类似诉讼中，赢得了有利的庭外和解条件，但是桑顿把他从斯蒂尔的案子里除名。韩普顿说："桑顿认为我不够积极，他要我办成这些诽谤和中伤的控诉。"韩普顿坚持说诽谤控诉只会使律师争执升级，而且最后会被撤销，因为这种陈述受到法院的保证，但是暴怒的桑顿充耳不闻。韩普顿回忆说："你在任何事情上都不能违反他，他在企业上总是主宰一切，认为在法律上也可以这样子，这个诉讼案不合法，但是桑顿并没有意识到诉讼的危险之处，他没有面对混战式诉讼的现实。"

法律之争成为无休无止拖累他的困扰，经过多年的成功后，任何企业问题不曾像诉讼这样，对桑顿构成挑战。他长久以来一直迫切地寻求肯定，这种心态使他在福特公司和休斯飞机公司急功躁进，靠着利顿工业公司，他终于肯定了自己，还赢得财富和名声，现在斯蒂尔和迪斯奇用他不能控制产品品质、也赢不了的诉讼，威胁他的名声，他现在和十年前在阿玛利洛的法庭里一样无助。

桑顿要求法律像统计或数学一样发挥功能，他熟悉数字，可以控制数字，但是他对法律无能为力。的确，他的律师对抗的是司法虚无主义者罗登，而罗登把律师的每一种缺陷都利用尽了，罗登代表斯蒂尔和迪斯奇诉讼，三个人成了法院的常客。有一位作家查核了洛杉矶当时的法院记录，宣称那几年里，迪斯奇是23件讼案的当事人，斯蒂尔也牵涉了几十件诉讼。

跟桑顿有关的诉讼拖得太久了，使桑顿根本没有时间出庭，结果他每天派一位利顿工业公司的代表到法院去，摘记每天的开庭情形。桑顿很多余暇都花在控诉和诉讼上，他当时念哈佛大学商学院的长子恰克回忆说："这个案子对家父精神上的困扰非常大，他们确实说了很多打击家父人格的事情，我听了非常痛苦。我靠坐在那儿，说这是无聊屁话，可是家父感到极度困扰。对他来说，他在空军的名声非常重要，家父极为愤怒，觉得被一些下三烂迫害。”

同情弱者

控诉和反诉使桑顿在其他方面也很不好过，他拒绝了肯尼迪总统建议的职位后，现在考虑在约翰逊总统的政府中担负重责。他在 1965 年初写信给一个朋友说：“我觉得我必须把迪斯奇和斯蒂尔的案子了结和埋葬，以免让人拿来当做政治资本，或者让迪斯奇所说的有关休斯飞机公司时代的荒谬说辞，被人拿来让美国政府难堪。连迪斯奇这种人都会如此绝妙地说谎和作伪证，实在令人难以置信，因为加州的民事诉讼并不追诉伪证罪，为这一类的攻击开了大门——目的当然是为了钱。”

到了 1965 年 4 月 17 日，一个陪审团终于以九票对三票，作出对斯蒂尔有利的判决，裁定他可以获得 750 万美元的赔偿。对桑顿而言，他们的判决是个不合逻辑的毁灭性失败。斯蒂尔的说辞显然很荒谬，他绝对没有任何根据可以自称是利顿工业公司的创办人，不过陪审团看着桑顿时，只看到一个担任巨型公司老板的大富翁。判决之后两天，桑顿在写给休斯飞机公司老朋友易克将军的信里，说出他的失望。“将军，这种判决令人难以置信，一种毫无根据的说辞居然可以演变到这个地步。”桑顿在信里告诉替他作证的依克说：“我很遗憾地说，这种毫无根据的诉讼和伎俩日渐增加，被人拿来当做赚取不正当利益的工具，正是对我们的司法制度的嘲笑。”

1967 年初，斯蒂尔、迪斯奇和罗登又控告桑顿，要求将近 9 000 万美元的损害赔偿，原因是在桑顿所提而法院不予受理的诽谤诉讼中遭到恶意追诉。迪斯奇提出的这件诽谤案最后在 1968 年判决，一个陪审团判决他可以得到 610 万美元的赔偿，但是承审法官再度像斯蒂尔那件讼案的法官一样，说他不相信陪审团十一票对一票的判决有证据支持。他解散了这个陪审团，宣布重新审理。这位法官发现，迪斯奇在这个案子里有很多证词跟事实不符合，迪斯奇宣称，福特公司的布里奇曾经对桑顿作过不利的推荐，说桑顿“野心过大、不值得信任”。这位法官指出，布里奇和迪斯奇从来没有过任何接触。

不过这件诉讼案拖得实在太久了，以致法院书记官误以为这个案子已经结束，因而把案子中展示的700件文件毁掉。讼案也拖到斯蒂尔死后，斯蒂尔在1971年9月7日，在比弗利山他的游泳池里游泳时，因为心脏病发作死亡。高等法院最初承审的法官也已经去世。到了1973年1月，桑顿终于勉强同意庭外和解最初的纠纷，支付240万美元给斯蒂尔的遗产继承者，这是桑顿的律师和另一位法官开了九次会，好不容易才定出的和解条件。在整个过程中，桑顿坚持一定要声明他对斯蒂尔有所让步，和解书上说明：“本和解书不得视为承认任一方的主张……”达成和解只是为了避免冗长而昂贵的诉讼。

但是迪斯奇控告桑顿的诽谤案件仍然得解决，经过第三个陪审团审理后，在1974年3月20日，迪斯奇赢得桑顿必须赔偿10万美元的判决。这是另一场艰辛的战斗，迪斯奇的律师罗登是个特别厉害的难缠角色。有一次，他挖苦桑顿在西装上衣别着的蔷薇结饰，宣称桑顿在第二次世界大战期间，应该获颁杰出服务十字勋章，而不是杰出服务勋章，十字勋章是颁给在敌人炮火下作战的军人的。疲惫而失望的桑顿对这件案子无意和解，尤其是不愿和迪斯奇和解。他的律师团当时由马斯特森领军，桑顿把他们召集到利顿工业公司总部的一间会议室，说他拒绝接受最近要他赔偿10万美元的判决。

“他妈的付了吧！”马斯特森建议说，“把案子结束了，把案子抛在脑后吧。”

经过了将近15年的缠讼，桑顿花了几百万美元的诉讼费，在三次不同陪审团的审判中，耗用了半打以上的律师。马斯特森初次接触这个案子时，才27岁，是刚出炉的资浅律师，大部分时间是替头牌律师提皮包而已。现在他已经42岁，变成身经百战的法院律师，并且亲自处理第三个陪审团的审判，然而桑顿还想再提出上诉。

“你们不知道这个案子对我和我家人的伤害，”桑顿喃喃说道，“你们不知道的。”

“我清清楚楚地知道案子对你和你家人的伤害，因为我知道案子对我自己家人的伤害。”马斯特森回答说，“我对这件事很敏感。”

在诉讼过程中，马斯特森和太太离了婚又再婚，为了这个案子的审判，把蜜月都延后了。因为压力的缘故，左眼养成了抽搐的毛病。他相信承审法官连这个赔偿十万美元的裁决都会撤销，但是他认为不值得再缠下去了。他告诉桑顿，说他发现弗洛拉在审判终结辩论休息时，在法庭的走廊上低声哭泣。

“他妈的！”桑顿吼道，“我们聘请了美国每一个该死的律师，罗登把每一个他妈的律师都打得落花流水！”

马斯特森从会议桌上站起来，走了出去，他认为和前次审判判赔610万美元的裁决相比，10万美元的裁决是官司胜利。“我走到利顿工业公司的楼下，抽了几根烟，踢了几脚石头，再回去开完了会议。”他回忆说，“但是我和桑顿的关系就此完了，从此没有再接到利顿工业公司的任何业务。无论如何，你都不能当着他的面走出去的。”

桑顿最后同意支付10万美元给85岁的迪斯奇，在1974年结束了这场冗长痛苦的煎熬。但是这场诉讼造成了无形的损害，“这些案件几乎害死了他，”现在担任高等法院法官的马斯特森说，“他独自承担了所有的案子。”

在利顿工业公司里，问题继续增加。1972年会计年度里，利顿工业公司只从超过20亿美元的营业额里，挤出110万美元的利润。公司为了整顿、搬迁和特别支出，提列了7 000万美元的损失，这样做有一部分原因是起源于造船问题。公司也因为承造两栖攻击舰的合约，和美国海军起了激烈争执，原因在于费用超支过于庞大、合约长期延误以及利顿工业公司的交船期迟延好多年。问题的起因是海军下令改变这些攻击舰的设计，使成本大幅增加，但是利顿工业公司也没有考虑到签约后数年里的高通货膨胀率问题。

多年以后，艾许回顾他和桑顿在一起的日子时，承认造船业务根本不是他们所应该追求的。“造船的问题会一直拖下去，”他说，“回想起来，买下这个造船厂绝对是个错误，这是利顿工业公司所犯过的最大错误。我们一旦踏进去，就知道造船不经济，你不能轻松地关闭一座造船厂，你必须随时保持有员工在。况且还必须学习有关造船的事情。”

公私难全

有些外面的董事敦促桑顿撤换艾许，但是桑顿不能这样做。对于利顿工业公司的问题，他自责之深不下于责备别人，他因为旁骛太多，几乎等于让艾许独自经营公司。多年以后，桑顿的朋友把艾许贬抑为只知道处理数字的人，好比是麦克纳马拉的化身，却又低麦克纳马拉一等。但是可以想见的是，桑顿觉得自己和这位跟随他二十多年的人，有着深厚的关系，他们从休斯飞机公司的问题开始，一直到经历利顿工业公司的所有起伏，彼此之间始终都没有二心。

对桑顿来说，忠心的重要性不亚于才能。“桑顿人格的每一部分都是以忠诚为基础。”在利顿工业公司服务了九年的威廉·摩尔说：“辞职离开这家公司，是一件跟桑顿个人有关的私事，不是事业上的决定，就像儿子离开家一样，是他抛弃了这个家。”摩尔负责经营利顿工业公司微波炉部门这么多年，桑顿只来看过两次，其中一次是来劝摩尔不要离开。“我离开时，桑顿个人受到了伤害。”摩尔补充说，“他问我说：‘你怎么能够不跟我谈谈，就辞职了？你怎么能够这样做。’你可以从他眼睛里，看到他受到的伤害。”

桑顿不打算踢掉艾许，利顿工业公司副总裁蓝兹认为：“这是桑顿的忠心造成的问题，要是他早几年把担任作业部门首脑的艾许换掉，我想有些问题是可以避免的。但是我从来没有听过桑顿为了公司的困难，责备过艾许。”不过艾许一定感觉到压力日渐增加，大到促使他接受尼克松总统的建议，去当预算管理局的新局长。大学遭退学的桑顿对于经常围绕于身边的知识分子，一向只存有敬畏之心，现在终于了解教育不能保证成功，也不能防止失败。艾许是唯一没上过半天大学，却得到哈佛大学商学院企管硕士的人，现在他促成了桑顿的觉醒和了解。桑顿的异父兄弟路易斯（John Lewis）没有大学文凭，却事业有成，路易斯回忆说：“桑顿总是觉得对不起我，因为我从来没有受过教育，等到他年事渐长之后，他渐渐摆脱了这种想法。他会说哈佛太自由了，不能教人了解生活的真相，他对我的成就感到特别骄傲，对于其他受过高等教育，却不能替他生产的人变得很失望。”

桑顿挑选欧格林替代他的朋友艾许。欧格林和艾许是两个极端，欧格林是业务部门黑手出身，艾许大致上是个财务分析师；欧格林是个实事求是的人，艾许却是追求知识的人。

桑顿选中欧格林后，坚持要确定这个人对他和公司的忠诚和奉献。

“你不能一脚在内、一脚在外。”桑顿告诉他说，“没有脚踏两条船这回事，你不是两只脚都在里面，就是统统在外面。”

他问欧格林，如果有其他机会，他可能怎么办。

“桑顿，如果别人打电话来，我不会坐在这里，并且告诉你我不会跟任何人谈，”欧格林告诉桑顿说，“真是的！如果街上有人提议给我两倍的钞票，做同样的事情，住在同样的房屋里，你想我会坐在这里吗？最重要的是，如果你是真的想给我这个工作的话，你不会希望我做这件事。但是有一件事我绝对不会做，我绝不会害你去死。”

欧格林被任命为总裁，艾许出局了，尼克松总统使他能够体面地离开，他走了以后利顿工业公司的股票稳定地上涨。艾许最后一次以总裁的身份出面，是在 1972 年 12 月 10 日的股东大会上。和以前的股东会相比，这次股东会弥漫着低气压，没有欢呼，也没有鼓掌。表情沉重的桑顿告诉出席的股东，说过去两季，公司获利 2 000 万美元，这一点“是我们走在正确方向的一种迹象”。

他承诺要进一步兼并符合公司主流产品路线的事业，“你们当中了解公司多年的人，会承认这种声明听来很熟悉，的确不错。”桑顿说，“我们的基本计划不是欺骗，而是根据我们这么多年来的广泛专业经验。我们正在评估公司业务的所有层面，并且在有需要的地方，进一步强化我们公司。在今后 18 个月里，你们会看到这种行动的结果——我相信你们会批准这件事。”

有一位股东在前一年的股东会结束时，曾经得到以后会让她发言的承诺。桑顿这时从人群中把她找上来。她走到麦克风前，说要是她一年前被叫出来的话，一定会建议利顿工业公司出售些不能获利的企业。她说：“算了，你们已经这样做了，而且今年的情形这么差，我也没有什么别的话好说了。”

这些话表明了一切。随着利顿工业公司的规模日渐扩大，光是为了维持成长，桑顿就需要找到更多的交易。桑顿不了解每次你购买一家企业，你也买下了一堆问题，你买得愈多，你承接的问题也愈多。管理这些问题的困难加上一些身外事务造成的分心，最后终于击败了他。

第31章

重聚

名望极崇高的人依附时代而活，他们并非全部都活在该活的时代。而很多人虽然活在他们该活的时代，却不晓得利用时代。

——巴尔特萨·格里申

十杰和亨利·福特二世初次见面已经超过30年了，可是这么多年来，他们之间的兄弟之情始终持续不退。他们通过长途电话和信件得到信息，保持密切关系，团体核心的五个人尤其如此。这五个人是桑顿、麦克纳马拉、米勒、兰迪和莱特。

其他人不是成为这个团体的边缘人，就是去世了。包士华1965年从福特公司退休后，独行其是，住在加州圣巴巴拉，桑顿只能通过他俩在洛杉矶的同一位裁缝，得到他的音讯；米尔斯在1971年离开福特后，搬到海洋岛，和莱特成为邻居，他会跟莱特保持联系，除此之外，就是过着退休人员自得其乐的典型生活。除了桑顿仍然经营利顿工业公司，麦克纳马拉继续担任世界银行总裁外，其他人都已经从全职的工作退休下来了。不过兰迪和米勒这时还担任利顿工业公司的董事，这个团体另外的三个人——利斯、摩尔和安德森已经作古，安德森在1979年因为癌症去世。

病魔的掌心

1980年底，桑顿和几个朋友谈起重新聚一聚，在哪里聚会并没有做最后决定，可能在他们多年前凝聚伙伴之情的华盛顿，也可能在他们获得“小神童”和“十杰”之名的底特律。总而言之，桑顿希望把他们和妻子们聚在一起庆祝，当成另一次盛大的聚会，就像当年他们在福特基金会公寓里饮酒作乐的美好时光。

桑顿为了这件事，跟兰迪、米勒和莱特互通书信和电话。“米勒，我跟兰迪提到1981年1月30日，这天是我们十个人去底特律的35周年纪念日。”桑顿写一封信给米勒说，“从某一方面来说，这天似乎只是昨天而已，我们的人生和事业的确都受那次结合的影响。”他谈到请他们全部飞到洛杉矶聚会的可能，也谈到要找包士华。

但是他和在华盛顿的麦克纳马拉谈起时，计划突然停摆。玛姬因为癌症，躺在医院里，生命垂危，桑顿知道她身体不好，却不知道她的人生已经走到尽头。这件事突如其来，她和麦克纳马拉在前一年的2月，准备好去艾斯本滑雪。玛姬在星期一先从华盛顿飞过去，麦克纳马拉两天后再跟着去，她打电话告诉他：“麦克纳马拉，我想我不能滑雪了。”她身体非常痛，医生已经催促她立刻赶回家了，后来诊断出患了癌症，并且动了手术，

（左图）1981 年桑顿死前不久，在他两座牧场中的一座骑着爱马。这时，利顿工业公司已经被彻底贬抑为是数学游戏而已，集团企业也已经失宠，他本身和公司压力日增，周末在他拥有的山丘间驰骋，变成他消解压力的唯一方法。

（下图）麦克纳马拉成为世界银行总裁后，在他们华盛顿家中院子里闲坐。

切除了肺叶。桑顿计划重聚时，麦克纳马拉伤心地告诉他，医生断言玛姬只能再活30天了，说不定还不到那么多天。麦克纳马拉痛恨医院对末期癌症病患无情的待遇，已经让玛姬出院，在他们家二楼设了一间临时病房，聘请护士24小时照顾他太太。他们为了减轻她的痛苦，每天替她注射200毫克的药物迪米柔（Demerol）。

不过，玛姬还是告诉他，无论如何，他都应该去参加这次重聚。她说："即使我今天死掉，你都要去。"但是桑顿知道在这种阴影下，他们这群人绝对不可能聚会，因此他决定把重聚延迟到夏天，到时候麦克纳马拉的痛苦或许已经过去了；可是桑顿又想到，他不能这样做，那一天是神奇而重要的日子，1月29日是奇妙的长期伙伴关系的开始，因此重聚一定要延后一年。

麦克纳马拉夫人玛格丽特在1981年2月3日因病去世。去世前两星期，美国总统颁给她平民最高荣誉的自由勋章，嘉勉她在读书上进协会的贡献，这是鼓励穷苦小孩读书的非营利性团体。起初，麦克纳马拉不希望她参加授勋典礼，后来麦克纳马拉回忆说："我告诉她说：'玛姬，你没办法去白宫的。'她回答说：'喔，有办法的，我可以去，而且我决心要去。'天啊，她的表现真是太奇妙了。我有一辆七座的凯迪拉克轿车，我们把轮椅直接推上车，把她送进车子里，然后我们全都挤上去，开到白宫见里根总统。当然她看来离死期已不远，她因为药物的关系，常常有幻觉，车在路上的时候，她说：'麦克纳马拉，那只骆驼在那里干什么？'我说：'呃，亲爱的，它只是待在那里。'不是很奇怪吗？一只骆驼。"

玛姬去世后几个月，桑顿促成这个团体最后一次聚会，可是这次聚会却不是他们能够欢庆的重聚。

玛姬的葬礼之后才两三个月，桑顿在4月底觉得左肩有些不舒服，起初他以为是出差提的手提箱太重，扭伤筋骨而已。但是5月中他到英格斯造船厂去，参加利顿工业公司承造的“迪康德罗加”号战舰命名下水典礼时，疼痛并没有消失。就在他从椅子上站起来，要介绍为战舰命名的里根总统夫人南茜时，一阵剧痛使他几乎站不起身。他起初以为是扭伤，现在恶化成“滑囊炎”，然后变成“神经萎缩”，可是疼痛一直都没有消失。他看了很多医生，包括一位整形外科医生，这些医生起初都诊断不出病因，到最后，确定得了癌症。

桑顿在6月打电话给米勒，告诉他这件事，不过米勒早就觉得桑顿有些不对劲了。米勒上次在春季的董事会里看到桑顿时，就觉得桑顿似乎不太对劲。米勒说：“我记得我常常握他的右手，他握手强劲有力，那次我伸手握住他的右手时，他把手抽开，因为他说手痛。”

米勒在电话里，可以听出桑顿的声音颤抖。他回忆说：“他非常心烦意乱，他希望在公司里做些改变，让他儿子恰克成为董事，他显然想把公司整顿好，希望公司在他死后存续下去。他在另一端哽咽着说，他打算打电话给兰迪和麦克纳马拉，但是他要求我替他打。”

死神再伸魔掌

到了7月中，休斯敦的安德森医院完成最后的一些检验，证实骨癌已经侵入他身体的其他部位。起初桑顿似乎准备克服这场病，就像把骨癌当成另一次障碍一样。他妈妈是得癌症去世的，但是他知道有一些朋友战胜了癌症，他以为自己也可以做得到。他拒绝谈他的病情，就好像这种病不会致命一样，他开始化疗，也戒了烟，不过他的戒律只维持了一个月。

“爸爸，你怎么又抽烟了？”他的小儿子蓝尼问，“我以为你已戒掉了。”

“唉，有什么用呢。”他说。

“他不想死，但是他认命了。”蓝尼回忆说，“有一次我哥哥和我到他楼上的房间去，因为我们已经拿到最近扫描的结果，那是他做过几次化疗后的结果，显示癌症已经大大扩散，他的反应是‘哎呀，我就是怕这一点，真是该死的结果’。但是他并没有开始哭，也没有乱丢房间里的东西，他像伟人一样应付这件事，坚强地面对它，却也很有人性。”

因为不知道自己还有多久可活，桑顿开始面对他搁置多年的一件事，就是决定放弃他的工作。对桑顿来说，他的一切身份跟利顿工业公司简直是纠结不清，想要摆脱的确困难重重。不过桑顿比较年轻、比较勇猛时不是这样的，那时他大力宣扬年轻经营阶层的优点。有一次他对一位记者说：“我深信如果淘汰掉所有50岁以上的董事或最高经营阶层，这个国家会在一夜之间，出现历史上最繁荣的经济景象。我们的工业界需要比较年轻、比较有远见的人，我说把50岁以上的人都淘汰掉，就是这个道理。我们或许会怀念其中20%的人，但是剩下80%的人，都是应该淘汰掉的人。”

但是他自己却始终没有办法做到自己说过的话。他告诉朋友，说他要在55岁的时候下台，但是他自定的限期很快地来到时，他却不能放手。他不愿让位给其他人，导致利顿工业公司很多高级经理人离开，包括1954年加入公司的葛瑞在内。1971年桑顿58岁时，葛瑞深感挫折，开始考虑加入联合科技公司的提议，“在他自定的限期过后，我已经给了他三年时间，”葛瑞说，“可是他对联合科技给我的工作机会非常烦恼，他跟我谈了一整天，从早上9点，一直谈到大约晚饭的时候。我不断地问他：‘你对自己的退休计划打算怎么办？’他一直不回答这个问题，我问了这个问题六次，我说：‘你只要给我一个时间表，我不在乎你告诉我要三到五年，但是我一定要有个时间表。’问题是他不肯给，于是我断定他会死在任上。”葛瑞在利顿工业公司服务17年后，终于在这一年，也就是1971年离开了。

现在桑顿虽然躲在床上，奄奄一息，仍然拒绝把全部控制权交给协助他让公司起死回生的欧格林，他愿意让欧格林当执行长，却想保持董事长的名衔到死为止。的确，要放弃任何角色都很难。当时利顿工业公司的公关主任欧菲德回忆说，桑顿要求他和统计管制处的旧人费尼默，草拟起用欧格林当执行长的正式声明。

连续会商了三天，桑顿还是不肯核准任何新闻稿，没有一种版本他能满意。“读了第一段以后，他会说：‘没错，这样说大致正确。’然后他会说：‘但是我想我们可以弄得更好一点。’然后他会将谈话岔开来，接二连三地说好多故事，我想我们一共弄出了七种版本的新闻稿，他才终于决定了一种。”

桑顿叫欧格林来，念声明给他听，并且开玩笑说现在已经太晚，不能再撤回了。然后桑顿开始打电话给董事会的成员，请他们批准这个决定。董事们毕竟都是他挑出来的，没有一个董事会不同意这个选择，他的十杰同事兰迪、米勒和莱特或利顿工业公司的其他董事，都不会反对的。新闻稿在 8 月 4 日宣布，欧格林从 10 月 1 日起成为执行长。

桑顿愈来愈少到公司上班，每次他在公司出现，都是为了安排一些事情，以便公司永续生存。像任命一些人，提名一些董事之类的事情。他跟儿子恰克、律师卜莱斯一起研究安排不动产的细节，弗洛拉在他们的洛杉矶红丘山郊区住宅楼上，替他布置了一间卧房。9 月 1 日那天，董事们看到油尽灯枯、备受病痛折磨的桑顿主持他最后一次董事会会议，兰生·库克说了一段感性的独白，谈到他多年前借钱给桑顿，让他从利顿手中买断股权时的情形。桑顿在泫然欲泣、心情激动的情况下，要求任命他儿子恰克当董事，恰克拥有五万股利顿工业公司的股票，不久之后他就成为董事会的一员。

不过桑顿那天觉得相当舒服，舒服到走了四五个街口，到理发师那里理了头发。但是这样的体力活动使他第二天痛苦之至，这次会议以后，他再也没有和继承他职位的人讨论过业务。9 月 17 日，他缓慢地走过利顿广场，勉力爬楼梯，走进他的办公室，又短短地逗留了一阵子，对秘书口述了几封信，早早地离开办公室，就再也没有回来过了。他的癌细胞凶猛、迅速地扩散，侵入他的骨髓，使骨头裂开。最后痛苦变得无法忍受，为了减轻他的痛苦，他们给他注射吗啡，吗啡使他心思昏乱，狂言呓语。

父与子

两天后，桑顿在家里接到里根总统助理狄佛的电话。里根在加州时，桑顿把他当做朋友，而且六个月前，还捐了一万美元给总统夫人南茜·里根，供她重新装修白宫计划使用。听到白宫打电话来时，桑顿痛苦地起床，光着脚听电话。狄佛邀请他一星期后，到白宫接受总统颁给他的自由勋章。这是美国颁发给平民的最高荣誉，曾经颁给像海伦·凯勒、沃尔特·迪斯尼、阿伦·柯普兰之类的人物，一年前玛姬·麦克纳马拉死前，也获颁一个自由勋章。

桑顿深受感动，勇敢地说："我一定到！"

但是桑顿现在形销骨立，瘦弱得已经不可能走这一趟了。因此弗洛拉和他两个儿子在1981年10月9日到华盛顿，在白宫的午餐会上受勋。不管桑顿是否垂死，这天都是令人感动的日子，他的状况只是增添了这个勋章的影响力。

恰克走到讲台上替他父亲接受殊荣之前，里根总统念出下面的褒扬令文："致赠查尔斯·'德州佬'·桑顿，桑顿作为工业家、战士和人道主义者，一生体现了商业世界、军旅生涯和公民职责所有最好的一面。他从来不吝于慷慨奉献无穷的精力、无尽的勇气和对国家深挚的热爱。在战争期间和承平时期，在公共和民间部门，桑顿赢得所有珍视爱国精神者和企业的支持，并可视之为值得全国同胞尊敬美国伟大之基石。"

恰克走上去，和总统握手，站在白宫东厢一小群人的前面。

“总统先生，谢谢您。”他泪眼模糊地说，“我深感荣幸，代表今天不能来此地的家父，接受此一殊荣。其实家父非常希望亲自来这里，不过他要我告诉大家，他觉得非常幸运，能够拥有我们这个伟大的国家给予他一生的机会，也非常幸运能够为国服务和奋斗，协助促使国家成功。或许只有像他这样在上次大萧条期间成熟的人，才最能体会我们的国家在过去半个世纪里的进展之多，以及为了走到现在这种地步，付出了多少力量和牺牲。

虽然他活跃的角色行将结束，但他对自己曾经尽过力深为感恩。他承认横在我们前面的挑战仍然艰巨，可是他深信这个国家的新领袖，会指引我们走在正确的路上，走上一条不排斥他曾参与塑造的过去，但又能让我们继续增加成就，并且从错误中学习的道路。总统先生，我想不出除了您之外，他对谁有这么尊敬。因此，您用这个方式表扬他，令他深深感动，况且也使得这份殊荣对他、对家母、对今天两位来此地的年轻一代更具意义，谢谢您。”

他们一家人要求白宫替授勋典礼录影，以便在家里放给躺在病床上的桑顿看。回到加州后，他们把桑顿没有亲自到场的场面放给他看，他感动得哭了起来，他看了录影带很多次，看到最后，他已经不能了解所看的东西了。每次他陷入沮丧时，恰克会开玩笑说：“如果你不振作起来，我就要再放接受勋章的带子了！”桑顿会笑起来，双手掩住脸孔，赶走哀伤。

但是他的状况迅速恶化，他开始拒绝所有外来的访客，连费尼默这样跟桑顿经历过一切，从统计管制处、福特公司、休斯飞机公司到利顿工业公司的长期朋友，他都不见。他已经陷入持续昏乱的状态，不知道身在何处，也不知道看到的人是谁。他在人世的最后一个月里，几乎快不认得在他床边、悲伤地设法在最后的日子里，撷取他一生智慧和记忆的两个儿子。

在他们心里，父亲的形象大致是从来不觉得痛苦或害怕的人，现在他们看着这种形象崩溃，看着强人消失。“家父在去世前和我谈了很多，事实上，我只是在抽取他的内涵。”恰克说，“谈话里，像‘这件事怎么发生的？那件事怎么发生的？’之类的话比较多，当然他去世后，我想到还有上百件事情忘了问他。我记得有一次我问他：‘福特二世是怎么样的人？’他说：‘福特二世人很好，只是他总是相信最后一个跟他谈话的人。’我不认为他不喜欢福特二世，家父似乎愿意尊重他身为领导者的特权。”

桑顿的幼子蓝尼也坐在父亲旁边，握着他的手，注意听父亲倾泻而出的故事。桑顿诊断出患了癌症之前不过几周，蓝尼才跟父亲重归于好。蓝尼和在利顿工业公司跟着桑顿工作多年的恰克不同，觉得父亲厌恶他，桑顿会说全家和美在一起有多重要，他会一而再、再而三地谈这一点，可是他几乎很少和蓝尼在一起。他跟蓝尼保持距离，而且经常抱着不赞成的态度，尤其是蓝尼决定和一位服装设计师合作，在旧金山创设一家女性服饰公司，对布伦明黛和诺兹特隆之类高级零售商销售时，桑顿更是不赞成。

桑顿怀疑这种事业，蓝尼拿到哈佛大学企管硕士学位后，在剑桥一家小公司工作，他也是抱着类似的怀疑态度。“他就是认为这种生意没有多少价值，”蓝尼回忆说，“和他所做的事情相比，这种事业没有任何价值。他会说：‘干脆把它关了，忘了你曾经创立过这种事业，干脆就关了。’我很生气也受到伤害，不论怎么说，这是我有机会可以做的事，而且也是制造业，和家父从事的行业一样是制造业。我希望从事这一行，这一行我觉得能胜任而且愉快，然而这是他认为不值得的事情，这样想很残酷。除了说我做的事情不对之外，他从来不和我分享他的企业理念。我请他提供一些建议，他一定会就一些事情，像运输途中衣服的保险之类的事，问我尖锐的问题，我说：‘呃，我想我们有保险。’他就说：‘什么，你不知道？你一定要有保险的，你为什么不干脆放弃这种生意？’”

蓝尼向银行借了很多钱，后来公司亏损了，导致他借了更多的现金来支应亏损。桑顿知道了消息，就在某一个周末，把他叫到洛杉矶，他对这种状况有些紧张，并且再度想说服儿子放弃。但是知道儿子不可能放弃之后，他的态度迅速转变，最后借给蓝尼维持公司所需要的资金，两个人花了一整天的时间，讨论蓝尼事业上的每一个细节。这家公司的问题开始吸引桑顿，他建议儿子要理清楚开支，也告诉他必须维持低量的库存。当然，这些建议不是最重要的，就在这一天，他儿子终于和他建立了和善的关系。他们在家里商量的那个周末之后不久，医生诊断出桑顿得了癌症。

“还有这么一大堆事情我希望知道他的观点，”蓝尼说，“可是我们从来没有谈过，我总是希望我有更多时间和他在一起。”蓝尼仍然清清楚楚地记得他父亲神智还清楚、在床上仍然挺直坐着时，他们最后一次谈话的情形，“我走到他楼上的房间，说：‘爸，我对你的价值观总是非常尊敬，你是从哪里得到这些价值观的？它们是从哪里来的？’他说：‘呃，是因为我和妈妈在穷乡僻壤生活，必须做我们生活所需要的一切东西。儿子，不管你做什么，都不要模仿我，我是很幸运的人。”

这是蓝尼和他父亲最后一次有条理的谈话。就在 1981 年 11 月 24 日午夜前，桑顿安静地过世了，前一天他已经陷入最后的重度昏迷。如果他在生前最后几周里，教过他们什么东西，就是向他们显示怎么面对死亡。

倍极哀荣

弗洛拉跟桑顿提到过军事葬礼，但是桑顿不喜欢这个想法。桑顿好几年前，已经在千橡林园选好了一块墓地，但是家人认为桑顿值得葬在更崇高的地方。他因为在统计管制处的工作表现，在 1946 年获颁杰出服务勋章，这个勋章让他有资格安葬在阿灵顿国家公墓。“我们真的以他为荣，希望能够让他在阿灵顿有个军事葬礼。”蓝尼说，“华盛顿是家兄和我出生的地方，是家父、家母结婚，是我结婚和内人出生的地方。”华盛顿也是桑顿扬名之处，是他和志同道合的伙伴结合，让他一生获益极多的地方。

11月30日，他们在比弗利山圣公会教堂举行完简短的仪式后，桑顿的遗体就用美国航空公司的班机送到华盛顿，准备12月2日下葬，这一天是寒冷多云、需要穿大衣的天气。

十杰中还有六位在世，到场的有五位，咪咪·摩尔也到了；米尔斯和莱特两夫妇坐着利顿工业公司提供的车子一起来到，麦克纳马拉一看到他们，就急忙过去和旧友重聚。莱特回忆说：“这次送葬之行令人极度伤感，我们都因为桑顿的过世深受震撼。”只有和这个团体久失联络的包士华没有出现。前国会议员和桑顿的老友马洪来了，他曾经帮助桑顿在华盛顿找到第一份工作。总统夫人南茜·里根坐着一部没有特征的小汽车来，下车后立刻就走到弗洛拉身边。

荣誉仪仗人员和乐队就位后，身着制服、分属好几个单位的人员抬着桑顿走最后一程，然后家人和朋友聚集到墓地旁竖立的帐幕下，米尔斯和海伦坐在里根夫人的正后方。军中牧师做完简短的仪式后，荣誉仪仗队指挥官对七个人组成的丧炮队喊出命令，三声空包弹的炮声响起，接着是一位孤独的军号手吹起军号。短短的寂静后，军士步向棺柩，戴着手套的手轻柔地拿起国旗，迅速折好，一位将军把国旗呈献给弗洛拉，代表国家感谢桑顿的服务。葬礼经过精心计算的每一个步骤，都和桑顿本人一生中追求的逻辑、连贯和秩序相同。

随后是为来参加丧礼的五十多位宾客举行接待会。和大多数葬礼后的接待会一样，这个接待会是沉重、安静而低沉的聚会。有些人若有所思地追忆几十年前的旧事，谈起一些对个人一生有意义的事情，然而死亡可以让周遭陷入奇异的沉默。和太太法兰从加州飞来参加葬礼的米勒回忆说：“话谈得不多，密友不必谈很多话，我们这么密切的关系已经保持这么多年了，我们知道我们损失了一个好朋友和一位伟大的领袖。”

点滴在心头

即使很多话没有说出来，这些人的回忆都从湮灭的陈年往事里不断浮现，浮现的是一些你不会想到，除非是失去一位对你日常人生旅途意义至为重大的人时，才会浮现的事情。麦克纳马拉想到他在哈佛大学的院长办公室里第一次和桑顿见面的情景，想到一个年轻人用如此的自信、权威和远见侃侃而谈；米尔斯想起桑顿被福特公司开除时，曾经问过大家，看他们以后愿不愿意在别的地方和他共事，大家一片沉默的事；莱特在心中寻找所有互相对立的情景，一个是战前在华盛顿没有职业时年轻的桑顿，一个是成为美国巨富之一，出现在《时代》杂志封面上的桑顿；米勒仍然可以回忆起第一次和桑顿碰面的情形，他们两人是在受到战火煎熬的华盛顿一处排球场上认识的。

深印在兰迪心版上的印象，是他上次在桑顿家里看到桑顿奄奄一息、痛苦不堪的景象。像桑顿这么坚强的人变得这么脆弱，让他看了心痛。两年前，他写过一封信给桑顿，说明他对桑顿的赞佩，“有人说，朋友是你给自己的礼物，”兰迪在 1979 年 5 月 23 日写道，“我想，我第一次在哈佛遇到你时，我就很慷慨地对待自己。”对咪咪·摩尔来说，桑顿不只是朋友而已，已经变成像关心她的兄长一样，不但摩尔去世时桑顿施以援手，而且她的第二任丈夫过世时，他也如此。她记得桑顿怎么跟她的律师商量，确保她能够安然度日，他要确定她所有的孩子都能上完大学，他甚至聘请他儿子到利顿工业公司工作，让他在大学毕业后有个起步。“令尊是个伟人，是能够激发人向上的人，而且是仁慈的好人”。咪咪和恰克·桑顿闲谈，恰克满心愉悦地想起她的摩尔在圣诞节早晨，送他们一辆新车，让桑顿一家人惊喜的旧事。

桑顿的人生之旅在华盛顿结束很恰当，也有些讽刺。他已经深爱西部，被西部广大的土地和美丽所吸引，他在西部平原上，花了几百小时驾驶飞机，花了更多时间，在那里的旷野上策马奔驰。但他是在华盛顿这里奠定一生的基业，是在这里表现出他的领导能力，在这里和弗洛拉结婚，在这里生下两个儿子。在这里他组成了这个影响他一生、也影响另九个人一生极为深远的团体，华盛顿成就了整个环节。

他们是拥有共同特质和野心，却又各不相同的人。他们全都设法在战后的舞台上扮演重要的角色，要是没有桑顿，他们会建立起同样的功业吗？显然有这种可能，但是显然也不太可能。因为有这场战争，他们的生活形态被打破，由一个人把他们融合成为一个团队，并且在他们内部发现他们不自知的资源和能力。十个朋友结合为一，踏上一次独特的旅行，他们都因为共同的困苦和共同的努力而受益。和单打独斗相比，整个团体赋予每一个个人更大的机会，也使他们获益。

他们早年共同的友谊也有有趣的地方，虽然他们后来各有成长，并且在这个世界上各自寻找自己的道路，他们仍然维持属于最初那个团体时的身份。每次有文章写到他们中的一位时，几乎总是会指出他是福特公司十杰的成员之一。报道桑顿去世的每一篇讣文，都清清楚楚地提到十杰这个名号，而且每一个曾经替他们工作过的人，不论男女，多少都会自认为是十杰之类的人物，这是他们成功和失败的根源。

失败与荣耀

他们在美国的黄金时代、在美国称霸世界的短短世纪里，花了不少工夫，才从默默无名的小卒变成声名显赫的企业领袖，他们的魔法让他们得到世界性的荣誉和名望，他们独特的故事成为企业奇谈的一部分。不论用什么标准衡量，他们都是罕见和前所未有的一个团体。他们十个人当中，有六个成为福特公司的副总裁，其中两位——麦克纳马拉和米勒——担任过福特公司的总裁，然后又在政府和学术界卓然有成；十个人当中的三位——桑顿、安德森和莱特——后来成为美国其他大公司的总裁和执行长；十个人当中，桑顿和摩尔两位，还让他们创立和培育的公司股票在证券交易所公开上市。

他们在企业成为专业新天地的管理时代成熟，而且成为管理神学的宗师，促使所有的决定都得寻求数据和分析的基础。他们并没有创立严格而不带感情的分析，也没有发明大致成为公司决策依据的严谨的财务控制。他们并不完全赞同这些现代管理的原则，但是他们大致同意这些理念，并且改善和推广这些观念。他们在美国空军和福特公司所促成的革命，几乎普及到政府的所有部门和美国企业界。

并非人人都对他们的贡献抱着这么崇拜的看法，《追求卓越》一书的作者汤姆·彼得斯（Tom Peters）和罗伯特·华特曼（Robert Wateman）谴责他们所谓的理性管理模式，他们写道："这个模式的魔法师是福特公司的十杰，它最有势力的重要人物是麦克纳马拉。"理性模式是"危险的错误"，带领美国企业在 70 年代和 80 年代走向"严重的迷失"，客观上促成日本得到明显的竞争优势。

这十个人奋力击败的日本小国，在 1980 年时，变成世界最大的汽车、卡车和巴士的生产国。这一年里，在美国销售的汽车中，超过 1/4 是外国车；同时，福特公司报告 1980 年亏损 15 亿美元，创下到当时为止美国企业史中最庞大的亏损纪录。福特公司和众多其他美国公司一样，成为十杰宣扬的理性模式及其强大神话的受害者。美国工业和福特公司领先的最重要因素原来是工程和生产，现在工程和生产让位给财务，变成次要。放在创新和优化产品方面的心力太少，花在产生漂亮数字方面的精力太多，有太多的高级经理人出身财务人员，他们几乎没有管理任何事物的经验。即使在底特律的三大汽车公司里，福特公司在汽车品质和造型上，也是远远地落在最后，一直到公司放弃严格的财务控制，强化攸关生产高品质产品的工程和制造技术，使它平衡财务控制后，这种情形才改观。

要是麦克纳马拉能够预见自己的未来，他一定会说这是空幻之至。他大体上还是拒绝谈论越战，越战是他人生里的黑暗部分。在越战达到最高峰时，阿灵顿国家公墓平均一天要举行35次军事葬礼。令人伤心的事实是，麦克纳马拉早年要是对这场战争没这么热心的话，华盛顿的越战纪念碑上的名字应该会少一些。他带领美国进入一场遥远、可怕的战争，一场使国家分裂的、极为痛苦和悲惨的战争，因此这场战争显然是美国政府历史中最重大的错误之一。越战变成了徒劳无功的代名词，面对越战的暧昧意义和战败的残酷事实，第二次世界大战胜利传承下来的美国人民对国家的权利和力量的信心，全部崩溃了。

越战和“艾德瑟车型”具有象征性的影响，后者是利斯在福特公司过度膨胀的计划下生产出来的丑陋汽车。1964年有一幅反麦克纳马拉的漫画，画中的艾德瑟车代表“美国政府现行的越南政策”，麦克纳马拉是车上的乘客，约翰逊总统坐在驾驶座上，漫画上的文字说：“……麦克纳马拉，这样永远卖不出去的。”如果说越战变成徒劳无功的代名词，“艾德瑟车型”就是企业世界里失败的同义词。第二次世界大战后，几乎每一次商业惨剧，其内涵都变成了艾德瑟事件。不论是苏姗·安东尼的美元硬币，或是新的可口可乐，都是这样。

桑顿死亡时，利顿工业公司只是另一个步履蹒跚、不再流行的集团公司。桑顿被人叫做“幻想家”，是个财务魔术师，他能够有短暂的成功，大部分要归因于华尔街和投资人容易受骗。利斯摇摆在发挥才智和判断错误之间，最终以自杀结束一生。十杰中最年轻的摩尔急于追求自己的独立和财富，最后却酗酒而死。安德森疾病缠身，在摩尔死前两年过世，他死前不久，被他曾经称作是自己家的公司开除。退休后的莱特对于福特二世选择米勒，不选择他当总裁，仍然愤愤不平，仍然不能理解。包士华也因为米尔斯得到老板青睐，而自己被抛弃在一旁，承受了不公平的待遇，而没有出席桑顿的葬礼，因为他不觉得自己和这个团体还有任何关系。

第32章
遗泽

即使是十杰到达权力顶峰后几十年的今天，我们仍然生活在他们的阴影下；我们在他们塑造的组织里工作，根据他们宣扬的逻辑和理性做决定，即使我们的期望和他们不一定相同，我们的野心和理想却是共通的。我们依然希望重新创造和重新改造这个世界，使世界变成十杰希望中的完美地方。

但是，我们仍然在对抗这些热心人士的观念和理念，他们属于第二次世界大战的一代。他们在1945年到1990年间，把彼得·德鲁克所谓的管理革命变成世界性的主流，通过传说和夸大，他们在数百万企业经理人心目中，变成了现代经理人的原型，他们成为经济新秩序的缔造者。在这种新秩序里，分析重于经验、数字重于直觉、事实重于情感。

他们是值得尊敬的人物，甚至是英雄人物，从一场战争里崭露头角，他们对自己的成就确实可以自豪。如果他们首创的制度可以摧毁轴心国，为什么不拿来打败企业上的竞争者呢？这就是桑顿和他的陆军航空队军官在 1945 年的电报里，传达给福特的信息，也是这批青年才俊几十年来传播的信条。但是这个制度有一个害人的副作用，就是经理人变得比较需要向自己负责，而不是向顾客负责。

时势英雄

在美国主宰一切的企业世界里，这一套运作得还算很顺利，但是随着美国的霸权消逝，这个模式开始失效了。现在的迫切课题是快速地变化，而不是对某种内部秩序的忠心，旧式经理人根本无法做出激烈的变革，好把他们的成功延续到未来。难怪美国企业界呼声四起，要求放弃这种根据军队命令和控制程序而来的整个企业经营方式。然而，大部分商学院和公司里，仍然在教导和实行十杰首创的经营方法。

今天前进的经理人正在对抗这种制度和态度，对抗十杰和他们笨拙的继承人定下来的规范，要把优秀经理人可以管理一切的观念，改正为放弃数字就会找到答案的理念。因为我们迷恋这种观念，以致我们创造出一大群不食人间烟火的专业幕僚，他们唯一的工作就是监督其他人的工作。从某些方面来说，我们正在放弃十杰所教导我们的东西。

但是积习难改，福特公司一直到 1991 年底，才抛弃所有副总裁用特别的蓝色纸张发文、其他人几乎都用白色纸张的习惯。这种习惯是十杰在 40 年代设立的，被一位负责作业的经理人视为虚伪和浪费。这位经理人击败一位终生负责财务、而且是兰迪得意手下的人，成为最可能接任福特公司下任董事长的人选。至少在这个人的老地盘里，战壕里的经验已经战胜办公室内令人头晕目眩的分析。

怀疑论者会说，这好像十杰投注了一辈子的学习、推动和野心，最后只变成现代企业的替罪羔羊，为什么会有这种结果呢？他们失败的原因之一是他们过分自信了一些、过分聪明了一点，他们开始相信大家说他们是十个俊杰的话，并以为俊杰是不会犯错的。

他们掌握了答案，也拥有相信这些答案的无限信心。他们可以组织和经营庞大的公司，建立企业帝国，并且征服政府。简单地说，他们可以根据逻辑、理性和合理化，创造出一个完美的世界。

难怪他们当中有这么多人没有达成野心，原因是每一个人都自己成长为一个神话。一向如此冷静、如此坚强的麦克纳马拉最后只能在哈佛大学里，对着示威者喊着："我比你们坚强……"可是他并没有坚强到能承认错误，也没有坚强到能够鼓励内心里的异议。桑顿是最后帝国的缔造者；他在华盛顿、在各种简报和会议里，在白宫的晚宴里昂首阔步，认为他的成功可以确保长存，他在利顿工业公司的功业可以不朽。利斯这个属于50年代的人，是以出人头地的单一目标，来衡量自己的快乐程度，却发现野心太大会害死人。摩尔总是希望有更高的成就，却始终名不副实，不很符合这个传奇或这个团体高人一等的现实。米勒和兰迪是福特公司的财务怪才，最后的事实证明他们太有野心，太过骄傲，以致他们永远不能理解，为什么他们在福特公司建立的财务组织会摧毁他们热爱的公司。他们的财务人员压倒了福特公司的每一个部门，将维持品质所迫切需要的投资统统驳回。一直到80年代末期，福特公司终于明白自己是汽车制造厂商，而不是只想赚钱的经销商。

未盖棺先论定

他们的错误对我们有什么教训？有的简单，有的复杂。这些专业人士找到一个成功的形态，他们一生中，都寻找最杰出、最聪明的人，组成团体，强迫他们通过一个只能抓住数字的透镜看企业，然后要求他们根据这些数字做所有的决定。这个方法短期内有用，有一阵子，企业和政府都迫切需要合理的组织和分析，有一阵子，十杰或许创造了一个完美的世界。但是某一时期正确的东西，被极度移用、误用和拥护，短期的解决之道变成了长期的解决之道，他们锁定在这种形态里，不断地移用同样的技巧。世界变了，他们却不能调整，不能承认错误。

他们不但不能调整，而且也不知道他们管理大型组织的构想变了。像他们一样想出人头地的人，把这一套推行到极致，使这些构想变成可以自行生存，组织图上每一个小格子里的每一位经理，都强化了另一个经理的行为。到最后，这个组织变得比较专注数字的程序，而不注重最终的产品，结果美国企业逐步失去平衡，被统计重于一切的新专业伦理压倒。

十杰和他们创造的神话领导了一个时代的企业专才，使他们不但把信心寄托在数字上，还盲目地遵循数字，就好像数字是神圣的戒律一样。在福特公司和很多其他公司里，这种新风潮在财务部门尽情发挥，其他部门本来应该对这种理论的运用发挥制衡作用，却也被这种风潮淹没。几十年来，商学院培育的最优秀、最聪明的人才，都不在制造或工程部门，或任何和创造高品质产品稍有关系的部门就业，而是在财务部门工作。在这个部门里，他们最可能指挥和控制人员和组织。

从某一方面来说，数字变得比判断还重要，因为很多企业专才缺少智慧和用在决策上的经验。就像华盛顿的统计管制处分析师一样，这些专才和战场离得远远的，不肯轻易地接纳直觉，因为他们没有可以产生直觉的经验。只要是在纸张或电脑屏幕上，用数字的抽象观点来表现的事情，专业经理人都可以管理，但这种情形的确只是傻子的乐园。

不过平衡的原则不只适用于组织，也适用于个人。就十杰来说，大致上，他们让企业引领他们对自己产生错误的看法，其中有些人变得相信自己绝对不会错。麦克纳马拉长久以来，都不能承认越战是个错误，他之所以这样不是因为他忠于约翰逊总统，而是因为他根本不能承认自己也可能犯错。利斯极度相信自己正确无误，以致创造了他自己的现实，拼命地在数字里寻找，只选择出和成功能够符合的数字，逃避和这种意象相反的压倒性证据。桑顿对他在利顿工业公司的胜利极为满足，开始相信歌功颂德、只有一面之词的简报，桑顿盲目坚持行之一时的东西可以行之久远，这些简报却没有抓住他这种心态。他的盲目自信让他分心，使他一直到死，才放出对自己公司的全部控制权。

为什么会这样？他们像我们很多人一样，希望为他们的人生加上一些意义。我有一个朋友曾经说过，他这一生希望做到三件事：养个小孩、写一本书和种一棵树。十杰希望发起一个运动，发挥影响力，好让几百本书来写他们，而且他们想种一片森林出来。这种额外负担的结果是他们沉迷于成就，沉迷于影响别人的力量。他们因为把太多的认同投注在企业上，有好几位严重忽略了家庭，有几位对他们的妻子儿女来说，形同陌路。他们个人的生活不平衡，就像他们对数字的专业信仰一样。其实每一个人的生命里，都有一段时间，要做不同的事情，不然的话，有时候也绝对不能把自己看成是抽象成就的总和。

有的人会说，他们或许太贪得无厌了，他们那一代不太重要的人，因为目标没有十杰那么高，可能享有比较大的成就和幸福。任何人的努力都不能防止越战的惨剧，任何人的努力都不能阻止日本人制造出更好的汽车；而且没有一个人，能够让利顿工业公司违反地心引力，就算是桑顿本人也办不到。桑顿像建造大教堂的人一样，是一个勇猛的创新者，把规模和高度推向极致。但是建立一家企业比较像建造金字塔，你永远看不到完工，更不可能看到全部。

到了最后，他们可能发现，不管多么成功，成功都没有什么恒久性；在这么多人想创造完美世界的奋斗中，成功只是暂时的停战而已。

结　语

麦克纳马拉每天早晨仍然很早起床，他会穿着纽巴伦（New Balance）牌慢跑鞋，从他在摩尔城特雷西广场的家里，轻快地走到宾夕法尼亚大道一处杂乱的办公室去。在这个方形的大房间里，他坐在原本属于第一任世界银行总裁的华丽大桌后面，一张会议桌上，分门别类、高高地堆满了报告和文件。他在摆了自己的书籍和家人照片的房间里，看来很悠闲自在，一点也不像以前那么紧张。

麦克纳马拉的偿还

他利用这间办公室，过着一种属于民间人士的生活，但在这样的生活里，他也是活跃的公民、顾问、演说家和五本书的著作者。他在最新的履历表上，说明他属于“若干关注核武器、人口与发展、世界饥饿和东西关系问题的非营利性组织”。事实上，他把管制核武器当做他最后的奋斗目标，主张超级强国采取“不率先使用”的原则。他以高盛公司（Godman Sachs）国际顾问委员会的身份，走遍世界各地，他也担任公共服务全国委员会、城区研究所和三边委员会的理事。

他担任世界银行总裁十三年期间，设法用补偿的方式，埋葬过去的错误。他献身于消灭贫穷的工作，增加对第三世界的贷款，有时到了很多专案计划过于粗糙、很多福利流入最不需要的人手里的地步。他出席听证会，作证反对在波斯湾战争中采取大规模的军事行动，如果错误的预测导致战争爆发，美国领导的军队会死亡一万到三万人。但是不管他到什么地方，越战都如影随形，像残酷寻仇的鬼魅一样挥之不去；1991 年 4 月在日本举行的一次会议上，一家英国报纸的记者无礼地质问他，要他回忆他在越战中的角色。麦克纳马拉的脸色变得像死人一般的苍白和紧张，然后丧失了一切镇定，爆吼着说：“我错了！老天爷，我错了！”

坐在华盛顿的办公室里，他马上会告诉你，说他不太可能回忆起太多事情，然后他会一直回想起他一生中大小事情的细节，甚至回忆起早年他在桑顿的统计管制处时的生活。他偶尔会引述事实和数字，从同盟国飞机攻击德国造成的伤亡率，到他在福特公司时代的汽车车祸数字，他都说得出来。有时候，他为了回想，会用双手盖住眼睛，手指间会玩弄着笔，但是他的心智敏锐，他的眼神直接而锐利，紧紧地盯着你，持续不断地在观察和评估。

简单地说，麦克纳马拉虽然已经77岁，仍然过着活跃得让人惊奇的生活，虽然他没有再婚，却和华盛顿的社交名媛琼安·布雷登公开交好多年，以致有关的闲话不断。他有三个已经长大的子女，女儿玛格丽特和凯瑟琳都住在华盛顿，儿子柯雷在加州索兰诺县种植胡桃。柯雷和麦克纳马拉极为相像，只是没有戴金边眼镜而已。麦克纳玛拉有固定慢跑的习惯，一星期打三次网球，而且继续热衷他一向最喜爱的滑雪运动。在科罗拉多州高山地带看到麦克纳马拉脱光上身，在温和的冬季气候里滑雪，并不是什么不平常的事情。他和家人每年都要到这个地方，到人称“玛姬小屋”的小建筑里参拜一番。

80年代初期，麦克纳马拉和一些朋友想到在科罗拉多州荒野，每隔几里路，建造一些冬天的小屋，让沿着艾斯本和维尔之间的第十号山径，在偏僻地区滑雪的人利用。他说服了美国林务局，让他在1982年捐建了两座小屋，用来纪念玛姬，纪念这位他自认为唯一真正了解他的人。

沿着这条山径的十座小屋中，有一座“玛姬小屋”被《小镇和乡村》杂志评述为位置绝美、最富有乡村风味。小屋位于波诺山（Bald Knob Mountain）和本特坑（Burnt Hole）之间，坐落在一处面北的平缓山坡上的林中空地，是一幢朴素的建筑。屋顶陡峭的斜坡和四壁都是由针枞原木构成，四周被高大成林的针枞树环绕，三面有观景窗户，可以把洛基山的雄奇景色尽收眼底。小屋靠一座烧柴的炉子保暖，电灯的电力由太阳能板供应。

这是麦克纳马拉可以独处的地方，他在这里可以避免一切可能困扰他的事情，可以继续探索他的过去和未来，就像他在一次表露心声的全国性电视节目里，引述艾略特的诗：

我们不停地探索，

所有探索结束时，

都是物归初始，

都是此境初识。

他依然还在探索。

桑顿的虎子

即使是法兰克·辛纳屈，都没办法让弗洛拉搬离比弗利山那幢漂亮的大房子，这幢建筑是西班牙式的大宅院，是在 1937 年，也就是她和桑顿结婚那年落成的。1961 年时，她和桑顿从法兰克·辛纳屈前妻南茜·辛纳屈手里，买下这幢豪邸。法兰克·辛纳屈到了晚年，叫他的经纪人打电话给弗洛拉，他是基于情感的因素，想买回房子，虽然他在这幢房子里待的时间很少，这里却是他子女成长的地方。弗洛拉虽然无意出售，却说了个价钱，经纪人告诉她说，明天就会准备好现金交给她，她说："不，不卖。"

六个月后，这位经纪人又试了一次，问道："你看辛纳屈先生方便过来看看你吗？"

她说只要他方便，她倒不反对，但是她仍然说她没有意思要卖房子。她大笑着说："我想他们大概以为那蓝眼老瘦皮猴对我笑笑，我就会把房子卖给他。"

弗洛拉仍然是高高瘦瘦的，仍然住在桑顿去世的这幢房子里，她没有再婚，却献身于洛杉矶的多项慈善事业中。

她现在和儿子小查尔斯感情不好。小查尔斯目前经营桑顿公司，这家公司是未上市的投资公司，主要负责管理桑顿的不动产。小查尔斯在父亲死后几个月，面临巨额的遗产税，要在两个办法中选择一个，不是把桑顿持有的利顿工业公司股票全部卖掉，就是脱手内华达州北部野艾草之乡的牧场和附属矿权租约。

小查尔斯决定采用后面这个办法，1961 年桑顿和他的长期事业伙伴艾许买下这块土地后不久，就在这里发现大量的黄金蕴藏。小查尔斯经过冗长的谈判后，促成纽蒙矿业公司（Newmonr Mining）支付 2 350 万美元，买下这个牧场，另外付出 1 000 万美元，取得这块土地的 10% 矿权，纽蒙矿业公司也同意对其余的矿权，支付 18% 的权利金，这笔交易在 99 年的合约期间，可以为艾许和桑顿家庭带来高达六亿美元的收入。

小查尔斯和父亲不同，他身兼利顿工业公司董事，人比较保守，比较容易沉迷于工作，但是缺少他父亲那种外向的个性。他在洛杉矶一幢办公大楼的套房办公室里经营公司的业务，办公室里放置了很多厚重的红木家具，小查尔斯和桑顿的小儿子，就是他弟弟蓝尼截然不同。蓝尼比较开明，比较会自省，他常常打领结、穿吊带裤，喜欢骑摩托车，会在午后游泳和跑步，也听摇滚乐；但是今天他的艾琳维斯公司已经变成高级内衣厂商，年营业额 2 000 万美元，拥有 150 名员工，销售对象是诺兹特龙和布伦明黛之类的高级百货公司和专卖店。公司总部设在旧金山一幢高科技建筑里，这幢阁楼造型的建筑有着外露的钢架、砖墙和刷白灰的水管以及各种管路设施。

和父亲比较是难以避免的，“我检视他所做的一切，我所做的事和他的成就相比，简直可笑得很。”蓝尼说，“但是我奋斗到了这个地步，对自己做的事觉得心安理得。他的人比我拼命，在事业上远比我专注，我有很多其他我觉得重要的事情要做，我认为我有着比较平衡的生活。我和太太之间，有着比较深的伴侣关系，我认为在子女的成长方面，我和小孩的关系比他深，我认为我对文化、音乐和电影比较有兴趣。”

他和哥哥小查尔斯对于父亲有能力激励别人，做到他们自己不能独力完成的事情，仍然赞叹不已。蓝尼相信“从最纯粹的观点来说，他是个领袖人才”。他说：“别的人是产品或财务天才，可是我父亲哪里精通什么技术呢？然而替家父工作的人总是觉得他关心他们，他对他们忠心的程度，就像他们对他一样忠心。我已经知道领袖的意义是给予，而不是接受。”

虽然蓝尼从父亲那里得到这一切教训，可是他也有一份超脱的感觉，蓝尼相信：“即使你做到了你想要做的每一件事情，然而生命的希望却永远不会完成。你会失去青春，或是失去乐观，或是失去所爱的人，你永远不能同时掌握一切。”

利斯的遗爱

利斯不在以后，他的家人过了第一个暗淡的圣诞节，玛克辛记得曾经告诉她的三个小孩，这一定是他们全家人最悲伤的圣诞节。她卖掉了辛辛那提的房子，在 1961 年 8 月，全家搬回密歇根州的布隆菲山，开始新生活。

三个多星期后，她 15 岁大的女儿多娜在布隆菲公开马场起伏的土地上因为骑马踢到低栏障碍摔倒，马倒下来压断她的脖子和头部死亡。十杰这个团体的人再度聚集到她身边支持她。

莱特夫妇急速赶到她家安慰她，海伦·米尔斯和法兰·米勒协助引导她熬过这场悲剧，海伦设法替她寻找参加晚会的伴侣，让她的生活恢复正常。她在 1968 年 10 月和克拉克·安德亚结婚，安德亚在通用汽车公司所属的底特律柴油引擎公司服务，但是他在 1978 年也去世了，她再度成为寡妇。

她仍然是个活力十足、精力充沛的人，有着绝佳的幽默感，喜爱旅行。近几年来，曾到过墨西哥和前苏联，仍然常常从密歇根州西布隆菲的家里，打电话和法兰·米勒聊天。

利斯的长子傅利兹对父亲仍然有些怀念，有着温暖和痛苦的回忆，他和父亲在屋里进行激烈运动，和父亲来回地丢棒球和美式橄榄球。他回忆说：“偶尔他会让我坐在他大腿上，开着车走过街头巷尾。”可是他也有一个挥之不去的梦魇，就是从窗户上看到父亲的形象，他不断地用拳头敲打玻璃，设法引起父亲的注意，但是他父亲却似乎从来没有听到过。他有一阵子从事过新闻报道，但是不喜欢这种工作，后来在欧文的加州大学拿到人类学博士学位后，开始以自由人的身份，做各式各样事情的统计分析，现在他住在新港滩。

利斯的幼子查尔斯对父亲只有极浅的回忆，因为父亲死时，他才 7 岁。他曾经编辑过几本有关环保问题的书，现在替一家环保公司工作，和妻子儿女住在新奥尔良，一家人选择过着和父亲不同的生活。玛克辛解释说："查尔斯下午五点半就会到家，跟家人或别人在一起，他说：'我老爸工作到死方休，我就是不要这样做，我总是把家庭摆在第一优先地位。'"

米勒的斯坦福

这个地方是真正的便宜小酒吧，坐落在街角上，陈旧的点唱机大声放着爱莉莎·富兰克林的"尊重"。吧台凳子的裂口用银色封管胶带贴着，窗户上有漆成黑色的合板，是为了在群众骚动时保护窗子用的。啤酒的霓虹灯广告闪烁着史特罗、密西罗和米勒的名字，绚烂夺目的光辉照亮了外面的人行道。

可是每个星期二的晚上，未来的青年才俊穿着敞开胸口的衬衫和牛仔裤，聚集在这家老教授酒吧里。每周有一天，斯坦福大学的企管研究所学生会占据这个地方，并且把这里叫做米勒酒吧。米勒在漫长的事业生涯中，有很多可以傲人的地方，这里是其中之一。的确如此，有一年，学生举行慈善义卖，结果变成和米勒共度的"奇妙之夜"，最后以激烈的喊价结束义卖，好多学生付了 300 美元，为的是要和米勒对喝啤酒和打弹子。

和他在福特公司的作为相比，担任斯坦福大学商学院院长是个重要的转折，因为在大学里，他得到的关心和尊重比在福特公司多。他开玩笑说："人生就是这样，名声一提高，收入就会减少。"在他监督下，斯坦福大学商学院发挥前任院长艾巴克既有的成就，直追哈佛大学和芝加哥大学，成为商学院研究所教育数一数二的圣地。米勒受聘请担任过政府公职的教员，开设有关消费者和环境问题的课程，又推出公共管理的课程方案，让学生了解在非营利性经济部门工作的情况。1979 年他结束长达两年的院长职位时，几乎让商学院的基金增加了四倍，从 640 万美元，增加到 2 320 万美元。

这么多年来，他很少把过去的关系切断，他在加州伍德赛现代化的牧场门口，还常常有从福特公司送来的联邦快递包裹。这里是他和太太在 1969 年回到加州后买下来的家，他仍然担任福特公司的非正式顾问，和斯坦福大学也维持非正式的关系。在他的工作室的一角，放着一个马桶盖式的"艾德瑟车型"散热栅，是他卸下福特公司总裁职位时，财务部门的人送他的逗趣礼物。墙上挂着一张十杰合照的放大团体照片，是他们 1946 年到达福特公司不久后照的，另外还有米勒跟肯尼迪总统、约翰逊总统和韩福瑞等人合照的照片。房间里所有的东西，包括他在 1946 年 9 月 27 日做福特公司有史以来第一次的现金预测报告时所用的三乘五档案卡片，这一切都令人想起他的过去即使并非总是成功，却有丰富的活力。

这些日子里，他大致过着退休人员怡然自适的恬淡生活，"我觉得我这一生特别幸运，"他说，"我一点也不觉得有什么没完成的地方，而且我不必跟任何人证明什么。"

他说得没错，和孙子、儿女在一起使他深深地觉得快乐，他的儿子肯尼和女儿安妮就住在附近，肯尼是半岛《时代论坛》的主编，安妮是家庭主妇，住在巴罗阿托。米勒和太太继续维持对园艺的高度兴趣，来访客人都可以明显地看出他们这种共同的嗜好。他和法兰到世界各地旅行，他们最常跟兰迪同行，但是也常跟莱特夫妇同行，到各处最好的餐厅去品尝美味。他们到过法国所有三星级的餐厅，米勒个人最中意里昂北边佛纳地方的摩尔布朗餐厅，这家餐厅是用旧木材重建的老式磨坊，是个很舒服的地方。

1986 年他 70 岁时，从五家公司的董事会退休，包括利顿工业公司和福特公司。福特公司替他在卡梅尔的高原客栈举行退休欢送会，亨利·福特二世也参加了，而且大大地给了他面子。经过一晚上的举杯互祝后，福特二世走到米勒前面说："再留一天，你和我单独举行一个欢送会。"

因此米勒夫妇和福特夫妇都留了下来，福特二世抱着米勒哭出声来，福特二世后来告诉兰迪说，把米勒辞退是他一生最后悔的事情之一。他对米勒具有彻底的信心，因此在 1986 年修改他的私人信托，规定如果他遭到绑架，或遭到非自愿的劫持，应该由米勒负责寻求让他获释的行动。米勒最后一次看到年老的福特二世是在 1987 年 4 月 9 日，离这位 70 岁的工业巨子去世不到半年。当时米勒是受邀回迪波恩，参加一次董事会特别会议，在会议上，福特二世宣布把玻璃宫四周的广场改名为"阿杰·米勒密歇根植物园"。其上树立了一个大石碑，说明这个植物园是米勒在 1960 年创建的，1966 年米勒担任福特公司总裁时，开放给大众参观，让大家知道密歇根州的原生树种极为多样化。

米勒对福特二世这样表达心意有点尴尬，对于自己在服务福特公司数十年的几十万员工中，被福特用这种公开的方式表扬，几乎有种负罪感。几年以后，他带着孙子去参观了几天，对于这个地方没有好好地维护觉得失望，"我希望他们替这些树多浇些水，"米勒说，"兰迪说他会促请他们照章办事，照顾这些树木。"

兰迪的传奇

豪华的迪波恩丽思卡尔登大饭店开幕才两个月，可是一位高大、健壮的白发绅士踏进旅馆的餐厅时，每一个人都已经知道他的大名。总经理急匆匆地走过来欢迎他，每一个女侍都眨眼微笑跟他招呼。

在福特公司的土地上，兰迪仍然是很有权势的人物，而且这一带几乎每一个人都知道，他在这家大公司留下了不可磨灭的痕迹。在福特公司的历史中，兰迪是无名的人物，一直到1986年哈伯斯腾撰写福特公司的历史，在《继往开来》这本书里，替他列了一章，把他叫做“沉默的人”之后，情况才改变。这本书在书店发卖后不久，他开始收到老朋友和老同事的信，抬头都称呼他“传奇先生”。

但这本书还是触怒了一直拒绝哈伯斯腾访谈的兰迪，最让他生气的是作者暗示他要求手下邀请他到他们家，好让他借机去评量他们的太太和家人。兰迪暴怒地说：“我从来没有要别人邀我到那里去。”他会告诉你，他这么多年来用过的秘书里，有三位打电话或写信给他，说他们对书上的说法深感震惊。

退休很符合他的心意，使他平静的生活变得更隐秘。他仍然住在迪波恩的东美社区，隔着街和十杰大部分人战后搬来时住的基金会公寓相对。他喜爱精美的食物、旅行、戏剧电影和园艺，替任何和密歇根队比赛的足球队或篮球队加油。他谈话时机智百出，会兴高采烈地谈起他的女佣，就是1948年就来迪波恩的罗丝妲，也会谈起他最近安排了这一带最好的医生，替她割除眼睛里的囊肿。他说这些事情就像最会说故事的人一样，说法和时机的拿捏都是一流的，甚至连她的南方腔都模仿得惟妙惟肖。

他承认在为福特公司建立强大的财务部门方面，他担负了重要的角色，而且可以预见的是，他对财务部门伤害公司的说法嗤之以鼻。但是在他离开公司之后不久，福特公司就开始缩减财务人员，把原本将近1.5万名斤斤计较数字的人，裁减了一半以上。公司里几千名中级经理也被送回密歇根大学的教室，听《理性管理之外》的作者授课，告诉他们一种大不相同的管理方法。而福特公司达到前所未有的平衡后，变成了世界最有效率和最有生产力的汽车制造厂商。

兰迪在 1979 年 6 月 1 日，以主管财务的执行副总裁身份退休，但他像米勒一样，继续担任福特公司的非正式顾问，1985 年兰迪 70 多岁时，从福特公司董事会退休。

和十杰的其他人相比，兰迪在福特公司服务的时间最久，大约 37 年之久。他离开时，所持有的福特公司股票大约值 270 万美元。他退休时，福特用他的名字捐赠 100 万美元，在美国企业研究所设立了一个学术讲座，亨利·福特二世想给他惊喜，而他的确也很吃惊。因为要是有人真的问他的话，他宁可在普林斯顿大学设立讲座，或捐赠给他担任受托人的亨利·福特医院。福特也用兰迪的名字，开了一张十万美元的支票，捐给西达湍的慈恩修女教会，兰迪小时候在文法学校时，这个教会组织曾经教过他。

兰迪从来没有提过他们对他的影响，也根本没提过他对他们的长期奉献，“我从未跟亨利·福特二世谈过我早年的背景，”兰迪说，“我的家人喜欢保持隐私，而且我一直保持这个样子。”

“我听说你捐赠给慈恩修女会一份大礼，觉得很惊讶。”兰迪告诉福特二世说，“你怎么会知道他们的？”

福特二世微笑说：“我了解你的事情之多会让你吃惊的。”

莱特的海洋岛

1963 年福特二世未提拔莱特当总裁，以至于他气愤得突然离开福特公司时，可没有得到任何礼物。他在汽车零部件大厂商联邦莫古尔公司找到总裁的职位，做了五年。

1968 年，他和太太爱丽丝离开底特律，避居亚洲的海洋岛，这里是汽车大亨柯芬在1920年建立的豪华休闲地区。多年来，他们常在这个黄金般的小岛度假，最后决定在这里建一个退休养老的家园。这幢农场式房屋是用灰色砖块盖的，在1963年完成，房子紧邻大西洋，摇曳生姿的棕榈树环绕着这幢宽敞的房子，即使在房子里，也听得到海浪冲刷岩壁的潮声，海上的雾气经常爬到房子的观景窗上。

这里距离底特律很远，莱特现在已经老态龙钟，走起路来步伐缓慢，小心翼翼。想到早年十杰这个团体在一起的时光，他仍然充满喜悦和怀念。他说："我们互相照顾，我们从个人到专业上，所有的事情都互相支援、互相帮助。"

莱特仍然和这个团体大部分还在世的成员保持联络，他和太太爱丽丝跟米勒夫妇曾经同游墨西哥和阿拉斯加州。1988年10月22日，他们到伦敦旅游，庆祝金婚纪念日。他们有四个孙子，他们的女儿爱丽丝住在肯塔基州路易斯维尔，是基督教女青年会创造就业组织的主任，负责协助贫困妇女安排工作。他们的儿子小莱特先在美国和平工作团任职，后来拿到摩尔城大学的经济学硕士学位，现在在华盛顿的世界银行工作，住在弗吉尼亚州的麦克林。（他父亲说："麦克纳马拉没有帮助他进入世界银行，但是他在推荐人名单上填了麦克纳马拉的名字，倒引起了一些人刮目相看。"）

米尔斯的知足

米尔斯住在几条街之外，他和太太海伦在1971年搬到海洋岛，在海洋岛大道上买了一幢豪华的住宅。他56岁时，在福特公司服务25年后退休。他说："我希望有时间和家人在一起，不再跟别人的公事或出差行程绑在一起，不再让它们主导我的生活。"

多年来，他和海伦经常旅行，而且常常打高尔夫球，他学会了开飞机，他们会像年轻的情侣一样，做些天真的事情，例如开飞机到利斯森维尔去喝一杯咖啡，再爬上飞机飞回家。他俩在公共事务上都很活跃，参与当地学校、医院和一个房地产所有人协会的活动。米勒协助推动一个末期病患安养的组织，海伦忙着协助当地基督教女青年会的事情，他偶尔会跟当地乐团在一起弹钢琴。到了1986年，在他们结婚49年后，海伦去世了。米尔斯有两个养子，一个在得州主持一家名叫资金网的电脑公司，另一个在附近的布伦斯威克，和太太共同拥有一家报道法院事务的业务。

他虽然没有像几位同事一样升到那么高的职位，却认为自己很幸运，没有什么怨尤。“我们正好处在适当的时间和适当的处所，”他说，“限制真是太少了，我所拥有的机会、遇到的能人、赚到的钱，比我所想象的我的一生应当有的还多。当然有些事情让我觉得遗憾，海伦去世了。如果我说希望这种事不会发生，就真的是傻话，我只是希望好日子能过得久一点，但是这种事你改变不了。我也犯了一些愚蠢的错误，但是我不会在你面前宣扬这些事情，偶尔你会觉得自己像笑柄，如果你不能从中学习，你就完了。不过如果我必须再来一遍的话，我也不会改变任何事情，后悔一点用都没有。”

包士华的孤寒

包士华没有被挑中升官，升官的是米尔斯，他失去了信心，大梦初醒似的，在1966年4月30日离开福特公司，离50岁生日只差三个月。“我失望透了，”他说，“我是唯一没有当上福特副总裁的人，留在公司里的人，每一个人都是副总裁以上，这种情形令人失望，但是我很快地克服了这一点。”

不过包士华离开福特汽车部门采购部门首脑的职位后，连一天的工作也没再做过。离开福特公司后，他在底特律大约又逗留了一年，处理私人事务，寻找一个退休安居的地方。

他已经受够底特律过于寒冷的暴风雨雪，认为佛罗里达州和加州是两个最好的选择。他在劳德戴堡和棕榈滩附近跑了好多天，最后因为佛罗里达州又热又湿，放弃了佛罗里达州，然后转到加州圣巴巴拉去探查，他在30年代念大学时，曾经来过这个清洁的小城市好多次。

他非常喜欢这里，就租了一间公寓，中断了加州之旅，直接回底特律，赴安德森的贝金斯货车储运公司约会。一年后，他在俯视海湾的悬崖上，买了一栋现代化的小房子，屋里排满了很多照片和书籍，照片显示摄影是他的嗜好，书籍包括陀思妥耶夫斯基、普罗斯特、劳伦斯、柏拉图、包德温和伍尔夫的著作,《科学的美国人》《自然史》和《国家地理》之类的杂志堆在咖啡桌上，就像牙医诊所里堆得一样整齐，小花园里种着晚仑西亚种的柳橙树，外头停着一辆福特雷鸟汽车。

他说，他初次到加州时，有点放纵，酒喝得太多，对自己的健康没什么好处，之前他戒酒大约戒了20年。他一辈子里有四次差一点结婚，但总是临阵退缩，宁可保持独身和独立，每天早晨，他都到海滩散步听潮声。他说他没有悔恨和牵挂，要是他能够改变什么，他希望能改变桑顿，他会设法让桑顿留在福特公司里。

有一阵子，他常常在电话里和莱特聊天，圣诞节也会和莱特通信，但是他没有认真地和十杰的其他人保持联系，这个团体里的好多个人不知道他的境况。目前他在圣巴巴拉过着孤独的生活，在这个地方的福特公司退休人员当中，他也是个孤僻的人，问他如果十杰要重聚的话，他愿不愿意参加，他干脆地回答说没兴趣，毕竟时间过了太久，人事已非。

乔治·摩尔1967年去世后，他太太咪咪有一阵子必须努力谋生。摩尔去世四年后，她嫁给葛莱哥里·艾里斯，三年后艾里斯因心脏病死亡，她现在住在华府华盛顿大教堂旁边的一幢简朴的连栋住宅。

她回忆起第二次世界大战期间在华盛顿的岁月，说那是他们人生中的黄金时光，那时桑顿和十杰的其他人初次认识。“当时我们都还年轻，”她说，“所有的女性都很漂亮，所有的男性都很英俊。”

他们有四个子女，玛丽凯现在在国家医学中心担任心理治疗社工人员，兰迪是她义父；道格在马里兰州比塞大从事电脑程序设计；珍妮是画家，住在缅因州的南基港；萝拉是一家财务服务公司经理。在所有子女当中，摩尔去世对当时 13 岁的幼女萝拉打击最大，她变成酗酒者，喝酒是为了让自己觉得更有力量和外向。但她和父亲不同，设法克服了这个毛病，她认为她的人生从某方面来说，是完成父亲的未竟事业，“我透过多年来的工作，肯定了自己。”她说，“我相信我的工作是家父事业的延续，因为他没有机会让他的成就延续。”

安德森在 1979 年去世后，她太太珍妮没有再嫁，现在和守寡的女儿莎莉一起在洛杉矶孀居。